U0572850

权威·前沿·原创

皮书系列为

“十二五”“十三五”“十四五”时期国家重点出版物出版专项规划项目

BLUE BOOK

智库成果出版与传播平台

山西蓝皮书
BLUE BOOK OF SHANXI

山西能源革命研究报告（2023）

ANNUAL REPORT ON SHANXI ENERGY REVOLUTION (2023)

主　编／张　峻
副主编／韩东娥

社会科学文献出版社
SOCIAL SCIENCES ACADEMIC PRESS (CHINA)

图书在版编目（CIP）数据

山西能源革命研究报告. 2023 / 张峻主编；韩东娥副主编. --北京：社会科学文献出版社，2023.12
（山西蓝皮书）
ISBN 978-7-5228-3144-2

Ⅰ.①山… Ⅱ.①张… ②韩… Ⅲ.①能源发展-研究报告-山西-2023 Ⅳ.①F426.2

中国国家版本馆 CIP 数据核字（2023）第 254853 号

山西蓝皮书
山西能源革命研究报告（2023）

主　　编 / 张　峻
副 主 编 / 韩东娥

出 版 人 / 冀祥德
组稿编辑 / 任文武
责任编辑 / 刘如东
责任印制 / 王京美

出　　版 / 社会科学文献出版社·城市和绿色发展分社（010）59367143
地址：北京市北三环中路甲 29 号院华龙大厦　邮编：100029
网址：www.ssap.com.cn
发　　行 / 社会科学文献出版社（010）59367028
印　　装 / 三河市东方印刷有限公司

规　　格 / 开　本：787mm×1092mm　1/16
印　张：26.75　字　数：402 千字
版　　次 / 2023 年 12 月第 1 版　2023 年 12 月第 1 次印刷
书　　号 / ISBN 978-7-5228-3144-2
定　　价 / 128.00 元

读者服务电话：4008918866

主要编撰者简介

张　峻　山西省社会科学院（山西省人民政府发展研究中心）党组书记、院长，研究员。毕业于中国人民大学哲学系。历任山西省政务改革和管理办公室党组书记、主任，山西省人力资源和社会保障厅党组成员、副厅长，山西省委宣传部副部长（兼）、省文明办主任。长期关注经济社会发展与相关政策研究，多次参与全省经济工作会议和政府工作报告的撰写，多次参加省政府重大调研活动，撰写30余篇综合调研报告及政策建议，发表论文、理论文章70多篇，获得各类奖项20余项。在《光明日报》《经济学动态》等报刊发表论文《太行精神历久弥新的时代价值》《国家知识产权试点政策是否促进了城市创新合作》等；出版著作《教育高质量发展：新视角与新实践》《太忻一体化经济区建设研究初探》《中华文明　黄河根魂》等，主编《区域协调发展理论与实践》《山西能源革命研究报告（2022）》《山西经济社会发展报告（2023）》等。

韩东娥　山西省社会科学院（山西省人民政府发展研究中心）原副院长，二级研究员。长期从事资源能源和生态环境经济研究。主持完成国家社会科学基金课题“西（中）部地区生态建设补偿机制、配套政策和评价体系”1项，山西省级重点课题“资源和生态环境产权制度研究”“山西生态产品价值实现机制和路径研究”“山西煤炭产业发展战略研究”“山西打造能源革命排头兵推进能源革命综合改革试点的路径及突破口选择研究”等20多项，各地市各部门委托课题“山西能耗‘双控’对策措施研究”“山西非常规天然气产业发展研究”等20多项。先后在各级专业期刊发表论文40多篇。出版专著

《走向未来战略》《生态建设补偿机制研究——以西（中）部地区为例》，主编《山西煤炭产业政策研究》《迈向能源革命新征程》《能源革命若干问题研究》，参编著作10多部。先后获得全国青年社会科学优秀成果奖1项，山西省社会科学优秀成果一等奖1项、二等奖2项，山西省“五个一工程”优秀作品奖1项，山西省科技进步三等奖2项。

摘　要

能源革命综合改革试点是习近平总书记亲自赋予山西的重大使命。2023年以来，山西省坚持以习近平新时代中国特色社会主义思想为指导，全面贯彻党的二十大精神，深入贯彻落实习近平总书记对山西工作的重要讲话重要指示精神，以习近平总书记关于“四个革命、一个合作”的能源安全新战略为根本遵循，踔厉奋发、扎实工作，勇当全国能源革命排头兵。2023 年 9 月 15 日，中共山西省委、山西省人民政府制定了《山西能源革命综合改革试点行动方案》，打造全国能源革命综合改革试点先行区，切实扛牢维护国家能源安全的重大责任。2023 年 12 月 26 日，中共山西省委十二届七次全会部署，强力推进能源革命综合改革试点，加快建设新型综合能源基地。

山西牢记“国之大者”，为全国能源革命综合改革作出了一系列重要探索。2021 年和 2022 年，山西连续两年煤炭产量增幅超过 1 亿吨，2023 年 1~11 月全省原煤产量累计达到 12.46 亿吨，继续保持全国第一，为国家能源安全提供了坚实保障。近年来，山西持续推进能源结构优化，截至 2023 年 6 月，煤炭先进产能占比达到 80%，新能源和清洁能源装机占比达到 42.9%，着力构建多元能源的供应体系。

《山西能源革命研究报告（2023）》围绕打造全国能源革命综合改革试点先行区，从能源互联网、煤层气、地热能、氢能、“双碳”目标、科技赋能、现代化治理等方面深入剖析，系统总结了山西各地区、各领域、各行业推进能源革命综合改革试点先行区的探索和实践，勾勒出山西能源革命综合改革的全新面貌。未来，山西将继续立足优势资源，发挥比较优势，加快

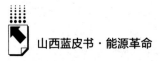

“五大基地”建设，纵深推进能源革命综合改革试点，为保障国家能源安全和稳定经济大盘作出新的更大的贡献。

关键词： 能源革命　综合改革　绿色低碳　山西

序　言

杨茂林*

能源是经济和社会发展的重要物质基础，直接影响国家安全和社会稳定。2019 年以来，世界百年未有之大变局加速演进，国际政治经济形势复杂，疫情带来重大冲击，全球能源贫困问题愈发严峻，以去化石能源为特征的能源转型已成为全球共识，以清洁、多元、绿色、低碳等为标志的能源产业变革加速演进。党的十八大以来，习近平总书记统揽国家安全和发展大局，洞察国内外能源发展大势，创造性地提出“四个革命、一个合作”能源安全新战略，系统阐述了推动能源革命的战略目标、方向路径和基本要求，提出了做好现代能源经济这篇文章、加快规划建设新型能源体系等新目标新要求，开辟了能源产业高质量发展的新道路。能源革命综合改革试点是习近平总书记亲自赋予山西的重大使命。2019 年以来，山西省深入贯彻习近平总书记提出的能源安全新战略，扎实推动能源革命综合改革试点工作，取得重大阶段性成果。

一是能源供给革命稳步推进。坚决扛起能源保供政治责任，煤炭产量连续三年全国第一，2021 年、2022 年连续两年增产 1 亿吨以上，为国家能源安全贡献了山西力量。煤矿智能化建设领跑全国，2023 年上半年已建成 46 座智能化煤矿、1161 处智能化采掘工作面，煤炭先进产能占比达到 80%。新能源和清洁能源装机占比达到 42.9%，发电量占比达到 26%。非常规天

* 杨茂林，山西能源革命研究院院长。

然气产量突破110亿立方米，较2019年增长了58.9%。晶料能源年产56GW、全球最大的光伏全产业链项目在山西开工建设。氢能、甲醇开发利用步伐加快，地热能多点开花。

二是能源消费革命成效显著。2019年以来，山西省能耗强度累计下降13.22%，连续4年完成年定目标任务，其中“十四五”前两年累计下降8.2%，降幅位于全国前列，被国家发改委作为典型经验专题推介。太原、长治国家气候投融资试点建设有序推进。出台《山西省煤炭清洁高效利用促进条例》，煤炭清洁高效利用促进工作进入规范化、法治化新阶段。

三是能源体制革命加快破题。电力现货市场建设进入新阶段，经过5年试运行，山西电力现货市场从2023年12月22日起转入正式运行，成为我国首个正式运行的电力现货市场。出台《山西省煤层气勘查开采管理办法》，实现将煤层气、致密砂岩气、页岩气“三气”矿业权赋予同一主体的改革目标。率先开展煤铝共采试点，推进煤与铝矾土等伴生资源共采。

四是能源技术革命再上台阶。怀柔实验室山西研究院获国务院批准设立，省部共建煤基能源清洁高效利用国家重点实验室、智能采矿装备技术全国重点实验室等获科技部批准建设。华为煤矿军团全球总部落地太原，联合成立智能矿山创新实验室。中科院煤化所煤制油技术实现百万吨级工业化应用，汾西重工19MW半直驱永磁风力发电机刷新全球最大单机容量记录，太锅集团循环流化床锅炉技术全球领先，一批具有国际领先水平的重大科技成果持续涌现。

五是能源开放合作取得进展。山西积极融入国家重大战略，加大清洁能源外送力度，抓住“一带一路”建设机遇，与国际能源署联合发表合作意向声明，推动与国际能源企业合作，推动能源装备、技术和服务“走出去”。太原能源低碳发展论坛逐步成为国际能源低碳领域的高端对话平台、科技成果发布平台和国际合作对接平台，习近平总书记亲自致信祝贺，论坛影响力不断提升。持续放开市场准入，在煤炭、煤层气等领域向各类资本公平开放，依法合规推进实施能源领域重大外资项目，亚行贷款山西低碳和包容性乡村发展项目、亚行贷款长治低碳气候韧性循环经济转型项目等顺利实施。

2023 年 12 月 26 日，中共山西省委十二届七次全会部署，强力推进能源革命综合改革试点，加快建设新型综合能源基地。

《山西能源革命研究报告（2023）》围绕打造全国能源革命先行区，从能源互联网、煤层气、地热能、氢能、矿山治理等方面深入剖析，系统总结了山西各地区、各部门、各企业在能源领域的探索和实践，为进一步推进能源革命综合改革试点提供理论支撑和决策参考。希望广大读者通过此书深入了解山西能源革命的发展与建设，并为纵深推进能源革命、保障国家能源安全提出宝贵意见，共同为全面建设社会主义现代化国家、全面推进中华民族伟大复兴贡献智慧和力量。

目 录

Ⅰ 总报告

Ⅱ 专题篇

Ⅲ 成效篇

Ⅳ 地市篇

V 案例篇

总报告

General Report

B.1
山西深入推进能源革命综合改革试点研究

张 峻 韩东娥 曹海霞 王 刚*

摘 要： 近年来，山西深入贯彻落实习近平总书记“四个革命、一个合作”能源安全新战略，改革创新，先行先试，扎实开展能源革命综合改革试点，推动能源产业绿色低碳转型和能源领域供给侧结构性改革。2023年是山西纵深推进能源革命综合改革试点的关键之年。山西以“双碳”目标为牵引，持续推动全省能源产业质量变革、效率变革、动力变革，为经济社会高质量发展提供坚实的能源保障。

* 张峻，山西省社会科学院（山西省人民政府发展研究中心）党组书记、院长，研究员，研究方向为区域经济、政策研究；韩东娥，山西省社会科学院（山西省人民政府发展研究中心）原副院长，二级研究员，长期从事资源能源和生态环境经济研究；曹海霞，经济学博士，山西省社会科学院（山西省人民政府发展研究中心）能源经济研究所所长，研究员，研究方向为能源经济；王刚，山西省社会科学院（山西省人民政府发展研究中心）能源经济研究所研究实习员，研究方向为能源经济。

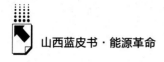

关键词： 能源革命　新型能源体系　能源产业　绿色低碳转型

党的二十大报告提出："深入推进能源革命，加强煤炭清洁高效利用，加大油气资源勘探开发和增储上产力度，加快规划建设新型能源体系，统筹水电开发和生态保护，积极安全有序发展核电，加强能源产供储销体系建设，确保能源安全。"① 这为推动我国能源产业高质量发展、增强能源安全保障能力指明了前进方向、提供了根本遵循。2023 年是全面贯彻落实党的二十大精神的开局之年，也是山西纵深推进能源革命综合改革试点的关键之年。省委省政府高度重视推进能源革命综合改革试点工作，以打造能源革命综合改革试点先行区为牵引，加快建设新型能源体系，为保障国家能源安全和经济高质量发展作出新的更大的贡献。②

一　面临的形势

当前，世界能源格局深刻调整，能源供应链安全问题凸显，国内能源供需总体平稳，新型能源体系建设步伐加快，能源行业面临着新的挑战。

（一）世界能源格局深刻调整，能源供应链安全问题凸显

从全球看，当前世界面临百年未有之大变局，大国博弈和地缘政治竞争日趋激烈，国际能源市场波动加大，世界经济增长放缓，各国普遍面临能源价格高企、供应链受阻、生活成本上升等难题，落实联合国 2030 年可持续发展议程面临严峻挑战。国际能源署《2023 年电力市场报告》指出，2022 年化石能源发电量增长放缓（1%），且预计 2023 年、2024 年将分别下降 0.6%和 1.2%。其中，石油发电量将出现大幅下降，燃煤发电量虽在 2022

① 习近平：《高举中国特色社会主义伟大旗帜　为全面建设社会主义现代化国家而团结奋斗——在中国共产党第二十次全国代表大会上的报告》，人民出版社，2022。

② 张毅：《2023 年，能源工作这样干》，《山西日报》2023 年 2 月 20 日。

年增长了1.5%，但预计未来两年也将呈现下降趋势。[①] 随着化石燃料发电进入结构性下降趋势，可再生能源将在2023年和2024年满足全球所有电力需求增量。世界能源理事会（WEC）2022年曾预测，能源安全将超越能源转型成为最受关注的议题，且业界对能源发展前景更加担忧，认为此次能源危机将持续数年，未来的能源市场将向更加分裂的方向发展。能源转型面临复杂前景，新能源大规模发展将冲击并逐渐改变传统世界能源格局，全球能源市场竞争由能源资源之争转变为核心技术、关键矿产以及新能源产业链之争。[②]

（二）国内能源供需总体平稳，新型能源体系建设步伐加快

中石油发布的《国内外油气行业发展报告》显示，2022年，我国能源行业多措并举保供稳价，能源供需保持总体平稳，能源结构转型加速，为经济恢复向好提供了重要动能。[③] 党的二十大报告明确指出，加快规划建设新型能源体系，统筹水电开发和生态保护，积极安全有序发展核电，加强能源产供储销体系建设，确保能源安全。国家能源局局长章建华表示，“新型能源体系规划建设的有关工作正抓紧推进，由《‘十四五’现代能源体系规划》等构成的‘1+6’能源规划稳步实施，能源碳达峰方案等政策深入落实，后续还将研究出台有关新型能源体系的系列政策，进一步明确发展目标和任务举措”。建设新型能源体系是复杂的系统工程，涉及能源产业链上下游、各能源品种、各用能行业和领域。下一步，要深入推动《“十四五”现代能源体系规划》实施，聚焦提升能源供应安全水平，加快推动能源绿色转型，持续创新能源体制机制，开创能源国际合作新局面。[④]

---

① 余国、张鹏程：《2022年全球能源安全形势评价——〈全球能源安全报告〉主要观点》，《国际石油经济》2023年第2期。

② BP，World Energy Outlook 2022，https：//www.bp.com/en/global/corporate/energy-economics/energy-outlook.html.

③ 余国、陆如泉：《2022年国内外油气行业发展报告》，石油工业出版社，2023。

④ 史丹、王蕾：《全球能源市场格局新变化与中国能源的安全应对》，《中国能源》2022年第11期。

（三）山西省能源保供重任在肩，绿色低碳转型加速推进

当前，我国加快构建新发展格局，能源发展步入了低碳转型的重要窗口期。山西要锚定“双碳”目标，立足能源资源禀赋，实现能源清洁低碳和安全高效发展。煤炭产业坚持增产稳供，不断加快煤炭绿色开发利用基地建设步伐，持续提高煤炭供给体系质量。煤电在发挥电力安全保障托底作用的同时，也将加快由传统主体性电源向基础保障性和系统调节性电源并重转型。全省非常规天然气开发力度将不断增强，新能源将成为新型能源体系建设的重要引擎。风电光伏规模化、集约化开发以及抽水蓄能、新型储能建设将加快推进，到“十四五”末，全省新能源和清洁能源装机占比要达到50%，形成传统能源和新能源并重的能源发展新格局。

二　山西能源产业发展现状

山西深入贯彻落实习近平总书记“四个革命、一个合作”能源安全新战略，以“双碳”目标为牵引，改革创新，先行先试，扎实开展能源革命综合改革试点，推动能源产业转型发展成效显著。

（一）取得的成效

1. 能源保供作出新贡献

近年来，山西坚决扛起能源保供政治责任，煤炭产量连续三年全国第一，2021 年、2022 年连续两年增产 1 亿吨以上，为国家能源安全贡献了山西力量。2022 年，山西规模以上工业企业原煤产量 13. 07 亿吨，同比增加 1. 13 亿吨；2023 年上半年全省累计原煤产量 6. 78 亿吨，占全国累计产量的 29. 49%，同比增长 5. 2%；其中 6 月份产量实现了新的突破，达到 1. 22 亿吨以上的新高位。①

① 山西省统计局、国家统计局山西调查总队：《上半年全省经济运行情况》，山西省统计信息网，http：//tjj. shanxi. gov. cn/tjsj/sjxx/202307/t20230721_8977556. shtml。

当前，山西大力推动赋存条件好、安全有保障、机械化水平高的生产煤矿加大先进产能建设力度，持续增加有效供给，截至2023年6月底，已建成46座智能化煤矿、1161个智能化采掘工作面，煤炭先进产能占比达80%。煤炭绿色开采持续推进，试点煤矿绿色开采技术达到国内领先。①

2. 非常规天然气产业迈出新步伐

山西是我国煤炭大省，同时拥有丰富的煤系非常规天然气（包括煤层气、致密砂岩气、页岩气）资源，预测总资源量约20万亿立方米。② 2022年，全省推进“三气共采”试点建设，以提高资源开发效率，全年非常规天然气产量突破110亿立方米，同比增长16.86%，为天然气净输出省份，其中，煤层气产量为96.1亿立方米，约占全国同期煤层气产量的83.2%。③ 2023年以来，山西坚持分区施策，推动大型气田规模化建设，加快建设鄂尔多斯盆地东缘煤系“三气”共探共采示范基地，持续推进非常规天然气增储上产，截至6月底，全省非常规天然气产量达到68.2亿立方米，同比增长5.7%，其中累计抽采煤层气52.4亿立方米，创历史同期煤层气产量新高。④ 在输送通道建设上，2022年神木—安平煤层气管道工程全线贯通，外输京津冀管网通道持续优化，油气长输管道总里程达到9410公里，居全国前列。

3. 电力行业取得新成效

近年来，山西电力行业不断提质增效，生产能力持续提升。煤电在大力淘汰落后机组的基础上，有序推进“三改联动”改造。目前全省40%以上的煤电机组已完成改造，现役煤电机组全部达到了燃气级排放标准。山西的

---

① 《出台建设指南　健全标准体系　我省煤矿智能化建设全面提速》，山西省人民政府网，https：//www.shanxi.gov.cn/ywdt/sxyw/202308/t20230817_9142707.shtml。

② 《山西加快煤系“三气”共探共采 上半年非常规天然气总产量68.2亿立方米》，山西省人民政府微信公众号，https：//mp.weixin.qq.com/s? _ _ biz = MzI1MzU4NTkyOA = = &mid = 2247728681&idx = 1&sn = b03c475fc0f1f655f84a09e6f50db479。

③ 王佳丽：《多能互补　打造多元化清洁能源供应体系》，《山西经济日报》2023年8月15日。

④ 山西省统计局、国家统计局山西调查总队：《上半年全省经济运行情况》，山西省统计信息网，http：//tjj.shanxi.gov.cn/tjsj/sjxx/202307/t20230721_8977556.shtml。

发电装机容量、发电量与外送电量均创历史新高，新能源装机容量比重也较上年提高。在装机容量上，2022年全省发电装机容量1.21亿千瓦，同比增长6.5%，居全国第8位。其中，火电装机容量稳中有升，达到0.78亿千瓦，同比增长4.1%，居全国第5位；新能源装机占比提高，占到总装机容量的33.23%，同比大幅提高。2023年上半年，电力装机持续稳定增长，截至6月底，全省电力装机1.24亿千瓦。其中，火电装机0.79亿千瓦，占比63.43%，煤电装机结构持续优化，煤电机组“三改联动”累计完成0.48亿千瓦。风、光、水、储等新能源与清洁能源高速发展，装机占比达到36.57%。在发电方面，2022年全省发电量4184.4亿千瓦时，比上年增长8.9%，其中火电3562亿千瓦时，同比增长11.1%，全国排名第6。2023年上半年，电力供应持续增长，全省发电总量达到2132.73亿千瓦时，同比增长9.13%，其中火力发电1560.03亿千瓦时，同比增长5.92%。在电力外送方面，电网输配电能力持续增强，截至2022年，已形成了“4条6回特高压通道+6条14回500千伏通道”的晋电外送通道格局，山西段送电能力达到2984万千瓦。[①] 全年全省净外送电量1463.7亿千瓦时，创历史新高，同比增长18.5%，占全省发电量的35.0%，晋电外送省份由12个扩展到22个，有效缓解了全国能源供应紧张形势。2023年，山西持续优化电网结构，积极推进已纳规特高压通道和500千伏电网“西电东送”通道调整工程，外送电能力达到3062万千瓦。截至6月底，山西外送电量904.52亿千瓦时，同比增长18.06%，净外送电力731.52亿千瓦时，同比增长20.24%，高居全国第2位。[②]

4.新能源发展再上新台阶

近年来，山西各地积极建设风电光伏、氢能、储能、地热能、生物质能等新能源和清洁能源项目，推动新能源产业高质量发展。2022年，全省新能源和清洁能源装机容量4972.8万千瓦，占比达41.2%。其中风电装机容

① 《加快“五大基地”建设，山西能源绿色转型未来已来》，山西省人民政府网，https://www.shanxi.gov.cn/ywdt/sxyw/202308/t20230815_9129391.shtml。

② 《加快“五大基地”建设，山西能源绿色转型未来已来》，山西省人民政府网，https://www.shanxi.gov.cn/ywdt/sxyw/202308/t20230815_9129391.shtml。

量达2317.8万千瓦，同比增长9.2%，居全国第4位；太阳能装机容量达1695.7万千瓦，居全国第8位；水电装机容量224.5万千瓦，同比增长0.2%，居全国第26位。同时，新能源和清洁能源的发电量同比增长超两位数，风力发电量408亿千瓦时，同比增长9.7%，居全国第5位；光伏发电量151.6亿千瓦时，同比增长24.6%，居全国第6位。新能源和可再生能源利用率为98.63%，同比提升0.69个百分点。建成了5个总装机容量400万千瓦光伏领跑者基地，依托雁淮直流输电通道建成晋北700万千瓦风电外送基地；295万千瓦光伏扶贫项目全部建成并网，惠及8986个村31.78万贫困人口。风光互补、矿山治理、“光伏+”等多场景应用模式不断拓展，初步形成“集中+分散”开发模式，因地制宜推动风光资源高效利用，带动风光发电技术进步和产业升级。① 2023年，山西提出坚持集散并举，持续推动新能源和可再生能源有序替代。截至2023年6月底，山西新能源和清洁能源装机占比达到42.9%，其中风电装机容量增加至2370万千瓦，太阳能装机容量增加至1911.1万千瓦；新能源和清洁能源发电量占比达到26.8%，其中风力发电量289.65亿千瓦时，同比增长22.38%；光伏发电量129.51亿千瓦时，同比增长15%。②

（二）存在的问题

山西能源产业转型发展呈现良好态势，但能源结构偏煤、能效水平偏低的问题依然突出，同时面临增产保供和绿色低碳发展的双重压力，需要从供给侧改革和需求侧管理两端发力，推动能源产业高质量发展。

1. 产业内部结构性、协同性问题突出

作为煤炭大省，山西能源产业发展不平衡、不充分、不协调的问题依然突出。一是能源结构以煤为主。据权威部门测算，2022年，山西煤炭消费占一次能源消费比重超过75%，远高于56%的全国平均水平。在“双碳”

① 王龙飞：《我省可再生能源产业发展渐入佳境》，《山西经济日报》2022年12月18日。

② 《前半年能源综合利用稳步提升》，山西省人民政府网，https://www.shanxi.gov.cn/ywdt/sxyw/202307/t20230717_8947925.shtml。

目标约束下，煤炭、煤电产业的转型发展面临较大压力。二是新能源消纳利用不足、供求不匹配的问题凸显。近几年山西新能源的项目建设较多，新能源装机增速过快，截至2023年6月，新能源和清洁能源装机占全省发电总装机达到42.9%，但消纳能力、存储能力亟待提升。三是煤炭与煤电、煤化工，新能源与传统能源之间优势互补、协同融合的长效机制还没有完全构建，在很大程度上制约了能源行业的持续高效发展。

2. 部分核心关键技术仍存在短板

能源领域的部分核心关键技术上仍与国外甚至国内先进地区存在差距。采掘是煤矿智能化的核心，惯性导航、煤岩识别等技术严重影响采掘智能化的实际效果，复杂条件智能综采和掘进工作面智能化支护等关键技术也亟须突破。此外，辅助运输连续化智能化、煤矿井下危险岗位作业机器人替代、5G应用场景等也制约了煤矿的全面智能化建设。在新型储能、氢能、地热能等领域技术水平还需提升，关键装备、工艺、材料仍面临卡脖子的问题。煤层气地面开发水平井钻井和大型体积压裂核心装备国产化水平有待提升，深部煤层气成藏机理、储层评价和改造技术仍需进一步突破。

3. 新型电力系统建设面临巨大挑战

在“双碳”目标下，新能源装机比重持续提升，市场主体更加多元，电能输送更加灵活，高比例新能源和新型电力电子设备接入，极大地改变了电力系统的运行特性，加剧了电力系统的安全稳定运行风险。“十四五”期间，要加速构建以大规模高比例新能源为主体、以清洁发电为支撑、以多能互补为创新发展模式、以源网荷储协同消纳为保障的绿色低碳电力结构。由于新能源具有随机性、波动性、间歇性特征，大规模并网后，冲击着电力系统的安全稳定运行与可靠供应，应从提高发电效率、提升灵活性、低污染排放、低碳发电等方面进行自我革命和技术创新，需要平衡好发展节奏、政策衔接、要素支撑、配套措施等工作。

4. 能耗较高、能效偏低问题依然存在

山西是传统能源生产和消费大省，“以煤为主”的能源消费结构基本特征短期内难以改变，从“十四五”前两年各市项目上马情况看，高耗能项目依然占很大比重，且部分市县在招商引资工作中，还局限于当地的资源禀赋中，只看重项目投资额，没有摆脱对高耗能产业发展路径的依赖，未能深入落实经济高质量发展的内在要求，仍然有盲目上马“两高一低”项目的冲动。高耗能产业是能源消耗的重要载体，虽然山西“十四五”前两年能耗强度降幅居于全国前列，但能耗强度远高于全国平均水平，与江苏、广东等沿海发达省份存在较大差距，迫切需要加快推进高耗能行业淘汰整合、节能技改，推动能源利用效率提升。

三　山西能源产业转型发展的路径与对策

未来，山西将以煤炭增产保供、非常规天然气基地建设以及可再生能源优先发展等途径抓手，加快构建新型能源体系，推动能源产业高质量发展。

（一）提升煤炭稳产保供能力

1. 科学制定应急保供方案

加大先进产能煤矿核增力度，指导现有生产煤矿优化采掘部署和均衡生产。加快正常建设煤矿施工转产，分类处置长期停缓建煤矿，有效推进开工复工一批，有序退出一批，推动处置不达产煤矿产能。开展煤矿综合评估，确定并动态更新全省保供煤矿名单，研究建立煤矿产能弹性释放管理机制，科学制定煤炭应急保供方案，合理分配保供任务。加强煤炭增产保供过程动态跟踪，及时发现煤炭保供过程中出现的各类新情况、新问题；关注煤炭市场中库存、价格等异常波动，以及可能出现的区域性、品种性、时段性煤炭供需失衡情况，及时采取措施防范风险。严禁煤矿发生事故后搞“一刀切”式区域性停产整顿。

2. 完善煤炭产销储运体系

科学规划煤炭储备项目布局，重点保障发电供热和民生用煤，不断提高储煤能力，切实满足国家战略要求。推动省内燃煤电厂严格执行国家最低库存制度；鼓励省属煤炭集团实施库存前移，在中转地港口、消费地加大建设储煤场力度，提升应对市场需求变化的灵活性。优化铁路运输服务，加快推动煤炭铁路专用线建设，完善瓦日、浩吉等煤炭铁路集疏运系统，优化主要运煤通道的基础设施建设，提升运输效率。完善煤炭产销储运信息平台，提升煤炭市场信息服务水平，促进煤炭产销有效衔接，帮助煤炭生产企业发现市场。建立煤炭供需预警机制，加强宏观经济先行指标分析，密切关注各类煤炭价格指数，动态掌握煤炭市场变化，加强风险预警，做好应急预案。

3. 建立稳产保供长效机制

落实山西省人民政府《关于有序推进煤炭资源接续配置保障煤矿稳产保供的意见》，鼓励支持煤炭企业积极获取井田周边夹缝（或边角）资源、大中型矿山已设采矿权深部或上部煤炭资源、相邻空白煤炭资源等，增扩资源储量，延长矿井服务年限。完善煤炭资源与产能匹配动态平衡机制，实施动态统计，确保总量平衡。完善煤炭资源配置机制，优化审批制度，加快煤炭资源配置和接续项目核准进度。深入研究山西露天煤矿开采的生态环境保护准入要求，科学评估，慎重决策，在满足生态要求和安全生产的前提下，办理煤矿井工转露天开采方式变更手续。

4. 守住煤炭安全生产底线

严格落实国务院安委会安全生产15条硬措施和全省56条具体举措，建立“领导+专家”隐患排查机制，加强安全监管和风险隐患排查治理。推进领导带班制度和24小时值班值守制度，加大煤矿安全隐患自查自纠力度，强化现场基础管理，构建超前防范化解风险隐患的长效机制。推进数智赋能，完善人防、物防、技防相统一的安全保障体系，提高煤矿安全生产保障能力和水平。优化煤矿生产秩序和劳动组织，在全省逐步推广取消采煤夜班生产。加强应急救援体系建设，推动煤矿制定全流程、情景式应急预案，扎实开展煤矿安全事故应急演练。严格落实安全生产责任制，压实地方政府属地责任、企业主体责任和行业监管责任。

（二）实施煤炭清洁高效利用

1. 推动煤炭和煤电一体化发展

坚持以坑口煤电一体化为重点，优先鼓励具备条件的增量项目一体化运营，由实施主体统筹管理煤炭、煤电项目建设运营，并由同一主体经营或合并核算。推动具备条件的存量项目优先开展煤电一体化，鼓励存量煤电项目创新模式、深挖潜力，通过企业战略重组、交叉持股、长期协议、混合所有制改革等方式实施煤电一体化运营。支持签订长期合作协议开展一体化运营，鼓励存量电厂与周边煤矿依规采取参股、换股等方式，实现煤炭与煤电企业资产联营，共享企业经营效益。力争到 2025 年，全省煤电装机达到 8300 万至 8900 万千瓦。①

2. 推动煤电和新能源一体化发展

完善引导激励体系，建立保障性并网和市场化并网多元保障机制，对电力保供有力、成效突出的企业，同等条件下优先配置保障性新能源消纳规模指标。鼓励新建煤电项目与风电、光伏发电项目实施一体化运营。加快推进晋北采煤沉陷区大型风光基地建设，有序推进“风光火储一体化”多能互补项目建设。鼓励煤电企业以冷热电联供、可再生能源开发利用、资源循环利用为主要方向，实现由传统能源服务向综合能源服务转型。推动煤电和新能源企业通过调节能力租赁、交叉持股、环境价值合作等方式开展联营合作。到 2025 年，煤新联营成为煤电企业主要发展形式，煤电企业向综合能源服务商转变取得实质进展；到 2027 年，煤电和新能源一体化发展模式基本成熟，融合发展取得显著效果。

3. 推动煤炭和煤化工一体化发展

加快建设现代煤化工示范基地，打造煤制油、煤制烯烃、煤制乙二醇及下游高附加值产品完整产业链，增强市场风险的抵御能力。聚焦延伸产业链

---

① 《山西省能源局　山西省发展和改革委员会关于印发〈山西省电力工业“十四五”发展规划〉的通知》，山西省能源局官网，https：//nyj. shanxi. gov. cn/zfxxgk/fdzdgknr/ghjh/202303/t20230302_8076246. html？ eqid = 865cde8900010156000000046445d07a。

条，推动焦化产业主产品提升、副产品延伸、余气利用、节能减排改造等，不断提高焦化化产加工利用水平；积极探索“绿色甲醇+甲醇汽车”等发展新模式。紧盯煤化工高端化、多元化、低碳化发展方向，加紧研发新技术及规模化制备技术，推动煤炭由燃料向原料、材料、终端产品转变，到2025年，煤化工产业产值突破1500亿元。①

（三）加快煤炭行业数字化转型

1. 推动煤矿智能化改造

研究制定全省煤矿智能化建设标准规范，积极对接国内先进标准，构建有机统一、相互衔接的标准体系。开展全省煤矿智能化建设条件评估，明确智能化改造目标和路径，分类推进不同条件煤矿的智能化改造。坚持“国企带头、梯次推进”原则，优先对大型和灾害严重的煤矿进行智能化建设；新建煤矿要按照智能化要求完善设计实施改造，已进入三期建设工程的可先投产后改造；对于发生较大及以上安全事故的，必须进行全矿井智能化改造。支持煤矿智能化技术试点示范，及时总结智能化改造经验。

2. 推动数字矿山全方位建设

建设煤炭工业互联网平台，为煤矿装备和海量传感器提供统一的通信接口标准和数据格式规范，打破数据壁垒，促进数据融合。建立煤炭智慧物流体系，推动煤炭运单数字化管理；实行煤炭运力调配和运输过程智能化管理，科学分类煤炭运单，统筹公路、铁路优化运力配置，实现从提报需求到装车安排的全自动、无人干预操作。完善集煤炭合同签订、物流衔接、货款支付、金融服务、信息资讯等多种服务于一体的第三方煤炭交易电子商务平台，推进全省煤炭统一上线交易。完善数字监管体系，构建用数据决策、数据服务、数据创新的现代化治理模式。开展煤炭数字化转型试点示范，推进煤炭生产、储运、交易和监管全过程数字化转型。

① 《山西省人民政府办公厅关于促进煤化工产业绿色低碳发展的意见》，山西省人民政府网，https：//www.shanxi.gov.cn/zfxxgk/zfxxgkzl/fdzdgknr/lzyj/szfbgtwj/202208/t20220816_6948180.shtml。

（四）推动非常规天然气增储上产

1. 稳步推进非常规天然气勘探开发

根据不同区块的资源条件和勘探程度，按照“煤层气开发区稳步上产、致密气开发区快速上产、已探明未动用区加快建产、新出让区块尽早试采见气”的原则，一区一策推动山西黄河流域地区非常规天然气增储上产。稳步推动沁水盆地南部的大宁、潘河、寺河、樊庄、郑庄、马必东和鄂东的大宁—吉县、三交、保德等已有开发区块稳产增产；加快推进大宁—吉县、石楼西、柳林石西、三交北、紫金山、临兴西、临兴中等区块深部的致密气开发。推动煤层气、页岩气、致密气“三气”综合开发，提高非常规天然气资源综合利用效率，降低开采成本。到 2025 年，煤层气抽采量力争达到 200 亿立方米。①

2. 优化完善输气管网布局

依托国家输气主干管网，在“三纵十一横、一核一圈多环”的省级输气管网基础上，构建贯通东西气源地和保障全省高效调度气源的省级干线环网，完善以地级市双气源通道和天然气输配“县县通”为目标的省级支线管网，新建一批以上载煤层气为目标的气田上载管线和外输管线，打造“省际互联互保、地市多路畅通、县域基本覆盖、运行高效有序”的管网体系。加强与国家管网的深入对接，提高国家管网在省内上输下载能力。到 2025 年，力争实现全省输气管道总里程突破 11000 公里，管输能力达到每年 400 亿立方米。②

3. 推动煤层气体制机制改革

全面落实《山西省煤层气勘查开采管理办法》，严格矿权管理，实行退

---

① 《山西省人民政府办公厅关于印发山西省 2021~2025 年矿产资源总体规划和煤层气资源勘查开发规划的通知》，山西省人民政府网，https：//www. shanxi. gov. cn/zfxxgk/zfxxgkzl/fdzdgknr/lzyj/szfbgtwj/202302/t20230209_7951197. shtml？eqid=c34a7f970008287e00000004643f848e。

② 《山西省黄河流域能源转型发展规划》，山西省能源局官网，https：//nyj. shanxi. gov. cn/zfxxgk/fdzdgknr/ghjh/202302/P020230201685761734502. pdf。

出机制，提高煤层气区块最低勘查投入标准和区块持有成本，对长期勘查投入不足的核减区块面积，情节严重的收回区块，具备开发条件的区块限期完成产能建设。探索央地企业合作新模式，发挥央企技术、资金和资源优势，推动省属企业合作开发央企资源，学习借鉴央企开发经验和技术，推动央企在山西加大投资力度。落实“省内利用、余气外输”的煤层气产业政策，保障当地民生用气，推动煤层气资源优势向产业优势转换。

（五）推进新能源和可再生能源优先发展

1. 推动风电和光伏发电五大基地规模化开发

以风光资源为依托、以区域电网为支撑、以输电通道为牵引、以高效消纳为目标，结合采煤沉陷区综合治理，兼顾生态修复、造林绿化与相关产业发展，统筹优化风电光伏布局和支撑调节电源，实施可再生能源+采煤沉陷区综合治理工程，建设一批生态友好、经济优越的大型风电光伏基地。依托新建外送输电通道，重点建设晋北风光火储一体化外送基地。依托采煤沉陷区、盐碱地、荒山荒坡等区域，重点建设忻朔多能互补综合能源基地、晋西沿黄百里风光基地。依托区域电网消纳能力提升，创新开发利用方式，重点建设晋东“新能源+”融合发展基地、晋南源网荷储一体化示范基地。

2. 优化推进风电和光伏发电分布式就近开发

支持以县域为单元，采取“公司+村镇+农户”等模式，利用农户闲置土地和农房屋顶建设户用光伏，积极推进乡村分散式风电开发。因地制宜发展农光互补、林光互补、药光互补等复合开发模式。推动光伏与乡村振兴、交通、建筑、工业等多场景融合发展。选取特色优势明显的区域先行开展试点建设，打造绿色乡村示范基地、再电气化产业示范乡村和零碳村。在工业园区、经济开发区、公共建筑等负荷中心周边地区，合理利用山地丘陵等土地资源，在符合区域生态环境保护要求的前提下，因地制宜推进风电和光伏发电就地就近开发。

3. 有序发展生物质能等其他新能源和可再生能源

在具备资源条件的地级市及部分县城，有序发展农林生物质发电、制气、供暖等多元化开发利用；加快推进已纳入试点范围的地热项目，继续完善地热能信息管理平台信息；探索在可再生能源资源条件好、发电成本低等的地区开展可再生能源制氢示范。

4. 多措并举提升新能源和可再生能源存储能力

加快垣曲、浑源 2 个在建抽水蓄能项目，推动河津、蒲县等 10 个重点实施项目尽早开工建设，积极推动符合条件的其他站点纳入国家规划，开展中小型抽水蓄能电站规划选址，扩大抽水蓄能发展规模。鼓励电源侧、电网侧、用户侧等不同应用场景的新型储能试点示范，形成与新能源装机规模相匹配的储能调节能力。完善抽水蓄能、新型储能等调峰调频电源参与电力市场的运行机制和价格补偿机制。

5. 积极探索氢能开发利用

以吕梁、临汾、大同、运城、晋中为重点，加快谋划布局氢能产业化应用示范项目，推进制、储、加、运、输、用氢全产业链发展。大力引进高端人才和研究机构，开展储氢关键材料研发和氢能源综合利用研究，实现氢能商业化运营。在可再生能源资源丰富、现代煤化工产业基础好的地区，重点开展能源化工基地绿氢替代。积极推进长治、运城等地区开展能源化工、交通等绿氢替代示范。

（六）加快新型电力系统建设

1. 推进多能互补和源网荷储一体化发展

积极推进源网荷储一体化发展。以现代信息通信、大数据、人工智能、储能等新技术为依托，运用“互联网+”新模式，充分调动负荷侧调节响应能力，建设源网荷储一体化示范项目，优化源网荷储配置方案，提高系统平衡能力。建设多能互补绿色电力基地。结合当地实际，因地制宜采取风光水火等多能互补发电，统筹各类电源的规划、设计、建设、运营，积极配置储能，探索“风光储一体化”，推进“风光火储一体化”。

2. 提升电力系统调节能力

立足可再生能源有效消纳，推动存量煤电机组灵活性改造应改尽改，促进煤电向支撑性和调节性电源并重转型。加快灵活调节电源建设，鼓励以消纳可再生能源为主的增量配电网、微电网和分布式电源参与电力市场。完善推广电力需求侧管理，整合需求侧数据，提高大数据分析能力，增强负荷侧响应能力。完善煤电调峰补偿政策，鼓励煤电机组通过市场机制参与深度调峰。到 2025 年，电网削峰能力达到最高负荷 5%左右。[①]

3. 加快电网基础设施智能化升级

加强电网配套工程及主网架建设，提升电网对可再生能源的支撑保障能力。推动配电网扩容改造和智能化升级，提升配电网柔性开放接入能力、灵活控制能力和抗扰动能力，增强电网就近就地平衡能力，构建适应多元负荷需要的智能配电网。统筹高比例新能源系统发展和电力安全稳定供应，以电网为核心平台，以电力现货市场建设为牵引，全面推动新型电力技术应用，提升系统电压、频率调节支撑能力，优化电网安稳控制系统配置，提高电力系统灵活感知和高效生产运行能力，适应数字化、自动化、网络化能源电力基础设施发展，加快新型电力系统规模建设发展。

（七）推动能源领域科技创新攻关

1. 加强绿色低碳能源技术攻关

加强煤炭清洁高效利用、智能电网、智能制造和机器人等领域基础研究，围绕化石能源低碳化技术、关键基础材料和重点领域，统筹部署，着力提升能源领域相关基础零部件、基础工艺、基础软件等共性关键技术水平。大力实施化石能源清洁高效开发利用“卡脖子”关键核心技术攻坚，积极开展大规模储能、氢能、地热能等中长期发展战略重大问题研究，加快战略性、前沿性技术创新。开展新型节能和新能源材料、可再生能源与建筑一体化等低碳零碳负碳重大科技攻关，围绕六大传统高耗能行业节能降耗需求，聚焦重点环节，开展工艺流程再造技术攻关。实施能源科技创新示范工程，

① 《山西省人民政府印发山西省碳达峰实施方案的通知》，山西省人民政府网，https：//www. shanxi. gov. cn/zfxxgk/zfxxgkzl/fdzdgknr/lzyj/szfwj/202301/t20230119_7825853. shtml。

依托重点企业，加快低碳技术市场化、商业化推广应用，力争到2025年前完成超临界煤粉炉发电技术和超节水发电工程示范。

2. 加强重大能源科技研发平台建设

建立以政府为主导、以企业为主体、产学研相结合的能源科技创新体系，加大低碳技术领域关键技术的研发力度，搭建低碳科研平台，争取一批国家重点实验室、国家技术创新中心等重大科技创新平台落地山西。鼓励能源企业设立研发机构，重点企业开展大型科研设施与仪器开放共享，布局建设大型科学仪器共享平台，实现能源大型企业和中小微企业融通创新。建设煤化工中试平台、检验检测平台及配套服务设施等，构建全国知名的具有研究开发、成果中试转化、产品性能验证和检测测试等多功能平台。围绕非常规天然气开发、煤炭清洁高效利用、储能、氢能开发等，建设辐射全国的国际化能源创新成果转化平台，重点引导科技成果对接产业需求转移转化，着力打造世界一流的煤基科技成果转化基地。

3. 推进能源互联网基础设施建设

依托现有基础设施，以打造省域智慧能源大脑和省级能源大数据平台为支撑，在太原建设省域能源互联网中心，构建能源绿色低碳转型和碳达峰碳中和成果重大展示平台，在多种能量流物理互联、信息互通的基础上，开展运行监测，培育能源领域新模式、新业态。在大同、朔州、运城、吕梁等市开展城市级能源互联网试点建设，打造涵盖冷、热、电、气等多种能源的基础网络，促进信息交互与降碳减排，提升综合能源利用效率，打造城市级综合能源特色示范工程。在试点城市遴选重点高耗能行业密集的县区，建设园区/企业级能源互联网管控平台，推动与省域能源互联网中心和城市能源互联网智慧平台的数据交互，支撑园区/企业城市节能降耗减碳，提升能源利用效率，进一步实现灵活资源的挖掘及应用。

（八）加快实施节能优先战略

1. 推广节能新技术新装备

加快推进工业绿色低碳转型，大力推广一批先进适用节能技术装备，重点支持钢铁、化工、有色、建筑等行业节能技术改造，并推广一批协同效益突出、产业化前景好的新型节能技术。开发建设能效技术创新平台，为推广节能技术提供全面、精细化的数据分析系统。

2. 构建节能新业态新模式

按照“节能优先、绿色低碳”战略部署，引导工业企业入园，整合入园企业的水电暖气需求，集中规划建设配套设施，实现多能互补和智能化管控。加强园区余热、余电、余气利用，深挖跨行业、跨能源品种节能潜力，打通园区供气、供电、供热、中水回用等管网、线路互联互通，实现园区能源梯级利用。充分利用人工智能、5G、物联网、云计算等新技术，深化绿色制造、智能制造，创新节能新业态新模式。

3. 建立健全节能管理体系

加强碳排放双控基础能力和配套设施建设，推动能耗双控向碳排放双控的有序转变。推行用能预算管理制度，实现用能管理更精细化、更科学、更智慧，实现用能高效配置。强化节能评价考核、节能评估和审查、高能耗产品淘汰、重点用能单位节能管理、能效标识管理、节能激励约束等工作制度，建立节能产业统计制度，健全能源消费统计、企业能源计量和监测，公开能源消费信息等制度。

4. 提升节能管理数字化水平

加强能源综合服务平台和体系建设，建立能源全产业链的用能信息公共服务网络和数据库，加强企业能源信息对接、共享共用。加快能耗在线监测平台的建设和应用，实现微观个体能耗数据与宏观能源消费统计数据的衔接和配套。建立跨行业、跨部门能源消费数据共享机制，加强互联网企业与能源企业合作挖掘能源大数据商业价值，开展综合能源服务，促进能源数据市场化。

5. 完善节能法规政策体系

研究支持节能降耗的绿色金融、投资、财政政策，制订全省主要用能行业和领域产品限额标准和耗能设备能效限额标准，做好强制性地方节能标准的整合和精简，建立技术标准先进、具有山西特色的多层次能效标准体系。

进一步修订节能法规制度，完善能源消费预测、能效审计等方面制度。加强节能信用信息归集和整理，建立以重点用能单位、中介机构为基础的节能信用等级评价体系。依法开展节能信用等级认定，推进节能领域信用信息共享，建立跨部门的联合奖惩机制。

（九）加快能源领域高标准市场体系建设

1. 打造辐射全国的煤炭交易中心

不断加强煤炭区域市场和全国市场的协调联动，充分发挥煤炭资源优势，不断提高市场影响力和占有率，将中国太原煤炭交易中心和山西焦煤焦炭国际交易中心分别建设成辐射全国的区域综合能源交易服务平台和具有全球竞争力的焦煤专业化服务平台，进而推动山西煤炭统一交易市场形成。

2. 积极构建现代电力市场体系

按照全国统一电力市场体系建设进程，进一步扩大山西电力市场化交易规模，加快推进“双优型”电力现货市场建设，建立健全辅助服务市场，协同构建“中长期+现货+辅助服务”有效衔接的现代电力市场体系，通过现货发现电力时空价格信号，引导电力系统从“源随荷动”向“源网荷协同互动”转变。建立源网荷储一体化和多能互补项目协调运营和利益共享机制。明确新型储能独立市场主体地位，加快推动储能进入电力市场。深入推进增量配电业务改革试点。进一步深化配售电业务改革，明确增量配电企业的电网企业地位，支持增量配电网可持续发展。简化项目决策程序，积极引导社会资本参与增量配电试点，鼓励以混合所有制方式发展配电业务，促进配电网投资主体多元化。完善电网企业保障供应机制，健全保障供应价格机制。

3. 探索建立用能权和碳排放权交易平台

落实重点用能单位能耗核定工作，积极探索用能权市场化交易方式。探索搭建用能权交易平台，以市场化机制进一步挖掘社会节能降碳潜力，通过能源消费量交易，引导企业向节能减排领域转型，促进绿色技术进步。充分发挥平台作用，以市场化机制，促进企业绿色低碳转型，在用能权交易的基础上，积极开展碳汇、排污权、碳排放权等环境类权益交易，构建统一交易平台，对接供需双方，优化资源配置。

（十）推动能源开发与生态环境协同治理

1. 有序推进煤炭绿色开采

按照全省能源革命综合改革试点“支持山西积极推广充填开采、保水开采、煤与瓦斯共采等绿色开采技术”的要求，以绿色转型发展为引领，在现有绿色开采试点的基础上，统筹全省煤矿有序推进煤炭绿色开采。坚持区域统筹，强化顶层设计，细分煤矿种类与适用技术，促进绿色开采技术应用多元化，加快总结绿色开采试点煤矿取得的经验，技术成熟一个、推广一个。鼓励各类煤矿积极开展绿色开采技术推广应用，坚持政府和市场两手发力，强化科技和制度创新，形成有效的激励机制。到 2025 年，力争实现新建矿井全部建成井下矸石智能分选系统。

2. 加快矿区生态修复建设

实施矿区生态保护修复治理工程，按不同退化程度分类治理，以遏制矿区植被生态退化趋势。强化矿山开采及加工区周边区域地下水污染防治，减少深井水开采量，保护和节约矿区地下及地表水资源，逐步建立与开采同步的地下水环境恢复建设机制。全面开展矿区地质环境治理和土地复垦，重点推进新生采煤沉陷区地质环境治理和关闭矿山历史遗留地质环境问题治理。到 2025 年，力争全省矿井水复用率达到 95%，黄河流域全面消除历史遗留地质环境问题，全省矿山历史遗留生态修复治理面积达到 1 万公顷，逐步消除存量，全面遏制增量。[①]

3. 推动能源资源综合利用

推进国家资源综合利用基地建设，加快大同、临汾、阳泉、河津、保

---

① 《山西省人民政府办公厅关于印发山西省“十四五”自然资源保护和利用规划的通知》，山西省自然资源厅官网，https：//zrzyt. shanxi. gov. cn/zwgk/zwgkjbml/zcfg/gfzhl/202303/t202303 27_8231626. shtml。

德、吕梁国家大宗固体废弃物综合利用基地和朔州、晋城、长治国家级工业资源综合利用基地建设，积极发展产业链条完整、横向关联配套、纵向延伸拓展的资源综合利用产业，推进固废生产和堆存较多的地区建设综合利用产业集聚区。鼓励开展煤矿乏风热能、机组余热、井下排水热能、瓦斯电厂余热等低品位余热回收利用。

4. 完善能源环境治理体系

构建能源领域生态补偿机制，健全区际利益补偿机制和纵向生态补偿机制，完善多元化、多渠道生态补偿资金长效投入机制。积极争取国家建立煤炭、电力、焦炭等资源型产品输出地和输入地之间碳补偿机制。推进“三线一单”生态环境分区管控，严格按照矿区生态环境承载能力和准入红线，切实统筹好资源开发与环境保护。加强能源行业环境监管，强化事中事后监管，建立动态管理机制，加大矿山地质环境监测力度，加强对矿山建设、生产和闭坑全过程地质环境影响评价。

参考文献

［1］习近平：《高举中国特色社会主义伟大旗帜　为全面建设社会主义现代化国家而团结奋斗——在中国共产党第二十次全国代表大会上的报告》，人民出版社，2022。

［2］张毅：《2023 年，能源工作这样干》，《山西日报》2023 年 2 月 20 日。

［3］余国、张鹏程：《2022 年全球能源安全形势评价——〈全球能源安全报告〉主要观点》，《国际石油经济》2023 年第 2 期。

［4］BP, World Energy Outlook 2022, https://www.bp.com/en/global/corporate/energy-economics/energy-outlook.html.

［5］余国、陆如泉：《2022 年国内外油气行业发展报告》，石油工业出版社，2023。

［6］史丹、王蕾：《全球能源市场格局新变化与中国能源的安全应对》，《中国能源》2022 年第 11 期。

［7］山西省统计局、国家统计局山西调查总队：《上半年全省经济运行情况》，山西省统计信息网，http://tjj.shanxi.gov.cn/tjsj/sjxx/202307/t20230721_8977556.shtml。

［8］《出台建设指南　健全标准体系　我省煤矿智能化建设全面提速》，山西省人民政

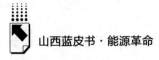

府网，https：//www. shanxi. gov. cn/ywdt/sxyw/202308/t20230817_ 9142707. shtml。
[9] 王佳丽：《多能互补　打造多元化清洁能源供应体系》，《山西经济日报》2023年8月15日。
[10]《山西加快煤系“三气”共探共采 上半年非常规天然气总产量68.2亿立方米》，山西省人民政府微信公众号，https：//mp. weixin. qq. com/s? _ _ biz = MzI1MzU4NTkyOA = = &mid = 2247728681&idx = 1&sn = b03c475fc0f1f655f84a09e6f50db 479。
[11]《加快“五大基地”建设，山西能源绿色转型未来已来》，山西省人民政府网，https：//www. shanxi. gov. cn/ywdt/sxyw/202308/t20230815_9129391. shtml。
[12]《前半年能源综合利用稳步提升》，山西省人民政府网，https：//www. shanxi. gov. cn/ywdt/sxyw/202307/t20230717_8947925. shtml。
[13] 王龙飞：《我省可再生能源产业发展渐入佳境》，《山西经济日报》2022年12月18日。

专 题 篇

Special Reports

B.2

能源互联网：能源革命的系统性抓手

孙宏斌　薛屹洵　张佳惠　常馨月*

摘　要： 能源是人类文明赖以生存的基石，是经济社会发展的重要动力和物质基础，每一次工业革命都离不开能源生产和消费方式的革新。当前，全球正面临着化石能源资源枯竭、环境日益恶化和能源消费持续增长等多重制约。能源互联网恰是数字信息技术与能源系统生产、传输、使用、存储各环节深度融合的新一代能源技术，也是现代能源体系演化的高级形态，其实质为数字革命与能源革命的深度融合。本文通过分析国内外能源互联网的发展现状，立足于山西省能源互联网建设情况，阐述了目前存在的问

* 孙宏斌，太原理工大学党委副书记、副校长（主持行政工作），清华大学学术委员会委员、长聘教授，山西能源互联网重大科技基础设施首席科学家，中国极地研究中心（中国极地研究所）极地清洁能源首席科学家；薛屹洵，太原理工大学电气学院副教授，山西省能源互联网研究院院长助理兼科技创新部部长，煤电清洁控制教育部重点实验室副主任；张佳惠，山西省能源互联网研究院党政办公室主任、综合能量管理研究专员；常馨月，太原理工大学电气学院副教授，山西省能源互联网研究院科技创新部副部长，煤电清洁控制教育部重点实验室副主任。

题、建设目标、总体构架、发展路径并且提出了未来的发展对策及建议。构建能源互联网，通过能量互联、信息互联、碳排互联和价值互联可以有效支撑能源安全高效供给与绿色低碳发展，为我国能源革命和“双碳”目标的安全可控达成提供重要支撑。

关键词： 能源互联网　能源转型　数智转型　新型能源体系

一　能源互联网理论和技术形态

2020 年 9 月，习近平主席在第七十五届联合国大会一般性辩论上宣布“中国二氧化碳排放力争于 2030 年前达到峰值，努力争取 2060 年前实现碳中和”。能源领域的碳排放占全部碳排放的 60%，因此迫切需要探索一条清洁低碳的中国特色能源转型发展之路，实现规模化的节能减排。习近平主席在 2015 年联合国发展峰会上倡议构建全球能源互联网，为我国能源革命指明了清晰的实现路径。2020 年国家电网公司提出建设具有中国特色国际领先的能源互联网企业的战略目标。能源互联网作为能源技术革命的代表，核心是基于互联网的理念对能源网络进行重构，促进能源的市场化、高效化和绿色化，是能源系统与信息系统高度融合的结果。[①] 能源互联网已成为支撑我国能源革命和“双碳”目标达成的重大战略支撑。

（一）能源互联网的基本概念

能源互联网是以电为中心，以坚强智能电网为基础平台，将先进信息通信技术、控制技术与先进能源技术深度融合应用，支撑能源电力清洁低碳转

① 孙宏斌、郭庆来、潘昭光：《能源互联网：理念、架构与前沿展望》，《电力系统自动化》2015 年第 19 期；孙宏斌、郭庆来、潘昭光等：《能源互联网：驱动力、评述与展望》，《电网技术》2015 年第 11 期。

型、能源综合利用效率提升和多元主体灵活便捷接入，[①] 具有清洁低碳、安全可靠、泛在互联、高效互动、智能开发等特征的智慧能源系统。互联网理念和技术构建新一代能源信息融合网络，会颠覆传统能源行业的行业结构、市场环境、商业模式、技术体系与管理机制，促进能源系统的开放互联和市场化，能够最大限度地开发利用可再生能源，提高能源综合利用效率。[②] 能源互联网领域各项技术及理论、应用发展迅速，形成对于资金、人才、科技、产业等要素的巨大集聚效益，从而带动了以能源为核心支撑、以互联网为深度外延的新兴产业的迅速成长。

能源互联网由智能电网、智能气网、智能热网、电气化交通网等多能源网络紧密耦合构成，并且网络间存有能量流与信息流的双向流动，从而形成一个复杂多网流系统。系统以电能作为各种不同形式能源之间相互转化的枢纽，电网与交通网通过电动汽车充放电设施及车主驾驶、充电行为相互影响，电网与天然气网通过燃气发电和近年来出现的电转气技术实现能量双向流动。此外，利用热电联产系统和可再生能源发电供热技术可实现电能与热能转换，并进一步发展热—电联合系统，也将是能源互联网建设中不可或缺的重要部分。

能源互联网是一个正在发展中的内涵外延丰富、包容性很强的概念，是能源电力系统发展的更高阶段。技术上，能源互联网加快实现技术进步与融合发展，“大云物移智链”等先进信息通信技术在能源电力系统广泛深度应用，多能转换技术、协调运行技术、用户互动技术等能源互联网技术全面升级，系统呈现数字化、自动化、智能化等特点。[③] 形态上，能源互联网网架结构坚强、分布宽广，集中式能源系统、分布式能源系统、各种储能设施和各类用户友好互联，各类能源系统互通互济，并与社会系统融合发展。功能上，联网具有强大的资源配置能力和服务支撑能力，有效支撑可再生能源大

① 薛屹洵、郭庆来、孙宏斌、沈欣炜、汤磊：《面向多能协同园区的能源综合利用率指标》，《电力自动化设备》2017 年第 6 期。

② 薛屹洵、潘昭光、王彬、孙宏斌、郭庆来：《多能流多尺度综合安全评估关键技术研发与应用》，《电网技术》2021 年第 2 期。

③ 孙宏斌、郭庆来、卫志农：《能源战略与能源互联网》，《全球能源互联网》2020 年第 6 期。

规模开发利用和各类能源设施“即插即用”，实现“源网荷储”协调互动，[①]保障个性化、综合化、智慧化服务需求，促进能源新业态新模式发展。

能源系统的类互联网化表现为互联网理念对现有能源系统的改造，其目的是使得能源系统具有类似于互联网的某些优点。能源互联网具有以下特征。

1. 多能源开放互联

在传统能源系统中，供电、供热、供冷、供气、供油等不同能源行业相对封闭，协同有限，不同系统孤立地规划和运行，不利于能效提高和可再生能源消纳。能源互联网实现电、热、冷、气、交通等多能源综合利用，并接入风能、太阳能、潮汐能、地热能、生物质能等多种可再生能源，形成开放互联的综合能源系统源侧综合能源系统、用户侧综合能源系统和能源传输网络。[②] 如图 1 所示，在源侧，构建综合能源系统，利用多种能量形式之间的转化以及大规模输电、储能等技术，源端多能源互补网络和就地消纳等方式，可显著提高可再生能源消纳水平，并平抑波动，使可再生能源得到充分利用；在用户侧，通过构建综合能源系统，可有针对性地满足用户多品位的能量需求，在以用户为中心的前提下有效提高能源综合利用率，如能源微网、区域综合能源网等；在传输网络，多能源开放互联网可以减少能源输配网络建设，提高系统安全可靠水平。

2. 能量自由传输

类比信息自由传输的特征，能量自由传输（见图 2）表现在以下几点：远距离低耗（甚至零耗）大容量传输、双向传输、端对端传输、选择路径传输、大容量低成本储能、无线电能传输等。能量自由传输使得能量的控制

① 田丰、贾燕冰、任海泉、白云、黄涛：《考虑碳捕集系统的综合能源系统“源—荷”低碳经济调度》，《电网技术》2020 年第 9 期。

② 薛屹洵、郭庆来、孙宏斌、沈欣炜、汤磊：《面向多能协同园区的能源综合利用率指标》，《电力自动化设备》2017 年第 6 期；薛屹洵、潘昭光、王彬、孙宏斌、郭庆来：《多能流多尺度综合安全评估关键技术研发与应用》，《电网技术》2021 年第 2 期；田丰、贾燕冰、任海泉、白云、黄涛：《考虑碳捕集系统的综合能源系统“源—荷”低碳经济调度》，《电网技术》2020 年第 9 期。

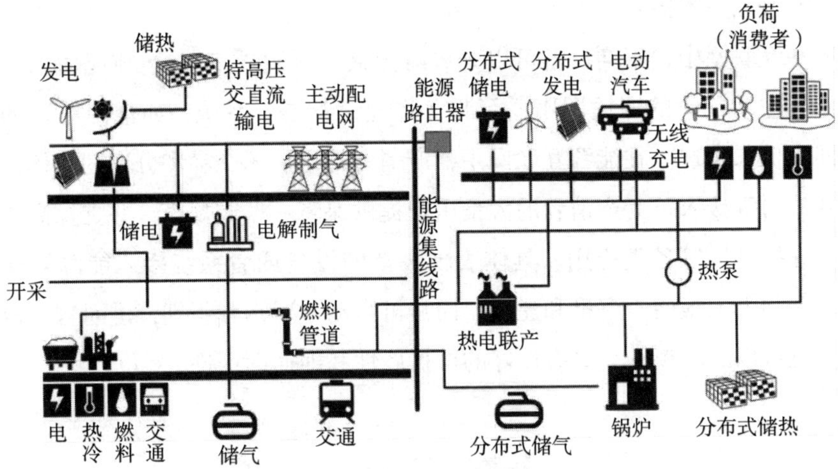

图 1　多能源开放互联

更为灵活，储能的大量使用可使能源供需平衡更为灵活，可以根据需要选择能量传输的来源、路径和目的地，支持能量的端对端分享，支持无线方式随时随地获取能源等，进而可以促进新能源消纳和提高系统的安全可靠性。

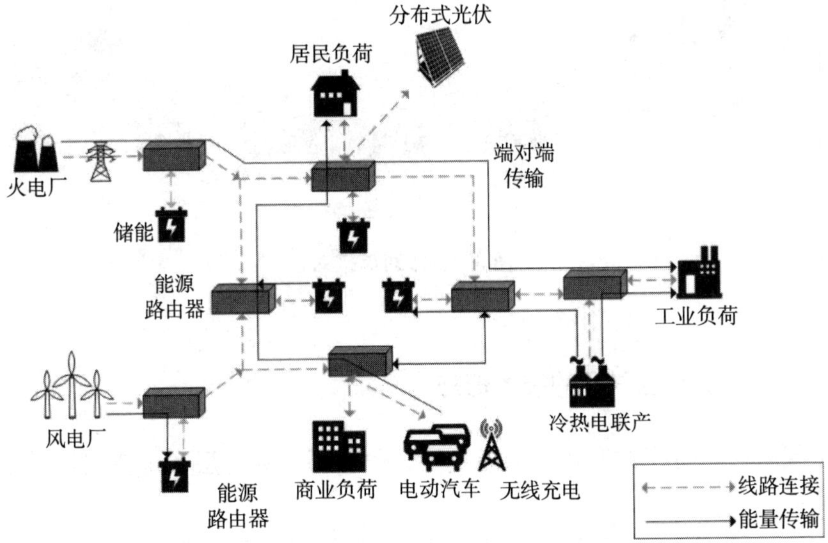

图 2　能量自由传输

3. 开放对等接入

在互联网中，不同设备可以开放对等接入（见图 3），当前能源系统可以做到被动负荷的即插即用，而源（物理设备或者系统，如微网等）的即插即用仍未实现。在能源互联网中，产消者将是能源交易和分享的主体，源的开放对等接入可为产消者的大量出现提供保障，形成规模，并支撑需求响应和虚拟电厂等各类应用。具体表现在新的设备或者系统接入能源互联网时，无须人工报装、审批和建模，而是可自动地感知和识别，进而自动地管理，也可以随时断开，具有良好的可扩展性和即插即用性。

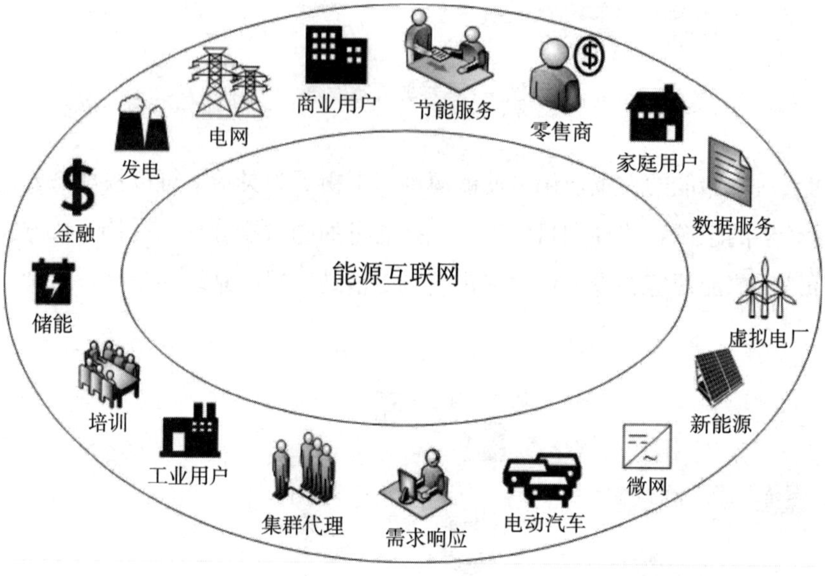

图 3　开放对等接入

（二）能源互联网的技术形态

能源互联网技术形态包括能量层、信息层、碳排层和价值层四层架构（见图 4）。[①]

① 孙宏斌：《能源互联网——数智引领能源转型》，《软件和集成电路》2023 年第 9 期。

图 4　能源互联网技术形态

能量层是能源互联网的基础，为信息层和价值层的跨界提供物理载体。能源互联网技术在能量层打破物理壁垒，促进能量在更大范围（能源形式、空间和时间）内高效地互联互通，发挥资源的互补性，减少能源浪费。[①] 热电联产（CHP）、电制冷、电制氢、燃料电池、能量路由、充电桩、多类型储能等能量转换和存储设备使能量得以高效互补和梯级利用，电网、热网、天然气网等能源传输网络使空间分散的能源生产（尤其是丰富的新能源、工业余热等资源）及各类型用户能够互联、互通、互补，电、热/冷、气、氢各类储能实现时间上的互补。在技术上，需要发展高效的能量转换、传输、使用和存储的装备，以及协同规划等方法；在实践中，需要寻找不同能量形式和能源主体之间的互补性，尤其是挖掘各种余热回收利用、新能源就地消纳等方式，并解决物理上的壁垒，如新建热电联产机组、供热网络、储能等设施。

信息层基于能量层的信息化和数字化，打破信息壁垒，建设智慧大脑，以低成本的方式匹配能源生产、传输、消费、存储等环节的不同主体，协同各类灵活性资源。[②] 互联网、物联网具有广域互联的特点，人工智能、大数

① 孙宏斌：《能源互联网——数智引领能源转型》，《软件和集成电路》2023 年第 9 期；郭庆来、王博弘、田年丰等：《能源互联网数据交易：架构与关键技术》，《电工技术学报》2020 年第 11 期。

② 郭庆来、王博弘、田年丰等：《能源互联网数据交易：架构与关键技术》，《电工技术学报》2020 年第 11 期；马钊、周孝信、尚宇炜等：《能源互联网概念、关键技术及发展模式探索》，《电网技术》2015 年第 11 期。

据、区块链、云计算等新技术提升了信息处理能力，为信息层的跨界提供了技术基础。在技术上，需要发展“分布自治—集中协同”的智能能量管理和运行控制方法和系统，尤其是要适应海量异质资源、空间分散、多主体的特点，满足隐私保护、多边互动、分布式协作等需求；在实践中，需要分析不同主体的灵活性，尤其是要从不同行业中寻找互补性并进行协同，同时也可以将电力系统成熟先进的理念和方法应用到其他行业中，推动各行业能源的数字化和智能化升级。①

碳排层将碳排放在网络中的分布定义为一种伴随着实际能量流动的虚拟物质流，即碳流，同时把碳排放从电拓展到多能，为多源异质的统一能量流模型贴上“碳标签”，通过先进的碳流追踪算法，可实现碳监测、碳溯源、碳赋码和碳调度。② 基于比例共享和潮流追踪原理构建多能耦合网络的碳流计算模型，通过计算时空分布的碳排放因子，实现覆盖源网荷储全过程的实时碳流计算，溯源能源消费中的每一份碳排放，明确碳排放从产生到消纳的流动全过程。

价值层旨在推动能源互联网可持续发展需要多方受益，形成开放、共享的能源互联网生态。需要打破现有能源体制、市场机制、商业模式、管理方式等价值壁垒，一方面激活现有资源和挖掘新的价值，另一方面合理分配价值，形成共建、共享、共治的新机制。在技术上，需要从经济学、金融学、管理学等角度开展研究和机制设计，在确保能源安全、数据安全的基础上提升能源市场活力；在实践中，需要探讨多方合作的可能，探索各种商业模式，激发社会各主体参与的积极性，通过建设数据基础平台降低参与门槛。③

① 孙宏斌、郭庆来、潘昭光等：《能源互联网：驱动力、评述与展望》，《电网技术》2015年第11期。

② 马钊、周孝信、尚宇炜等：《能源互联网概念、关键技术及发展模式探索》，《电网技术》2015年第11期。

③ 孙宏斌、潘昭光、孙勇等：《跨界思维在能源互联网中应用的思考与认识》，《电力系统自动化》2021年第16期。

二　国内外能源互联网发展现状

作为能源数智化转型的新引擎，能源互联网已成为国内外能源科技领域的前沿技术和国家能源发展的重要战略，引起了学术界和产业界的高度关注。

（一）国外能源互联网发展现状

当前，国外能源互联网发展仍处于探索阶段，各国基于自身国情和能源系统特点进行的试点实践各有侧重，并未形成统一的发展模式。在国际上，2017 年首届 IEEE 能源互联网与能源系统集成会议召开，2020 年 IEEE PES 能源互联网协调委员会成立。

发展方向方面，各国对能源互联网多能耦合、绿色低碳等基本特征方面的理解高度统一，同时又结合本国国情提出了各具特色的发展方向，如英国基于综合智慧能源系统的能源互联网、澳大利亚面向“用户侧产消一体”的能源互联网、韩国氢能耦合的能源互联网等均具有鲜明的自身特色。①

发展实践方面，各国均重视相关新技术、新元素的创新应用，包括微电网、电转其他能源（Power to X）、碳捕集利用与封存等技术均取得了较大进展，部分已经取得了较好的应用效果。示范工程则聚焦区域能源互联网的先进理念、关键技术和重点元素实践，如美国“FREEDM”计划、德国“能源转型数字化”和“行业耦合”能源互联网示范、英国奥克尼智慧综合能源系统示范、韩国蔚山氢能能源互联网项目均是结合本国国情、理念及技术而开展的区域能源互联网探索。业务创新的代表有施耐德电气、东京电力、西门子能源、Sonnen 等，它们均抢抓能源互联网发展机遇，创新业务

---

① 蒋福佑、王小川：《国内外能源互联网发展现状与中国电网企业的实践》，《企业管理》2021 年第 S1 期。

拓展模式，取得了较好的实施效果。①

美国是发展能源互联网领域的先驱国家之一，其侧重于立足电网，借鉴互联网开放对等的理念和体系架构，对能源网络关键设备、功能形态、运行方式进行创新变革，形成能源系统互动融合、关联主体即插即用的新型能源网络。美国学者杰里米·里夫金指出，能源互联网（Energy Internet）应具有以可再生能源为主要一次能源、支持超大规模分布式发电系统与分布式储能系统接入、基于互联网技术实现广域能源共享、支持交通系统由燃油汽车向电动汽车转变四大特征，2011 年里夫金出版的《第三次工业革命》，提出能源互联网是第三次工业革命的核心之一，使得能源互联网被更多人关注，产生了较大影响。近年来，受经济发展、能源安全、环保减排等多重因素驱动，美国以智能电网为基础，不断推进能源领域技术进步和能源互联网发展。德国是最早进行能源互联网实践探索的国家之一，其能源互联网发展侧重于通过对能源系统全环节的数字化改造，促进可再生能源开发利用，进而推动能源结构转型和能效提升。早在 2008 年，德国联邦经济及科技部即在《E-Energy 以信息通信技术为基础的未来能源系统》项目手册中，将能源互联网描述为“能够使电力市场信息处理、交互、支付更加迅捷方便，通过端到端的数字网络进行能源基础设施的智能监测、控制和管理，连接能源基础设施与电子化交易市场，推进能源供应的高效化、迅捷化与透明化”。德国联邦经济和能源部于 2016 年开启了为期四年的“能源转型数字化”计划（SINTEG），在五个大型示范区域开启试点项目研究，共有超 300 家企业参与，投入资金 5 亿欧元。2020 年底德国发布《国家氢能战略》，在氢能的生产和应用两方面实施重大举措，支撑“行业耦合”能源互联网发展。通过可再生能源电力制氢，推动终端工业、交通和居民等重点行业领域用能清洁低碳化，战略中提出氢能生产和应用重大举措，将为“行业耦合”能源互联网的构建夯实基础。日本能源互联网发展的侧重点在于区域综合能源系统

① 蒋福佑、王小川：《国内外能源互联网发展现状与中国电网企业的实践》，《企业管理》2021 年第 S1 期；刘振亚：《全球能源互联网》，《当代电力文化》2015 年第 3 期；王叶子、王喜文：《德国版智能电网“E-Energy”》，《物联网技术》2011 年第 5 期。

的建设，从技术革新、推广新能源、改变能源消费结构三个方面着手，提高能源效率，推动能源节约。在日本，既有分布式能源系统大多以单体用户为供能对象，用户负荷单一、波动性强，供需互动难以有效实现。为破解上述困局，近年来日本各大能源商开始尝试突破现有分布式能源系统的供能边界，将同一区域范围内多个相邻的用户纳入统一的供能体系，通过构建区域能源互联网实现能源的共享与交易。结合日本政府对氢能产业发展的大力推动，日本将形成以区域能源互联网建设为着力点，以氢能开发利用为驱动力的能源互联网发展新模式。

（二）国内能源互联网发展现状

我国能源互联网发展迅速得益于国家高度重视能源互联网发展。能源互联网发展具备良好的发展环境、发展空间和技术保障。各市场主体围绕能源清洁低碳转型，积极布局发展方向，工程实践稳步推进。

2015 年习近平主席在联合国发展峰会上倡议构建全球能源互联网，同年国家能源局将能源互联网列入国家《能源技术革命创新行动计划（2016~2030 年）》，2020 年国家电网公司提出建设“国际领先的能源互联网企业”战略目标。同时，近 5 年以能源互联网为关键词的论文发表量呈爆发式增长。能源互联网已成为国内外能源科技领域的前沿和国家能源转型发展的重大战略。

为响应国家“互联网+智慧能源”行动号召，自 2015 年起已有 10 余个省份陆续布局能源互联网相关创新研究平台。然而目前相关平台主要研究对象侧重于小规模园区级系统，亟须建立相关实验室针对不同规模、不同场景下能源互联网的规划运行、市场机制等方面的前沿技术开展系统性研究。

政策支持方面，我国对能源转型的重视程度和支持力度不断提升，立足新发展阶段，贯彻新发展理念，构建新发展格局，系列方向指导、价格激励、市场体制、技术标准相关政策的出台为中国能源电力转型发展指明了新的方向，也为能源互联网的发展提供了强有力的支持。

企业布局方面，聚焦能源互联网“绿色低碳、安全可靠、泛在互联、高效互动、智能开放”的主要特征，国内相关传统能源企业、新兴能源企业、互联网企业及跨界生态企业，结合自身业务特征和发展诉求提出各具特色的“十四五”发展布局，有力支撑构建清洁低碳、安全高效的能源体系。国家电网公司制定央企和国内首个碳达峰、碳中和行动方案，提出6方面18项重点举措，发布加快抽水蓄能开发建设6方面工作举措，建成投运全球最大的“新能源云”平台，争当能源清洁低碳转型的引领者、推动者、先行者。

发展实践方面，自2015年能源互联网香山科学会议召开以来，能源互联网在国内外得到蓬勃发展。在国内，2016年国家三部门联合发布了《关于推进“互联网+”智慧能源发展的指导意见》，2017年国家能源局启动了首批55项国家级能源互联网示范工程项目，从项目实施类型上看，目前国内获批的能源互联网示范项目情况如下：示范园区能源互联网示范工程10个、城市能源互联网示范工程10个、服务平台10个、大数据平台10个、其他类型10个。科技部和国家自然科学基金委支持了一批重点科研项目。众多企业也提出了能源互联网发展战略，国家电网公司以“具有中国特色国际领先的能源互联网”战略为统领，开展能源互联网顶层设计，开展了15个多层级多样化能源互联网综合示范规划及建设。

从项目探索实践方向上看，能源互联网示范项目涉及风光储输多能互补、智慧能源、智能供热、智能制造、微电网开发、智能用电、能源供应服务、用户综合服务、智慧公共交通、电动汽车、大数据技术应用、电子商务平台建设等多种能源互联网实践路径。国内因地制宜确定能源互联网示范工程发展方向和建设重点，探索智慧城镇型、产业园区型、集群楼宇型、平台服务型等不同类型区域能源互联网发展模式，差异化、特色化、梯级建设能源互联网示范区。

国内研究人员也对能源互联网这一新兴技术进行了研究及探索，纷纷成立了研究院及研究专题，如清华大学、浙江大学等均拟成立能源互联网研究院，国家电网发起了能源互联网研究专题等。但总体上我国的能源互联网研究相比于国外而言，起步稍晚，但势头很好，目前在能源互联网基础理论领域已有一些创新和共识。在多能流分析方面，能量的传递过程可分为动量传递、热量传递和质量传递三类，从物理的角度，虽然不同种类能量传递过程的物理量不同，但可以通过建立统一的能量传递规律与表示方式来反映能量传递过程的共性规律。统一能路理论模型，基于电路理论中“场”到“路”的推演方法论，建立了包括天然气网络、水力与热力网络的能路模型，为异质能源的统一分析奠定了理论基础，基于统一能路理论，可建立电—热—气耦合多能流系统优化调度模型。在基于图论的多能源网络能量流分析中，节点和支路被定义并统一数学表示，在搭建多能源网络三维拓扑结构图的基础上提出能量传递的统一描述方法。在多能流规划方面，基于能量枢纽黑箱理论的优化规划方法，在实现已知区域综合能源系统的用能需求基础上，优化设备选型及容量；基于㶲分析的多能耦合规划能衡量能量品质，实现能量高品质梯级利用；综合能源系统多阶段规划，减少全生命周期成本，以用能负荷变化为依据进行阶段式设备配置，能提高设备出力率，避免超前投资所造成的浪费，从而提高系统经济性。在能量运行管理方面，从技术角度来看，这个问题可以归结为复杂的多能流网络最优调度与控制问题，优化目标是追求效益的最大化，这里的效益可以包括能源本身以及附加服务的交易收益，而约束条件包括供需平衡、运行物理约束以及安全约束等，优化的手段则是指所有可以调控的灵活性资源，其广泛分布在一次能源（煤炭、石油、燃油、燃气、可再生能源等）、二次能源（电力、氢气、工业废气、余热等）、能源运输（电网、铁路网络、公路网络、油气管网、供热供冷管网等）等各处，覆盖源网荷储各个环节。主要通过多能流综合能量管理系统（IEMS）实现多能互补和源网荷储协同，其功能模块包括多能流 SCADA、实时模型与状态感知、多能流安全分析及预警控制、多能流优化调度控制、节点能价以及虚拟能厂等。

三　山西省能源互联网建设情况

近年来，建设能源互联网已成为世界科技竞争的前沿阵地。能源互联网是数字技术与能源系统生产、传输、使用、存储各环节深度融合的新一代智慧能源技术，也是现代能源体系演化的高级形态，其实质为数字革命与能源革命的深度融合。山西是我国重要的能源基地，肩负着全国资源型经济转型综合配套改革试验区和能源革命综合改革试点省的国家使命。构建能源互联网，通过能量互联、信息互联、碳排互联和价值互联，可以有效支撑能源安全高效供给与绿色低碳发展，为山西乃至我国能源革命和“双碳”目标的安全可控达成提供重要支撑，并为山西能源领域高质量发展提供特色抓手。

山西是能源大省，作为全国唯一的能源革命综合改革试点省，肩负着“全国能源革命排头兵”的重大使命。2020 年山西人均碳排强度与单位 GDP 碳排均高居全国第 4 位，能源绿色低碳转型困难。

为推动能源综合改革，山西成立了以省长为组长的能源互联网试点专项领导小组，将能源互联网列入山西省“十四五”规划，在 2021 年及 2022 年的省政府工作报告中明确提出开展及加快能源互联网试点建设。能源互联网已成为山西能源革命与“双碳”目标安全可控达成的重要支撑。

（一）山西省能源转型面临的关键问题

山西作为我国的煤炭和能源大省，长期以来向全国输送了大量的能源产品，为国家经济社会发展和能源安全保障作出了重要贡献。但是立足打造全国能源革命排头兵的战略定位，在能源转型方面，仍面临着以下问题和痛点。

1. 煤炭产业占比较高，用能效率亟须提升

山西省是我国产煤大省，自新中国成立以来，累计生产原煤 230 亿吨，占全国累计产量的 1/3 左右。2021 年，山西煤炭产量 11.93 亿吨，占全国的 27.6%。山西省煤炭资源禀赋决定了在相当长的一段时期内的电源结构仍以火电为主，煤电机组为电力系统的核心调节电源。① 2022 年山西煤电装

---

① 孙宏斌、郭庆来、卫志农：《能源战略与能源互联网》，《全球能源互联网》2020 年第 6 期；孙宏斌、郭庆来、潘昭光等：《能源互联网：驱动力、评述与展望》，《电网技术》2015 年第 11 期。

机容量达 7106.7 万千瓦，约占总装机的 60%，2020 年山西煤炭工业增加值占规上工业比重超过 50%，占全省 GDP 的比重约为 20%，仍旧存在煤炭产业占比较高的结构特点。同时，以煤炭开采和洗选产业、钢铁产业、煤化工产业等为首的高耗能行业普遍存在用能效率偏低、降本节能空间大的问题。其中，煤炭开采和洗选行业企业规模总体偏小，装备水平、选煤技术工艺与选煤方式参差不齐，2021 年煤炭开采和洗选行业企业能源加工转换损失量占总能耗的 19.49%；2022 年，全省重点钢铁企业的炼铁、焦化和球团等工序能耗平均值比全国的能耗平均值高，例如，其中炼铁工序高出 1.4%，焦化工序高出 2.27%。

2. 高比例新能源接入，源网荷储缺乏协同

2022 年，山西新能源装机达 4013.52 万千瓦，占总装机的 30% 以上，高比例新能源接入对电力系统安全稳定运行带来了一系列挑战。在电源侧，新能源出力具有较大随机性，影响电力系统供需平衡。在电网侧，大规模新能源接入会挤占常规发电机组的调节惯量，导致潮流波动频发，影响电网的稳定性和可靠性。在负荷侧，规模化需求侧响应水平远远不足，导致电力系统灵活性匮乏，电力系统的调节能力亟待提升。在储能侧，储电、储热、储气、储氢等覆盖全周期的多类型储能协同运行能力差，能源系统运行灵活性较低，在不同时间和空间尺度上不能满足大规模新能源调节和存储需求。源网荷储缺乏协同，电力系统整体运行灵活性差、效率低。[①]

3. 多能系统壁垒林立，数字赋能较为落后

山西能源领域煤电热冷气氢等多行业、源网荷储等多主体的各类能源数据相互割裂、壁垒林立，海量的多源异构数据形成了一个个信息孤岛。在能源生产、传输、消费、运营、管理、计量、交易等各个环节，数据共享开放程度不够，阻碍了能源大数据价值的创造和释放，严重影响了能源系统的数字化和智慧化转型，能源系统的安全与经济效益无法充分发挥。此外，山西

---

① 孙宏斌、郭庆来、卫志农：《能源战略与能源互联网》，《全球能源互联网》2020 年第 6 期；孙宏斌、郭庆来、潘昭光等：《能源互联网：驱动力、评述与展望》，《电网技术》2015 年第 11 期。

煤炭开采等高耗能企业信息化建设较为落后，与国内外先进水平差距明显。其中，在大中型煤矿企业中，已有一定的信息化设备基础，但存在重复建设和资源浪费现象，而中小型煤矿企业由于资金实力不足，信息化水平很低。

4. 电力现货仍待完善，碳排交易基础薄弱

山西电力市场化改革走在全国前列。2015 年以来，山西制定出台了《山西省进一步推进电力市场建设工作方案》《山西省售电侧改革实施方案》等政策，在售电侧改革等方面取得了显著成效，但仍存在市场对虚拟电厂激励不足的问题。虚拟电厂运行需要多样、广泛的能源调度资源，但由于激励机制不到位，山西虚拟电厂在聚合商培育、用户资源规模方面比较薄弱。此外，山西的碳交易基础仍比较薄弱，尚未建立摊牌核查与溯源机制，无法有效分配与计量碳配额，且碳交易市场信息披露不充分，缺碳现象十分普遍。

通过对国内外能源互联网建设的领先实践进行分析，结合山西省能源系统现状，山西省能源互联网建设将着重针对解决能源转型面临的主要问题，通过能源互联网建设进一步提升全省各行业用能效率，加强源网荷储一体化建设，加强能源行业的数字化转型，逐步完善碳市场，激发各方主体参与节能降碳的积极性。

（二）山西省能源互联网建设目标

山西省委省政府高度重视能源互联网建设工作，将能源互联网作为助力碳达峰碳中和山西行动的重要抓手，深化能源革命综合改革试点的重要内容，推进高质量发展的重要举措；成立了以省长为组长，分管发改/能源和科技的两位副省长以及首席科学家为副组长的专项领导小组，先期采取“1 省域+3 城市+N 园区”的试点专项建设方案，实行首席科学家负责制。同时，成立山西省能源互联网研究院作为试点建设的人才和技术汇聚平台。

按照“1+3+N”方案，规划建设 1 个省域能源互联网中心，2025 年前，在朔州、运城、大同 3 个试点城市开展城市级能源互联网和若干企业园区级能源局域网建设，2030 年前，根据项目开展情况追加试点城市建设，逐渐扩大到全省 11 个城市，实现省内全覆盖。

山西省能源互联网试点专项立足山西，面向全国，放眼世界，建设世界领先的能源互联网基础设施，打造与山西省经济发展相适应的能源互联网生态体系，支撑能源革命排头兵行动，开创山西省能源转型发展新局面，切实为全国提供可学可复制的样板。

能源系统智慧化程度更高。推进新一代信息技术与能源行业深度融合，构建完善的能源数据采集体系及城市级能源统计监测指标体系，实现电网/热网/气网实时监测，为电、热、冷、气等各种设备的统一建模、参数管理和可视化人机交互提供支撑，使运行人员能够直观、全面、实时掌握综合能源系统的运行状态并进行控制，防止系统由于“灯下黑”而失控。在此基础上建成“省级—城市级—园区/企业级”能源大数据平台和智慧能源大脑，提升能源管理决策能力与水平，推动能源系统从自动化向智能化全面跨越；2030 年前，根据项目开展情况追加试点城市建设，逐渐扩大到全省 11 个城市，实现试点城市重点高耗能行业园区/企业级能源互联网覆盖率达到 50%。

能源科技发展更具平台。建成山西能源互联网研究院、山西省储能研究院，引进和培育一批创新创业人才；探索和验证若干新一代能源系统关键核心技术；能源互联网标准化建设取得重大进展，全面科学指导各类能源互联网项目的规范设计和实际运行。

能源体制改革更见实效。针对能源互联网发展模式的难点痛点，多部门联合从行业准入、财税价格、互联互通、安全监管等多方面研究制定“1+N”政策体系，为发展能源互联网提供必要条件和制度保障，为重大能源体制机制创新提供重要突破点。解决痛点问题后，实现综合能源系统能效提升 3%。

能源发展目标更加可实现。在典型应用场景中，单位 GDP 能耗较 2021 降低 10%，更好实现能源消费“双控”目标，提升能源系统效率；结合能源互联网成功模式的推广应用，到 2025 年系统中绿电占比较 2021 年提高 10 个百分点，助力碳达峰目标的提前实现。

（三）山西省能源互联网总体架构

山西省能源互联总体分为省域能源互联网中心、城市级能源互联网和园区/企业级能源互联网三层架构。其中，省域能源互联网中心统一协调管理城市和园区/企业级能源互联网，城市级能源互联网与各园区/企业级能源互联网管控平台（系统）共同构成云边互动的城市能源互联网体系，横向汇集省/市/园区级已有各类能源系统的电类和非电类数据，纵向汇集城市/园区/企业/千家万户等用户数据（见图5）。

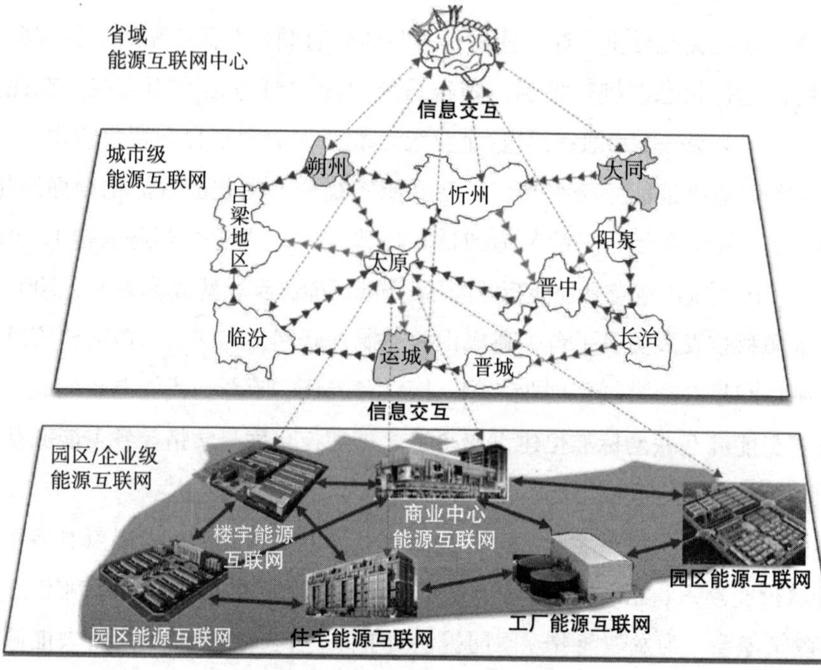

图5　山西省能源互联网总体架构示意

山西省能源互联网先期按照省—城市—园区/企业三级“1+3+N”总体建设方案进行建设，建设1个省域能源互联网中心，在3个试点城市开展城市级能源互联网和若干企业园区级能源局域网建设。与此同时，山西省能源互联网进行面向“1+11+N”的架构设计，根据项目开展情况追加试点城市建设。山西省能源互联网服务政府部门、能源企业（电网、热网、天然气网、新能源企业等）、能源用户（园区、工商业企业、大型建筑等）、能源服务商、社会公众（学校、大众等）五类用户，以现有和准备建设的省级能源信息系统为基础，对其中的数字化薄弱环节升级改造，建设省/市/园区级能源大数据中心，打破信息孤岛，实现电、气、煤炭、交通、气象等各类能源数据贯通；以综合能源系统智慧化为目标，[1] 建设省/市/园区级智慧能源大脑，提供开放共享智慧应用场景。

（四）山西省能源互联网发展路径

基于"能量层—信息层—碳排层—价值层"的四流合一技术形态，按照"三步走"发展思路逐步推进山西省能源互联网建设（见图6）。

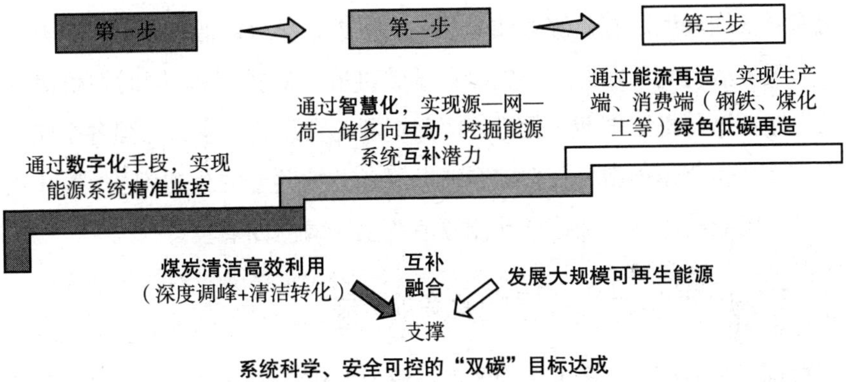

图6　山西省能源互联网实现路径示意

第一步，在信息层通过能源系统的数字化升级，汇聚山西省各类能源生产、传输、消费的多元化能源数据，打通各行业和部门的数据壁垒，挖掘数据价值，促进数据共享，实现山西省电、煤、热、冷、气、水、交通、可再生能源等各类能源综合协同管控，实现主要行业和企业的综合能源监视和分析。

① 薛屹洵、郭庆来、孙宏斌、沈欣炜、汤磊：《面向多能协同园区的能源综合利用率指标》，《电力自动化设备》2017年第6期。

第二步，依托现有电、气、冷、热等能源系统基础设施和数字化信息平台，在信息层完成对能源系统从数字化到智慧化的转型。一方面，横向打通电、气、冷、热不同能源系统间的壁垒，实现不同能源产销者间的直接握手，打造多能协同的能源体系，挖掘不同能源系统互补潜力，实现能源的梯级利用，提高能源利用效率；另一方面，纵向实现源—网—荷—储多向互动，通过智能信息平台对山西省现有能源生产、传输、消耗、存储全环节协同管控，提高可再生能源的消纳能力，推动能源供给侧绿色转型。

第三步，立足山西省丰富的煤炭、风能、光能资源条件，通过支撑电源灵活性改造、煤电一体化项目对底层（能量层）能流系统再造。①严格控制能源消费强度，优化能源消费结构，促进工业、建筑、交通等多领域的节能改造及清洁能源替代。利用能碳调控技术，基于碳排放主体的碳排放实时精准测算、低碳调度，有效服务政府治碳、促进企业绿色低碳转型与个人践行绿色低碳生活，实现能源供给侧绿色低碳再造（碳排层）。同时在价值层通过推进能源体制机制创新，促进能源和资源的交易和共享，加强各个能源系统优势互补和合作创新，打造综合能源服务开放共享的生态圈。②提升能源消费客户用能满足感，加速推动能源消费端的绿色转型。

（五）山西省能源互联网试点专项进展

能源领域多行业、多主体的各类能源数据相互割裂、壁垒林立，海量的多源异构数据形成了一个个信息孤岛。在能源生产、传输、消费、运营、管理、计量、交易等各个环节，数据共享开放程度不够，阻碍了能源大数据价值的创造和释放，严重影响了能源系统的数字化和智慧化转型，能源系统的安全与经济效益无法充分发挥。因此，统筹发展能源互联网试点专项建设迫在眉睫。

---

① 孙宏斌：《能源互联网——数智引领能源转型》，《软件和集成电路》2023 年第 9 期。

② 田丰、贾燕冰、任海泉、白云、黄涛：《考虑碳捕集系统的综合能源系统“源—荷”低碳经济调度》，《电网技术》2020 年第 9 期。

1. 核心技术研发情况

多能流综合能量管理关键技术与电能碳协同调控关键技术攻克了能源互联网智慧大脑对于多能流和碳流的分析计算、安全评估、优化调控三大技术瓶颈，是支撑“能源革命”和“双碳”目标国家战略的重大标志性技术突破。

（1）多能流综合能量管理关键技术、系统及应用科技成果情况

该成果于 2022 年 1 月通过了中国电工技术学会组织的鉴定，鉴定委员会由中国电力科学研究院周孝信院士、南方电网公司李立浧院士、华中科技大学程时杰院士、湖南大学罗安院士、天津大学王成山院士、浙江大学高翔院士六位院士领衔。鉴定委员会专家一致认为，成果实现了能量管理系统管控对象从电力系统到多能流系统的跨越，研发了国内外首套规模化多能流综合能量管理系统[①]，属于国际首创，整体处于国际领先水平[②]。

（2）“面向多源异构能源系统的电能碳协同调控关键技术与工程应用”科技成果情况

该科技成果在 2022 年 11 月通过中国电机工程学会鉴定，鉴定委员会由中国工程院院士潘德炉和中国科学院院士薛永祺领衔。鉴定委员会专家一致认为，建成了国内外首个面向多源异构能源系统的电能碳协同调控平台，成功实现了从“电力”到“能源”再到“能碳”的协同调控，是全面服务能碳双控的重大原创性成果，整体技术处于国际领先水平。

2. 技术成果应用情况

以多能流综合能量管理关键技术为基础，研发了国内外首套规模化多能流综合能量管理系统（IEMS），已在北京、吉林、广州等 17 个智慧城市、42 个低碳园区成功应用。在吉林长春市，通过城市级 IEMS 协同热网和电网，热电联合优化实现了供热季典型日减少弃风约 210 万千瓦时，近 3 年吉

---

① 薛屹洵、潘昭光、王彬、孙宏斌、郭庆来：《多能流多尺度综合安全评估关键技术研发与应用》，《电网技术》2021 年第 2 期。

② 孙宏斌、郭庆来、潘昭光等：《能源互联网：驱动力、评述与展望》，《电网技术》2015 年第 11 期。

林电网在供热季共计减少弃风5.67亿千瓦时，相当于减少二氧化碳排放61.38万吨；长春市5个试点单位供能成本平均降低12%，单位碳排放平均降低10%。北科产业园接入IEMS系统后年平均节能约19%。多能流综合能量管理技术在提升综合能源利用效率、最大化消纳可再生能源、保障综合能源系统安全性等[①]方面都取得了显著的经济效益和社会效益。

以电能碳协同调控科技成果为基础，与国网浙江电力合作建成了国内外首个面向多源异构能源系统的电能碳协同调控平台，并在浙江等地相关部门和企业应用。国网湖州市供电公司在全国首创推出“碳效码”。作为电能碳协同调控平台的典型应用产品，上线以来，“碳效码”平均每年实际节约电量164.2亿千瓦时，减少碳排放913万吨，按照碳排放权年度均值测算，约折合人民币8.9亿元。此外，基于该平台打造的“电能碳一张图”，通过对能源生产、传输、消费全过程的碳排精准测算，实现能源生产、传输、消费全过程的碳轨迹追踪，有效提升了全社会碳排精准计量水平，辅助全省重点用能企业碳排动态核查。

3. “1+3+N”试点进展

在试点专项领导小组的统一领导下，山西省能源互联网研究院（以下简称“研究院”）和清华团队不断细化“1+3+N”试点专项方案。除大同、朔州、运城三个试点市外，吕梁、晋城、长治等其他地市也表现出很高的积极性，带动了一批本土企业在能源互联网领域进行了前瞻性探索，主要进展如下。

“1”个省域能源互联网中心建设方案：设计了省域能源互联网中心建设方案，拟率先建设能碳双控决策平台，可实现碳监测、碳溯源、碳赋码和碳调度等功能。研究院联合山西省电力公司和山西省云时代公司成立的山西省能源互联网中心已在晋阳湖·数字经济发展峰会上揭牌。召开包含太原理工大学在内的四方能源互联网中心框架建设交流会议，签署了《山西省能

---

① 薛屹洵、潘昭光、王彬、孙宏斌、郭庆来：《多能流多尺度综合安全评估关键技术研发与应用》，《电网技术》2021年第2期。

源互联网建设框架合作协议》。

“3”个城市能源互联网中心建设方案：朔州市已完成城市级能源互联网中心项目立项；大同市已完成能源互联网中心建设方案设计；运城市已完成可研编制，正在进行立项。阳泉市、晋城市、长治市也积极加入能源互联网建设中，根据各自资源禀赋和产业差异性设计了个性化的建设方案。其中，进展较快的是阳泉，高新区管委会牵头建设数智“双碳”平台，已于2023年4月立项。

“N”个园区能源互联网建设方案：大同市塔山选煤厂项目已完成招投标；朔州民用机场项目正在实施并已接近完成建设，预计年内验收；朔州东站、运城宏达钢铁厂等项目已完成方案设计；后续批次园区试点专项的遴选工作已启动。

（六）山西能源互联网发展对策及建议

山西省是我国能源大省，能源体量巨大，互补能力强，同时山西省也是能耗大省，碳达峰碳中和任务艰巨。能源互联网的使命是构建绿色低碳、安全高效、开放共享的能源生态，要打破能源共享生态中的各种壁垒，不只是技术方面的壁垒，还有商业、市场、行业、区域、政策等方面的壁垒，引领新的技术方向，发现新价值，释放新生产力、创新力。因此，构建能源互联网涉及煤、电、气、氢、交通等各类主体，涉及能量和信息的互联互通与开放共享，需要政府主导推动、企业协同推进，是一项复杂的体系化工程。

1. 推进煤炭智慧开采，保障煤电清洁利用

建议积极应用人工智能、大数据等新兴数字化技术，在山西大同、古交、平朔和汾西等矿区开展煤炭智慧开采试点，构建5G+智慧矿山的智能化开采机制，探索山西煤炭绿色开采技术路线，推进煤炭智慧开采；以“高质高效、低排低耗”为原则，加快煤电机组转型升级和落后产能淘汰，以新技术、新工艺、新标准实现煤电清洁高效利用，推动煤电产业向清洁化、大型化、规模化的方向发展，提升燃煤机组的效率与快速深度调峰能力，保

障燃煤机组绿色高效运行；依托山西 24 家钢铁联合企业与 3 大煤化工产业集群，推进钢铁冶炼、煤化工等特色能源局域网建设，支撑高耗能行业能源绿色低碳转型，全面提升重点用能企业能效水平。

2. 新能源与储能协同发展，提升新型电力系统运行灵活性

建议聚焦山西能源特色，围绕源源互补和源储协同等多种交互形式，构建以新能源为主体的新型电力系统。① 在源源互补方面，依托朔州、大同等地丰富的新能源资源，大力推进风电、光伏等新能源发电技术，实现风光横向互补，有效降低新能源出力波动性。源储协同方面，在忻州、吕梁等地的乡村地区推进分布式光伏和分布式储能综合应用，通过板上发电、板下种植、板间养殖，实现农光储互补、渔光储互补；将朔州市平鲁和右玉两大共享储能电站作为试点，在储能侧建设以共享储能为中心的风光储一体化能源局域网。在多元储能协同方面，加快飞轮、液流、氢能、压缩空气等新型储能技术的研发与应用，提升多类型储能协同运行能力，满足多时间多空间尺度上大规模新能源调节和存储需求，提升新型电力系统运行灵活性。②

3. 建设省域能源互联网资源协同平台，贯通融合多能源数据

建议加强顶层设计，坚持全省统一领导、统一规划、统一标准、统一建设，构建可覆盖全省、全能源链的省域能源互联网资源协同平台。同步推出相关政策，要求煤炭、电力、热力、燃气等能源公司和用能企业将现有的能源相关系统和数据接入省域中心。依托数据接入，集成多能源系统的实时煤、电、气、热、氢等数据，打通信息壁垒，建设省域能源大数据中心，实现企业间数据互通率超过 80%。③ 在此基础上建设智慧能源操作系统，以绿色低碳、安全高效、开放共享的理念服务于政府部门、能源企业、能源用

---

① 孙宏斌、郭庆来、卫志农：《能源战略与能源互联网》，《全球能源互联网》2020 年第 6 期；孙宏斌、郭庆来、潘昭光等：《能源互联网：驱动力、评述与展望》，《电网技术》2015 年第 11 期。

② 孙宏斌、郭庆来、卫志农：《能源战略与能源互联网》，《全球能源互联网》2020 年第 6 期；孙宏斌、郭庆来、潘昭光等：《能源互联网：驱动力、评述与展望》，《电网技术》2015 年第 11 期。

③ 孙宏斌、郭庆来、卫志农：《能源战略与能源互联网》，《全球能源互联网》2020 年第 6 期。

户、能源服务商及社会公众，保障能源安全，支撑“双碳”战略。

4. 建立电碳联动衔接机制，助力山西电力市场领跑全国

建议结合山西电力供需实际情况，建立现货背景下适合新能源特性的虚拟电厂市场化运营模式，加快推动山西已建成的首批虚拟电厂参与电力市场交易。研究多层级碳追踪技术，完善碳核查与碳溯源，在此基础上设计适合山西不同行业与区域发展因素的激励相容的碳交易市场机制，建立公开透明、可溯源、可共享的碳交易系统，围绕立法、覆盖范围、制度设计、市场运行等方面进一步完善碳交易体系。建议推动建立电市场与碳市场的联动衔接机制，结合当前山西新能源发展所具有的独特优势，完善电力市场与碳市场在政策体系、交易规则、共享数据、交互接口等方面的有效衔接，从而促成两个市场互信、互认、互通，实现电力市场与碳市场的融合，助推山西电力市场领跑全国。

参考文献

[1] 孙宏斌、郭庆来、潘昭光：《能源互联网：理念、架构与前沿展望》，《电力系统自动化》2015 年第 19 期。

[2] 孙宏斌、郭庆来、潘昭光等：《能源互联网：驱动力、评述与展望》，《电网技术》2015 年第 11 期。

[3] 薛屹洵、郭庆来、孙宏斌、沈欣炜、汤磊：《面向多能协同园区的能源综合利用率指标》，《电力自动化设备》2017 年第 6 期。

[4] 薛屹洵、潘昭光、王彬、孙宏斌、郭庆来：《多能流多尺度综合安全评估关键技术研发与应用》，《电网技术》2021 年第 2 期。

[5] 田丰、贾燕冰、任海泉、白云、黄涛：《考虑碳捕集系统的综合能源系统“源—荷”低碳经济调度》，《电网技术》2020 年第 9 期。

[6] 孙宏斌、郭庆来、卫志农：《能源战略与能源互联网》，《全球能源互联网》2020 年第 6 期。

[7] 孙宏斌：《能源互联网——数智引领能源转型》，《软件和集成电路》2023 年第 9 期。

[8] 郭庆来、王博弘、田年丰等：《能源互联网数据交易：架构与关键技术》，《电

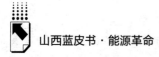

工技术学报》2020 年第 11 期。
[9] 马钊、周孝信、尚宇炜等：《能源互联网概念、关键技术及发展模式探索》，《电网技术》2015 年第 11 期。
[10] 孙宏斌、潘昭光、孙勇等：《跨界思维在能源互联网中应用的思考与认识》，《电力系统自动化》2021 年第 16 期。
[11] 蒋福佑、王小川：《国内外能源互联网发展现状与中国电网企业的实践》，《企业管理》2021 年第 S1 期。
[12] 刘振亚：《全球能源互联网》，《当代电力文化》2015 年第 3 期。
[13] 王叶子、王喜文：《德国版智能电网"E-Energy"》，《物联网技术》2011 年第 5 期。

B.3

山西煤层气行业高质量发展对策研究

曹海霞　刘 晔　王 鑫*

摘　要： 山西是我国煤层气资源富集程度最高、开发潜力最大的省份。"十四五"期间，山西多措并举、一区一策，巩固增储上产良好势头，将煤层气产业打造为能源供给侧结构性改革的重要抓手，全力推动煤层气全产业链发展，加快上游资源开发、中游管输储运、下游消纳利用，力争将资源优势转变为推动高质量发展的产业优势、经济优势。

关键词： 煤层气行业　能源转型　高质量发展　增储上产

在"双碳"目标引领下，山西把加快煤层气勘查开发作为构建清洁低碳、安全高效的现代能源体系的重要路径，结合煤层气生产和消费分布，持续推进煤层气增储上产，同时加强管网建设、输配利用、技术开发、装备制造产业发展，初步构建了涵盖上、中、下游的一条完整的煤层气产业链。

一　发展现状与取得的成效

近年来，山西加快非常规天然气基地建设，目前已形成包括勘探开发、井下抽采、集输物流、工程技术、终端利用在内的完整产业链条。

---

* 曹海霞，山西省社会科学院（山西省人民政府发展研究中心）能源经济研究所所长，研究员，研究方向为能源经济；刘晔，山西省社会科学院（山西省人民政府发展研究中心）能源经济研究所副研究员，研究方向为能源政策；王鑫，山西省社会科学院（山西省人民政府发展研究中心）生态文明研究所助理研究员，研究方向为低碳经济。

（一）资源接续基础不断夯实

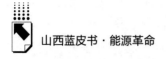

我国煤层气地质资源量仅次于俄罗斯和美国，居世界第3位。其中，山西是全国最大的煤层气资源富集区，埋深2000米以浅的煤层气预测资源量约为8.31万亿立方米，约占全国的27.7%。截至2022年底，山西共设置油气矿业权96个，面积3.28万平方公里，山西省非常规天然气累计探明地质储量1.16万亿立方米，其中煤层气0.68万亿立方米。《山西省2021~2025年矿产资源总体规划和煤层气资源勘查开发规划》指出，到2025年，山西新增煤层气探明地质储量将达到5000亿至8000亿立方米。

（二）地面开采取得明显成效

“十三五”期间，山西省大、中型整装气田和示范区建设势头良好，建成潘庄、郑庄两个10亿立方米级煤层气田，建成临兴区块20亿立方米级致密气田，建成大宁—吉县、石楼西2个10亿立方米级致密气田。保德区块建成全国首个中低阶煤煤层气开发示范区，年产量5亿立方米；延川南区块建成全国首个深部煤层气开发示范区，年产量4亿立方米。截至2022年底，山西省规模以上工业法人单位累计抽采煤层气96.1亿立方米，约占全国同期煤层气产量的83.2%，2023年上半年累计抽采煤层气52.4亿立方米，创历史同期煤层气产量新高，能源保供能力显著增强。

（三）储气设施建设不断加速

近年来，山西加快建设煤层气储气设施，总储气能力呈倍数级增长。据统计，截至2022年底，全省已建成储气项目30余个，配套储气调峰设施建成能力达到2.03亿立方米。目前省内LNG产能、产量在全国均位列第3。华新燃气作为省内储气设施建设的排头兵，现有液化调峰储气设施17座，日产能760万立方米，总储气能力9556万立方米，日最大返输能力为686.2万立方米。

（四）输气管网建设趋于完善

山西加快煤层气输气管网建设，管网架构基本成型。资料显示，截至2022年底，全省已建成天然气长输管道130条，总里程9192公里，约占全国天然气管道总里程的7.9%，密度约为58.6米/平方公里。输气管网分布在全省11个设区市、111个县（市、区），市县覆盖率已达94%，形成了“横贯东西、纵穿南北”的“三纵十一横”的管网格局。

（五）综合利用水平不断提升

煤层气广泛应用于发电、居民用气、汽车燃料等领域。据统计，截至2022年底，全省煤层气利用量67.95亿立方米，较2017年增长61%；全省燃气消费占能源消费总量的5.23%，较2015年提升了2.73个百分点；全省城乡居民气化率达到54%以上，其中，晋城市煤层气利用率在11个地市中最高，全市城乡居民气化率达到92%以上，远高于全省平均水平。

（六）政策制度体系逐步健全

为进一步推动煤层气产业规模化发展，山西省相继制定出台了《山西省煤层气勘查开采管理办法》《山西省煤层气开发项目备案暂行管理办法》《山西省“三气”综合开发试点工作方案》《山西省煤成气增储上产三年行动计划（2020~2022年）》，省政府成立了煤成气增储上产领导小组，设立专项奖补资金。在上述试点改革政策的加持下，山西煤层气产业快速发展，取得了显著成效，成为全国煤层气行业发展的典范。

二　面临的形势

随着能源革命的深化、产业发展环境的优化，煤层气产业发展面临重大机遇。

一是“双碳”战略激发煤层气产业重大发展机遇。作为高效洁净能源，开发利用煤层气对于促进煤矿安全、弥补天然气供需缺口、减少碳排放具有重要意义。煤层气是储存在煤层中的烃类气体，以甲烷为主要成分。IPCC数据显示，甲烷排放后20年内的增温效应是二氧化碳的84倍，是目前全球气候变暖的重要因素。“双碳”战略背景下，甲烷减排的重要性越来越突出。此外，煤层气作为一种洁净优质能源和化工原料，1立方米纯煤层气热值相当于1.22千克标准煤、1.13千克汽油，可以作为发电燃料、工业燃料和居民生活燃料，也可液化成汽车燃料等；利用煤层气可以生产陶瓷、玻璃等产品，还可以从煤层气中提取出纳米洋葱碳、石墨烯等高科技产品。简言之，煤层气开发在大幅减少采煤过程中甲烷温室气体的排放，减少煤矿瓦斯事故的同时，可以产生巨大的经济效益和社会效益。

二是煤层气产业是能源供给侧结构性改革的重要路径。煤层气是常规天然气的重要补充，也是能源行业发展空间巨大的新兴产业之一。能源革命背景下，全面推动能源产业改革，建立清洁能源产业体系已经成为“十四五”阶段我国经济社会发展的重要目标。山西能源革命综合改革试点方案明确提出，全力推进能源供给、消费、技术、体制革命和国际合作，努力建设非常规天然气基地，按照任务要求，到2025年，基地建设初具规模，上下游一体化产业链初步形成，高质量发展的体制机制逐步健全，示范引领作用有效发挥。近年来，肩负“能源革命排头兵”的重任，山西在煤层气开发利用方面，加快推动增储上产，提升综合利用水平，鼓励煤层气就地转化，积极推动管网互联互通和储气能力建设，加快推动煤层气全产业链发展。煤层气产业高质量发展，正成为山西省构建清洁低碳、安全高效的现代能源体系的重要路径。

三是促进煤层气产业化发展的政策环境日趋完善。近年来，为加快煤层气勘探开发利用，国家不断出台扶持引导政策。早在2007年，我国对煤层气开采利用就推出了中央财政补贴标准。2019年，财政部进一步发布《关于〈可再生能源发展专项资金管理暂行办法〉的补充通知》，提出了“多增多补”和“冬增冬补”的原则。2020年和2021年，国家能源局发布的《关于推进关闭煤矿瓦斯综合治理与利用的指导意见（征求意见稿）》，以及国家市场监督管理总局、国家标准化管理委员会联合发布的《煤层气含量测定方法》《煤层气井排采工程设计规范》《煤层气井分层控压合层排采技术规范》3 项国家标准，更是为行业的规范化标准化发展确立了方向和目标。

为推进山西煤层气产业发展，从 2016 年 4 月起，原国土资源部在山西开展煤层气矿业权审批改革试点。2017 年 8 月，山西发布煤层气资源勘查开发规划；2017 年 11 月初，山西面向全国公开出让 10 个煤层气区块探矿权，不断加快煤层气开发利用进程。2022 年 4 月，山西省能源局印发了《山西省煤层气（煤矿瓦斯）开发利用“十四五”规划》，明确“十四五”发展目标和路线，引领煤层气产业发展。通过科学的规划引领，山西不断强化煤层气产业管理，创新体制机制，产业化发展的政策环境日趋完善。

三　存在的问题与发展瓶颈

近年来，山西高度重视煤层气开发，资源勘查取得重大突破，增储上产力度不断加大。但同时，山西煤层气产业发展还存在一些深层次问题和发展瓶颈，与行业高质量发展的目标还存在一定的差距。

（一）勘探开采进展缓慢

上游勘探开采进展缓慢是当前煤层气产业发展面临的主要瓶颈之一。截至 2022 年底，我国煤层气资源探明率不足 3%，勘探程度远低于常规天然气。受限于复杂的储层地质条件，我国整体地质认识存在缺陷，特别是对深部煤层气、低阶煤煤层气的赋存状态认识不足，目前山西煤层气开发主要集中在 800 米以浅的煤层，深部煤层气尚未规模化开发；不同地质条件下煤层气开发技术通用性差，缺乏与不同储层相适应的配套技术体系。在已开发区域仍存在整体达产率低、达产井单井产量低、达产后稳产时间短、递减快等问题；未开发区域资源劣质化趋势明显，高应力、构造煤、低渗透性煤层气资源占比高，开采难度加大。对外合作区块合同约束不足，缺乏有效管理，资金投入不足，勘探开采步伐缓慢，如中石油的紫金山、石楼南区块等合作项目长期停滞。

（二）管网运营效率不高

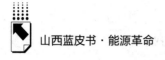

山西输气管网密度在全国领先，但管网利用率低，省级长输管网利用率仅为管网设计年输气能力的 30%左右，主要原因如下。一是为抢抓国家管网建设战略机遇期，山西适度超前规划、超前布局天然气管网基础设施建设，扩大网络规模与延伸区域，提升管网储运能力。天然气管网的超前规划，客观上造成已建成管网覆盖程度、输气能力超过目前市场需求。二是下游消费市场发展不完善。山西下游燃气市场主要依赖于居民利用，燃气消费市场主要集中在中部城市群，全省工业企业燃气市场消费能力较弱，致使整体管网利用率偏低。三是资源区块联络线及省级管网“最后一公里”的建设较为滞后，一定程度影响了省网资源平衡，不利于管网统一调运，进而造成管网运营效率不高。

（三）储气调峰能力不足

目前，燃气储气调峰设施建设普遍存在投资大、运行成本高、投资回收期长的问题，由此导致省内上游供气企业、城镇燃气企业对燃气储气调峰设施投资意愿不足，影响山西储气调峰能力的进一步提高。山西地处北方地区，天然气利用冬夏季峰谷差相对较大。近年来，山西天然气冬日最高用气量为 3860 万立方米，夏日最低用气量为 700 万立方米，季节性用气峰谷差约 5∶1。从 2022 年底储气调峰情况来看，山西储气能力建设虽已完成目标任务，但受制于季节性峰谷差大的因素，山西储气调峰仍存在每年 0.88 亿立方米的缺口，需通过压减可中断用户进行弥补。此外，现有储气调峰体系还比较单一，主要依赖省内自建 LNG 储罐实现，与省外储气调峰设施未形成完善的合作机制，多层次储气调峰体系有待构建。

（四）消费市场发展滞后

一是山西煤层气消费市场仍处于起步阶段，整体规模较小，2022 年山西省燃气消费量仅占全国总消费量的 2.6%；2022 年全省天然气消费占全省能源消费总量的5.23%，低于全国水平约3个百分点。二是山西作为煤炭“富”省，在能源消费中煤炭对煤层气的替代作用较强，在煤价下降期甚至出现“气改煤”的能源逆替代现象，进而限制了煤层气消费市场的扩大。三是从消费结构来看，山西下游消费市场主要以民生用气为主，工业燃气市场消费能力有限，现有工业项目多数是以煤层气作为燃料的低端产业，高附加值制造业项目少，造成了下游综合利用水平相对不足。四是国家油气价格改革，准许上游开发成本加合理收益，再加上中游输配环节层级多、管输成本上升，导致终端市场价格偏高，进一步制约了下游消费市场的发展。

（五）产业链条延伸能力不强

山西煤层气产业主要集中在上游勘探开采、中游管输运营和下游城镇燃气等领域，而与煤层气相关联的煤层气发电、工程服务、装备制造、材料制造、物流以及燃气增值服务等产业发展较为迟缓，产业链条延伸能力不足，上下游企业之间难以形成有效联动。以煤层气装备制造为例，全省专业从事煤层气装备制造的企业数量较少，在煤层气产业链条的重要环节只有零星企业分布，且技术含量不高，缺乏市场竞争力，产业链条不完整，不能形成规模效应和上下游协同效应。

（六）价格形成机制尚不完善

山西煤层气价格参照省内天然气门站价格（天然气门站价格为国产陆上或进口管道天然气的供应商与下游购买方在天然气所有权交接点的价格）进行定价，与天然气价格基本等同。目前，天然气价格仍处于从政府管制向市场化过渡的阶段，价格疏导机制不完善，上下游价格联动难以实现，市场机制尚未对行业供需形成调节作用。终端居民供气价格无法顺价，气价倒挂成为行业沉疴。

（七）技术适应性与成熟度低

煤层气成藏条件复杂、气藏类型多样，技术适应性低。经过多年的发展，现已形成包括煤层气地质选区评价、钻井、压裂、排采、经济评价等7大技术系列近100项具体技术，但由于各区块地质条件差异性较大，这些成熟技术无法照搬。受到前期理论研究认识和勘探实践效果的局限，勘探开发主要集中在中高阶煤分布区，低阶煤区开发严重不足；由于基础地质研究与中浅部（层）资源条件研究精度不够，勘探阶段可采资源量与实际采出资源量偏差较大；目前深部（层）煤层气勘探开发处于起步阶段，对其赋存状态、成藏理论、有利区优选方法、资源评价方法的认识不深，工程风险地质模型及深部煤岩安全快速钻井、高效完井关键技术等尚未建立。

（八）激励扶持政策趋于弱化

由于油气资源在地下的不确定性强，地震、测井等勘探手段都是间接性估算，煤层气行业开采难度大，开采成本高，尤其是前期投资大，资本回收周期长。煤层气补贴退坡以后，企业投资积极性不高。2020年，财政部印发《清洁能源发展专项资金管理暂行办法》，在补贴总资金额度不变的情况下，将页岩气、致密气纳入可再生能源发展专项资金补贴范围，以多增多补的原则按各单位奖补气量占全国总奖补气量的比例分配奖补资金，煤层气企业实际所得补贴大幅下降。政策实施后，山西地方企业开发利用煤层气折合每立方米补贴0.15元左右，较之前0.3元的定额补贴下降了一半。扶持政策的逐步弱化将会影响煤层气企业的盈利能力，进而导致相关企业投资动力不足。

（九）对地方经济带动不强

有资料显示，煤层气企业的单位完全成本高于常规天然气企业以及混业经营的能源企业，企业盈利能力不强，对地方经济的财税贡献有限，全省煤层气行业的税收贡献度不到1%。同时，煤层气产业链条不完整，主要集中在勘探开采和管输运营等领域，下游利用市场规模较小，就地消纳能力有限，多以煤层气作为燃料的低端产业为主、附加值不高，中下游的生产性服务、现代物流、高端金融等高净值产业发展较为落后，对当地居民就业及区域经济发展的拉动作用不强，煤层气富集的资源优势尚未真正转化为产业优势、经济优势。

四 推动行业高质量发展的对策建议

山西以非常规天然气基地建设为依托，全面加快上游资源勘查开发，优化完善中游管网储运体系，拓展下游消纳利用，加快推进全产业链发展，促进山西煤层气行业高质量发展。

（一）加大勘探开采力度，保障能源供应安全

加大煤层气资源勘探力度。在勘探理念方面，从寻找富集甜点区向高产甜点区转变；在开发部署方面，从平铺式到精细化调整；在勘探技术方面，实现由二维地震向三维地震拓展。按照“已开发区滚动勘探、已发现区重点勘探、新出让区风险勘探”的思路，加大煤层气资源勘探力度，为煤层气开发利用提供储量保障；在保护性开发的前提下，有序放开市场准入，推进上游投资主体多元化，允许符合准入要求并获得资质的市场主体参与勘查开采；持续推进煤层气增储上产。按照“煤层气开发区稳步增产、致密气开发区快速上产、已探明未动用区加快达产、新出让区块试采建产”的路线图，多措并举鼓励企业加大投入，推动深部煤层气开发、煤层气二次开发等关键核心技术攻关取得实质性突破，分区分策推动山西煤层气高产稳产。

（二）发挥煤层气资源优势，打造三大产业化基地

发挥沁水盆地与鄂尔多斯盆地东缘煤层气资源优势，打造沁水盆地煤层气产业化基地、鄂尔多斯盆地东缘煤层气产业化基地；依托焦化产业基础条件，加快焦炉煤气制天然气产业化基地建设，实现集约化、规模化发展。一是打造沁水盆地煤层气产业化基地，资源勘探方面，推动已开发区域的滚动勘探，实现快速增储；加快已取得重大发现区域的重点勘探，实现快速增储；开展新出让区块的风险勘探，力争取得突破。地面开发方面，加快已开

发区的动态分析与增产改造，实现稳产、高产；加快建产区精细化管理，促使尽快达产；加快探明地质储量备案区的产能建设，实现快速上产。同时，依托废弃矿井资源及开发工程条件，探索资源评估方法，开展技术攻关，实施工程示范。二是打造鄂尔多斯盆地东缘煤层气产业化基地，在资源勘探方面，要加快已开发区域的滚动勘探，实现快速增储；加快已获勘探突破或勘探发现区域的重点勘探，力争实现增储、转采。地面开发方面，推进已开发区的开发方案调整，确保稳产保产；加快已完成建产区尽快达产；促进探明储量备案区建产，实现上产。三是打造焦炉煤气制天然气产业化基地，依托清徐、灵石、孝义、襄垣、沁源等经济开发区的焦炉煤气资源，打造焦炉煤气制天然气产业集群。

（三）优化管网系统布局，创建区域性管网枢纽

完善全省“一张网”格局。在“三纵十一横”基础上，打造以太原为核、干线为圈、各区域管网为环的“一核一圈多环”管网格局，构建“管网互联互通、地市多路通畅、县域基本覆盖、运行高效有序”的管网体系，形成衔接上下游、联通省内外的区域管网枢纽。打通燃气管网建设“最后一公里”。构建全省完善的“外联内畅，互联互通”的管网输配体系，优化管网布局，建设和完善区块、居民生活用气、重点工业用户、重点镇、所有园区和重点旅游区的管网全覆盖工程；针对省内管网碎片化的情况，鼓励省属管网企业与央企积极开展合作，加快管道互联互通重大工程建设，不断完善断头管网、偏远管网建设，打通管线“最后一公里”，不断优化管网布局，提高管道负荷率；逐步淘汰部分规模小、实力弱、安全保障水平低的企业。推进管网运营机制改革。创新管道设施运营模式，分步推进管输和销售分开，打破省级管网“统购统销”的局面。

（四）完善储气调峰体系，加快与配套管网互联

构建多层次储气调峰体系。按照统筹规划、科学布局、多层储备、集约运营的原则，积极推动建立省内大型 LNG、地下储气库，租赁、合建省外

储气库、沿海港口 LNG 项目等多种储气调峰形式，逐步形成“省内为主、省外为辅、多层储备、集约运营”的多层次储气调峰体系。加快与配套管网互联互通。加快建设储气调峰设施配套外输管道，引导已建储气项目配套建设气化返输系统，打通储气设施到省内管网的通道，实现省内储气设施配套管网的互联互通；依托毗邻山西的地下储气库联通过境国家基干管道的有利条件，实现省外储气设施配套管网的互联互通。补齐储气调峰设施短板。持续优化储气设施建设规划，就省内储气缺口实际情况，适度提高建设目标和规模；支持各类投资主体合资合作建设储气设施，因地制宜建设地下储气库，实现储气设施集约化、规模化运营；鼓励城市群合建共用储气设施，形成区域性储气调峰中心；对于不具备条件自建、合建储气设施的城燃企业，采用租赁、购买储气设施或储气服务等方式来履行储气责任；支持用户通过购买可中断供气服务等方式参与煤层气调峰。

（五）培育拓展消费市场，稳步推进高效利用

培育煤层气消费市场。依托全省煤层气开发资源优势，降低下游企业综合用气成本，发展高附加值工业用户，培育多元消费主体；大力实施民生燃气普及、工业燃料替代、交通燃料升级、工商燃气拓展，扩大消费规模，培育煤层气消费市场；鼓励企业对工业锅炉、窑炉实施双能源、多能源技术改造，大力发展可中断工业用户和可替代能源用户，增加天然气（煤层气）淡季消纳能力，提升旺季应急调峰能力，促进煤层气消费结构优化。提升产业链附加值。强化全产业链思维，积极探索煤层气作为化工原料、工业原料的新途径和新技术，推动煤层气企业降本增效，不断增强产业链韧性和竞争力，加快形成煤层气勘探、开发、利用相配套，民用燃气、工业燃气、液化、发电、输气管网相结合，产业布局合理、产业协同发展，经济效益、社会效益、环境效益突出的产业链体系，提升整个产业链的附加值。提高城乡燃气普及率。加快城市燃气管网建设，完善下游供气设施。开展煤层气下乡活动，积极推进农村气化工程，鼓励多种主体参与，采用管道气、压缩天然气（CNG）、液化天然气（LNG）等多种形式，提高偏远及农村地区利用天然气水平。

（六）加快关联产业发展，构建全产业链模式

在推动煤层气资源勘探开发、井下抽采、压缩液化、集输物流、综合利用等上中下游协调发展的同时，实施“建链、延链、补链、强链”的发展战略，推进产业集群发展，发挥产业链协同效应和规模效应，布局发展煤层气产业的工程服务、装备制造、材料制造以及物流等相关产业，构建煤层气全产业链模式。一是发展工程服务产业。依托现有产业发展优势，整合钻井、测井、测试、固井、压裂等工程技术服务资源，逐步打造现代化的煤层气勘探和开发工程技术服务产业。二是发展装备制造产业。通过引进和吸收国内外先进技术和生产线，发展以制造、配套、维修、改装为主业的装备制造产业，打造支撑全省煤层气产业发展的平台化、高端化装备制造业基地。三是发展材料制造产业。依靠高端研发机构与现代化机械制造企业，打造以钻井泥浆、高效压裂液、低密度支撑剂等为主打产品的高端材料制造产业。四是加快煤层气物流产业发展。培育和发展液化（LNG）和压缩（CNG）槽车汽运物流产业，逐步扩大槽车汽车运输企业的规模和数量，在重点区域建设规模化的槽车汽车运输物流服务中心和停靠修整站场，形成完善的LNG/CNG汽运物流体系。五是发展煤层气发电产业。利用煤层气气源丰富、气量稳定且价格适宜的优势，适度建设煤层气发电厂，保障电力供应，实现资源综合利用。

（七）理顺价格形成机制，持续推进市场化改革

一是完善输配环节价格改革，以“准许成本+合理收益”原则确定管输价格，适度调低城市配气环节费用，体现中游管网企业的基础性、公益性；探索不同用户间分摊配气成本的规则，使不同用户的配气价格真实反映其成本，实现监管制度化、规范化、精细化。二是完善上下游价格联动机制。建议出台城市燃气终端销售定价指导方案，建立“综合采购成本+配气价格”的价格联动机制；探索对各类用户建立公平合理的采购成本和配气成本分担机制，为合理的售气和配气价格提供支持；分阶段稳妥调整居民用气销售价

格，对城乡低收入群体给予适当补贴，有序将居民用气纳入价格联动机制，及时反映气源市场价格变化，努力实现居民用气与非居民用气价格机制衔接；探索实施大型用户直供和价格优惠政策，降低工业企业和各类园区用气成本；鼓励设立试点地区，探索实施季节性差价、工业企业峰谷分时气价等价格政策，合理疏导储气调峰成本，保持价格联动机制的灵活性。三是探索建立煤层气资源交易平台。依托燃气管网公司和山西省煤炭交易中心，探索建立公平规范的现货市场交易平台，集中发布可供气量、交易情况、价格变化，促进煤层气价格市场化进程。

（八）加大技术创新力度，提高产业核心竞争力

加强基础地质理论研究。发挥煤与煤层气共采国家重点实验室、山西省“三气”共采技术创新中心等国家及省部级创新平台的技术支撑作用，深入开展煤层气高产模式和“地质—工程”一体化综合甜点评价，深部（层）煤层气赋存机理、产气机理及全生命周期的开发规律，煤层气产出过程动态平衡原理和渗流机理等基础研究，为煤层气勘探开发技术突破奠定理论基础。开展关键技术攻关。发挥企业主体作用，加大对煤层气开发利用技术的科研投入，针对煤层气资源条件复杂、构造煤发育、煤层气储层低压低渗低饱和等资源特点和开采难点，开展废弃（关闭）矿井和采动区煤层气开发技术攻关、难抽煤层井下增渗关键技术攻关、煤层气梯级利用关键技术攻关，为煤层气开发量和利用率的提升提供强大的技术支撑。强化人才队伍建设。依托山西省高端创新型人才培养引进工程，坚持以引进与培养相结合的方式，加强高端人才队伍建设。推动校企合作，通过联合培养、专项培训等方式，培养不同层次的专业技术人员。推进产学研深度融合。设立国家煤层气勘探基金，联合高校、企业，加强勘探的研究和技术探索。鼓励引进中科院、中国矿大等高端“智库”，与相关企业合作，组建国家级煤层气技术研发中心，围绕采煤采气一体化、深部煤层气高效开发利用、全产业链双预控机制建立、智能装备场景应用等方面开展研究，打造国内领先的煤层气开发工程技术创新平台。

（九）深化体制机制改革，优化产业发展环境

深化矿业权出让制度改革，完善煤层气探矿权竞争性出让制度，做好做优煤层气探矿权延续登记管理和探矿权退出工作，对于退出区块在充分论证的基础上加快重新出让进度，促进区块有序流转。按照《山西省煤层气勘查开采管理办法》的规定，落实煤层气矿业权退出机制，提高最低勘查投入标准和区块持有成本，对长期勘查投入不足的核减面积，情节严重的限期转产。大力推广采煤采气一体化，推动采气企业与地方煤企联合开发，在气权与矿权重叠区实现快速采气，提升能源综合利用率；对于投资意愿弱、建设进度慢的区块，协调中央企业通过股权合作、产品分成、合资建设等方式，与省属企业合作开发，盘活存量资源，加大煤层气增储上产力度。探索利益共享机制，推动采煤采气企业建立利益共享、风险共担机制，做好采煤采气有效衔接，实现合作共赢；创新用地保障机制，在建设用地指标有限的情况下，针对煤层气开发用地分散、开发周期短的特点，建议出台与煤层气勘查开发相适应的用地政策。对数量众多的煤层气井场采用临时占地的方式，到期给予延续；对煤层气开发项目中的场站、压缩站、液化厂等使用周期较长但数量少、总体用地指标少的项目，可以采用建设用地的方式。

（十）打造良好产业生态，带动区域经济发展

发挥“以气引资”新优势。发挥气源地比较优势，合理制定气源产地的供气价格，优化煤层气补贴政策，保障产地重大项目用气需求，将能源优势与招商引资相结合，吸引优势项目集聚山西，将资源优势转化为发展优势。开辟产业融合新赛道。以推进煤层气与多产业跨界延伸为目的，谋划若干产业融合发展专业园区，发挥产业融合带来的群体竞争优势与规模效益，推动园区内企业整体降本增效，辐射带动区域经济发展。例如，支持煤层气勘探企业利用气田现有井场及周边资源发展可再生能源项目，推动煤层气资源与新能源融合发展，建设绿色低碳气田。创新央地合作新模式。探索上游勘探开发企业与资源地建立合作开发的互利共赢机制，充分发挥央企在资

本、科技、管理、人才、市场和产业链供应链等方面的优势，并用好山西的资源、政策和产业优势，推进央地优势互补，打造“煤层气央企+用气企业+政府”新模式，鼓励央企参与当地的城市建设与经济发展。通过央企与地方国企、民企、外企合作，在延伸产业链的同时培育更多的市场主体。拓宽企业盈利新渠道。随着碳排放权交易市场的发展，在甲烷利用纳入碳交易市场的政策推动下，煤层气企业通过收集甲烷减少排放可以获得自愿减排收益凭证，并将其在碳交易市场上进行交易，此举或将增加煤层气企业的未来盈利模式。催生绿色金融新方向。引导金融机构创新清洁能源高效利用再贷款工具，并对煤层气勘查开发全周期给予多渠道融资支持，降低煤层气行业融资成本；鼓励保险公司优化产品供给，形成覆盖煤层气企业勘查、生产、研发、销售等各环节的保险保障，提升煤层气企业的风险防范能力。

参考文献

［1］穆福元、仲伟志、朱杰：《中国煤层气产业进展与思考》，石油工业出版社，2017。

［2］徐凤银等：《“双碳”目标下推进中国煤层气业务高质量发展的思考与建议》，《中国石油勘探》2021 年第 3 期。

［3］李德慧：《山西省煤层气（瓦斯）开发利用现状及发展方向》，《矿业安全与环保》2022 年第 2 期。

［4］山西省人民政府办公厅：《山西省煤层气资源勘查开发规划（2021～2025 年）》，2023 年 1 月。

［5］山西省人民政府办公厅：《山西省矿产资源总体规划（2021～2025 年）》，2023 年 1 月。

B.4

山西地热能产业高质量发展对策研究

贾步云　燕斌斌　杜爱萍*

摘　要： 推动地热能产业高质量发展，是山西控制化石能源消费、推动减污降碳协调增效、实现能源绿色转型的重要举措，更彰显了作为全国能源革命综合改革试点省份的责任担当。目前，山西地热能产业形成了政府政策引导、多元主体参与、开发模式多样、应用场景拓展的良好发展局面。但是，对标建设全国能源革命综合改革试点先行区、对表国内地热能产业开发先进省市，山西地热能产业仍存在一些亟待解决的问题。山西应进一步深入贯彻习近平总书记关于碳达峰碳中和系列重要讲话精神，聚焦建设全国能源革命综合改革试点先行区目标，高质量开展地热资源调查评价，推进地热开发关键技术集中攻关，建设地热典型示范引领项目，推动金融对地热能产业的支持，规范化开展地热资源开发管理，以地热能产业高质量发展推动能源产业绿色转型。

关键词： 地热能　可再生能源　绿色转型

地热能是指赋存于地球内部岩土体、流体和岩浆体中，能够为人类开发和利用的热能，是一种清洁低碳、分布广泛、资源丰富、稳定优质的可再生

---

* 贾步云，山西省社会科学院（山西省人民政府发展研究中心）办公室副主任，副研究员，主要研究方向为科技创新；燕斌斌，中共山西省委党校（山西行政学院）报刊社助理研究员，主要研究方向为生态文明建设；杜爱萍，中共山西省委党校（山西行政学院）报刊社编辑，主要研究方向为科技创新。

能源，具有零污染、零排放、低能耗的特点。2021 年 9 月，国家能源局等八部门联合印发了《关于促进地热能开发利用的若干意见》，对地热能产业近中长期发展目标、重点任务以及管理体制和保障措施作了详细的规定。国家“十四五”规划明确提出，要因地制宜开发利用地热能。“十四五”时期，我国可再生能源发展将步入高质量跃升发展新阶段。[①] 推动地热能产业高质量发展，是山西控制化石能源消费、推动减污降碳协调增效、实现能源绿色转型的重要举措，更彰显了作为全国能源革命综合改革试点省份的责任担当。

一　山西省地热能产业高质量发展的基础良好

山西地处华北板块中部，是我国地热资源丰富、开发潜力较大的地区。在碳达峰碳中和背景下，推动山西地热能产业高质量发展具有多方面的有利条件，对于能源绿色低碳转型具有重要意义。

（一）高质量发展形势较好

从宏观形势看，“十四五”时期我国经济将长期向好，能源需求将持续增长。在碳减排约束条件下，我国能源产业的绿色转型已经成为必然趋势，煤炭、石油、天然气等化石能源在能源供给和消费中的比重将进一步降低，太阳能、风能、地热能等可再生能源的供给和消费规模将持续上升，这就为地热能产业的高质量发展提供了良好的契机。从山西发展看，作为全国能源革命综合改革试点，山西深入贯彻“四个革命、一个合作”能源安全新战略，推进“五大基地”建设和能源产业“五个一体化”融合发展，不断优化调整能源结构，大力提升能源安全保障能力，加快建设全国能源革命综合改革试点先行区，为开发包括地热能在内的可再生能源提供了良好的发展环境。加快发展可再生能源、实施可再生能源替代行动，是山西推进能源革命

① 章建华：《推动“十四五”可再生能源高质量跃升发展》，《经济日报》2022 年 1 月 16 日。

和构建清洁低碳、安全高效能源体系的重大举措，更是坚决扛起国家能源安全使命的必然选择。环境效益方面，地热能产业有助于推动减污降碳协同增效；经济效益方面，地热能产业有助于推动能源结构绿色转型；社会效益方面，地热能产业有助于带动装备制造、文旅康养、现代农业、地质勘探等产业全面发展。“十四五”时期，推动地热能产业从单一、粗放、低效的传统产业发展方式向多元、集约、高效的现代产业发展方式转变，是全面贯彻新发展理念的必然要求，也是地热能产业高质量发展的必由之路。

（二）资源禀赋条件优越

山西地热资源蕴藏丰富。根据《山西省地热能分级分类利用指南（试行）》，山西地热流体（3000 米以浅）总储量为 2.970×10^{12} 立方米，地热资源总热量为 1.769×10^{18} 千焦，总热量相当于 603.588 亿吨标准煤，地热资源可开采总热量为 2.740×10^{17} 千焦，折合标准煤 93.5 亿吨。按照（1%~5%）开采系数法计算，在考虑回灌条件下可开采地热资源总热量相当于每年 1.35 亿吨标准煤，预期每年可供暖面积 61 亿平方米，每年二氧化碳减排量 3.22 亿吨。① 其中，浅层地热能主要分布在大同、朔州、忻州、太原、晋中、运城、临汾、长治等地市，据估算年均可开采资源总量约 1.28 亿吨标准煤，占全国可开采总量的 18.28%；② 中深层地热能主要分布在运城盆地、临汾盆地、太原盆地、忻州盆地，在回灌条件下年均可开采资源总量热量相当于 1.35 亿吨标准煤，占全国可采总量的 7.25%。特别是大同市天镇县高温地热资源勘探项目，发现了目前我国中东部地区温度最高、自流量最大的地热井，展现了良好的开发利用前景。《山西省地热能分级分类利用指南（试行）》结合山西省地热资源赋存情况（山西地热能分布情况见表 1），将山西省地热能分布划分为太原—晋中片区、大同—朔州片区、忻州片区、长治—晋城片区、吕梁—临汾西片区、临汾东—运城片区 6 个片

① 《山西省地热能分级分类利用指南（试行）》，山西省自然资源厅官网，https：//zrzyt.shanxi.gov.cn/ztzx/ztbz/zchb/202301/t20230116_7810227.shtml。

② 王龙飞：《地热能利用：三晋大地多点开花》，《山西经济日报》2023 年 3 月 20 日。

区，共有中低温孔隙型层状热储、中低温裂隙型层状热储、中低温岩溶型层状热储、中低温带状—层状混合热储、高温裂隙型层状热储 5 种类型。根据热储类型分别适用工艺为地埋管热泵技术、取热不耗水+同层等量回灌等。

表 1　山西地热能分布情况

片区	热储类型	分布情况
太原—晋中片区	中低温孔隙型层状热储、中低温裂隙型层状热储、中低温岩溶型层状热储	中低温孔隙型层状热储分布于太原市城区三给地垒南断层以南以及晋中市各县(沁水盆地北部)，中低温岩溶型层状热储分布于太原市城区以及晋中市各县(沁水盆地北部)
大同—朔州片区	高温裂隙型层状热储	大同市东北部阳高—天镇一带主要赋存高温裂隙型层状热储,大同市区及其西南部地区主要为中低温孔隙型层状热储和中低温裂隙型层状热储
忻州片区	中低温裂隙型层状热储和孔隙型层状热储	中低温裂隙型层状热储主要分布在定襄—忻州—原平—代县—繁峙一带的盆地内,孔隙型层状热储主要分布在奇村、大营等地
长治—晋城片区	中低温岩溶型层状热储	长治市沁源县、沁县、武乡县、屯留区及长子县部分,晋城市沁水县和阳城县部分(沁水盆地南部)
吕梁—临汾西片区	以中低温孔隙型层状热储和中低温岩溶型层状热储为主,兼有碎屑岩裂隙型层状热储,三者分布范围基本重叠	兴县、临县、离石区、柳林县、石楼县、隰县、蒲县等地
临汾东—运城片区	中低温孔隙型层状热储和中低温岩溶型层状热储	中低温孔隙型层状热储分布于临汾市城区、运城市城区、运城河津市城区以及运城市永济市、芮城县、平陆县城区等地,中低温岩溶型层状热储分布于临汾市、运城市其他区域

（三）开发利用前景广阔

国家《“十四五”可再生能源发展规划》（以下简称《规划》）明确指出，积极推进地热能规模化开发，推动中深层地热能供暖集中规划、统一开发，鼓励开展地热能与旅游业、种植养殖业及工业等产业的综合利用，有序推动地热能发电发展。《规划》还确定了2025年全国地热能供暖、制冷面积比2020年增加50%，全国地热能发电装机能量比2020年翻一番，2025年地热能供暖等非电利用规模达到6000万吨标准煤以上的开发利用目标。在实际开发中，根据地热资源的温度分级，分别适用发电、供暖、洗浴、温室、烘干等不同的开发利用方式（地热资源温度分级见表2）。其中，浅层地热能一般温度低于25℃，位于地表以下200米以内，主要采用地埋管地源热泵技术、地下水水源热泵技术和地表水水源热泵技术进行开发。中深层地热能一般温度在25~150℃，主要采用“取热不取水”工艺和“取热不耗水”工艺（即“取热取水+同层等量回灌”）进行开发。

表2　地热资源温度分级

温度分级		温度(t)界限/℃	主要用途
高温地热资源		t≥150	发电、烘干、采暖
中温地热资源		90≤t<150	烘干、发电、采暖
低温地热资源	热水	60≤t<90	采暖、理疗、洗浴、温室
	温热水	40≤t<60	理疗、洗浴、采暖、温室、养殖
	温水	25≤t<40	洗浴、温室、养殖、农灌
浅层地热能	岩土体	t<25	建筑物供暖、制冷
	水体		

注：表中温度是指地热流体的井口温度。

资料来源：《山西省地热能分级分类利用指南（试行）》。

（四）应用场景相对成熟

我国地热能已经形成了浅层地热供暖制冷、水热型地热供暖、温泉洗浴、地热农业、地热发电、油田地热与耦合利用等多种开发方式。在浅层地热供暖制冷、水热型地热供暖方面，河北、天津、河南、山东、陕西等省市，依托区域内相对丰富的地热资源，发展成为供暖开发的主要区域。河北形成了以“雄县模式”为代表的整县（市）推进地热供暖的示范样本，供热规模居于全国首位。天津是我国水热型地热供热能力最大的城市，以分布式供热项目实现城市地区的规模化应用。长江中下游地区的上海、武汉等城市大力发展水源热泵项目，单体项目规模在几万甚至几十万平方米。截至2021年底，我国地热供暖（制冷）能力达到13.3亿平方米，地热直接利用规模多年稳居世界第一。[①] 在温泉洗浴方面，我国利用天然温泉和地热井水进行洗浴、理疗、娱乐和旅游开发的时间久、范围广，是地热资源开发中排名第二的直接利用方式。截至2021年底，仅获评温泉之乡（城、都）的72个地区的温泉年利用能力就达6665兆瓦，年利用量超10万太焦。[②] 在地热农业方面，地热农业利用已遍布20多个省（区、市），其中，地热温室主要种植鲜花和特种蔬菜，主要分布在天津、河北、山东等地；养殖场主要养殖热带鱼类、对虾、鳄鱼等高附加值产品，主要分布在环渤海地区；食品加工用于辣椒等食品烘干，主要分布在天津、河北等地。在地热发电方面，与地热资源开发发达国家相比，我国地热发电规模并不大，截至2020年，国内在运行地热电站有6座，合计装机量仅为44.56兆瓦，[③] 西藏、青海是地热发电项目主要分布区域。大同市天镇县利用“小功率、多机组”方式建设了我国中东部地区首个高温地热发电项目，装机容量580千瓦。在油田地热与耦合利用方面，主要是将油气开发中发现的地热能经过提取和转换用于油田生产，同步推动地热能与天然气、光伏等多种能源的耦合发展。

二　山西省地热能产业发展实践

山西省第十二次党代会提出，要积极发展新能源和清洁能源，有序推进

---

① 《我国地热直接利用规模居世界首位》，中国政府网，https：//www.gov.cn/yaowen/liebiao/202309/content_6904270.htm。

② 闫坪卉：《我国地热产业持续高质量发展——〈中国地热产业高质量发展报告〉解读》，《中国石化报》2023年9月18日。

③ 《我国地热能开发潜力不断释放》，北极星火力发电网，https：//news.bjx.com.cn/html/20230912/1331463.shtml。

氢能、甲醇、地热能、生物质能发展，推进源网荷储一体化和多能互补。省委部署要进一步加快转型发展，推动能源产业绿色转型，全力保障国家能源安全，持续深化能源革命，不断优化调整能源结构，加快建设国家新型综合能源基地。省委省政府高度重视地热资源的开发利用，将地热能作为推动山西从传统能源大省到综合性能源保障基地的重要能源资源，将地热资源开发利用作为建设全国能源革命综合改革试点先行区的重要任务，通过实施规划引导、政策扶持等举措，推动山西地热资源开发稳步推进和有序发展。

（一）多项政策文件营造地热开发良好环境

省委省政府对地热资源开发利用作出了一系列安排部署。2022 年 4 月，省能源局制定了《浅层地源热泵系统工程技术规范》《中深层地热供热工程技术规范》两项地热能利用地方标准。2022 年 7 月，省自然资源厅出台了《关于全面推广地热能在公共建筑应用的通知》，推动地热能资源在供热和制冷领域的推广应用。2022 年 8 月，省政府办公厅印发了《关于全面推动地热能产业高质量发展的指导意见》，提出要大幅度提升地热能利用规模和效益，支持山西由传统能源大省向新型综合能源大省转型。同月，省自然资源厅印发了《山西省地热能分级分类利用指南（试行）》，指导全省地热能产业高质量发展。2023 年 2 月，省发改委制定了《山西省地热能产业发展实施方案（2023~2025 年）》，提出依托山西地热能资源分布优势，聚焦构建“一群两区三圈”城乡区域发展布局，推动形成“一核引领、两极延伸、多点支撑”的地热能产业发展布局（见表 3）。2023 年以来，山西不断加大对地热项目的监督，引导产业规范化发展。省自然资源厅加强对温泉洗浴、医疗康养、清洁供暖和农业种植养殖等领域已建地热开发项目整改及矿业权出让登记。部分地热资源储量丰富的地市也制定政策引导地热能产业发展，如大同市提出根据县（区）资源潜力、用能需求和环境容量，确定地热能开发利用方式和规模，丰富应用场景，提升保障水平，淘汰落后产能，积极构建“地热+”多能互补低碳能源供应新格局。

表3 “一核引领、两极延伸、多点支撑”的地热能产业发展布局

一核引领	充分发挥太原市地热资源优势，抓住综改示范区、太忻一体化经济区、太原榆次太谷城市核等建设契机，以地热能供暖（制冷）为核心，以研发创新和技术应用为引领，创新地热政策体系，培育综改示范区中深层地热能资源勘探开发—装备制造—监测运维一体化产业链，将太原市建设成为规模应用、多能互补、智慧供热能源低碳转型引领区，打造国内一流的地热能产业科技创新和生产制造基地，树立地热清洁取暖标杆示范，为全国地热能开发利用提供太原方案
两极延伸	以晋北和晋南为两极，聚焦地热能高效、科学和综合应用，规范地热能市场秩序，探索山西特色地热能开发利用整体解决方案。 晋北以大同、朔州和忻州3市资源富集地区为重点，突出科研示范试验定位，构建中高温地热资源勘探—开发—利用—装备产业链一体化发展模式，打造国家级地热能高质量发展示范区。 晋南以临汾和运城两市为重点，推进中深层地热能清洁取暖规模应用，全面提升浅层地热能在绿色建筑中的应用比例，打造地热特色示范小镇，在优化产业链发展布局与环境保护的基础上，整合创新资源和要素，培育新的市场开发主体及产业链增长极
多点支撑	在“一核两极”以外的其他市，结合地热资源条件，以“供暖、制冷、发电、温泉康养、农业种植养殖、工业利用”六大地热能产业集群为核心，以示范项目为载体，以打造地热能高质量发展示范区为突破，以点带面、点面结合、整体推进，为全省地热能产业特色多元化发展提供重要支撑

（二）多类市场主体共同参与地热能开发

随着能源革命综合改革工作的推进，山西大力发展新能源和清洁能源，地热能产业得到快速发展，参与地热能开发的市场主体越来越多。从市场主体类型来看，既有大型中央能源企业、省属能源企业等国有企业，也有地方民营供热企业、新能源企业，还有国有企业和民营企业组成的混合所有制企业。从市场主体所属行业来看，资源勘查开发方面形成了以省地质勘查局等地质勘查单位及下属企业为主的勘查评价、地热井施工、质量把控等技术管理团队；技术研发方面，科研院所、高校等研发机构，国有企业、民营企业等内部研发部门，共同参与地热开发利用技术研发；市场开发方面，一些传统综合性能源、油气、供热等企业进入地热行业，积极拓展供暖、发

电、康养、现代农业等行业的应用场景，例如，山西地热能产业开发中涌现出中国石化集团、晋能集团、山西地质集团、山西双良集团等头部市场主体。

（三）多种地热能产业发展类型持续性拓展

当前，山西地热开发利用正由分散化、单一化向规模化、集约化发展，呈现出供暖（制冷）、发电、温泉、康养、现代农业等多种产业类型图景。据统计，目前山西有地热井 457 眼，已开发利用 276 眼，每年实际开采地热水量 1823 万立方米。① 在地热供暖方面，山西浅层地热能供暖（制冷）项目主要集中在太原和运城等地，中深层地热能供暖项目主要集中在太原、晋中、临汾、忻州等地。地热发电方面，山西依托在大同市天镇县勘探到的高温地热资源，建设了山西高温地热资源开发利用科研示范基地和试验电站，该项目是我国中东部首个高温地热发电项目，展现了良好的开发利用前景。在地热特色综合利用方面，忻州、朔州等地，在实践中初步形成了康养旅游、工业利用等多元化的产业发展方式。

（四）多点开花推动地热能开发规模化发展

总体上看，山西初步形成了地热资源开发利用的“综改模式”“运城模式”“忻州模式”等本土开发模式②，为全省提供了可复制的典型经验。比如，综改示范区开展了“地热+”综合能源供热示范，建设完成 10 余座“以地热能为主，太阳能、风能、空气能多能互补”的绿色能源岛，供热面积达到 1000 万平方米。运城市实施了利用地源热泵技术开展浅层地热能供暖（制冷）项目，已建成项目的服务面积在 300 万平方米以上。大同市天镇县建设完成高温地热能科研试验示范电站，装机容量达到 580 千瓦。在忻

① 王龙飞：《地热能利用：三晋大地多点开花》，《山西经济日报》2023 年 3 月 20 日。

② 《山西举行“山西加快转型发展”系列主题新闻发布会（第二场）推动能源产业绿色转型专场发布会》，国务院新闻办公室网站，http：//www. scio. gov. cn/xwfb/dfxwfb/gssfbh/sx_13829/202308/t20230818_752362. html。

州和朔州等地，依托分布的地热资源开展温泉康养旅游、工业利用等多元化利用方式，取得了较好的社会示范效应。

（五）多元主体参与地热开发技术研发

依托省内优势科研院校、地热骨干企业，组建了地热资源勘查与开发利用省级重点实验室，形成了浅层与中深层地热取热、地热能梯级利用、地热尾水回灌、地热热泵分户智能供能、太阳能跨季节浅层土壤蓄热、高效螺旋套管换热等地热资源勘查开发利用技术体系；实施地热能开发研究示范项目，位于太原理工大学虎峪校区的深层裂缝性热储地热钻探项目，勘探深度达到4000米；一些企业与国内科研院所合作，逐步掌握了浅层水源取热技术、浅层土壤源取热技术、中深层地热水闭式循环取热技术、中深层地岩热循环取热技术和中深层重力热管相变取热技术等地热开发利用关键技术。

三　山西省地热能产业存在的主要问题

当前，山西地热能产业基本形成了政府政策引导、多元主体参与、开发模式多样、应用场景拓展的良好发展局面。特别是在政府政策规划引导、示范项目建设等方面取得的进展，有力推动了山西地热能产业的高质量发展。但是，对标建设全国能源革命综合改革试点先行区、对表国内地热能产业开发先进省市，山西地热能产业仍存在一些亟待解决的问题。一是资源勘查评价精度和开发利用速度不协调。地热能勘查评价的精度不够、系统化不足，直接影响开发选区、开采规模，增加了项目投资风险，影响地热开发质量和效益的提高。个别地区地热井缺乏统一的规划布局，导致井间距小，开发利用中存在相互干扰的现象。二是科技创新能力与大规模开发利用不协调。一些关键技术亟待突破，地热能开发专业人才缺乏，这些在一定程度上影响了地热能产业的规模化发展。三是已建项目监管与可持续开发利用不协调。地热资源开发利用的技术门槛相对较高，有些地热井的开发主体为了追求利益最大化，一味降低成本，导致地热水回灌不够甚至不回灌，造成土壤、地表水污染，乃至对地下水水位和地面沉降造成影响。要推动中深层地热能开发利用中实行强制回灌，保护地下水资源，减少发生地面沉降等地质灾害，实现地热资源的可持续利用。

四　国内地热能开发经验和启示

推动地热能产业高质量发展，不仅对于调整能源结构、节能减排、改善环境具有重要意义，而且对于培育新兴产业、促进装备制造产业发展具有明显的带动效应。而地热能高质量发展，离不开统一的规划、统一的标准和技术规范、统一的监管、优惠的扶持政策、公平公正的市场环境。河北、北京、浙江、江苏等省市的地热能产业发展走在全国前列，这些省市的先进做法为山西地热能产业高质量发展提供了经验和借鉴。

（一）加强政策引领，推动产业发展

政府指导、政策引领，是推动地热能产业快速发展的重要经验。河北制定了《河北省矿产资源总体规划（2021~2025年）》《关于促进全省地热能开发利用的实施意见》，尤其是《河北省地热资源勘查开发“十四五”规划》作为全省地热资源勘查开发的指导性文件，明确规定了地热资源勘查开发目标、布局、重点工程与保障措施。北京市发布了地热能行业《地埋管地源热泵系统工程技术规范》《再生水热泵系统工程技术规范》《中深层地热供热技术规范　井下换热》《中深层地热供热技术规范　水热》4项地方标准。山东省制定了《地热绿色矿山评价规范》地方标准，为地热矿山的可持续开发利用提供了明确的指导和地质支撑；《干热岩钻井技术规范》，为干热岩钻探设计、施工、管理等各项工作提供了技术标准支撑。天津市注重对通过招拍挂或协议方式取得水热型地热采矿权地热资源开采管理，强化地热计量监测设施维护和监管。云南省印发了《云南省矿产资源总体规划（2021~2025年）》，要求加快推进地热等矿

产资源勘查，合理利用地热资源，依托地热带动重点地区旅游与康养产业发展。

（二）加强资源勘查，摸清资源家底

做好矿产资源调查评价与勘查，能够为优化矿业资源开发利用结构、提高矿产资源开发利用水平奠定扎实的基础。河北、天津、河南、甘肃等省市制定矿产资源规划，聚焦地热开发利用，划定地热资源勘查规划区块。例如，《河南省矿产资源总体规划（2021~2025 年）》统筹部署包括地热资源在内的矿产资源勘查、开发与保护工作，推动矿产资源安全供应保障。该规划指出，要重点加强清洁能源矿产勘查开采，力争实现煤层气、页岩气、地热等清洁能源矿产勘查开采新突破，提高勘探开发技术水平和转化效率，增强战略性矿产资源供给能力；要引导项目、资金等要素向国家规划矿区投入，优先保障战略性矿产勘查开发，尤其是安排财政资金优先安排能源资源基地成矿区带的基础性、引导性矿产资源调查评价与勘查；推动科技创新和人才培养，加强战略性矿产资源勘查，提高地质勘查程度，为保障矿业发展增加后备资源，尤其是重点发展平原区中深层地热规模化利用项目，促进资源优势转化为经济优势。

（三）加强示范引领，实现规模开发

北京大兴国际机场在规划设计阶段就突出绿色低碳理念，建设了大型地源热泵系统提供供暖和制冷服务，项目规模为 257 万平方米。北京城市副中心办公区因地制宜采用热泵技术提供夏季制冷、冬季供暖及生活热水服务，项目规模为 150 万平方米，率先创建“近零碳排放区”示范工程。河北省雄县依托中国石化集团的技术优势，成功打造了我国第一个地热供暖“无烟城”，目前雄安新区正着手打造全球地热利用样板，地热供暖能力已超过 1000 万平方米。河北省唐山曹妃甸新城依托中国石油集团的技术优势，建设了水热型地热供暖项目，地热供暖能力 230 万平方米，项目投运后运行平稳，实现了地热水采灌均衡。

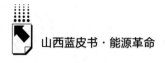

（四）加强科技创新，驱动产业升级

为了推动地热能产业发展，相关省市加大科技创新力度，组建地热资源开发研究机构，开展能源勘查开发利用全产业链科技攻关，为地热能产业高质量发展提供技术支撑。山东省建立了地热能源勘查开发研究院，依托山东省地矿局自然资源部深部地热能创新团队和山东省地热清洁能源探测开发工程技术研究中心等省部级地热领域科研平台，集中人才、技术、装备等优势力量，打造地热能源不同应用场景示范工程。天津市地热院整合了“在线地热水井深动态液位—温度测量系统”、“地热井水位—温度数字测量系统”、地热井监测数据远程采集装置和地热井水位温度测量装置等，通过监控全市每眼地热井的开采量、回灌量，实时监控水位、水量、水温、水质情况，督促地热开发单位合法开采和回灌，推动总体回灌率由2012年的40.3%增加到现在的80.96%，地热回灌水平和规模在全国居领先地位。

（五）加强金融扶持，助力产业发展

地热能产业属于资本密集型行业，对开发企业的资金实力要求比较高。一些省市在碳达峰、碳中和扶持项目中，重点通过银行贷款、政府基金等方式加强对地热开发项目的金融扶持，推动产业有序平稳发展。例如，《天津市财政支持做好碳达峰碳中和工作的实施意见》提出，支持地热勘查、开发、利用、保护项目，鼓励资源条件较好的地区加大开发利用力度，补充或替代现有资源。安徽省国资系统成立了总规模150亿元的碳中和基金，重点扶持光伏、地热能等可再生能源产业项目。辽宁省发放了规模为5.17亿元的碳减排贷款，用于支持海城市地热水资源特许经营项目。

五　山西省地热能产业高质量发展的政策建议

地热能不受昼夜、季节、气候等因素影响，具有极其稳定的特点，推动山西地热资源的规模化、产业化开发，对于优化能源结构、实现能源产业绿

色转型具有重要意义。《“十四五”可再生能源发展规划》提出，要积极推进地热能规模化开发，大力推进汾渭平原水热型地热供暖开发。山西要深入贯彻习近平总书记关于碳达峰碳中和系列重要讲话精神，聚焦建设全国能源革命综合改革试点先行区目标，坚持“双碳”牵引，立足资源禀赋，高质量开展地热资源调查评价，推进地热开发关键技术集中攻关，建设地热典型示范引领项目，推动金融对地热能产业的支持，规范化开展地热资源开发管理，以地热能产业高质量发展推动能源产业绿色转型。

（一）高质量开展地热资源调查评价

地热资源调查评价是地热资源产业化开发利用的重要前提。要加大财政投入力度，鼓励引导社会资本参与，加快在全省范围内广泛开展地热资源调查评价，主要在大同盆地（天镇—阳高）、太原—晋中盆地（中心区域）、忻定盆地（忻府—原平—定襄）、临汾盆地（重点区域）、运城盆地（峨眉台地）等区域，开展中深层、高温地热资源的赋存条件、赋存状况、资源量情况、埋藏深度评价。要安排专项资金，对中心城市、市县、乡镇、农村等区域及其周边浅层、中深层地热资源开展调查评价，划定适宜利用区，为社会有序利用提供技术支持。要重点优先安排热储条件好、资源潜力大、市场需求前景好的地区进行勘查，不断挖掘资源潜力，增加资源持续供应能力，为地热资源大规模开发利用提供依据。要支持山西地质集团作为山西唯一公益类科技型地质企业和全省地质找矿主力军的作用，在全省统一规划下做好地热资源的勘探评价工作，摸清山西地热资源的家底。

（二）高质量推进地热开发关键技术攻关

地热能产业的高质量发展离不开科技创新基础性作用的有效发挥，要坚持科技创新驱动产业转型升级和提质增效。要加大省校合作力度，建好地热勘探与开发院士工作站，加快建立地热能产业专业化队伍，建立科学的地热专业人才培养机制，推进产学研合作深入发展。要加大科研经费投入，聚焦原创性技术、瓶颈性技术、颠覆性技术设立重大科技研发计划、组织联合攻关团队、新型研发机构，加强地热开发利用关键技术和核心装备的科研攻关。要围绕产业链部署创新链，推动形成地热资源勘探、地热资源评价、地热钻井成井工艺、地热尾水回灌、地热资源梯级利用、信息化系统六大技术体系，重点聚焦地下能源结构一体化高效换热技术、浅层地热能供暖制冷平衡联供技术、大规模地源热泵长期换热可靠性提升技术、中深层地热能高效换热技术、干热岩梯级开发利用技术、中低温地热能发电技术、特殊地质构造条件下地热井回灌技术、地热尾水回灌及监测技术研究。要推动大数据、人工智能、5G 技术等在地热行业的推广应用，推动各类生产要素智能化调配、高效化运用。

（三）高质量建设地热典型示范引领项目

因地制宜推进中深层地热能供暖、浅层地热能供暖（制冷）、高温地热能发电等地热开发利用项目建设和先进技术示范应用，以点带面推动地热资源开发规模化发展。

一要聚焦典型场景。推动地热能源开发与生态文明建设、新型城镇化、乡村振兴、新基建等深度融合。支持城市供暖企业、地热能开发企业深入合作，推动中深层地热能替代天然气、煤炭供暖。鼓励党政机关、机场、车站、学校、医院、体育场馆、展览馆等公共建筑地热能应用，建设“低碳社区”“零碳社区”，提高地热能在清洁供暖中的比重。

二要聚焦多能互补。地热能、太阳能、风能等可再生能源与天然气、石油、煤炭等传统能源能够互为补充，推动用能方式从单一地热能转变为多能互补，能够进一步拓展可再生能源应用场景，提高可再生能源供应的稳定性、安全性，更好地保障能源安全。要在示范项目建设中因地制宜地推动多能互补，积极推行“能源岛”运行模式，实现区域内地热能与风能、太阳能、生物质能等有机整合，实现更多场景的推广应用。

三要创新应用模式。探索建立开发利用新模式，探索地热开发特许经营模式，吸引社会资本参与地热的勘探、评价、开发，推动地热能产业规模化发展和规范化发展。建设地热能特色示范小镇，贯彻“吃干榨尽”的热能高效利用理念，推动梯级开发利用模式落地实施，形成供热、制冷、发电、温泉、康养、现代农业等产业集群。

四要布局前沿方向。基于山西良好的地热资源禀赋，继续深化地热能发电示范项目建设，积极探索干热岩发电项目建设，拓展地热开发新领域新赛道。

（四）高质量推动金融对地热能产业的支持

地热能产业一次性投入比较高，地热钻井和设备采购成本较大，从投资到收益的过程较为漫长，对开发企业的资金实力要求较高。加大财政支持力度，对符合条件的地热项目和企业可给予一定比例的财政补贴、税收优惠政策。加大绿色金融服务，支持符合标准的地热能利用项目纳入绿色金融扶持项目，对符合利用条件的地热能项目提供贷款担保，搭建政银企服合作对接机制，推动资金、工具和项目有效对接，提供精准金融服务。加大专项债支持力度，优化地方政府专项债券项目安排协调机制，对符合条件的地热能供热项目，可申请地方政府专项债券作为资本金。鼓励社会资本参与，按照市场化方式，吸引更多社会资本参与地热能勘查、开发，调动各方面主体的积极性。

（五）高质量规范化开展地热资源开发管理

在地热资源开发中，要有效发挥政府在地热能产业发展中的政策引领作用，理顺地热能开发利用管理体制机制，统筹保护与开发管理，“在保护中开发，在开发中保护”，建立起适应生态文明建设要求的地热资源管理和保护机制。要深化地热行业“放管服”改革，建立多部门协调机制，推动项目核准（备案）“一站式”服务，建立健全地热项目备案管理制度。要加强对已建设运行地热项目的监督管理，建立项目开发动态监测系统，实行已建设项目登记备案，加强地热能项目开发建设统计和非电利用生产运行信息统计，推进地热能行业统计体系全覆盖，提升地热资源信息化管理水平，切实推动地热开发遵循“取热不耗水、采灌平衡”的原则，解决地热资源可持续发展问题。要推动矿业权出让管理制度不断完善，地热资源备案管理制度有效落实，规范出让地热矿业权，建立地热尾水强制回灌制度，完善预警监测体系。要加快制定地热能产业地方性法规，规范地热开发市场秩序，加大对违法违规企业的处罚力度，引导地热开发利用规范化、科学化和环保化。

参考文献

［1］章建华：《推动“十四五”可再生能源高质量跃升发展》，《经济日报》2022年1月16日。

［2］过广华：《中国地热能产业高质量发展探析》，《化工矿产地质》2021年第2期。

［3］闫坪卉：《我国地热产业持续高质量发展——〈中国地热产业高质量发展报告〉解读》，《中国石化报》2023年9月18日。

［4］《山西省地热能分级分类利用指南》，山西省自然资源厅官网，https：//zrzyt. shanxi. gov. cn/ztzx/ztbz/zchb/202301/t20230116_ 7810227. shtml。

［5］王龙飞：《地热能利用：三晋大地多点开花》，《山西经济日报》2023年3月20日。

［6］《我国地热直接利用规模居世界首位》，中国政府网，https：//www. gov. cn/yaowen/liebiao/202309/content_6904270. htm。

B.5

山西氢能产业发展研究

王云珠*

摘　要： 当前，我国氢能产业规模化、集群化、商业化进程加速，氢能产业成为继新能源汽车之后新一轮能源技术革命和产业革命的重要领域。发展氢能产业是推动山西能源绿色低碳转型、实现“双碳”目标的重要路径。本文分析了山西氢能产业发展现状和面临的挑战，研究提出山西要大力发展工业副产氢提纯，有序发展可再生能源制氢（风电+制氢、光伏+制氢），推动加氢站基础设施发展，探索氢能多示范应用，构建氢能产业创新体系等重要任务，并提出了加强组织协调、完善财政金融支持政策、加快管理体制改革和产业标准制定等促进氢能产业发展的政策建议。

关键词： 氢能产业　全产业链发展　管理体制改革

氢能作为清洁绿色的二次能源，正在成为世界各国加快能源清洁转型的重要战略选择。我国也将氢能纳入国家能源战略，作为我国新型能源体系的重要组成部分。我国是全球产量最大的制氢国，截至 2022 年底，我国氢气产量 4004 万吨，氢燃料电池汽车产销累计分别完成 3626 辆和 3367 辆，累计建成加氢站 358 座，其中在营 245 座，[①] 约占全球总数的 40%，居世界第

---

* 王云珠，山西省社会科学院（山西省人民政府发展研究中心）能源经济研究所研究员，主要研究方向为能源经济。

① 罗曼：《中国能源大数据报告（2023）：第七章　储能氢能发展》，北极星储能网，https://news.bjx.com.cn/html/20230713/1319067.shtml。

1位。当前，我国氢能产业规模化、商业化进程加速，氢能技术正处于不断突破和迭代的窗口期，有望成为继光伏、风电和锂电池汽车产业链后，未来3~10年清洁能源中最具希望的领域之一。

山西是煤炭大省、碳排放大省，发展氢能产业特别是绿氢的推广应用是实现“双碳”目标的重要举措。氢能产业的发展给山西传统能源产业实现“换道超车”转型升级提供了新赛道，山西应抓住全球能源转型、技术革命和产业结构调整孕育的新机遇，强化政策引领、产业培育、管理体制改革，加大氢能产业核心技术研发支持力度，打造氢能与储氢材料、氢燃料电池、电解制氢、新能源汽车、分布式能源等产业有机结合的产业转型升级新增长点，加快推动山西能源绿色低碳转型，努力建设全国能源革命综合改革试点先行区，助力实现碳达峰碳中和目标。

一　山西氢能产业发展现状及面临的挑战

山西是煤炭、焦炭大省，焦炉气和煤化工尾气资源丰富，可再生能源装机量位居全国前列，2023年7月底，新能源和清洁能源装机达到5462万千瓦①，占全省总装机的42.9%，风电和光伏发电装机分别居于全国第5位和第10位，氢能资源来源广泛、成本低廉②，具有明显的规模化制氢成本优势，同时具有交通领域重型货运卡车、能源、化工、冶金等多领域广泛的氢能应用场景。发展氢能产业是实现山西多领域深度清洁脱碳的重要路径，可推动山西省煤炭、火电等传统能源体系与光伏、风电、生物质等新能源体系实现系统集成与高效耦合，构建多能互补、协调发展的能源供应新体系，灵活实现能源间的绿色转换、储存和运输，有利于从源头上减少碳排放。同时，氢能产业链涉及氢的制储运加、燃料电池材料、装备制造

① 贺锴、张毅：《共襄能源革命盛举　共创绿色低碳未来》，《山西日报》2023年9月11日。

② 《山西省发展和改革委员会　山西省工业和信息化厅　山西省能源局关于印发〈山西省氢能产业发展中长期规划（2022~2035年）〉的通知》，山西省发展和改革委员会官网，https：//fgw.shanxi.gov.cn/tzgg/202208/t20220823_6989633.shtml。

以及在交通、能源、工业等多领域的广泛应用，带动效应强、全产业链产值增长潜力大，对推进山西资源型经济转型、绿色低碳发展具有重要的战略意义。

（一）氢能产业发展现状

近年来，山西众多能源领军企业布局发展焦炉煤气制氢、风光制氢、加氢站建设等氢能产业项目，涉及制氢、储运、加氢、燃料电池系统及应用等氢能产业链，美锦能源、鹏飞集团等企业持续加大氢能产业投入，先后在吕梁、长治、晋中等地布局氢能产业，山西氢能产业发展迈入新阶段，也成为能源革命的重要探索方向。[①]

1. 逐步完善政策支撑体系

山西省出台的“十四五”规划和山西省“十四五”未来产业发展规划中，都将氢能作为山西重要战略性新兴产业进行重点培育，并列入山西省重点发展的十大产业链工作推进机制之一，积极构建从制氢、储氢到运氢、加氢以及氢能源应用的完整产业链。

2022年8月，山西省出台了《山西省氢能产业发展中长期规划（2022~2035年）》这一全省氢能产业发展的重要文件，提出到2025年，山西要初步建立以工业副产氢和可再生能源制氢就近利用为主的氢能供应体系。燃料电池汽车保有量达到1万辆以上，部署建设一批加氢站。[②] 到2030年，燃料电池汽车保有量达到5万辆，可再生能源制氢在交通、储能、工业等领域实现多元规模化应用，形成布局合理、产业互补、协同共进的氢能产业集群，有力支撑山西实现碳达峰。[③] 同期，制定了《山西省推进氢能产业发展工作方案》，明确了氢能产业链工作专班，制定了氢能产业发展12项重点

---

① 王云珠：《山西氢能产业发展的制约因素和政策选择》，《煤炭经济研究》2022年第7期。

② 《山西省发展和改革委员会　山西省工业和信息化厅　山西省能源局关于印发〈山西省氢能产业发展中长期规划（2022~2035年）〉的通知》，山西省发展和改革委员会官网，https://fgw.shanxi.gov.cn/tzgg/202208/t20220823_6989633.shtml。

③ 宋维东：《多地发力氢能产业　燃料电池车迎“风口”》，《中国证券报》2022年10月24日。

工作任务。

2022年以来，山西省委省政府将氢能产业链列为重点推动的十大产业链之一，确定了美锦集团、鹏飞集团等企业为氢能产业头部和链主企业，布局制氢、储运、加氢站、燃料电池零部件等产业链各个环节①，全力打造全国氢能产业基地。2023年2月，山西省发展改革委组织成立了山西省氢能产业联盟，氢能产业链相关企业、高校、科研院所、金融机构等60家单位加入联盟，为氢能产业发展搭建行业交流合作平台。2023年4月21日，山西省发改委联合山西省工信厅发布《山西省氢能产业链2023年行动方案》，提出了不断完善氢能产业发展制度政策环境，提升氢能产业技术创新水平，加强氢能基础设施建设，加强产业链协作配套，推动氢能产业链进一步提质升级等9大措施，推动山西氢能产业链加快发展。

2. 加快培育建设完整产业链

山西加快氢能源领域储、运、加氢一体化布局，现有氢能产业链链上企业30家，2023年太原能源低碳发展论坛发布的山西氢能产业发展指数显示，山西省氢能产业发展综合指数为285.05，高于全国平均水平，位列全国第2，山西正在努力实现由“煤都”向“氢都”转变。

山西省氢能产业链上游焦化产业基础雄厚，焦炉煤气制氢原料来源丰富、技术成熟、制氢成本低，已初步形成了以美锦氢能、潞宝长申、鹏湾氢港等为代表的焦炉煤气制氢企业，② 以山西国投海德利森、太钢集团为代表的加氢装备生产企业，以美锦氢能、鹏飞集团等为代表的加氢站建设企业，以大同新研、重塑科技为重点的氢能应用企业，以及大运汽车、中极氢能、鹏飞智创等的整车氢燃料电池汽车生产线。此外，东风汽车、上海氢晨、上海鲲华等一批知名省外企业落户山西，也将助力山西延伸拓展氢能产业链。山西省氢能产业链和主要企业情况如图1所示。

从氢制备环节看，山西省具有较好的氢源基础，在化石燃料制氢、工业

---

① 王翔：《工业发展质量与环境规制、技术创新的关系研究》，《技术经济与管理研究》2019年第10期。

② 王蕾：《省工信厅召开氢能产业链建设工作推进会》，《山西经济日报》2022年6月18日。

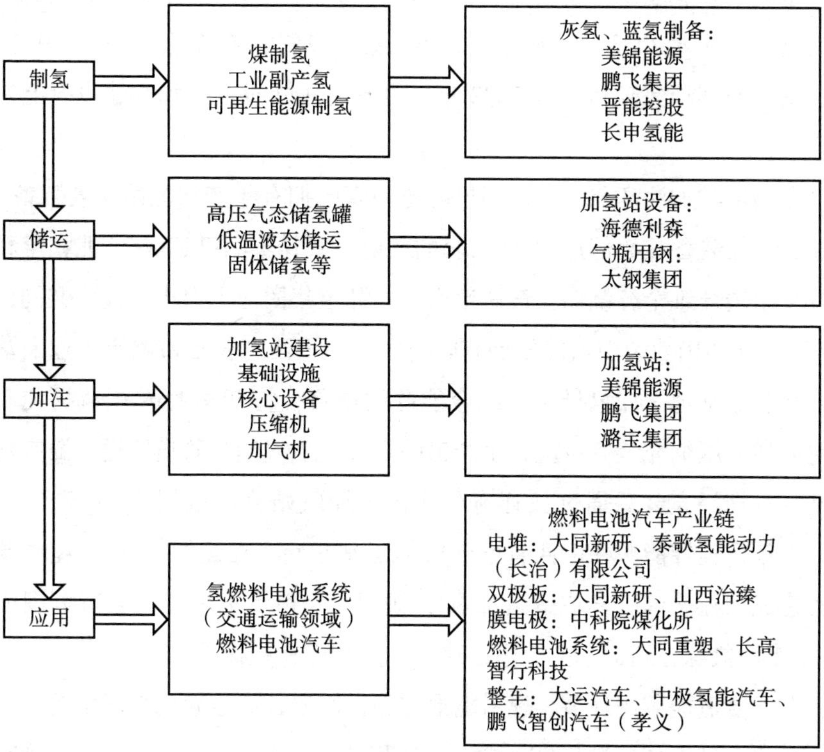

图 1　山西氢能产业链及主要企业情况

副产氢、可再生能源制氢三大技术路线的资源储备丰富，正在发展以焦炉煤气副产氢提纯、氯碱化工副产氢提纯、煤层气裂解制氢、可再生能源电解水制氢等多元方式并存的氢能供给体系。① 据 2023 年 9 月发布的《氢能发展指数》，截至 2023 年上半年，山西省氢能资源指数为 598.34，在全国主要氢能发展地区中位列第 1。焦炉气制氢应用发展的关键在于氢气提纯技术的发展和炼焦行业下游综合配套设施的健全。② 目前，美锦能源、山西鹏飞、长申氢能、晋南钢铁等企业依托各自在煤化工、钢铁、加气站网络等方面的

① 王蕾：《山西特色“氢”前景值得期待》，《山西经济日报》2022 年 10 月 28 日。

② 邹才能、李建明、张茜等：《氢能工业现状、技术进展、挑战及前景》，《天然气工业》2022 年第 4 期。

产业基础开展氢能项目建设。2022 年，美锦华盛 2 万吨/年高纯氢项目二期开工建设，计划 2023 年建成投运；鹏飞集团投资的鹏湾氢港一期 2 万吨/年焦炉尾气制高纯氢项目已于 2022 年 7 月 6 日正式投产，加快建设氢能供应体系。

在储运与加注环节，山西国投海德利森已拥有年产加氢站系列装备 300 台套、加氢装备核心部件 1000 台套的产能；太钢集团已建成 70 兆帕燃料电池汽车用碳纤维全缠绕储氢气瓶生产线；潞宝集团与上海申能集团共同出资 1 亿元成立的山西长申氢能发展有限公司，在山西省长治市潞宝工业园落地了万吨制氢基地·加氢母站·综合能源站项目，将新建 PSA 尾氢提纯制氢装置和加氢压缩充装等设施，生产出的高纯度氢气通过管道输送至潞宝加氢母站，氢气经充装后通过长管拖车外运至加氢站或终端用户。[①] 截至 2023 年上半年，美锦能源在山西省已建成加氢站 9 座，在建加氢站 12 座，预计年底建成，在全国已建成运营加氢站 20 座。[②] 鹏飞集团在吕梁市范围内建设 14 座加氢综合站，孝义 3 座已建成，其余正在积极推进。

在下游氢能应用环节，燃料电池方面，潞安拥有成熟的燃料电池生产装配技术，电堆寿命超过 8000 小时，[③] 体积功率密度 3.12 千瓦/升，达到国际领先水平。中科院煤化所聚苯并咪唑高温质子交换膜取得重要突破，正在开展相关产业放大和应用；氢燃料电池用炭纸及气体扩散层的实验室制备关键技术取得突破，主要技术指标接近日本东丽公司同类产品。目前重塑科技大同北方总部基地一期项目，将形成 2 万套/年氢燃料电池系统能力；2023 年 9 月计划建成的长高智行氢能设备生产基地项目，支持周边区域氢燃料电池整车和改装车生产；中极氢能汽车、大运汽车、成功汽车等整车企业也正开展氢燃料电池汽车示范应用。

目前，山西省美锦能源、山西鹏飞集团、晋南钢铁集团等企业的氢能重

---

① 平路路：《打造我市全产业链氢能发展新格局》，《长治日报》2022 年 5 月 31 日。

② 任晓明：《氢能产业"链主"企业美锦能源：锚定"双碳"目标"氢"装上阵》，《太原日报》2023 年 6 月 16 日。

③ 王蕾：《山西特色"氢"前景值得期待》，《山西经济日报》2022 年 10 月 28 日。

卡都开展了运营。2021年9月，山西美锦能源首批100辆燃料电池重卡在华盛化工园区开展示范运营。2022年8月，晋南钢铁集团首批300辆氢能重卡交付投运，率先在全国构建起了“钢—焦—化—氢”全闭环绿色低碳产业链模式；[①] 2022年11月22日，鹏飞集团首批100台氢能重卡正式投入运营，2023年底还将落地200台氢燃料电池重卡。据2023年9月发布的《氢能发展指数》，截至2023年上半年，山西省建成并投入运营加氢站22座，高于全国平均水平（11.17座），在全国主要氢能发展地区中位列第5；已推广燃料电池汽车768辆，高于全国平均水平（501.3辆），在全国主要氢能发展地区中位列第7；全省燃料电池汽车企业数量达17家，在全国主要氢能发展地区中位列第7，已覆盖制氢、氢储运、加氢站、整车、系统、电堆、双极板和汽车运营商等多个环节。[②]

工业方面，晋南钢铁、中晋冶金率先实现氢基还原铁技术突破，为国内实现钢铁行业清洁脱碳迈出了重要步伐。

3. 持续推动地市氢能产业布局

从山西各地看，初步形成在太原、吕梁、长治等地布局的氢能产业链。

2020年9月30日，大同市印发《大同市氢能产业发展规划（2020~2030年）》，引进了深圳市氢雄燃料电池有限公司、北京新研氢能公司、上海重塑能源科技有限公司建设燃料电池生产线。[③]

2020年10月17日，长治市发布了《长治市氢能产业发展规划》《长治市氢能与燃料电池汽车产业发展行动计划》《长治市加氢站审批和管理暂行办法》《长治市燃料电池汽车交通运输暂行管理办法》《长治市燃料电池汽车推广应用财政补助实施细则》5个政策文件，加速发展氢能产业。

吕梁市持续推进能源革命，以氢能作为绿色转型重要抓手，加快布局氢能产业、推进转型发展。2022年4月，吕梁市委市政府提出了“一体两翼、三港四链”发展战略和打造“打造千亿级氢能产业基地”目标，出台了

① 李羿玫：《晋南钢铁集团首批300辆氢能重卡交付投运》，《临汾日报》2022年8月12日。
② 晋帅妮：《山西省氢能产业发展综合指数全国第二》，《山西日报》2023年9月13日。
③ 王蕾：《山西特色“氢”前景值得期待》，《山西经济日报》2022年10月28日。

《吕梁市氢能产业中长期发展规划（2022~2035）》《吕梁市氢能产业发展2022年行动计划》《吕梁市加氢站建设管理办法（试行）》[①]，积极推进氢能产业实现高质量发展。计划从2022年开始，首先形成5万~10万吨制氢生产能力，布局建设15个加氢站，加快氢能核心部件、电堆、燃料电池攻关。力争到2025年底，吕梁市制氢能力达到20万吨以上，建成加氢站50座，氢燃料汽车保有量突破5000辆，产业链总产值超过200亿元，使吕梁成为华北地区重要的氢能供应基地、国内具有重要影响力的氢能应用先行城市。[②] 截至2023年9月，吕梁市正在建设总投资263亿元的16个氢能产业项目，已形成7.5万吨制氢能力，建成投用11座加氢站，投入运行氢能重卡300辆，建成投产年产1000辆氢能商用车生产线，与上海申能、氢晨科技、浙江蓝能、东风汽车等行业龙头，联合共建"氢能产业协同创新中心""氢能汽车先进制造联合实验室"等创新平台，初步形成"气—站—运—车"全产业链发展体系。[③] 自2022年起，吕梁市每年安排1亿元专项资金，对氢能重卡给予最高45万元/辆的购置补贴，孝义按照1∶1配套补贴，推广氢能重卡，拓宽应用场景。2023年太原能源低碳发展论坛发布的山西氢能产业发展指数显示，吕梁氢能产业发展综合指数为393.58，位列全省第1。[④]

（二）面临的挑战

在氢能产业迎来良好发展机遇的同时，也应清醒地看到，虽然山西省的氢能资源优势明显，但在氢能低碳制取、储存运输等方面面临着巨大挑战。如何降低氢气生产、储运成本，是氢能产业发展的关键[⑤]，未来面临的挑战主要表现在以下三个方面。

---

① 王云珠：《山西氢能产业发展的制约因素和政策选择》，《煤炭经济研究》2022年第7期。

② 吴莉、姚金楠：《孙大军代表：定将"煤都"变"氢都"》，《中国能源报》2022年10月21日。

③ 《张广勇：氢能"全面开花"的吕梁　将打造氢能产业高地和示范应用基地》，澎湃网，https：//m.thepaper.cn/baijiahao_24531312。

④ 晋帅妮：《山西省氢能产业发展综合指数全国第二》，《山西日报》2023年9月13日。

⑤ 王云珠：《山西氢能产业发展的制约因素和政策选择》，《煤炭经济研究》2022年第7期。

1. 成熟可行的商业模式尚未形成

当前，氢能产业尚处于起步阶段，行业发展模式尚未明晰，氢能项目经济性普遍较差，企业盈利不乐观。目前无论是大规模可再生能源制氢，还是氢能的储存、运输、加用，以及在工业和交通领域的应用，都处于技术示范和关键设备国产化的阶段，仍然需要补贴的支持，氢能产业尚未形成较为成熟可行的商业模式。用氢成本包括从制、储、运到加注的全过程成本，氢作为燃料的价格远高于化石燃料等都限制了氢能的全面推广应用。

2. 关键材料和核心技术存在瓶颈

山西省掌握核心材料、核心部件和制备技术的企业不多，如先进制氢、氢能储运、燃料电池用催化剂、高效膜电极材料、双极板材料等方面与国际存在较大差距。制氢亟须开发工业副产氢高效低能耗分离技术，攻克更高效廉价的可再生能源电解水制氢工艺，降低电解水过程中的能耗。氢液化装置、高压液氢泵、大排量压缩机、加氢枪等设备仍需进口，储运亟须攻克短距离的低压高密度储运氢技术和长距离的液氢和管道掺氢技术，以及高压气态储氢容器材料、低温液态储氢材料以及防氢脆、渗透的输氢管路材料等技术问题。省内企业研发水平较低，与国外先进水平相比，氢燃料电池、燃料电池汽车整车技术、氢冶炼等方面还存在较大差距。

3. 化石能源制氢过程中碳排放量大

目前山西制氢主要是工业副产提纯制氢，化石能源制氢必须要考虑其产生的二氧化碳排放问题①，大规模推动氢能产业发展，不利于山西“双碳”工作推进。同时，也要考虑未来用工业副产气制氢必将遭遇产能瓶颈。尽管目前工业副产氢在现阶段氢能供应方面有很大的潜力，但是在“双碳”目标的背景下，钢铁、化工等工业领域的产能必然下降，其副产气也会大幅减少，并不能够满足持续增长的需求，过分依赖工业副产氢是“危险”的，投资错误的基础设施会导致“碳锁定”效应。

可见，山西省具有煤、焦、煤层气、风光电等资源优势，但是在合适的

① 朱彤：《我国氢能产业发展的特点、问题与定位》，《中国发展观察》2021 年第 10 期。

成本下以安全工艺将氢气提取、储运及应用还存在诸多制约因素[①]，在氢能行业管理机制、政策支持体系方面有待完善。要将山西氢源优势转化为氢能产业发展比较优势，需通过改革创新、政策支持破解发展难题，培育壮大氢能产业，努力建设成为具有影响力的全国氢能产业高地。

二 “双碳”目标下山西氢能产业发展的重点任务

发展氢能是山西绿色低碳能源体系的重要组成部分，是实现碳达峰、碳中和目标的重要举措。随着深度脱碳的需求增加和绿氢经济性的提升，“双碳”目标下山西氢能发展的定位在于突破难以减排领域，在作为高效低碳的二次能源（氢燃料电池汽车替代燃油汽车）、灵活智慧的能源载体（促进可再生能源消纳）、绿色清洁的工业原料（绿色氢气替代传统工业制氢工艺增加氢气使用）等方面发挥重要作用，助力碳中和的实现。山西氢能产业发展的重点任务是持续推进供给侧改革与产业链系统优化，近期大力发展工业副产氢提纯，有序发展可再生能源制氢（风电+制氢、光伏+制氢），推动加氢站、柴转氢、氢燃料电池汽车产业加快发展，探索适合山西省情的科学的氢能发展模式、产业布局，为未来的氢能产业发展奠定技术与商业发展基础。中远期探索推动煤制氢+CCS（二氧化碳捕集封存）等低碳高效技术，布局制氢、储氢、加氢、运氢、用氢全产业链，打造焦氢共赢、风光制氢、优化消纳，能源交通、氢储、建筑覆盖的全产业链发展格局。

（一）大力推动氢能制备及就近利用

目前，氢能产业没有形成较为成熟可行的产业模式，应稳步开展工程科技示范，科学稳妥布局氢能项目，探索氢能在山西的发展路径、技术路线和商业模式。

积极推动工业副产氢规模化生产和供应体系建设，打造氢能产业先发区

① 王云珠：《山西氢能产业发展的制约因素和政策选择》，《煤炭经济研究》2022 年第 7 期。

域。以工业副产氢、弃电制氢等低成本制氢为先导，逐步发展可再生能源电解水绿色制氢模式①，充分利用省内价廉量足的工业副产氢和可再生能源资源，构建低碳、经济、安全、稳定的多元氢能供应保障体系②。在太原、吕梁、长治等工业副产氢资源丰富地区以及工业园区（矿区），提高工业副产氢回收利用率，鼓励工业副产氢就近使用，降低氢气运输成本，带动运输、焦化、化工、氯碱等行业转型升级。在可再生能源资源条件好、发电成本低、氢能储输用等产业发展条件较好的地区，合理布局绿电制氢项目，开展可再生能源制氢和储能示范，推进新能源制氢与现代煤化工耦合发展。③ 强化能源和环境政策协同，适时制定电解水制氢电价优惠政策，提升电解水制氢转换效率，降低“绿氢”制取成本，推动传统用氢领域的低碳化替代。以“零碳”产业园区创建为重要载体，鼓励企业开展氢能零碳园区和分布式热电联供等示范应用，推进钢铁、煤化工、电力工业供电、冶金等行业氢能替代应用。中远期，在试点示范基础上，推动可再生能源耦合电解水制氢和规模化应用，打造规模化绿氢生产基地，提升氢源保障能力。推动工业尾气及非常规天然气结合 CCUS（碳捕集、利用与封存）技术制氢，进一步降低碳排放。

（二）统筹推进氢能基础设施建设

稳步构建储运体系。综合考虑地区氢气需求和供应能力，统筹推进高压气态、液态、甲醇等多元氢能储存体系建设，提升氢气供应保障能力。构建以高压气态运输、液态运输、固态运输和管道运输方式为主的多元氢气运输体系，提升氢气运输能力。优先发展氢能高压气态运输，发挥山西碳纤维、特殊钢等新材料优势，积极推动工艺创新，提升高压气态储运商业化水平，提升运输效率，有效降低储运成本。科学合理规划高压气态运

① 中国国际工程咨询有限公司氢能战略研究课题组、谢明华等：《全球氢能发展态势及我国的战略选择》，《财经智库》2021 年第 4 期。

② 王蕾：《打出氢能产业提质发展组合拳》，《山西经济日报》2022 年 10 月 28 日。

③ 王云珠：《山西氢能产业发展的制约因素和政策选择》，《煤炭经济研究》2022 年第 7 期。

输线路。探索氢源地到加氢站直供氢气的可行商业模式，降低氢气加注成本。依托燃气龙头企业，探索纯氢管道、掺氢天然气管道等灵活运输方式的应用。

统筹布局加氢站。根据产业发展需求，合理规划、有序推进全省加氢网络建设。依法依规鼓励现有满足条件的加油站改扩建成油氢综合站，优先推动成本低、建设速度快的撬装式加氢站建设，探索油电气氢综合站、制储加氢一体化站等综合型、创新型基础设施建设模式。积极推动氢能产业园、钢铁厂区、氢燃料电池汽车生产地等应用场景丰富地区加氢站建设，促进氢气就近应用，提升加氢站利用率水平。发挥省内高速公路路网优势，在具备条件的服务区建设加氢站。

（三）探索氢能多领域示范应用

氢能的下游应用市场主要有工业、交通、储能三大场景。碳中和目标下，充分利用氢能清洁、低碳、灵活等能源特性，积极探索氢能在交通、工业、储能等领域的规模化应用①，推进难以减排领域深度脱碳。

有序推进氢能在交通领域示范应用。② 交通运输行业是应对气候变化的重点领域，也是氢能消费的重要突破口。山西要立足氢能供应能力、产业环境和市场空间等基础条件，积极探索氢能在交通领域的多元化应用。以推进氢燃料电池中重型车辆应用为突破口，出台涵盖购置、通行、补给、运行及碳减排激励等环节支持政策。在运营强度大、行驶线路固定的工业园区（矿区），重点推进氢燃料电池重卡运输示范应用，打造全国氢能重卡应用基地。在太原市、大同市、忻州市、吕梁市等地，开展城市公交车、物流配送车、环卫车等燃料电池商用车试点，在有条件的地区积极

① 王美、赵静波、于文益：《碳中和目标下广东省氢能角色及利用方式研究》，《科技管理研究》2021年第9期。

② 国家发展改革委、国家能源局：《氢能产业发展中长期规划（2021～2035年）》，国家发改委网站，https://www.ndrc.gov.cn/xxgk/zcfb/ghwb/202203/t20220323_1320038.html? code=&state=123。

推进交通领域绿氢替代示范。积极申报、争取纳入国家燃料电池汽车示范城市群。

稳妥推进工业领域氢能替代。钢铁、冶金、水泥等高耗能行业既是碳排放大户，又是深度脱碳的难点，氢能替代有可能是工业领域深度脱碳的最优解决方案之一。①山西要积极探索氢能在工业原料和热源替代领域的技术创新，随着可再生能源制氢成本的不断下降，推动“绿氢”在钢铁、冶金、水泥等高耗能行业作为高品质原料和热源方面的应用，逐渐扩大工业领域氢能替代化石能源应用规模。探索开展以氢作为还原剂的氢冶金技术规模化应用，打造氢能冶金示范应用试点，破解冶金行业脱碳难题。探索水泥、陶瓷等行业利用氢气直接燃烧提供热源，替代化石能源。

积极开展储能领域示范应用。鼓励推动风光储等可再生能源与氢能耦合发展，降低低碳清洁氢源成本。②鼓励大同、朔州、忻州、吕梁等风光资源丰富地区，通过风电、光伏电解水制氢开展新型储能和调峰示范，发挥氢能调节周期长、储能容量大的优势，开展氢储能在可再生能源消纳、电网调峰调频等应用场景的示范，探索培育“风光发电+氢储能”一体化应用新模式。

（四）构建氢能产业创新发展体系

氢能产业是技术密集型产业，掌握硬核技术是打开市场的钥匙，也是企业存续、行业持续的根本。要正视目前存在的技术差距，加快氢能产业链创新能力建设部署，强化技术创新与产业发展的匹配度，以产业化为目标导向规划布局科研项目，优化科研项目的绩效考核体系，持续提升技术水平和创新能力。

开展关键核心技术攻关。采取公开竞争、“揭榜挂帅”等多种形式设立

① 王美、赵静波、于文益：《碳中和目标下广东省氢能角色及利用方式研究》，《科技管理研究》2021年第9期。

② 卢琛钰、孙浩天、田泽普：《中国氢能产业发展的机遇、挑战及对策建议》，《新经济导刊》2021年第9期。

研发项目，对标国际领先水平，以产业化为导向确定研发目标，重点支持龙头企业牵头开展绿色低碳氢能制、储、输、用各环节关键核心技术研发，持续推动氢能先进技术、关键设备、重大产品示范应用和产业化发展。设立氢能及燃料电池投资引导基金、氢能技术创新基金。

搭建氢能产业创新平台。依托氢能龙头企业，整合行业优质创新资源和联合国内外高校、科研院所，布局建立一批重点实验室、企业技术中心、中试基地、创新联合体等创新平台，支撑氢能行业关键技术研发与产业化应用。对建成的各类创新平台，采用平台补助方式给予资金支持。加大对科技创新企业的补贴力度，支持氢能产业链上企业、“专精特新”中小企业开展氢能及燃料电池等关键技术研发。

（五）协同创新打造氢能产业集群

以提升氢能产业链竞争力和影响力为目标，加快建设制氢、储氢、运氢、燃料电池电堆、关键零部件、动力系统集成、整车开发等氢能产业集群，做强、做大、做精氢能产业链，打造上下游联动、协同发展的氢能产业体系。①

积极培育氢能产业链主企业。围绕省内氢制备、氢储存和输运、氢燃料电池等产业基础，通过示范应用、政府采购、重大科技专项、金融扶持等政策支持方式，加快培育一批行业龙头企业，打造优势明显、特色鲜明的品牌产品。鼓励支持省内整车生产企业面向应用需求布局氢燃料电池汽车，加快形成以氢能重卡、商用车为主的整车研发和产业化能力，发挥龙头企业牵引作用，带动燃料电池系统及配套产业链企业成长。

打造氢能产业特色园区。充分利用各地氢能产业发展基础，高水平、高标准打造基础配套设施完善、特色鲜明的氢能产业园区。在副产氢基地、周边形成氢能消费、服务圈，形成规模化利用、集中式消纳氢能产业基地，加

① 曹雅丽：《建设氢能工程机械之都　湖南布局氢能产业赛道》，《中国工业报》2022 年 11 月 25 日。

强氢能产业特色园区招商引资，逐步壮大氢能经济实力。探索在长治经开区、孝义经开区、清徐县经开区等园区打造氢能产业样板园区，积极引导氢能产业发展要素在园区集聚，积极引进储氢、加氢站装备制造、燃料电池热电联供、氢能工程机械配套等领域优质企业和技术，推动形成氢能产业集群化发展态势。吸引国内外氢能优势企业到园区设立分支机构、研发基地，实现氢能产业园区高质量发展。

三　政策建议

氢能是关乎国家能源安全和山西新兴产业竞争力的战略选择，在今后的发展中，要科学制定山西氢能发展战略和技术研发、财政金融等支持政策，在推动氢能产业管理政策、安全监管政策等方面先行先试，促进氢能产业健康发展。

（一）加强组织机制保障，协调解决氢能产业发展重大问题

落实氢能产业领导及协调机制，明确氢能产业发改、工信、科技、财政、能源、住建、市场监管、应急管理、商务等相关部门分工，加强各级主管部门的相互协作，建立多部门联席办公制度，各部门根据职责分工推进政策制定、项目落地、招商引资、安全监管等各方面工作，重点解决氢能产业发展重大问题。在项目基础设施建设用地、规划选址、安全、环保等方面完善政策措施，优化氢能项目规划审批流程，营造良好环境。充分发挥山西氢能产业联盟作用，加强政府与重点企业、科研机构、高等院校之间的信息互通，推进氢能产业高质量发展。

（二）强化财政金融支持，扶持氢能产业做大做强

科学制定补贴政策。加大对氢能产业核心技术研发、创新平台搭建、加氢站基础设施①等方面补贴。研究探索可再生能源发电制氢支持性电价政

---

①　王赓、秦晓璇、崔胜楠、赵博：《天津氢能产业发展路径研究》，《天津经济》2021 年第 3 期。

策，健全覆盖氢储能的储能价格机制，探索氢储能直接参与电力市场交易。

完善燃料电池汽车补贴政策。参照国家燃料电池汽车示范城市群奖补政策，研究出台专项奖补配套政策，降低氢燃料电池汽车使用成本；给予加氢站限制氢气售价的氢气补贴①，加快车辆推广应用。

加大财政金融支持力度。建立多元化投资体系，支持各地市设立产业转型投资基金，鼓励产业投资基金、创业投资基金按照市场化原则支持氢能企业。支持各地市给予前沿性氢能设施装备制造、率先采用国家科技专项成果的储运及加氢项目资金奖励、风险补偿与融资贴息等支持。② 支持符合条件的氢能企业发行企业债券或上市融资③，完善政府引导、社会参与、市场化运作的多元投融资体系。

（三）推进体制机制创新，完善氢能产业管理体系

目前虽然明确了氢能的能源属性，但大多数地区仍将氢能列为“危化品”进行管理。④ 应明确氢气生产、储运、应用等环节的归口管理部门，推动氢能产业各相关管理部门的协调合作，规范氢能制备、储运和加注等环节建设管理程序⑤，建立统一高效的氢能项目审批管理制度，解决制氢用氢土地性质的协调等问题。

完善加氢站建设管理体制。研究制定山西省加氢站建设运营管理办法，加快加氢站落地运营。借鉴外省经验，探索加氢站参照城镇燃气加气站管理，不再核发加氢站的危化品经营许可证。支持传统加油站依法依规改扩建升级为综合能源站，探索加氢/加油（气）、加氢/充电（换电）等合建站发

① 张仲军、王子缘、赵吉诗：《燃料电池汽车推广应用奖补必要性分析》，《广东科技》2022年第9期。

② 凌文、刘玮、李育磊、万燕鸣：《中国氢能基础设施产业发展战略研究》，《中国工程科学》2019年第5期。

③ 贺觉渊：《推动形成氢能多元应用生态，提升交通领域应用规模》，《证券时报》2022年3月24日。

④ 仲茜：《加快明确氢能管理属性　推动氢能产业快速发展》，《上海证券报》2023年3月8日。

⑤ 田文中、李燕燕、宋恒钰、魏军：《CNG加气站转型加氢站可行性分析》，《上海煤气》2022年第12期。

展模式。分类指导、稳步推进取消可再生能源制氢项目、制氢加氢一体站建设选址受化工园区限制。①

加强全链条安全监管。守住安全底线，明确监管主体，建立完善氢气制备、储运安全管理办法，利用工业互联网、大数据和人工智能等数字化技术手段，建立加氢站、燃料电池汽车等运营监测体系，强化对制、储、运、加、用等全产业链重大安全风险的预防和管控②，提升全过程安全水平。

（四）加快健全标准体系，推动氢能产业高质量规范发展

推动氢能产业高质量发展，亟须建立健全氢能产业检测认证、安全监管、质量监督、标准规范等体系，为产业发展和商业化提供支持。按照《氢能产业标准体系建设指南（2023 版）》，山西要围绕氢能全产业链环节，开展标准体系研究，加快推动氢气制储运、加氢站、燃料电池系统、燃料电池整车性能与可靠性、燃料电池汽车示范运营安全、安全应急处置等重点领域标准制订。打通交通、工业、能源多场景应用标准，引导氢能产业规范发展。加快建设氢能及燃料电池汽车产业检验检测和认证公共服务平台，建立产品质量认证体系。研究修订城镇燃气管理条例，将氢气视同燃气管理，制订长输天然气管道掺氢标准。③

（五）开展氢能产业链招商，强化氢能行业交流合作

围绕氢能产业链重点招商。聚焦省内氢能产业链中电堆、双极板、催化剂、空气压缩机等薄弱环节，运用“政府+链主+园区”等多种招商模式，争取引进具有产业带动作用的国内外相关优质头部企业和大项目、好项目，增强氢能产业链供应链稳定性和竞争力。通过开展示范应用开拓市场空间和

---

① 凌文、刘玮、李育磊、万燕鸣：《中国氢能基础设施产业发展战略研究》，《中国工程科学》2019 年第 5 期。

② 唐仁敏：《系统谋划和整体推进我国氢能产业高质量发展》，《中国经贸导刊》2022 年第 4 期。

③ 中国国际工程咨询有限公司氢能战略研究课题组、谢明华等：《全球氢能发展态势及我国的战略选择》，《财经智库》2021 年第 4 期。

加大招商引资力度并行的方式，积极引进国内外燃料电池产业链企业总部机构入驻山西。

积极开展跨区域合作。充分发挥山西省氢能产业联盟、太原能源低碳论坛及氢能产业发展分论坛等平台作用，加强与国内外氢能产业行业机构及企业的交流合作。以重大科技攻关项目为引领，建立产业和科技资源共享、优势互补的体制机制。加大与珠三角、长三角、京津冀等先发地区及氢能产业链头部企业的氢能战略合作，抢占产业发展高地。加强与氢能领域国际知名院校和研究机构合作，引进国内外知名氢能研究机构落户山西。

参考文献

[1] 国家发展改革委、国家能源局：《氢能产业发展中长期规划（2021～2035年）》，国家发改委网站，https：//www. ndrc. gov. cn/xxgk/zcfb/ghwb/202203/t20220323_1320038. html？code=&state=123。

[2]《中国氢能源及燃料电池产业白皮书》，搜狐网，https：//www. sohu. com/a/539292593_ 484815。

[3] 李建林等：《“十四五”规划下氢能应用技术现状综述及前景展望》，《电气应用》2021年第6期。

[4] 孟照鑫、何青、胡华、沈轶：《我国氢能产业发展现状与思考》，《现代化工》2022年第1期。

[5] 郝光明：《山西美锦能源：做碳中和行动的坚定践行者》，《山西经济日报》2022年2月14日。

[6] 张仲军、王子缘、赵吉诗：《燃料电池汽车推广应用奖补必要性分析》，《广东科技》2022年第9期。

[7] 中国国际工程咨询有限公司氢能战略研究课题组、谢明华等：《全球氢能发展态势及我国的战略选择》，《财经智库》2021年第4期。

[8] 王云珠：《山西氢能产业发展的制约因素和政策选择》，《煤炭经济研究》2022年第7期。

[9]《山西省发展和改革委员会　山西省工业和信息化厅　山西省能源局关于印发〈山西省氢能产业发展中长期规划（2022～2035年）〉的通知》，山西省发展和改革委员会官网，https：//fgw. shanxi. gov. cn/tzgg/202208/t20220823_6989633. shtml。

B.6

“双碳”背景下山西节能降碳研究

郭永伟　王展波*

摘　要： 山西是传统能源生产和消费大省，节能降碳是实现“双碳”目标的重要途径。近些年，山西大力推进结构节能、技术节能和管理节能，能耗强度得到大幅下降，节能降碳工作成效显著。但仍存在传统产业能耗高、能源利用效率低、节能空间窄难度大等问题。要立足山西实际，全力调整优化产业结构和能源结构、努力提高能源利用效率、持续推进重点领域节能降碳，为实现“双碳”目标作出更大贡献。

关键词： “双碳”目标　能源革命　节能降碳　山西

2020年，国家主席习近平在联合国第75届大会上向世界做出“30、60”“双碳”目标承诺，随后在《中共中央关于制定国民经济和社会发展第十四个五年规划和2035年远景目标的建议》中提出“降低碳排放强度，支持有条件的地方率先达到碳排放峰值，制定2030年前碳排放达峰行动方案”，为未来十年“推动绿色低碳发展、降低碳排放强度”，为全国经济发展和能源的清洁、高效、绿色、低碳利用指明方向。

山西作为我国能源生产、消费大省，煤炭消费量占一次能源消费总量的近80%，单位能源二氧化碳排放强度较高。因此，山西要响应国家号召，

* 郭永伟，山西省社会科学院（山西省人民政府发展研究中心）研究三部副部长，副研究员，主要研究方向为生态经济、能源经济；王展波，山西省社会科学院（山西省人民政府发展研究中心）信息内刊部副部长，主要研究方向为政府治理研究。

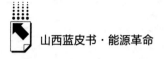

加快煤炭产业转型和技术升级，积极消纳风、光等可再生能源，在保障国家能源安全的基础上实现华丽转变，如期完成节能降碳任务。

一　山西开展节能降碳的意义

煤炭消费占一次能源消费总量的比重大，能源利用效率低于全国平均水平，山西实施节能降碳既是保障国家能源安全的重要途径，也是实现转型发展的必由之路，更是助力山西实现高质量发展的关键所在。

（一）保障国家能源安全，要求实施节能降碳

21 世纪初，我国石油、天然气的对外依存度就超越安全警戒线，能源安全成为制约和影响国家繁荣发展、人民生活改善和社会长治久安的主要风险因子之一。从《山西统计年鉴》公布的数据可以看出，2022 年山西煤炭产量 13.2 亿吨标准煤，其中外调国内其他省份 8.27 亿吨，占比高达 62.7%，山西煤炭生产外调是确保国家经济平稳发展的重要基石。作为国家能源革命综合改革试点单位和新型综合能源基地，山西煤炭保供成为确保国家能源安全的压舱石。通过实施节能降碳，不但可以提高自身能源利用效率，还可为其他地区经济发展提供更多的用能资源保障，可谓一举两得。

（二）实现经济永续发展，需要实施节能降碳

众所周知，传统化石能源属于不可再生资源。我国人均能源资源拥有量远低于世界平均水平。据英国石油公司（BP）统计数据分析，2019 年我国煤炭已探明储量占全球的比重达 13.2%，居全球第 4 位，但随着我国经济的快速发展，能源需求量和消耗量均呈增长态势，储产比仅为 37 年，这为我国粗放式的能源消耗敲响了警钟，必须推广节能技术、转变能源利用方式，以保障经济发展和社会进步。《山西省 2019 年国民经济和社会发展统计公报》显示，截至 2019 年底，山西探明煤炭保有资源量 2709.01 亿吨，占全

国总量的 17.3%，其中可采量 1167.63 亿吨，占资源储量的 43.54%，按 2020 年煤炭产量 11.93 亿吨计算，山西煤炭资源还可开采 98 年。因此，山西必须深度实施节能降碳工程，充分发挥国家能源革命综合改革试点省份作用，为全国节能降碳贡献山西经验，为实现“双碳”目标贡献山西力量，为经济高质量发展提供了能源支撑。

（三）实现高质量发展，要求实施节能降碳

我国经济已由高速增长阶段转向高质量发展阶段，对比发达省份高质量发展进展情况，山西在“质”的方面与全国的差距仍很大，需要在质的提升中有效保障量的增长。必须大力推进能源领域科技创新，推进节能降碳产业创新发展，加快传统产业绿色转型升级，为山西经济发展注入新的动能，为实现“双碳”目标提供坚实的产业和技术支撑。通过实施节能降碳改造，不仅可以提高能源利用效率、降低能源投入成本、获得更多的经济产出，还可以合理控制传统能源消费总量、减少碳排放，为我国应对气候变化作出山西贡献。

二　山西节能降碳工作形势

节能降碳是山西省重塑能源结构和构建清洁、低碳、安全、高效的现代能源体系的先锋，是培育高质量发展新动能的重要源泉，更是实现碳达峰、碳中和目标的关键支撑。作为全国重要的煤炭大省和能源基地，山西紧紧围绕能源革命综合改革试点任务，优化调整能源产业结构与消费结构，稳步推进重点领域和重点行业节能降碳，能源利用效率不断提高，碳排放量增速持续放缓，推动用能方式从粗放浪费向清洁高效转变，全省节能降碳工作取得显著成效。但也应清醒地看到，当前节能工作中仍存在许多困难与挑战。山西省亟须用非常之力、下恒久之功，在完成全国能源保供的基础上，加快转型发展步伐，跑出高质量发展加速度，为建设天蓝地绿水清的美丽山西提供有力支撑，为我国实现 2030 年碳达峰、2060 年碳中和贡献山西力量。

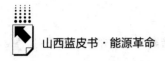

（一）山西是全国能源消耗大省

长期以来，山西依靠煤炭工业发展，形成了以煤炭开采、炼焦、煤化工、煤机制造等为主的重工业产业布局，能源消费总量大、强度高、利用率低等突出问题。

1. 能源消费总量、消费强度仍处高位

山西经济已进入发展快车道，能源需求将保持一定程度的刚性增长态势。2022 年山西省能源消费总量高达 1.96 亿吨标准煤，较 2015 年增长 3769.33 万吨，年均增长 3.1%。2019 年以来，山西紧紧围绕能源革命综合改革试点任务，以节能降碳为抓手，突出重点领域节能，实施节能重点工程，部分重点用能企业能源利用效率已接近或达到国内先进水平。但总体上能源利用效率水平依旧偏低，2022 年山西 GDP 能耗为 0.76 吨标准煤/万元，是全国平均水平（0.45 吨标准煤/万元）的 1.69 倍。

2. 工业能源消费占比很高

山西依托丰富的矿产资源优势和区位优势，打造了雄厚的能源工业基础，形成了以煤炭开采、煤化工、炼焦、有色金属冶炼、煤机制造等为主的重工业发展布局，工业能源消费始终占据着主导地位。就能源消费量而言，2022 年工业能源消费量达到 15379.6 万吨标准煤，工业领域能源消费量占全省能源消费总量的近八成，同期全国工业能源消费量占比已控制在七成以下水平，山西省工业能源消费占比始终高于全国平均水平至少 10 个百分点。2021 年，山西省工业经济增加值占全省 GDP 的比重为 45.0%，但工业能源消费在全省能源消费总量中的占比却高达 80.9%。

3. 六大高耗能行业占据全省能耗主体

依据《中华人民共和国 2016 年国民经济和社会发展统计公报》对高耗能行业的界定，山西省高耗能行业包括煤炭开采和洗选业，石油、煤炭及其他燃料加工业，化学原料和化学制品制造业，黑色金属冶炼和压延加工业，有色金属冶炼和压延加工业，电力、热力的生产和供应业等六大行业。这六大行业能耗总量大、占比高、能效低，2021 年山西省六大高耗能行业能源

消费达到 15692.24 万吨标准煤，较 2016 年增加 2250.24 万吨标准煤，年均增速达 2.79%。六大高耗能行业能源消费占全省工业能源消费接近九成的水平。

（二）山西节能降碳成效

山西深入贯彻落实习近平总书记对山西工作的重要讲话重要指示精神，立足新发展阶段，完整、准确、全面贯彻新发展理念，构建新发展格局，推动高质量发展，把节能降碳作为实现碳达峰、碳中和的重要着力点，将节能降碳贯穿经济社会发展的各领域和各环节。大力推动结构节能、技术节能、管理节能、行为节能，能源消费总量和能耗强度得到有效控制，绿色能源保障能力大幅提升，能源资源利用效率持续提高，促进经济社会发展全面绿色转型，形成勤俭节约、节能环保、绿色低碳的良好风尚。

1. 万元 GDP 能耗下降明显

“十三五”以来，山西省委省政府高度重视节能降碳工作，以实现“双碳”目标为战略牵引，以改革创新为动力，深化能源革命综合改革，落实能耗“双控”任务，能源利用效率持续提升。2022 年，山西万元 GDP 能耗为 0.76 吨标准煤，较 2015 年 1.64 吨标准煤减少 0.88 吨标准煤，节能工作成效显著。

2. 能源消费结构持续优化

山西省借助打造全国能源革命排头兵，着力破解“资源诅咒”和“一煤独大”的经济结构，始终将节能、降碳作为重要突破口，以煤为基的传统消费结构正在扭转，能源利用向清洁、低碳转化，用能结构和用能方式发生深刻变革。从历年《山西统计年鉴》可以看出，山西省煤炭、洗精煤及其他洗煤、石油制品占全省终端能源消费量的比重均在下降，分别由 2016 年的 25.59%、2.32%、7.44%下降至 2022 年的 11.76%、1.38%、5.26%，降幅依次达到 13.83 个、0.94 个、2.18 个百分点；实施工业、供暖、交通等重点领域电能替代，电力占全省终端能源消费量的比重从 2016 年的 32.99%上升到 2022 年的 41.69%，提高 8.70 个百分点；天然气、煤气及其他可再生能源占全省终端能源消费量的比重由2016年的18.28%上升到2022年的26.53%，提高8.25个百分点。发电装机容量快速增长和结构持续优化，助力山西转型发展和节能降碳驶入“快车道”。截至2022年末，全省发电装机容量达到1.21亿千瓦，其中，火电装机7841.5万千瓦，占比64.9%；水电装机224.5万千瓦，占比2.02%；并网风电和太阳能发电装机4013.5万千瓦，占比33.2%。[①] 依托新能源云平台，开展一站式新能源和储能接网服务，高效完成432.54万千瓦新能源并网，新能源累计发电量达685.53亿千瓦时，新能源利用率达98.6%。[②] 电源结构进一步优化，为山西省节能提效和实现“双碳”目标提供了坚实保障。

3. 产业结构调整成效显著

围绕转型升级和高质量发展，聚焦“六新”，全力释放优质产能，煤矿数量由1078座减少到900座以下，煤矿平均单井规模由135万吨/年提高到152万吨/年，累计退出过剩产能15685万吨[③]；120万吨/年以上矿井产能占比达71.5%，煤炭先进产能占比提升至80%，产量达13亿吨，居全国第一位[④]。淘汰钢铁产能889万吨，关停焦化产能1883万吨，关停煤电机组203.3万千瓦，压减生铁产能82万吨、粗钢产能655万吨、焦化产能4129万余吨，一批高耗能、高污染企业被淘汰出清。实施战略性新兴产业培育工程，非煤产业增加值增速持续快于煤炭工业增速，2022年底，全省工业战略性新兴产业、高技术制造业增加值年均分别增长11.6%和11.7%。[⑤] 实施技术改造和数字经济发展专项工程，推动14个标志性引领性新兴产业集群发展，高端装备制造、新材料、数字经济、节能环保等成为千亿级产业。“十三五”

---

① 根据《山西省2022年国民经济和社会发展统计公报》数据换算。

② 杜鹃：《我省新能源装机突破4000万千瓦》．《山西日报》2023年1月27日。

③ 《山西圆满完成“十三五”煤炭去产能任务》，山西省人民政府网，https：//www.shanxi.gov.cn/zjsx/rwsj/gzlfz/202101/t20210111_6032494.shtml。

④ 金湘军：《2023年山西省政府工作报告——2023年1月12日在山西省第十四届人民代表大会第一次会议上》，《山西日报》2023年1月19日。

⑤ 金湘军：《2023年山西省政府工作报告——2023年1月12日在山西省第十四届人民代表大会第一次会议上》，《山西日报》2023年1月19日。

期间，战略性新兴产业增加值年均增长7.8%①，产业结构不断优化，“一煤独大”向“八柱擎天”（指大地、航空、交控、文旅、云时代、燃气、国投、现代化工八大产业）转变的多元发展格局正在强势构筑。

4. 狠抓重点领域节能降耗

坚持节约优先的能源战略，大力推进能源节约，持续加强工业、建筑、交通、农业、公共机构等重点领域和关键环节节能降耗管理，不断提升能源利用水平，形成节能绿色低碳发展新方式，为推动经济高质量发展奠定了坚实基础。

工业领域：坚决遏制高耗能、高排放、低水平（“两高一低”）项目盲目发展，全力推进节能技术的推广应用；有序推进落后产能淘汰，控制产能过剩行业新增产能，开展钢铁、电解铝、水泥（熟料）、平板玻璃等行业产能置换，发展大容量、高参数先进煤电机组，启动工业用能电气化，实施煤化工强链、补链、延链，能源利用效率不断提高；依托工业园区，全力推进能源梯级利用和循环利用，降低能源损耗。加强绿色制造体系建设，累计创建37个绿色工厂、3个绿色工业园区、16个绿色设计产品、2个绿色供应链②，绿色生产方式正加快形成。

交通运输领域：绿色出行扎实推进，交通节能方兴未艾。构建现代综合交通运输体系，实行公共交通优先，加强轨道交通建设，鼓励绿色出行；便捷顺畅、经济高效、安全可靠、绿色集约、智能先进的现代化高质量综合交通网初具雏形。截至2020年底，山西省共有公交车1.76万台，其中纯电动1.2万台，占比68.18%；出租车42761台，其中纯电动19576台，占比45.78%，城市公交、出租汽车中电动车辆占比位居全国前列；太原市8292辆传统出租车全部更换为纯电动出租车③，成为全球首个省会城市出租车纯

---

① 《山西推进煤炭消费减量替代构建现代产业体系》，山西省人民政府网，https：//www.shanxi.gov.cn/ywdt/sxyw/202110/t20211028_6068507.shtml。

② 《全省规上工业企业增至5400家》，山西省人民政府网，https：//www.shanxi.gov.cn/ywdt/sxyw/202103/t20210308_6064430.shtml。

③ 《能源革命　再写新篇章》，山西省人民政府网，https：//www.shanxi.gov.cn/ztjj/swsxl/cjxl/202011/t20201113_6035902.shtml。

电动化的城市；临汾市成为全省第一个市区纯电动公交全覆盖的城市，全省绿色节能交通建设成就明显。

建筑领域：实施绿色建筑专项行动，实现建筑节能进入由点到面规模化扩张、由量到质高质量发展新阶段。大力推广节能效果明显的装配式建筑、开展被动式超低能耗建筑试点等重点任务，印发《关于进一步加强建筑节能和绿色建筑管理工作的通知》《居住建筑75%节能设计标准》《绿色建筑设计标准》《装配式建筑施工安全技术标准》等地方标准，开展节能、绿色、低碳技术创新，挖掘建筑节能潜力，累计新建节能建筑1.10亿平方米，改造既有建筑4334万平方米；截至2021年8月，全省已有18个装配式建筑产业基地建成投产，累计实施装配式建筑1809万平方米①，城乡建设绿色发展的底色更为浓郁。

农业领域：在农村地区，开展生物质能源综合利用项目试点，推进以肥料化、饲料化、燃料化利用为重点的秸秆综合利用工作，布局大型沼气供热、供能项目，引导其他地方大力发展农村生物质清洁取暖，实现农业废弃物中生物质能源的回收和利用。发展高效农机装备，提高农机作业服务，大力推广节种节水节能节药的农机化技术；实施农机报废更新补贴政策，加快淘汰能耗高、污染重、安全性能低的老旧农机，推进农机节能降耗提效。

公共机构领域：健全能源监督考核和审计评估机制。将全省公共机构节能工作列入省直文明单位、省文明单位考核验收指标体系，并作为专项工作考核指标列入年度目标责任考核；持续完善能源审计和评估工作。

5. 节能技术加快研发推广

立足于破解开发和推广能源节约过程中的关键技术瓶颈，设立山西能源科技创新专项资金，引导重点行业、重点领域，开展先进节能技术研发和产品推广，企业自主创新能力获得提升。针对煤泥、煤矸石等低热值煤发电存在的燃烧效率低、新能源电力的热电调峰能力严重不足及燃烧副产物难以利

---

① 《山西累计实施装配式建筑1809万平方米》，山西省人民政府网，https://www.shanxi.gov.cn/ywdt/sxyw/202108/t20210815_6067297.shtml。

用等一系列问题，开展低热值煤清洁高效燃烧资源利用与灵活发电关键技术研究。鼓励引导企业入选工信部重点行业能效“领跑者”企业名单，一系列先进节能技术推动工业用能朝着清洁、绿色、高效、低碳的方向发展，为工业领域节能降耗提供了有力的科技支撑。

（三）存在的问题

近年来，山西围绕节能“双控”目标，全力抓好遏制“两高一低”项目盲目发展，扎实推进重点领域重点行业节能改造行动，节能工作取得了显著成效。但在充分肯定成绩的同时，也要清醒地看到，山西节能降耗工作仍存在一些突出问题亟待解决。

1. 能源需求与节能降碳之间存在矛盾

作为我国重要的能源基地，山西煤炭一直是中国经济的“发动机”。全省单位能耗虽在逐年降低，但能源消费总量仍保持增长趋势，未来一段时间能源需求的上升压力依然很大，能源需求与节能工作之间的矛盾将存续一段时间。首先，当前山西正处于新旧动能转换的关键期，加之工业化、城镇化进程加速推进，在实现高质量发展的进程中，建筑、交通、通信等基础领域能源需求还会持续较快地增加，对节能降碳形成很大压力。其次，人民对幸福美好生活的向往与追求，势必带动居民生活用能的增加，人均能源需求尚有较大上升空间，进而带动第一、第三产业用能快速增长。

2. 传统能耗仍较高，利用效率偏低

2022 年，山西省万元 GDP 能耗是全国平均水平的近两倍，能源消费结构性问题制约山西高质量发展，开展节能降碳仍是主要任务。从单位产品能耗指标看，单耗的绝对值在全国各省区排名靠后，吨原煤生产综合能耗、炼焦工序单位能耗、吨钢综合能耗、火力发电标准煤耗等主要单耗指标均高于全国，整体上各种能源利用效率偏低，能源利用效率有待提升，节能降碳工作依旧任重而道远。

3. 节能空间收窄难度加大

山西节能工作成效显著，但节能空间不断缩小，节能难度持续加大，今

后的节能降耗工作面临着严峻挑战。首先，今后通过淘汰落后过剩产能、控制传统能源消费总量的节能可控空间逐渐收窄。其次，效果好、见效快的节能技术和方法已得到推广应用，部分企业生产技术和能效水平已达到先进水准；生产领域和生产环节相对容易见到节能成效的技术改造也呈现出一定的边际递减效应，导致企业单位产品的能耗下降均进入瓶颈期。

三 山西节能降碳的路径选择

立足山西经济社会发展实际、能源资源禀赋，结合《2030年前碳达峰行动方案》和碳达峰碳中和“1+N”政策体系，落实“碳达峰十大行动”，从优化产业结构、提高清洁能源供给、开展技术节能、重点领域推进四个方面入手，推进山西尽快实现碳达峰，为山西碳中和目标的实现积蓄更多时间窗口。

（一）全面优化产业结构

充分发挥技改资金牵引作用，在加快传统产业绿色改造的同时，大力发展低能耗、低碳排放的非煤产业、战略性新兴产业，大力推广循环经济模式，构建节能低碳的产业体系，以产业结构优化调整促进节能降碳。

一是推动传统产业绿色化发展。深入推进供给侧结构性改革，提高钢铁、水泥等高耗能产业减量置换比例，推动煤炭、钢铁、有色、建材等产业向高端延伸，推动现代煤化工走高端化、差异化、市场化和环境友好型路子。建立产业准入清单，将新建项目列为鼓励类、限制类、禁止类，推动新增固定资产投资与传统能耗强度降低目标相匹配。

二是大力发展战略性新兴产业。做强做大信息技术、半导体、大数据、碳基新材料等新兴产业。加快发展光电、特种金属材料、先进轨道交通装备、煤机智能制造装备。全力培育生物基新材料、光伏、智能网联新能源汽车、通用航空、现代医药和大健康产业。发展壮大节能环保产业，加快发展节能、环保、资源循环利用的技术装备，提高技术水平。

三是加速推进未来产业发展。加快新一代信息技术、新材料、新能源、新装备、生物技术等与工业技术交叉融合，积蓄新一轮科技、产业革命动能。加速推动人工智能、智能传感及物联网、数字孪生与虚拟现实、区块链等未来数字产业，扩大产业规模，加快推进氢能、核能等未来能源产业，完善产业链，加速推进量子、碳基芯片、高速飞车等颠覆性未来产业重大关键技术突破及科技成果产业化进程。重点布局人工智能产业、智能传感及物联网产业、数字孪生与虚拟现实产业、区块链产业、氢能产业、核能产业、量子产业、碳基芯片产业、高速飞车产业等九大极具竞争力的前瞻性产业。为山西工业发展培育增长新动能，抢占发展先机，获取竞争新优势，助力推动高质量发展。

（二）提高能源利用效率

加强节能技术推广，提高能源利用效率水平，是推动节能降耗的关键举措，强化科技创新引领作用，探索节能新工艺、新材料、新设计，加快推广节能新技术、新模式、新业态，为行业节能作出贡献。钢铁行业要加强烟尘、固、液三废处理，进一步提高电炉短流程炼钢占比，持续提升烧结工序超低排放工艺技术和装备水平，提高环保节能等设施的运行效率，提升全行业节能环保水平，确保环保节能达到国家要求；以回收生产过程中的燃气、蒸气、余热、余压等二次能源，处置废水及炉渣、粉尘等固体废弃物为重点，发展循环经济，提高资源综合利用水平。电力行业采用汽轮机通流部分现代化改造、锅炉烟气余热回收利用、电机变频、供热改造等成熟适用的节能改造技术，重点对30万千瓦和60万千瓦等超临界机组实施综合性、系统性节能改造，总结推广先进高效的超超临界煤电技术。火电厂灵活性改造采用以蒸汽为热源的热储能技术具有明显的技术经济优势，未来仍需要进一步降低改造投资成本和提高储能密度，随着热新技术、新材料、新工艺的不断出现，热储能技术将会在火电厂灵活性改造中占据越来越重要的地位。焦化行业大力推广干熄焦、煤调湿、焦炉配煤优化、焦炉煤气综合利用、冷凝水回收、初冷水和循环氨水余热利用等关键节能技术，配套建设煤气净化、化学产品回收装置与煤气利用设施，焦炉煤气利用率不低于98%，焦油、粗苯回收率达到100%。焦炉煤气、转炉煤气、煤焦油加工利用技术将为焦化、钢铁企业延伸产业链提供技术选择。换热式两段焦炉或将成为未来焦化行业绿色转型和高质量发展中跻身产业链竞争中的新亮点。化工行业要鼓励现有企业开展以产品结构调整和节能降耗为目的的技术改造，重点推广煤气化技术、低阶煤分级分质利用大型化技术、合成气化工技术、甲醇及其下游产品开发技术、精细化工技术、综合利用技术。现有固定层间歇式煤气化工艺应全部配套建设吹风气余热回收、造气炉渣综合利用装置。合成氨行业推广等压净化、低位能余热吸收制冷、变压吸附脱碳等先进适用节能技术。推广合成气制乙二醇联产化学品技术、二氧化碳加氢制甲醇技术，降低燃料气消耗，提高焦炉煤气利用率。发展产品高值化、高端化、差异化生产技术。建材行业大力发展具有协同处置废弃物、低碳燃烧、充分利用余热、高效防治污染物及氮氧化合物排放的第二代新型干法水泥，重点发展具有节能、保温、轻质、高强、节土、利废等多元功能合一的新型墙体材料。加强现有窑炉生产线的节能改造，实施高效节能选粉技术改造、余热利用、变频调速及内掺燃料等节能技术，实现能量的梯级利用，努力打造"绿色建材千亿产业"，蹚出一条山西建材工业高质量转型发展的新路子。

（三）优化能源消费结构

在控制煤炭和能源消费总量的基础上，逐步提高清洁能源的消费比重，实现能源消费结构的优化升级。一是严格控制煤炭直接消费。山西能源体系是以化石能源尤其是以高碳的煤炭为支撑，煤炭消费占一次能源消费的比重达85%，远高于全国56.8%的水平，远超世界30%的平均水平。必须控制煤炭消费，降低煤炭消费强度，降低煤炭在一次能源消费中的比重，逐步摆脱对煤炭的高度依赖。加强煤炭消费总量管理，根据国家下达给山西的能源消费总量控制目标，科学合理确定山西煤炭消费总量目标，将煤炭消费总量作为耗煤项目审批的前置条件，以总量定项目，以总量定产能。二是在控制煤炭消费总量的基础上，扩大煤炭用于发电的比例。发电是煤炭利用的最主要方式，具有利用效率高、污染物集中治理的突出优点，煤炭其他利用方式已经成为能耗高、污染大的重要来源。三是提高天然气消费比重。加大煤制天然气、过境天然气、煤层气、焦炉煤气“四气”推广力度，不断提高清洁能源在民用、汽车交通运输、分布式能源、工业等领域的推广应用。加大城乡居民可再生能源利用规模。四是大力发展太阳能、风能、生物质能、地热能等可再生能源，逐步扩大民用太阳能、地热能设备的使用范围，推广户用太阳能热水，开展农村沼气利用和地热能取暖，鼓励发展分布式光伏发电。

（四）推进重点领域节能降碳

工业领域加快电气化进程。发挥电力将成为工业领域主导能源品种的趋势，加快工业电气化进程，在制造业生产环节加快对化石能源直接利用的替代。提高综合能效和绿色用能水平，实现从高碳排放模式向低碳排放模式转变；推动技术创新和商业模式创新，通过推行节能和工业余热余压回收，发展综合能源服务，形成互补互济的新型用能方式；利用“氢能+CCUS”等技术手段，在钢铁、水泥、煤化工等领域打造先进的低碳循环工业体系；针对行业重点减排对象，打造一批可推广、可复制的电能替代示范工程，推动技术规模化应用，带动社会广泛实施电能替代。重视新一代信息技术的应用，为传统行业节能降耗寻找新的突破点。利用人工智能、5G 通信、工业互联网等新技术，加速融入绿色制造、智能制造，创新节能服务技术及商业模式。

建筑领域积极推进节能降耗。认真落实《绿色建筑创建行动方案》中建筑能效水平标准。积极推进建筑供冷供暖电气化，打造绿色建筑，进一步健全市场化改造机制，鼓励利用建筑屋顶、墙壁发展分布式能源和储能系统；因地制宜推广清洁取暖技术，提高建筑清洁用能的集中度。严格执行新建建筑节能强制标准，持续推进既有建筑节能改造，推动可再生能源建筑应用，积极开展超低能耗建筑试点。推动城镇新建建筑全部按照绿色建筑标准进行设计。

交通领域加快推进电气化。限制和逐渐淘汰燃油车，进一步对标国际先进水平，提高全省汽车燃油经济性标准，限制和逐渐淘汰燃油车。实施城市公交优先发展战略，支持太原市、临汾市创建国家“公交都市”，支持城市客运、公路运输业和旅游景区推广使用新能源、清洁能源汽车。发力城市交通全域电动化，鼓励居民购买节能环保型汽车，推动新能源汽车获得更高的市场份额。在城市物流领域，探索推广中型、小型、微型电动卡车，不断提升电动汽车的比重；要将汽车、能源、通信、交通、城市合为整体，实现新能源汽车产业与绿色低碳城市发展的技术协同、规划协同、政策协同、法规协同。进一步提升智能化、精细化、低碳化水平，充分利用先进的信息技术，实现对城市资源环境和低碳发展的精细化、智能化管理。同时，发挥龙头企业的创新引领作用，通过自主研发或联合攻关等方式，培育出一批国际领先的用能新技术，不断提升交通电能替代技术装备水平。

加强公共机构节能。推进公共机构既有建筑节能改造，新建建筑全部达到绿色建筑标准。鼓励公共机构以合同能源管理方式实施节能改造，进行用能托管。推进能源资源消费统计、能源审计、监督考核，完善公共机构能耗基准和公开能源资源消费信息制度。提高新购公务车辆中新能源汽车比重，鼓励省域范围内新建和既有停车场配备电动汽车充电设施或预留充电设施安装条件。公共机构要率先使用太阳能、地热能、空气能等清洁能源提供供电、供热/制冷服务。完善公共机构能源审计、能耗定额管理等制度，加强能耗监测平台和节能监管体系建设，推进节约型公共机构示范单位创建活动。

开展商业和农村领域节能。在大型商用建筑中实行能耗定额管理，加快实施节能改造，严格用能管理；继续推动零售、批发、餐饮、住宿、物流等企业建设能源管理体系，建立绿色节能低碳运营管理流程和机制，加快淘汰落后用能设备，推动照明、制冷和供热系统节能改造；发展绿色仓储，建设绿色物流园区，加强仓库建筑创新与节能减排技术应用。积极研发和推广可循环利用、可降解的新型包装材料，鼓励使用绿色循环低碳产品。扎实推进绿色能源县、乡、村建设，积极在规模化养殖场和养殖小区推广高效沼气工程、农作物秸秆气化等农村集中供气系统。结合农村危房改造，稳步推进农房节能及绿色化改造，因地制宜采用生物质能、太阳能、空气热能、浅层地热能等解决农房采暖、炊事、生活热水等用能需求，提升农村能源利用的清洁化水平。

四　保障措施

（一）强化目标考核

实行严格的万元地区生产总值能耗降低目标责任考核，对节能约束性目标实行年度考核，结果向社会公布，接受监督。各市、县（市、区）人民政府对本行政区域的节能工作负总责，政府主要领导是第一责任人。对未完成年度节能目标任务的地区，有关部门按规定进行问责，并暂停对该地区新建高耗能项目的核准和审批。加强对年综合能源消费量300万吨标准煤以上的重点县（市、区）节能管理，实行重点监控，强化督促指导。

（二）落实法规政策

认真贯彻落实《山西省节约能源法》（2024年1月1日施行）。强化节能评价考核、节能评估和审查、落后用能产品淘汰、重点用能单位节能管理、能效标识管理和节能激励约束，加快建立节能环保产业统计制度，尽快确立节能形势分析预警机制，健全能源消费统计、企业能源计量和监测等制度，加强建筑、交通运输、公共机构等领域能源消费统计。

（三）创新政策激励

创新财政资金使用方式，山西省技改专项资金要重点支持节能改造升级、节能环保产业、节能技术示范推广和节能基础能力建设等；建立各级财政对建筑节能的资金激励机制，加强对绿色建筑、超低能耗建筑、可再生能源建筑应用、既有建筑节能改造等项目和建筑节能相关技术研发、产业化发展的经济激励措施。积极落实国家支持节能降碳的各项税收优惠政策。引导金融机构加大对重大节能工程项目的支持力度，积极开展金融产品和服务方式创新，优先安排中长期信贷。广辟社会筹资渠道，引导和带动社会民间资金投入节能领域，形成多元化的社会投资机制和运行机制。

（四）开展技术攻关

围绕重大关键共性节能技术，开展研发攻关，建立以市场为导向、以用能单位为主体、产学研相结合的节能技术创新体系，加快科技成果的转化。继续发布山西省节能技术、装备和产品推广目录，在重点用能企业推广重大节能技术装备，引导企业加大节能技术研发投入，推进以节能降碳为核心的企业技术改造。在能耗高、节能潜力大的地区，实施一批能源分质梯级利用技术产业化示范项目。加强节能技术对外交流与合作。采用“走出去”“请进来”的方式，开展节能技术对外交流，学习借鉴发达国家和地区节能的先进经验，引进先进节能技术和理念，提高节能创新能力。

（五）完善价格机制

深化资源性产品价格改革，落实差别电价、峰谷电价、惩罚性电价，完善鼓励余热余压余气发电和煤层气发电的上网电价政策，研究制定鼓励居民用电的阶梯价格政策。完善节能产品政府采购制度，扩大节能产品政府采购范围，完善促进节能服务的政府采购政策。推进金融产品和服务方式创新，积极改进和完善节能领域的金融服务，建立健全企业节能水平与企业信用等级评定、贷款联动机制。

（六）加强分工协作

各有关部门按照职责分工，加强协调配合，多方齐抓共管，形成节能降碳工作合力。强化企业主体责任，各类企业要严格遵守节能法律法规及标准，加强能源管理，增加节能资金投入，确保完成目标任务。国有企业要把节能任务完成情况作为企业绩效和负责人业绩考核的重要内容，力争超额完成“十四五”节能目标。发挥行业协会在加强企业自律、树立行业标杆、制定技术规范、推广先进典型等方面的作用。

（七）加大宣传力度

加大节能宣传力度。开展节能宣传活动，采取召开专题论坛、产品展示和技术交流等方式，加强节能法律法规和政策标准的宣传，推广节能新技术、新产品，普及节能科普知识。组织做好一年一度的全国节能宣传周系列活动，采取形式多样的宣传教育活动，推动节能宣传进社区、进企业、进学校、进机关，调动社会公众参与节能降碳的积极性，广泛树立节能低碳意识，弘扬节约环保的生活习惯。加强节能培训。建立健全节能培训工作体系，面向不同层次、不同岗位的社会各阶层人员，有针对性地开展各类节能业务培训活动，不断提高节能从业人员的综合素质和业务能力。

参考文献

[1]《2018 年中国碳排放行业排放量、排放结构及碳汇测算分析》，智研咨询网，https：//www.chyxx.com/industry/202003/846456.html。

[2]《鞠传江：实现“碳中和”目标任重道远》，中国日报网，https：//column.chinadaily.com.cn/a/202103/21/WS6056b533a3101e7ce9744f98.html。

[3] 2016~2021 年《山西省统计年鉴》，中国统计出版社。

[4] 杨杰英、高雨晴：《“十三五”时期　山西退出煤炭过剩产能 1.57 亿吨》，中国新闻网，https：//www.chinanews.com.cn/gn/2021/01-20/9392301.shtml。

[5]《国务院关于印发“十四五”节能减排综合工作方案的通知》（国发〔2021〕33 号），中国政府网，http：//www.gov.cn/zhengce/content/2022-01/24/content_5670202.htm。

[6]《中共中央关于制定国民经济和社会发展第十四个五年规划和 2035 年远景目标的建议》，中国政府网，http：//www.gov.cn/xinwen/2020-11/03/content_5556991.htm。

[7]《国家发展改革委等部门关于严格能效约束推动重点领域节能降碳的若干意见》（发改产业〔2021〕1464 号），国家发改委官网，https：//www.ndrc.gov.cn/

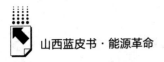

xwdt/ztzl/dsxs/zcwj2/202201/t20220112_1311854. html? code = &state = 123。
[8]《国家发展改革委关于印发〈完善能源消费强度和总量双控制度方案〉的通知》（发改环资〔2021〕1310号），国家发改委官网，https://www.ndrc.gov.cn/xxgk/zcfb/tz/202109/t20210916_1296856. html? code = &state = 123。
[9]《能源生产和消费革命战略（2016～2030）》，国家发改委官网，https://www.ndrc.gov.cn/fggz/fzzlgh/gjjzxgh/201705/t20170517_1196767. html? code = &state = 123。
[10]《省委十一届十一次全会暨省委经济工作会议精神激励全省广大干部群众——坚定不移深化重点领域改革》，《山西日报》2021年1月4日。
[11] 2016～2021年《中国统计年鉴》，中国统计出版社。
[12] 杜鹃：《我省新能源装机突破4000万千瓦》，《山西日报》2023年1月27日。
[13]《山西圆满完成"十三五"煤炭去产能任务》，山西省人民政府网，https://www.shanxi.gov.cn/zjsx/rwsj/gzlfz/202101/t20210111_6032494. shtml。
[14] 金湘军：《2023年山西省政府工作报告——2023年1月12日在山西省第十四届人民代表大会第一次会议上》，《山西日报》2023年1月19日。
[15] 山西省统计局、国家统计局山西调查总队：《山西省2022年国民经济和社会发展统计公报》，山西省人民政府网，https://www.shanxi.gov.cn/zjsx/zlssx/shjj/202203/t20220324_6045043. shtml? eqid = dcdb16400008197e000000026433c8d6&wd = &eqid = 8bebdd9c00030211000000036495d01e。
[16]《山西推进煤炭消费减量替代构建现代产业体系》，山西省人民政府网，https://www.shanxi.gov.cn/ywdt/sxyw/202110/t20211028_6068507. shtml。
[17]《山西累计实施装配式建筑1809万平方米》，山西省人民政府网，https://www.shanxi.gov.cn/ywdt/sxyw/202108/t20210815_6067297. shtml。
[18]《能源革命　再写新篇章》，山西省人民政府网，https://www.shanxi.gov.cn/ztjj/swsxl/cjxl/202011/t20201113_6035902. shtml。

B.7

山西能源产业生态化发展研究*

高宇轩　韩　芸**

摘　要： 能源产业生态化是习近平生态文明思想在能源产业领域的具体实践。近年来，山西立足能源资源禀赋和比较优势，在深化能源革命中不断推动能源产业生态化效率和质量双提升。但是，能源产业生态化仍存在相关配套体系不完善、生态遗留问题较多、新技术赋能不足等问题。下一步，山西要牢固树立新发展理念，做好能源产业绿色低碳发展政策支持，完善保障能源产业生态化发展的法律法规，不断提升科技创新水平和科研成果转化能力，为山西能源产业生态化发展指明方向和路径，为全国能源产业生态化发展提供“山西样本”。

关键词： 能源产业生态化　绿色低碳发展　能源革命

实现碳达峰碳中和“双碳”目标，是以习近平同志为核心的党中央作出的重大战略决策，是着力解决资源环境约束突出问题和实现人与自然和谐共生的庄严承诺。产业生态化是在产业发展过程中采取一系列手段和做法实现节能降耗增产，促进经济发展方式从以生态环境换取经济增长的传统发展模式向保护生态环境和经济高质量协同发展的转变，进而实现生

* 本文系山西省社会科学院（山西省人民政府发展研究中心）重点学科课题、2023 年度一般课题（项目编号：YB202303）的阶段性研究成果。

** 高宇轩，山西省社会科学院（山西省人民政府发展研究中心）生态文明研究所实习研究员，主要研究方向为能源产业和生态环境；韩芸，山西省社会科学院（山西省人民政府发展研究中心）生态文明研究所副研究员，主要研究方向为能源经济、生态文明与绿色发展。

态、经济和社会三方面效益的有机统一。山西是典型的以能源资源为主的省份，是重要的能源和重工业基地，能源产业生态化发展既是贯彻习近平生态文明思想的重要举措，也是推动能源革命，助力“双碳”目标实现的必由之路。

一 能源产业生态化发展的内在逻辑和重要性

产业生态化发展是响应生态文明建设的重要举措，也是实现可持续发展的重要模式。“双碳”目标背景下，推动能源产业生态化发展既是符合我国国情的能源产业发展路径，也是实现工业产业结构转型升级的必由之路。

（一）能源产业生态化发展的基本逻辑

良好的生态环境是高质量发展的必要条件，在经历数十年粗放型经济发展后，我国能源资源被大量消耗，环境污染状况日益严重，经济发展质量逐渐被限制，亟须进行能源产业生态化转型。能源产业生态化发展是将生态因素纳入产业发展中，维持产业与生态间的平衡关系，建立起产业助力生态改善、生态促进产业发展的良性循环机制。随着人们思想观念和国家政策的变化，在“双碳”目标要求下，能源产业生态化发展也具备更深层次含义，即遵循减量化、再利用、再循环和增量化的原则，通过先进技术，降低能源生产活动对生态环境的干扰和影响，减少污染物和废弃物的排放，降低产业能耗，增强生产活动中的碳捕集能力以减少二氧化碳排放，最终实现能源产业和生态的良性循环和可持续发展。

（二）能源产业生态化发展的现实意义

能源产业生态化发展对保障我国能源安全、促进能源产业高质量发展具有重要意义。一是推动能源产业生态化发展，可有效提高对能源的利用效率，使能源产业能够更好更快带动经济发展，符合物质文明建设的要求。二是将能源产业进行生态化转型，降低能源产业污染强度，可有效保护绿水青山，符合生态文明建设要求，是“两山”理论的生动实践，对我国构建人与自然和谐共生的空间格局具有重要的实践意义。三是将生态化理论运用到能源产业领域，可解决破坏环境这个一直阻碍能源产业发展的难题，对助力我国实现“双碳”目标和可持续发展具有重要的战略意义。

二　山西能源产业生态化发展现状

近年来，在完成国家重大保供任务的同时，山西坚决扛起能源革命综合改革试点任务，立足长远，持续推进能源产业绿色转型，在能源产业生态化发展方面取得显著成效。

（一）煤炭产业生态化发展步伐加快

煤炭产业是传统能源产业，近年来，山西积极推动煤炭产业绿色低碳化发展，煤炭产业已由过去增量式开发进入绿色低碳高质量发展阶段，走上了一条生态和环境友好型发展道路。2022 年 5 月 12 日，山西省人民政府办公厅发布《关于促进全省煤炭绿色开采的意见》，要求各煤炭企业在确保安全的前提下，持续探索煤炭绿色开采技术路线，积极应用成熟技术，高标准建设不同类型的示范煤矿，并从有序开展绿色开采试点、制定绿色开采技术标准、加快绿色开采技术创新和推进智能绿色深度融合等方面促进煤炭资源开发向绿色开采方式转变，构建煤炭清洁生产的长效机制。2023 年 1 月 1 日，山西正式施行《山西省煤炭清洁高效利用促进条例》，这是全国第一部专门针对煤炭清洁高效利用促进工作的省级地方性法规，标志着山西煤炭清洁高效利用促进工作进入规范化、法治化新阶段，为山西解决煤炭资源开发利用中存在的突出问题、提升煤炭全流程清洁高效利用水平指明了发展方向。为实现煤炭产业绿色发展，山西多措并举推动绿色矿山建设。出台《全面推进煤矿智能化和煤炭工业互联网平台建设实施方案》，为全省煤炭行业转型升级指明了道路。截至 2023 年 6 月底，山西已建成 46 座智能化煤矿、1161

个智能化采掘工作面，煤炭先进产能占比达80%。[①] 积极开展煤矿绿色开采试点示范，以创新推动绿色转型，最大限度降低煤炭开采对环境的负面影响，现已建成一批试点示范煤矿。推动煤矿智能化标准体系建设，2023年8月出台《山西省煤矿智能化标准体系建设指南（2023版）》，通过完善智能化煤矿从建设到评定的标准体系，指导煤矿企业分类开展智能化建设，保障绿色矿山建设可持续。

（二）煤层气产业实现绿色开采利用

煤层气是与煤炭伴生，吸附储存于煤层内的非常规天然气，其主要成分是甲烷气体，甲烷气体在矿井中浓度超过临界值就会爆炸，放到空气中更容易导致全球变暖。但是，甲烷含碳量较低、热值高，是相对清洁的燃料。多年来，山西致力于煤层气的绿色开发利用，取得了显著成效。

一是持续推进煤层气增储上产。山西按照“煤层气开发区稳步增产、致密气开发区快速上产、已探明未动用区加快达产、新出让区块试采建产”的路线图，大力推进煤层气开发，实现快速上产、高效稳产。目前，山西已形成200多亿立方米的煤层气年产能，生产的煤层气既可自用，也可通过天然气管道输向省外。山西省统计局数据显示，2022年山西煤层气产量为96.1亿立方米，占全国同期煤层气产量的八成以上；2023年上半年累计抽采煤层气52.4亿立方米，创历史同期产量新高。

二是优化油气管网布局。油气管网建设是保障山西煤层气外运的重要基础，也是山西推动煤层气产业高质量发展的重要抓手。近年来，山西在“三纵十一横”油气管网的基础上，正在打造以太原为核、以省级干线为圈、以各区域管网为环的“一核一圈多环”管网格局，加速构建“管网互联互通、地市多路畅通、县域基本覆盖、运行高效有序”的管网体系。如今，衔接上下游、连通省内外的区域管网枢纽正在三晋大地上快速成型。

---

① 张毅：《出台建设指南 健全标准体系 我省煤矿智能化建设全面提速》，《山西日报》2023年8月17日。

三是煤层气利用方式不断丰富。围绕非二氧化碳减排需求及瓦斯综合利用目标，出台《关于推动煤矿瓦斯综合利用的指导意见》，重点突破超低浓度瓦斯、乏风瓦斯综合利用技术，持续推动高浓瓦斯在发电、供热、锅炉燃料、分布式能源领域、居民生活等领域多元化应用。

（三）电力行业实现绿色低碳发展

电力绿色发展是实现“双碳”目标的重要保障。绿色电力（Green Power）是指利用特定的发电设备，将风能、太阳能等可再生能源和清洁能源转化成电能。在我国，绿色电力主要来自太阳能发电、水力发电、风力发电、生物质能发电、地热发电五大类型。与传统煤炭相比，绿色电力对环境的影响通常要低得多，可以节约有限的资源，避免化石燃料燃烧产生的大量温室气体排放。近年来，山西持续推动能源电力供给由单一向多元、由黑色向绿色转变，加快新能源和可再生能源发展，电力行业向着绿色低碳方向发展。

一是风电、光伏产业链效应显现。近年来，山西积极实施链长制的决策部署，系统谋划布局风电、光伏产业链，高标准推进各项工作，产业链规模效应、市场竞争力显著提升，发展迈上新台阶。截至 2023 年 6 月底，全省新能源和清洁能源装机规模达 5334 万千瓦，占全省电力总装机的 42.9%。其中，风电装机规模约 2370 万千瓦，光伏发电装机规模约 1911 万千瓦。2023 年 1～7 月，全省风电装备产业链累计营收 89.6 亿元，同比增长 39.5%；光伏产业链累计营收 122.8 亿元，同比增长 54.3%。①

二是新能源发电能力提高。2023 年 2 月，山西省人民政府办公厅印发《山西省推进分布式可再生能源发展三年行动计划（2023～2025 年）》，通过推进分布式光伏融合开发、分散式风电就近开发、抓好网源规划建设衔接及加强多元直接消纳利用，促进绿色电力就地消纳，提升电力系统综合效率，有效支撑新型能源体系构建，加快形成绿色低碳发展新格局。国网山西

---

① 李学林：《大规模　高比例　高质量　山西省新能源和可再生能源进入发展新阶段》，《山西日报》2023 年 9 月 27 日。

省电力公司数据显示，截至 2023 年 6 月底，山西光伏发电 129.51 亿千瓦时，风能发电 289.65 亿千瓦时，同比分别增长 15%和 22.4%。

三是煤电装机持续优化。“双碳”目标下，山西针对煤电机组进行“三改联动”，即通过节能降耗改造降低煤电机组度电煤耗和二氧化碳排放；通过供热改造让煤电机组承担更高供热负荷，实现对低效率、高排放的分散小锅炉的替代；通过灵活性改造帮助煤电机组提高负荷调节能力，帮助电网稳定运行。截至目前，山西单机 60 万千瓦及以上煤电机组占比 46.8%，煤电机组“三改联动”累计完成 4792.5 万千瓦，① 电网结构持续优化。积极推进已纳规特高压通道和 500 千伏电网“西电东送”通道调整工程，外送电能力达到 3062 万千瓦，2023 年上半年外送电量 731.52 亿千瓦时，居全国第 2 位。

三　山西能源产业生态化发展存在的困境

能源产业生态化的根本要求是遵循生态文明建设思路，在能源产业发展过程中提高经济效益和生态效益。目前，山西在能源产业生态化发展方面已取得一定的成效，但相关配套政策、法规仍不完善，各项新技术对能源产业生态化发展的支撑作用还不足。多年形成的以煤为主的传统能源产业体系难以打破，生态欠账较多，山西在能源产业生态化发展道路上面临着较多困难。

（一）能源产业生态化发展体制机制不够完善

目前山西针对能源产业生态化发展、绿色低碳发展的体制机制还不够完善。

一是缺乏统一协调、推进和监管。能源产业清洁、绿色、低碳及生态化发展涉及政府部门较多，诸多部门缺乏统一协调、统筹推进的工作体制机制，造成管理分散、共享不到位、平台重复建设等。而且，出台的一些政策

① 《山西全力推动能源产业绿色转型迈上新台阶》，中国发展网，http：//www.chinadevelopment.com.cn/fgw/2023/08/1853512.shtml。

较为宏观，缺乏细则，导致政策停留在纸面上，难以落实。

二是财政支持绿色低碳发展的压力增大。山西每年投入大量财政资金用于生态环境保护和治理，在有限的财力下用于产业绿色低碳生态化发展的资金紧张。绿色低碳生态资金多向山水林田湖草等生态环境保护和治理领域倾斜，导致在产业转型升级、产业绿色生态化发展方面的投资不足。部分地区建立的绿色科技创新的投资机制作用发挥有限，尚未形成有效且完整的资金投入系统，严重影响了资金支持的适用性和持续性。

三是碳市场交易机制有效性不足。山西虽然不是国家批准的碳交易试点省份，但是多年来积极探索和实践，初步具备了碳交易的基础，但是实践中缺乏对减碳降碳的评价基准，奖惩机制不健全，碳价格机制尚未形成，交易平台还处于雏形阶段，缺乏碳交易相关的专业人才等，导致部分碳交易对产业生态化绿色化发展的作用和引导力有限。

（二）能源产业清洁高效利用不足

山西是我国重要的煤炭能源基地，长期肩负煤炭保供责任，为保障我国能源安全、支持经济建设作出了巨大贡献，但也造成山西经济发展难以摆脱对煤炭经济的依赖，全面实现能源产业的提质升级、生态化发展任重道远。

一是煤炭生产过程易造成环境污染。煤炭洗选是煤炭产业的重要一环，煤炭洗选过程中容易造成生产活动不规范、污水处理能力不达标，产生的粉尘、废水污染周边环境等问题。有些煤炭企业仍采用露天堆放手段处置煤炭经洗选后产生的煤矸石，使煤矸石中的重金属等有毒有害物质随雨水浸入土壤和水体环境造成污染，且矸石山易发生煤矸石自燃现象，释放大量烟尘和有害气体污染大气环境。

二是焦炭制造流程伴随多类型污染物产生。焦化是山西的重要产业，一方面，部分炼焦企业在运输、装卸、粉碎炼焦用煤等的过程中操作不够规范，煤尘易向大气外逸而造成污染；另一方面，炼焦过程既会产生颗粒物、苯、苯并芘、硫化氢及氨气等污染物污染大气，造成光化学污染、酸雨等灾害，也会产生含有大量氮化物、氰化物、硫氰化物、多环芳烃等污染物的焦化废水，严重威胁水生态环境。

（三）新技术对能源产业生态化发展赋能不足

科技创新可有效驱动能源产业生态化发展，但现阶段新技术对能源产业发展的支撑仍较为有限。

一是数字技术未在煤炭绿色生产领域发挥最大价值。能源产业生态化发展离不开煤炭产业的智能化改造，当前，智能化矿山建设标准和评价体系尚不清晰。山西各煤炭企业在实施智能矿山建设时仍各自为战，导致系统林立、数据标准不统一、互通性差，数据孤岛问题突出，影响煤炭绿色开采效率和成本。而且，数据应用尚不丰富，煤炭企业普遍在数据挖掘和数据驱动建模方面较弱，算力、算法、AI 模型库不够丰富，分析、预警能力不足。配套数字化产业集群、集约化发展能力尚未形成，尤其在产业链条方面，高端煤机装备、采掘巡检机器人、传感器等相关供给侧产业仍存在较大短板，导致智能化产品在助力煤炭行业减污降碳方面作用不明显。

二是新型储能技术对能源产业支撑的作用有限。当前，山西储能产业链不完整，储能产业链处在以污染环境为代价赚取微薄利润的制造业初级阶段。储能行业标准有待完善，诸如关于电化学储能容量电价及容量补偿的机制尚未建立，储能收益模式欠缺且缺乏激励性政策。尚未形成统一的技术规范和技术标准，导致随着储能电站数量的增加，安全隐患逐渐增多，需进一步完善行业标准，促进储能电站建设标准化、规范化。

四　推进山西能源产业生态化发展的路径

能源产业生态化发展是能源产业的经济、社会、环境效益协调发展的过程，在实现“双碳”目标背景下，能源产业生态化将是能源产业发展的关键。为加速能源产业生态化发展进程，山西要立足省情，树立绿色发展理念，在政策支持、立法保障、科技创新等方面重点施策。

（一）牢固树立绿色发展理念

绿色发展作为新发展理念的核心部分，是一种可持续的经济增长方式和社会发展方式，是事关我国发展全局、实现中华民族永续发展的重要指导思想。为加快推动山西能源产业生态化发展，更好助力山西经济转型升级，山西必须牢固树立绿色发展理念，认真践行习近平生态文明思想，转变发展思路，履行好重大责任。政府要成为绿色发展理念的引导者，义不容辞承担起绿色发展责任，担当绿色发展的掌舵者、引路者。充分发挥政府在资源配置和经济发展中的导向作用，积极引导和鼓励企业开展自愿性清洁生产、开发新能源、发展循环经济，为企业绿色发展提供政策优惠、技术和信息支持，为产业生态化发展、高质量发展提供有力支撑。

（二）加强相关政策支持

绿色发展是能源产业生态化发展的题中应有之义。

一是加强财税支持。通过财税等方面的政策支持，高效推动山西能源产业生态化发展。从构建稳定的资源利用税制入手，控制非再生能源消耗量，通过征收环境保护税和环境污染税，加大对生态环境破坏、污染程度高、能耗高的企业征税力度，降低环境友好型企业税务压力，并通过税收有效调控市场物价，指导能源产业企业进行绿色发展。加大政府的投资力度，提高对绿色技术、绿色产业的投资比例，为能源产业绿色低碳发展提供有力支持。

二是大力支持企业绿色发展。在坚持发展绿色产业的前提下，制定详细的项目计划，给予绿色项目侧重支持。从项目审批着手，使绿色工程的审批更加便捷。制定绿色优惠政策，为绿色项目和企业提供技术和人才扶持。出台有关绿色惠民政策，如鼓励银行业多为绿色企业和环保工程提供低利率贷款等。

三是进行有针对性的资金税费支持。积极争取煤矿安全改造中央预算内投资专项资金，支持煤矿绿色低碳装备等相关应用的开发建设，加快煤炭产业绿色转型。针对绿色矿山建设、改造提供税收减免等优惠政策，为矿山企业提供税费优惠支持，促进绿色低碳矿山建设持续推进。

四是健全绿色体制机制。从“经济优先”转向“环境优先”，按照高质量发展需要，进一步完善绿色发展模式的相关法规，以满足能源产业生态化发展需求。建立生态环境保护补偿制度，明确行政主体和受监管主体，确定补偿方式，建立评价体系，对难以定量的问题设计专门审计体系。

五是加大产业生态化监督力度。建立生态保护问责制，严格执行环保责任制，及时对有关单位和有关人员进行问责。加强对生态执法人员的教育，持续增强执法者对生态法律的保护意识和责任心，保障环境法得到有效实施。强化生态法制监督，建立长效有效的绿色执法机制，从“被动执法”向“主动执法”转变。

（三）持续推动能源产业向生态友好型发展

优化能源产业结构是山西实现绿色发展、产业生态化发展的关键。敏锐把握绿色化、生态化发展历史机遇，搭乘高质量发展快车。

一是引导能源产业企业向绿色转型升级。建立绿色奖惩机制，着力推动生产方式变革，引导企业积极运用绿色策划、绿色设计、绿色生产和绿色运营理念，制定绿色产品、超低能耗产品、零碳产品等绿色标准，形成超低能耗、零碳产业技术体系，加快探索绿色生产、智慧生产等新型生产方式，实现全产业领域绿色低碳发展。

二是持续深化传统能源产业供给侧结构性改革。引入新材料、新装备、新技术，以清洁生产、低碳生产、绿色消费为新导向，推动焦化、电力等行业率先实现生产消费和能源消费碳达峰，严格控制传统能源产业碳排放量，加快步伐进行产能置换、落后技术和设备淘汰、传统能源产能供给改造，推动重点用煤、用油等产业减量限量，加大资源回收利用力度，有序推进传统供给替代物生产。

三是大力发展循环经济。以全面提高资源利用效率为主线，积极推动循环经济政策法规建设和强化，遴选一批可操作性强的产业，探索构建循环型产业体系，推动能源产业清洁生产、高效利用、高端转化、转型发展、低碳发展，推动能源产业发展模式转向“循环式”。搭建资源回收再利用信息共享平台，通过数据信息共享，深化废旧产能和回收再利用的联动合作，进一步完善废旧产能回收再利用链条，实现产业节能、降碳、转型一体化推进。

（四）建立健全碳排放权交易制度

建立切实可行的碳排放权交易制度可倒逼高耗能、高排放企业进行设备改造与技术创新，促使山西能源产业结构不断优化。

一是优化顶层设计与监管体系。进一步提高碳交易市场参与度，在焦化等领域提升碳配额流动性，结合山西各区域产业结构、经济发展水平、宏观经济波动等因素，优化配额分配体系。不断完善碳排放核查制度与监管规范，提高交易与管理的透明度，培育良好的市场环境。

二是优化碳排放核算机制。持续完善碳核算规范与技术指南，开发相关技术类产品，提升数据核算能力与监测能力。引导科技企业与监管部门合作形成第三方监管和制约，提升碳核算的规范性与强制性，有效规避碳交易存在的各类风险因素，增强市场抗风险能力。

三是提升碳金融基础服务。建议银行业将碳排放权抵质押融资平台与全国碳排放权交易系统对接，为交易企业提供碳资产交易资金的清算、结算服务。结合山西碳排放现状与碳交易市场运行情况，鼓励金融机构进行产品创新和服务创新，有效引导能源产业低碳转型。

（五）加快培育能源产业生态化发展的新动能

提高科技创新投入强度是提升原始创新能力的源泉，绿色创新是绿色技术创新链条的源头，是山西能源产业生态化发展的重要支撑和动力引擎，要不遗余力地推进科技创新和科研成果转化工作。

一是提高科技创新经费投入强度。加强财税扶持，通过多种形式、多种渠道拓宽能源产业科技创新资金来源，同时要充分发挥科技人才对能源产业生态化发展的推动作用，切实提高研发人员待遇水平，积极培养和引进高技术人才，设立人才专项资金用以鼓励和支持科技创新人才创新创业，激发人才积极性和创造性。

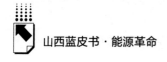

二是开展二氧化碳捕集技术研发与示范应用。围绕山西煤炭产业特征和碳捕集利用需求，聚焦碳捕集全生命周期能效提升和成本降低，前瞻布局直接空气二氧化碳捕集等基础前沿研究，攻关新一代大规模、低能耗、低成本的二氧化碳捕集技术。重点突破烟气二氧化碳捕集，积极推动火电、焦化等行业捕集技术应用示范，推动捕集能效大幅提升、成本大幅下降。

三是推动清洁高效燃煤发电关键技术与装备发展。聚焦燃煤发电清洁、低碳、灵活、高效的重大技术需求，重点开展超高参数超临界发电、高效燃煤发电、清洁低碳燃煤发电、超临界二氧化碳燃煤发电关键技术和装备以及可再生能源—燃煤集成互补发电技术，实现核心技术、装备与系统的自主研制与应用推广。

参考文献

[1] 韩芸:《“双碳”目标下山西省煤层气产业高质量发展思考与建议》,《煤炭经济研究》2023 年第 3 期。

[2] 刘瑞强:《山西在新型储能新赛道上加速奔跑》,《山西日报》2023 年 9 月 13 日。

[3] 唐珏、王俊:《“双碳”目标下煤炭发展及对策建议》,《中国矿业》2023 年第 9 期。

[4] 严晓辉、杨芊、高丹等:《我国煤炭清洁高效转化发展研究》,《中国工程科学》2022 年第 9 期。

[5] 闫国春、温亮、薛飞:《现代煤化工产业发展现状、问题与建议》,《中国煤炭》2022 年第 8 期。

[6] 于伟静、杨鹏威、王放放等:《双碳战略背景下中国煤电技术发展与挑战》,《煤炭学报》2023 年第 7 期。

[7] 王守信、马娜、秦凡:《中国氢能产业有序发展面临的挑战与对策》,《现代化工》2023 年第 9 期。

成效篇

Effectiveness Reports

B.8

强化科技支撑　推动能源革命综合改革试点

吕晋杰*

摘　要： 能源革命综合改革试点启动以来，山西不断加强能源科技创新谋划，通过加大能源技术创新支持力度、推进重大能源科技研发基地建设、促进科技创新成果落地转化等举措，推动能源技术革命取得了重要阶段性进展，怀柔实验室山西研究院挂牌运行，全国重点实验室获批重组，以“晋华炉”为代表的科技创新成果获广泛应用。未来，山西将持续开展关键核心技术攻关，加快科研成果转移转化，推动创新平台示范引领，提升基础研究与应用基础研究能力，强化企业创新主体地位，扩大对外科技合作交流行动，加大能源领域科技创新工作力度，破解能源领域技术难题，为新型能源体系建设提供技术支撑。

* 吕晋杰，山西省科技厅能源环保处处长。

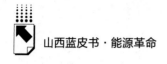

关键词： 能源技术革命　科技创新　能源体系建设　山西

开展能源革命综合改革试点，是习近平总书记和党中央赋予山西的重大历史使命。习近平总书记时刻惦记山西能源革命进展，六年四次到山西考察调研，多次强调要深刻认识和把握能源技术变革趋势，高度重视能源技术变革的重大作用。山西省坚决扛牢保障国家能源安全的政治责任，坚持清洁高效绿色低碳方向，持续推进能源结构优化调整，做强做优现代能源产业集群，推动能源革命综合改革试点工作不断取得新突破。

一　山西能源技术革命现状及取得的成效

山西坚持以习近平新时代中国特色社会主义思想为指导，全面贯彻党的二十大精神，深入贯彻习近平总书记关于科技创新的重要论述和对山西工作的重要讲话重要指示精神，以能源绿色低碳发展为核心抓手，不断加大创新支持力度，大力推进重大能源科技研发基地建设，全省科技创新能力持续提升，一批关键核心技术取得重要突破。

（一）加大能源技术创新支持力度

能源革命综合改革试点启动以来，山西省不断加强能源科技创新系统谋划，围绕煤炭绿色智能开采、煤炭清洁高效利用、非常规天然气、新能源、CCUS 等绿色低碳零碳负碳关键技术开展重点攻关，有力提升科技创新对能源革命综合改革试点的支撑作用。

1. 煤炭绿色智能开采

受资源禀赋影响，煤炭是我国能源安全的压舱石，在我国能源结构中发挥着难以替代的兜底保障作用。2022 年山西原煤产量突破 13 亿吨，连续三年位列各省市第一。聚焦能源革命重点任务，大力布局科技创新项目，煤炭先进产能占比逐年提升。煤矿智能化建设领跑全国，大数据、物联网、人工智能、云技术、5G 技术与煤矿安全生产深度融合。煤炭绿色开采试点形成示范，国家绿色焦化产业基地初见成效。率先在全国出台充填开采产能增量置换办法，推广应用岩巷快速掘进、无煤柱自成巷开采、薄煤层开采等先进技术，有序推进填充开采、保水开采、煤与煤层气共采等试点示范。

2. 煤炭清洁高效利用

煤电领域。低热值煤高效清洁发电利用是山西能源结构调整的重要方式，山西在 700℃高效发电共性关键技术、低成本高效烟气污染物协同脱除、燃煤电厂热电调峰及解耦、火电机组节能等技术领域具有明显的竞争优势。

煤化工领域。“晋华炉”获得国内外众多奖项，在全国新增气化炉市场占有率最高；晋能控股装备制造集团与中国化学工程集团赛鼎公司共同研发设计的“JM-S 炉”一次性开车成功；中科院山西煤化所研发的复合流化床煤气化技术，在燃料气和合成气领域得到应用。潞安化工集团“180”煤制油项目生产的全合成润滑油、高端合成蜡、异构烷烃等产品打破国外技术垄断，多项关键技术达到国际国内领先水平。

3. 非常规天然气

山西省是煤层气资源大省，资源总量约占全国的 1/3，经过多年探索和发展，在煤层气勘探开发、集输储运、综合利用等理论和技术方面都取得明显进展。率先在无烟煤矿区实现了煤层气商业化开发，研发形成了全矿区、全层位、全时段的煤矿区煤层气“四区联动”井上下联合抽采模式与关键技术体系，在全省高瓦斯矿区进行了全面推广应用；在松软低渗及 1000 米以深煤储层运用 L 型水平井开发技术实现了单井日产 1 万立方米突破，复杂地质条件储层煤层气高效开发关键技术及其应用荣获国家科技进步二等奖；建立了高后果区煤层气管网可靠性和完整性评价体系，实现了对煤矿采空区、湿陷性黄土区煤层气管道变形破坏快速识别预警；低浓度瓦斯发电突破了 8%的瓦斯发电浓度下限，成功实现了产业化，建成了全国最大的瓦斯发电集群。

4. 新能源

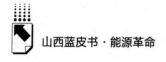

通过不断加强绿色低碳技术创新，山西能源结构调整步伐加快，新能源发展成效显著。

太阳能。山西已经初步形成拉晶—切片—电池片—组件产业链条。潞安太阳能拥有光伏一体化产能 8GW，高效 PERC 电池产能 5GW，拉晶产能 1GW、高效组件产能 2GW，PERC 电池量产转换效率达到 23.5%以上，高效组件功率达到 600W 以上。晋能科技建成了 4GW 高效 N 型 TOPCon 产线，并实现高效微晶异质结（HJT）技术规模量产，异质结电池最高效率高达 26%。中来股份在山西综改区建设年产 16GW 高效单晶电池智能工厂项目。晶科能源 56GW 全球最大 N 型一体化基地落户综改区。

风电。山西风电产业装备优势明显、零部件发展强劲，形成了以太原重工股份有限公司与晋城海装风电设备有限公司为首的整机制造、中车永济电机有限公司的风力发电机、山西昌能风电制造有限公司的风电塔筒、太原重工股份有限公司的齿轮箱、晋城焦作制动器股份有限公司的风电制动器、山西天宝集团有限公司的法兰等较为完备的产业链。

5. CCUS

山西国际能源集团瑞光热电有限责任公司建设了 3000 吨/年二氧化碳捕集及综合利用项目，中国科学院山西煤炭化学研究所建成了国内首套循环流化移动床固体吸附法二氧化碳捕集装置，二氧化碳捕集率达到 90%以上。山西大唐国际云冈热电有限责任公司与山西大同清洁碳经济产业研究院联手打造了世界上第一条煤电二氧化碳捕集及资源化利用全产业链生产线示范工程。中联煤层气有限责任公司承担了国家科技重大专项“深煤层注入 CO_2 置换甲烷技术研究及装备研制”项目，在沁水盆地实施了深部煤层注入封存二氧化碳项目以提高采气率的先导性实验研究。

（二）推进重大能源科技研发基地建设

聚集能源领域科技创新资源，山西基本构建起以怀柔实验室山西研究院为引领，以智能采矿装备技术全国重点实验室、煤炭高效低碳利用全国重点实验室、煤与煤层气共采全国重点实验室、省部共建煤基能源清洁高效利用国家重点实验室为支撑，以黄河实验室等省实验室和清华大学山西清洁能源研究院、山西能源互联网研究院等省校合作机构为两翼，以广大省重点实验室、省技术创新中心、中试基地、新型研发机构为后备的定位清晰、布局合理、层级多样、品类完整的新型科技创新平台体系。

怀柔实验室山西研究院。建设怀柔实验室山西研究院是山西深入贯彻习近平总书记重要指示精神和党中央决策部署，加快培育能源领域战略科技力量的重要举措，省科技厅积极协调相关部门协同推进山西研究院建设。2022 年 2 月 9 日，国务院批准山西基地建设，6 月 24 日，研究院揭牌，标志着国家实验室首个基地在山西正式挂牌运行。

国家（全国）重点实验室。山西高度重视国家重点实验室培育建设，明确给予每家国家级创新平台每年专项科研经费支持 1000 万元，持续稳定支持。与 2019 年相比，全省国家重点实验室由 5 家增加到 8 家（含省部共建），“省部共建煤基能源清洁高效利用国家重点实验室”获批建设，能源领域国家重点实验室增加到 4 家，加上国家级工程技术研究中心 1 家（国家煤基合成工程技术研究中心），全省能源领域国家级科技创新平台数量达到 5 家。

山西省实验室。山西省实验室是争取和建设国家实验室的主力军，是建设国家重点实验室的“后备力量”。按照省委省政府决策部署，自 2021 年启动省实验室建设以来，山西已经立项筹建了第一实验室、山西省黄河实验室等 11 个省实验室，制定出台《山西省实验室建设与运行管理办法（试行）》。省实验室正在努力打造多领域、跨学科、全链条、高水平的综合型实验研究平台，努力建成具有国内一流水平的前沿领域研究中心、高科技人员汇聚中心和人才培养示范基地。

（三）推动科技创新成果落地转化

深入践行习近平总书记“科技创新成果只有走出实验室、走上生产线，转化为推动经济社会发展的现实生产力，才能真正发挥其价值”的重要指示精神，狠抓能源科技成果转化应用，大力构建科技成果转移转化体系，助推能源产业整体跃迁。全省出台专门科技成果转化文件 24 个，出台配套政策措施 30 余个。不断扩大山西科技成果转化与知识产权交易服务平台服务范围，共收录供给信息 24538 项、需求信息 14563 项。扩大技术转移机构规模，技术合同交易总额稳步提升，从 2012 年的 123.62 亿元提升到 2022 年的 561.86 亿元，增长超过 3 倍。相关领域重点科技成果转移转化案例纷呈。中科院山西煤化所 T1000 级碳纤维加速转化，T1100 级碳纤维形成示范；太锅集团循环流化床锅炉技术全球领先；汾西重工 19MW 半直驱永磁风力发电机刷新全球最大单机容量纪录。清华山西院、潞安化机“晋华炉”系列产品，近三年全球市场占有率 70%；天地煤机煤矿快速掘进成套装备，填补国内空白，国际领先；程芳琴团队“分质资源化利用—分类无害化填充”技术获国家科技进步二等奖。

二　推进能源技术革命中的问题和不足

山西作为国家综合能源基地，总体上看，在推进能源技术革命中还存在科技创新资源配置不合理、创新体系不健全；传统能源企业总体处于产业链的中低端，创新意识不强、创新能力偏低、创新投入严重不足；新能源产业链不完善，市场主体少且多数处于培育成长期等问题，突出表现在以下三个方面。

（一）科技统筹能源领域创新力量的能力亟须加强

一是各部门联动不足，科研同质化严重。科技管理涉及政府、高校、企业、科研院所等多部门，但目前各职能部门在创新活动中缺乏联动和协调，科研活动分散重复现象严重，科技经费多头立项、多头管理，科技资源无法优化配置，部分科研人员同时在几个实验室和多个项目中承担科研任务，虽然形成了支持合力，但也造成其他领域布局未覆盖、支持不到位的问题。

二是新型举国体制的山西实践还不够深入。在“碳达峰、碳中和”目标和资源型地区转型发展的总体要求下，山西能源产业面临保安全、调结构等挑战，对科技创新的需求也更为迫切。比如，二氧化碳捕集、利用与封存技术（CCUS）是应对全球气候变化的关键技术之一，但由于其高昂的成本，没有企业愿意主动承担，导致CCUS技术与山西优势产业（焦化、冶金、煤层气开采等）结合不够密切。

（二）能源企业创新主体作用亟须提升

省内各类企业创新发展原动力不足，不愿创新、不会创新、不敢创新的现象较普遍存在，企业在创新决策、研发投入、科研组织和成果转化全链条的主体地位尚未建立起来。

一是能源规上企业对科技创新投入不足。2021年山西规上工业企业研究与试验发展（R&D）经费投入总量超过1亿元的共有17个行业，能源领域共有5个（“煤炭开采和洗选业”“石油、煤炭及其他燃料加工业”“化学原料和化学制品制造业”“石油和天然气开采业”“电力、热力生产和供应业”），R&D经费投入强度（与营业收入之比）则分别排名第16、第15、第11、第9、第17，投入强度明显低于其他行业。

二是企业组织科研项目能力不强。省属能源企业重项目立项、轻平台建设，企业科技创新布局不系统，中止延期项目较多。如某大型国企，近年来连续承担了两项氢能领域省科技重大专项项目，后由于集团战略调整，不再发展氢能业务，两个项目在没有显著产出成果的情况下一个已中止，另一个拟中止，严重影响科技创新效能发挥。

（三）能源科技成果转化体系亟须完善

一是供给侧高质量科技成果产出不足。近年来，尽管也出现了中科院山西煤化所T1000级碳纤维、潞安集团180万吨铁基浆态床煤间接液化、太锅集团循环流化床锅炉技术全球领先等一些代表性成果，但数量过少，支撑不足。

二是科技成果转移转化不够通畅。省科技成果转化和知识产权交易服务平台收录能源领域供给和需求信息不多，中试基地建设难。企业建设中试基地成本过高，学校无力承担，环评、安评前期办理手续周期过长，技术转移奖补、税费减免、投融资政策不配套。能源领域中试基地数量不足、类型不全，产业辐射能力较弱。

三是需求侧对科技成果转化积极性不高。科技成果转化作为科技创新的关键环节，山西能源行业 R&D 投入强度低，对科技成果转化积极性不高。企业体制创新改革风险意识有余，发展胆识不足，不愿投、不敢投，造成大量科技成果无法转化成产品、装备，无法真正形成生产力和战斗力，科技创新“上墙不下地”现象明显。

三　发展思路与未来展望

坚决扛起能源革命综合改革试点的重大历史使命，迫切要求我们加大能源领域科技创新工作力度，坚持前瞻性思考、全局性谋划、战略性布局、整体性推进，集基础研究、关键技术攻关和科技成果转化于一体，统筹推进创新平台建设、创新主体培育、创新交流合作等重点工作，科学设计协同机制、投入机制、考核机制，打好政策组合拳，推动能源产业“五个一体化”融合发展，不断引领依托科技创新赋能转型发展的产业生态，将能源革命科技创新工作推向新高度。

（一）进一步开展关键核心技术攻关行动

围绕能源革命重点领域，紧盯世界科技前沿发展态势，广泛征求科技需求和技术建议，对标对表国际国内一流技术水平，围绕制约山西乃至我国产业发展的“卡脖子”技术和关键共性技术难题，鼓励引导企业、高校、院所组建创新联合体，协同开展关键核心技术攻关，突破能源革命技术难题。

1. 能源产业“五个一体化”方面

煤炭和煤电一体化：重点开展煤炭绿色高效开采，煤炭共伴生资源综合开发利用，废弃物资源化利用，煤基装备智能化制造，高参数超超临界发电技术，超临界二氧化碳、煤气化燃料电池（IGFC）等发电技术，热电联产机组供热节能降耗技术等。煤电和新能源一体化：重点开展煤电机组低煤耗深度快速调峰技术，可再生能源新型电力系统高效稳定运行技术，飞轮、超级电容器、锂离子电池、钠离子电池、熔盐等储能技术，电动汽车、甲醇汽车、氢燃料电池汽车等新能源汽车制造技术。煤炭和煤化工一体化：重点开展大型煤气化技术，煤直接、间接液化技术，煤制清洁燃料和大宗及特殊化学品技术，绿色智能焦化技术，低热值煤分质利用、分级转化技术，煤炭多联产技术，"三高"煤清洁利用技术。煤炭产业和数字技术一体化：重点开展煤炭智能储运技术，煤炭智慧交易和监管技术，煤炭装备数字孪生技术，煤电机组智能监测、管控技术，煤电机组碳足迹全流程监测技术。煤炭产业和降碳技术一体化：重点开展二氧化碳捕集、储运和利用技术，二氧化碳规模化封存技术，二氧化碳催化转化合成化学品和高值碳材料技术，二氧化碳驱替煤层气技术，低浓度煤层气综合利用技术。

2. 新能源方面

风电：重点开展低成本陆上风电机组开发，大型海上风力发电机组开发，大功率中速永磁同步风力发电机研制，高性能大型风电齿轮箱传动系统研究，大兆瓦风机传动链关键零部件可靠性设计及验证研究，风储协调控制技术研究，感知、控制、预测等智能化技术研究等。光伏：大力发展光伏光热关键核心技术，重点开展新一代异质结、PERC、TOPCon 等高效硅基光伏电池研发，钙钛矿/晶硅叠层电池研发，大面积柔性钙钛矿电池研发，低成本高效率柔性聚合物电池研发，高效低成本集热、大规模储热、相变储热、多能互补供暖等技术与装备研发。氢能：重点开展高回收率氢气纯化技术研发，甲醇重整制氢和生物质、甲酸、氨气定向分解制氢技术研发，低成本、高效率、长寿命质子交换膜电解制氢技术研发，低温液氢、轻质高容量固态储氢等复合储氢系统研究，加氢站用加压加注设备研制，大功率氢燃料电池开发，富氢冶金技术研究等。

3. 煤层气方面

勘探技术：重点攻关深部煤层气赋存机理及成藏地质理论、储层可改造性评价技术、甜点区优选技术。开展储层三维精细地质建模方法及软件研发、储层高精度识别与精细解释技术研究、煤层气及共伴生资源一体化勘探技术研究等。开采技术：在未采动区重点推进勘探开发一体化、地质工程一体化工艺技术攻关；在煤层气老气田持续综合治理，研发提高采收率技术；在采空区持续完善资源评价与高效钻完井工艺技术。集输储运技术：重点开展煤层气含水、含尘、含杂质对管道腐蚀破坏机理及腐蚀速率预测技术研究，煤层气中微细颗粒物高效捕集技术研发及示范，复杂天然气（煤层气）输配管网系统的优化与应用研究。探索开展低浓度瓦斯安全输送、天然气管网系统掺氢输配技术及示范等前沿技术。高效高值利用技术：重点开展瓦斯提浓提纯技术攻关与装备开发、煤层气纯化液化系统关键技术研究与示范、低浓度瓦斯智能无级掺混利用、矿井乏风通入燃煤锅炉混烧氧化等技术研究。开展煤层气耦合太阳能、地热多能互补技术集成。开展煤层气产出水综合治理与清洁利用技术。探索开展煤层气提氦、制氢新技术，地下储气库建库关键技术等研究。

（二）进一步加快科研成果转移转化

1. 布局建设若干煤基科技成果转化基地

重点依托怀柔实验室山西研究院和全国重点实验室等国家创新平台，联合太原理工大学、中科院山西煤化所、清华大学山西清洁能源研究院等科研机构和重点企业，针对山西煤基产业分布特点和发展需求，以山西各类园区为平台，加强与国内外优势科研力量产学研合作，围绕煤机装备、煤电、煤化工、氢能、煤层气等领域，统筹布局建设一批科技成果转化基地。

2. 优化提升科技成果转化服务保障能力

强化山西科技成果转化与知识产权交易服务平台服务职能，进一步优化完善功能设置，在能源领域新建科技成果转化子平台，形成省、市、县三级服务体系。加强省级技术转移机构的培育和认定，持续推动山西技术转移机构专业化、市场化、规范化发展，引导激励高等院校、科研机构和企业设立技术转移专职机构。完善多层次的技术转移人才发展机制，依托国家技术转移人才培养基地（山西），培育科技成果转化中介服务机构和技术经纪人、技术经理人队伍。

3. 完善政策体系营造良好的科技创新环境

进一步加强《山西省促进科技成果转化条例》《山西省促进科技成果转化若干规定（试行）》《山西省促进科技成果转移转化行动方案》《关于完善科技成果评价机制的实施意见》等科技成果转化政策的宣传培训，推动科技成果收益分配及科技成果评价改革措施落地见效，解开影响科技成果转化的“细绳子”，营造有利于科技成果转化的政策环境。

（三）进一步推动创新平台示范引领

集聚能源领域科技创新资源，构建以国家实验室、国家重点实验室（全国重点实验室）为引领，以省重点实验室、省技术创新中心、新型研发机构为支撑的科技创新平台体系，开展集基础研究—技术攻关—成果转化—人才团队建设全流程创新活动。推动怀柔实验室山西研究院尽快建成见效，努力争取国家重大科技攻关项目立项，积极承接国家实验室中试项目落地山西；安排山西创新平台基地建设专项（国家重点实验室）建设经费，支持山西全国重点实验室重组建设，鼓励柔性引进方式，吸纳高端人才组建能源领域专业人才团队。聚焦全省能源产业高质量转型发展要求，高标准谋划布局建设省实验室，优化调整省重点实验室，加快形成层级多样、品类完整、布局合理的实验室体系。加快清华大学山西清洁能源研究院、山西省能源互联网研究院建设，促进科技成果落地转化。推广“产业发展、平台配套”模式，加快建设适应能源产业集群发展的公共技术服务平台，推动科研仪器共享，降低企业创新成本。

（四）进一步提升基础研究、应用基础研究能力

强化怀柔实验室山西研究院、太原理工大学、中科院山西煤化所等能源领域科研机构在基础研究中的主力军地位；发挥国家自然科学基金区域创新

发展联合基金（山西）、省基础研究计划作用，加大对能源领域基础研究项目的支持力度；丰富基础研究支持政策举措，深入落实“包干制”“备案制”等立项形式，鼓励自由探索，充分赋予科技人员科研自主权，激发创新活力；创新基础研究支持政策举措，针对产业基础研究需求，实施联合资助项目。

（五）进一步强化企业科技创新主体地位

开展建立研发准备金制度企业研发费用补助工作，激励企业自发性开展科技创新活动；推进国有企业打造原创技术策源地，加强原创技术供给，超前布局前沿技术和颠覆性技术；滚动实施高新技术企业倍增计划、开展科技领军企业培育行动，推动众创空间、企业孵化器等“双创”载体建设，建立从科技企业孵化、科技型中小企业、高新技术企业到高科技领军企业的能源类创新型企业全链条培育、孵化和壮大支持体系。进一步落实高新技术企业所得税优惠、企业研发费用“加计扣除”、高新技术企业认定资金奖补等措施，引导和鼓励企业加大科研投入，提升企业科技创新能力。

（六）进一步扩大对外科技合作交流行动

依托太原能源低碳发展论坛，定期举办煤炭清洁高效利用技术、煤与煤层气共采技术等特色论坛，打造集技术交流、项目合作、信息联络、成果展示于一体的对外合作平台。实施省科技合作专项，引导省内科研机构与国内外高水平科研机构开展能源领域科技交流合作。支持山西企业、高校与中石油、中海油、中国煤炭地质总局等央企共建能源领域高水平创新平台载体。鼓励山西科技机构联合省外优势科技力量组建创新联合体，共同申报国家科研项目，争取中央财政科技资金支持。

B.9

实施自然资源管理改革积极推动能源革命

史建峰*

摘　要： 按照党中央、国务院关于在山西开展能源革命综合改革试点的意见精神和山西省行动方案要求，山西省自然资源厅立足自身在全国能源变革大局中的比较优势和战略地位，坚持问题导向，通盘谋划、统筹推进，以自然资源管理改革积极推动山西能源革命走在排头、作出示范。围绕“发挥山西在推进全国能源革命中的示范引领作用、促进资源型地区经济转型和高质量发展”思路定位，夯实煤炭“压舱石”作用，全面提升矿产资源供给储备能力；持续深化煤层气管理体制改革，不断推进山西省煤层气增储上产；推进煤铝共采试点，切实做到煤铝资源集约利用；强化地热资源勘查开发利用，促进地热能产业高质量发展；探索矿区生态综合治理，助力山西实现“一泓清水入黄河”。

关键词： 矿产资源　煤层气　生态修复

按照党中央、国务院关于在山西开展能源革命综合改革试点的意见精神和山西行动方案要求，山西省自然资源厅立足山西在全国能源变革大局中的比较优势和战略地位，坚持问题导向，通盘谋划、统筹推进，以自然资源管理

---

* 史建峰，山西省自然资源厅油气资源开发管理处处长，主要负责煤层气资源管理及相关政策研究制定。

理改革积极推动山西能源革命走在排头、作出示范。围绕“发挥山西在推进全国能源革命中的示范引领作用，促进资源型地区经济转型和高质量发展”的思路定位，统筹提升煤炭供应保障能力、深化煤层气管理体制改革、推进煤铝共采试点、强化地热资源勘查开发利用、探索矿区生态综合治理等目标任务，加快推进山西“五大基地”建设和能源产业“五个一体化”融合发展，取得了一系列关键突破和重要成果。

一　工作进展及主要成效

山西省自然资源厅紧盯“创一流”的目标任务，扛起“蹚新路”的使命担当，精心组织，主动作为，自我加压，持续推进，试点工作取得突出成效。

（一）统筹提升煤炭供应保障能力

按照省委省政府安排部署，深入践行能源安全新战略，把能源的饭碗牢牢端在自己手里，夯实煤炭“压舱石”作用，加强矿产资源勘探开发，全面提升矿产资源供给储备能力。为进一步保障国家能源安全，确保完成山西煤炭稳产保供任务，以“重点在统筹，关键在协调，探索中推进”的工作思路，形成了解决问题的成熟路径，为煤炭资源接续配置出让工作走上正轨、步入快车道奠定了坚实的基础。

1. 完善制度，强化监督，着力规范资源接续工作

制定有关配套文件，做到“先建制度再办事”。根据政府《关于有序推进煤炭资源接续配置保障煤矿稳产保供的意见》，研究制定了《关于调整和完善煤炭矿业权出让相关程序和职责的意见》《全省煤炭资源出让项目初步筛选和审核入库基本原则》《山西省煤炭矿业权配置出让议决制度》等文件。

建立厅际会商机制，实行资源配置集体议决。会同省发展改革委、省财政厅、省能源局，成立省煤炭矿业权配置出让领导小组，对出让项目、出让收益进行跨部门集体议决、民主决策。截至目前，55 宗煤炭资源接续配置项目通过集体审议，省政府批准 26 宗项目中，已设采矿权深部或上部资源已有 10 宗完成出让，探矿权转采矿权已有 2 宗完成，其余项目正在按程序积极推进中。

完善信息公示与通报机制，主动接受监督。一是按照规定公布信息。协议出让项目，经省煤炭矿业权配置出让领导小组通过后即向社会公示，期满无异议进入下一阶段；竞争出让项目，报请省政府批准后发布公告、实施出让。二是优化煤炭资源接续配置项目报批模式，目前有 29 宗煤炭资源配置项目已通过四厅局集体议决，拟列入出让计划上报。三是实施在线审查、专项监督。持续完善矿业权出让核查审查平台功能，做到网上收件、联动审查、全程留痕，开通驻厅纪检组、厅机关党委监督接口，加强实时监督；适时组织明察暗访，开展作风纪律专项检查。

2. 统筹兼顾，科学配置，有序推进资源接续工作

根据自然资源部规定，推进“净矿”出让。坚持生态优先，统筹保护与开发，拟出让项目范围严格避让生态红线、各类保护区、城镇开发边界等禁止开采范围。

协调落实《矿产资源总体规划》（以下简称“矿规”）与《煤炭矿区总体规划》（以下简称“区规”），促进后续利用。省自然资源厅与省发展改革委、省能源局基本达成共识，抓住正在进行的“区规”修编机遇，依据自然资源部审定和省政府已发布的“矿规”，尽可能实现“两规”一致，为后续项目建设提供规划支持。

服务省委省政府确定的重大项目，优先配置资源。在基金项目配置、探矿权转采矿权项目时序安排、已设采矿权增批上下部资源等方面，优先保障省委财经委第 32 次会议确定、《2023 年山西省煤炭增产保供工作方案》提及的“十四五”期间新建接续煤矿项目，以及推动煤炭产业“五个一体化”项目。

3. 三级联动，严格审核，充分保障资源接续质量

分类管理，分别启动。自 2022 年 3 月开始接受企业申请，启动已设采矿权增批上下部资源出让工作；4 月起，枯竭煤矿就近接续项目开始接受市县申请、省政府转办；8 月起，为支持“十四五”期间新建接续煤矿项目和省领导高度关注的煤电铝、煤转化等一体化项目，启动重大专项，引入山西地质集团作为技术支撑保障，加速推进配置出让前期准备工作。

三级联审，各负其责。依托省自然资源厅原内网三级联办审批系统，逐步增加板块、完善功能，搭建了全省矿业权出让管理平台，建立了出让项目库，实现了出让项目全流程在线联办，推动了11个地市、14个会签处室网上互通、联合办理。

合规审核，防止争议。拟配置出让项目在上报省政府之前，省自然资源厅法规处和法律顾问单位先行进行合法性审核，之后报省司法厅审核，通过后按照程序上报省政府办公厅内审处，确保政策适用无误、企业主体适格、报批程序正当，防止行政争议。

（二）深化煤层气管理体制改革

加快山西煤层气开发、推动煤层气勘查开采管理体制改革、持续提升非常规天然气增储上产规模，是国家授权山西开展能源革命综合改革试点的一项重要任务，是贯彻习近平总书记“四个革命、一个合作”能源安全新战略、落实“双碳”目标战略、确保我国能源战略安全的有力抓手，也是推进山西煤层气增储上产，增强自主供应及外输能力的重要支撑，在全国煤层气开发格局中具有重要的引领作用和示范意义。

山西省煤层气资源丰富，位居全国之首，主要分布在沁水盆地及鄂尔多斯盆地东缘，煤层气矿业权总面积约占全省省域面积的20%。煤层气管理试点改革以来，在省委省政府的高度重视和自然资源部的大力支持下，已初步实现了“审批监管规范化、资源配置市场化、行业服务清单化、综合保障常态化”，打造了“山西样板”，走在了全国前列。全省共设置煤层气矿业权91个、总面积2.99万平方公里，形成了以中石油、中联煤层气等央企为主体，省企和民企广泛参与的市场多元化投资格局。截至2022年底，全省非常规天然气累计探明地质储量约11635亿立方米，产量113亿立方米，其中煤层气探明储量7600亿立方米，约占全国煤层气探明地质储量的90%，稳居全国第1位。

（三）推进煤铝共采试点

我国铝土矿资源相对贫乏，仅占全球的1.5%，进口铝土矿对外依存度达50%，而山西铝土矿资源丰富，储量居于全国首位，但开发利用的以浅部资源为主，仅占全省铝土矿资源量的两成，开发程度较低。另有大部分铝土矿资源赋存在煤层下部，煤下铝资源丰富，初步预测达45亿吨。经过两年的勘查，“煤下铝”试点已取得初步成效，10家煤矿企业已提交“煤下铝”详查报告，探获铝土矿资源1.2亿吨。煤铝共采符合山西能源革命综合改革试点要求，切实做到煤铝资源节约集约利用，将在很大程度上解决山西乃至我国需求。

2018年经省长办公会议研究，“原则同意从2018年开始，对144座正在生产的大中型煤矿根据企业申请，逐步以协议方式出让煤下铝土矿资源，具体由省国土厅按照有关程序和规定做好相关工作”。至此，山西开展了“煤下铝”出让工作。为充分发挥资源优势，合理利用煤下铝资源，解决铝土矿资源供求紧张的矛盾，2018年山西率先开展“煤下铝”试点工作，在省政府和自然资源部的大力支持下成为全国唯一统一开展煤铝共采的省份。

1. 积极推进煤铝共采调研工作

2021年9月，为充分了解勘查试点推进情况及勘查开发的最佳时机，省自然资源厅组织专家组，选取具有代表性的部分试点煤矿企业进行了专题调研，形成了《关于山西省煤下铝勘查试点情况的调研报告》上报省政府。经调研，初步形成几点判断：一是煤铝共采符合山西煤铝共生的地质特点，可行且必要，作出煤铝共采的政策是正确的；二是“煤下铝”勘查的最佳窗口期是基建期，可行期是生产开采期；三是探索形成了煤下铝勘查的方式方法和路径；四是探索形成了煤下铝转采的基本条件和要求。

2. 稳妥有序推进政策出台

按照“放探、慎采”的总体意见，省自然资源厅紧抓“煤下铝”勘查的最佳窗口期，进一步调整了勘查试点的准入范围，2022年6月出台了《关于进一步推进和规范“煤下铝”矿业权出让试点有关工作的通知》，在拓宽“煤下铝”探矿权出让试点范围的同时，按照“能转则转”的原则明确了“煤下铝”探转采的基本要求和基本条件。为提高矿产资源综合利用水平，结合山西煤系地层共伴生矿产资源实际情况，2023 年 3 月，提请省人民政府印发了《山西省煤系地层矿产资源综合开发指导意见》，鼓励煤矿对煤炭及共伴生矿产资源统一规划，合理开采，综合利用。

（四）强化地热资源勘查开发利用

当前，山西处于传统能源大省向新型综合能源大省转型的关键阶段。大力推动地热能开发利用，是顺应绿色潮流、抢占发展先机、保障能源安全、实现“双碳”目标的重要举措。山西省自然资源厅坚持以习近平生态文明思想为指导，认真落实省委省政府、国家部委决策部署，完整、准确、全面贯彻新发展理念，结合山西地热能实际和产业发展需求，发布了《地热能分级分类利用指南（试行）》《山西省地热地质环境监测技术要求（试行）》《山西省地热尾水回灌技术要求（试行）》等相关文件，统筹做好资源评价、规划管控、要素保障、集约利用、联合监管等工作，促进地热能产业高质量发展。

1. 编制印发专项规划

《山西省地热资源勘查开发规划（2021~2025 年）》明确，到 2025 年，完成晋北、晋中、晋南三大地热勘查开发利用基地的调查评价与勘查工作，基本摸清资源家底；到 2035 年，基本完成全省重点地热田预可行勘查评价工作，三大基地建设成效显著，地热资源在新能源中的占比大幅提高，地热能产业步入高质量发展新阶段。

2. 持续引领绿色发展

坚持生态优先，注重节水环保，在 2022 年发布的《地热能分级分类利用指南（试行）》基础上，发布实施了《山西省地热地质环境监测技术要求（试行）》《山西省地热尾水回灌技术要求（试行）》，引领市场主体运用先进适用技术，推动地热能产业绿色转型发展。

3. 分类推进规范完善

对山西已经形成并运行的 182 口地热井，组织市、县两级开展摸底调查；借鉴天津经验，明确有关要求，指导具备条件的项目加快规范提升，争取年内一批项目实现规范运行，服务城乡人民。

（五）探索矿区生态综合治理

山西省自然资源厅坚持以习近平生态文明思想为指导，牢固树立山水林田湖草沙是生命共同体的理念，不断强化全省矿山生态修复管理，建立健全矿山生态修复工作机制，强力实施历史遗留矿山生态修复重点项目，充分发挥生态文明的建设者、推动者、捍卫者作用。精心组织部署、上下合力强势推进，推动全省国土空间生态保护修复规划出台、体制机制建设、重大项目实施“三力同发”，在矿山生态修复方面基本形成了双渠道矿山地质环境恢复治理的格局。

1. 全面推进历史遗留矿山修复走向纵深

山西投资 20.8 亿元实施了包括京津冀周边及汾渭平原重点城市和黄河流域重点地区历史遗留矿山生态修复治理项目，完成修复治理历史遗留矿山 2400 多个图斑，治理面积 6700 多公顷。投资 83 亿元实施了汾河中上游山水林田湖草生态保护修复工程试点项目，项目类型主要为河流水系及水生态保护恢复、造林绿化治理、黄土丘陵区水土保持与生态修复、矿山生态环境及地质灾害综合治理、农用地综合整治、生物多样性保护六大类。项目完成了综合治理地表塌陷及地质灾害面积 846 公顷，水源涵养面积 48349 公顷，农用地整治面积 8840 公顷，沟坡治理面积 1892 公顷，使治理区域矿山生态整治恢复率达到 73.93%，森林覆盖率达到 30%，水土流失治理率达到 63%，地表水水质达到Ⅲ类，切实让汾河“水量丰起来、水质好起来、风光美起来”，助力山西“一泓清水入黄河”。2022 年 12 月，山西汾河山水项目与全国其他山水试点项目组成践行山水林田湖草生命共同体理念的中国“山水林田湖草沙一体化保护和修复工程”，成功入选联合国首批十大“世界生态恢复旗舰项目”，受到全球好评和关注。

2. 指导市县局切实提升生态修复工作水平

全省上下大力推进矿山生态修复治理工作，取得了一定的实效，涌现了一大批修复效果好、带动效应强的优质项目，取得了明显的社会效益和生态效益。2022 年省自然资源厅经过严格遴选，推选公示了“山西朔州平鲁区后安煤炭有限公司采煤沉陷区土地复垦治理项目、高铁晋城东站附近废弃采石场矿山地质环境恢复综合治理项目”等 20 个项目为山西省生态修复示范工程，指导市县局切实提升生态修复工作水平，推动山西生态修复工作再上新台阶。

3. 大力推动国家重点生态修复项目落地山西

2023 年，山西省自然资源厅紧盯国家政策导向、资金投向、项目走向，申报“山西省黄河重点生态区吕梁山西麓山水林田湖草沙一体化保护和修复工程项目”“山西黄河重点生态区（临汾）历史遗留废弃矿山生态修复示范工程项目”“山西太行山西北缘京津冀水源涵养区灵丘段历史遗留废弃矿山生态修复示范工程项目”3 个国家级重大生态保护和修复治理项目，均以优异成绩通过竞争性评审，获得 26 亿元中央财政资金支持，为 2023 年全国自然资源系统争取中央财政资金最多的省份。其中，山水项目覆盖吕梁、临汾、运城 3 市 14 县（市、区），62 个子项目工程总投资为 55.08 亿元，将对吕梁山西麓 20720.11 平方公里范围内上千条直入黄河的冲沟河流流域实施全面治理，修复治理规模达 1455.62 平方公里，项目实施后，将保障治理区域减少泥沙入黄河干流年均 2000 万吨，林草和低效林改造面积增加 3%以上，水源涵养能力明显提升，水土流失得到明显改善，历史遗留矿山生态环境得到有效治理，生物多样性得到有效保护，生态系统功能和稳定性得以提升，生态固碳增汇能力持续提升，协同推动山西“一泓清水入黄河”工程。历史遗留矿山生态修复示范工程治理大同、临汾 2 市 12 县历史遗留矿山 483 个图斑，面积 32.73 平方公里，将有效消除区域矿山地质环境隐患，补齐山西“一泓清水入黄河”工程矿山生态修复板块，大幅提升华北地区特别是雄安新区水源涵养地生态功能，协同筑牢黄河、海河两大流域生态安全屏障。

二　成熟经验总结与推广

能源革命综合改革试点以来，山西省自然资源厅积极推动各项工作，努力提高能源领域治理能力，特别是在煤层气产业管理、矿区生态综合治理等方面取得了显著成效，积累了一定经验。

（一）发布实施《山西省煤层气勘查开采管理办法》，并持续创新煤层气产业管理机制

《山西省煤层气勘查开采管理办法》（以下简称《办法》）是国家批准山西省开展能源革命综合改革试点时下达的一项重要任务，是贯彻习近平总书记“四个革命、一个合作”能源安全新战略，推进全省煤层气增储上产、扩大清洁能源自用及外输能力，打好京津冀地区污染防治攻坚战的重要支撑。

近年来，随着《办法》的实施和煤层气产业的发展，必须坚守“五大基地”战略定位，从省级层面积极探索煤层气管理新模式，按照宽严相济的原则，及时调整、完善相关制度、政策，正确处理油气资源开发与矿区生态保护、政府主导推进与企业主体责任等重要关系，构建上下同心、企地共建的全新格局，理顺煤层气产业“上下联动”“内外协调”的体制机制。

1. 主要做法

一是紧紧抓住国家授权山西出台《办法》的宝贵机遇，在制度创设上强化先行先试意识。《办法》大幅提高年度最低勘查投入标准，明确探矿权最长持有年限，确立了限期提储、限期转采制度，为彻底解决“圈而不探”“占而不采”顽疾提供了依据；在全国率先规定煤层气出让收益率标准，保证了煤层气矿业权出让收益征收全覆盖；完善了企地合作、部门联动保障机制，尤其是财政、税务、统计等方面的机制创新，既有利于减轻大企业“县县办公司”的负担，也能使矿区市县“有名有利”。二是充分汲取历史经验、各方智慧。按照省政府规章制定程序，广泛征求自然资源部、相关厅局和相关市政府、油气企业、专家学者意见，完成了规章起草任务，保证了

规章内容的科学性、可实施。三是采取范围座谈会、函件交流、视频会议等方式，进行立法协调、专家论证，确保及时报送省委省政府审议。四是省政府发布《办法》后，省自然资源厅及时组织了解读培训，配套印发了《关于贯彻落实〈山西省煤层气勘查开采管理办法〉的意见》《山西省煤层气探矿权出让（延续）合同示范文本（试行）》《关于明确煤层气探矿权人报告后开采有关事项的通知》3个文件，确保《办法》的顺利实施。五是针对煤层气勘查开采特点，考虑到近年疫情的影响，充分考虑煤层气企业的实际困难，在用地保障、审批登记、义务履行等方面大胆创新，勇于担当，相继出台多项惠企政策，为煤层气企业排忧解难，助力山西煤层气增储上产。

2. 实施成效

一是制度架构基本构建。2020年发布实施了全国唯一省级政府规章《办法》，配套完善了相关制度规范。二是“圈而不探”得到有效遏制。《办法》实施以来，因勘查投入不足共核减面积4833平方公里，约占全省煤层气矿业权总面积的16%。为地方发展腾退出空间，部分退出区域已再次入市。三是资源配置市场化取得突破。截至目前，共出让25个区块，企业承诺3年勘查投入47.11亿元，实现出让收益9.2亿元，终结了煤层气无偿取得的历史。四是市场投资多元化格局形成。煤层气矿权数由改革前的48个增加到91个，总面积达2.99万平方公里。投资主体由改革前的6家企业增加到22家，形成了以中石油、中联煤层气等国企为主体，省企和民企广泛参与的市场多元化投资格局。五是以科技创新推动增储上产取得重大成果。煤层气企业投资信心大幅提升，“三气”综合开发稳步推进，中联（中海油）潘河区块全国首个薄煤层气大规模开发项目全面建成投产，中石油大宁—吉县区块深部煤层气水平井开发技术取得历史性进展，中石化延川南区块深部煤层气压裂技术取得重大突破。煤层气探明储量由0.58万亿立方米增加到0.76万亿立方米，约占全国煤层气探明地质储量的90%，稳居全国第1位。

3. 推广意义

企业提储能力得到有效激发，在全国各省（自治区、直辖市）中，《办法》率先以省人民政府规章方式规范煤层气资源开发和管理，填补了多项制度空白，进一步营造了良好的营商环境，充分调动了煤层气矿业权人勘查投入和提储转采的积极性，山西省2023年增加的煤层气探明储量有望从原计划的1000亿立方米提升至1300亿立方米。自然资源部在发布贵州省页岩气探矿权挂牌出让公告中，引用了山西《办法》中规定的出让收益率标准。重庆、新疆、安徽、内蒙古、河南、广西等多个省级自然资源部门来山西调研学习煤炭增列煤层气、废弃矿井剩余煤层气资源再利用等政策。山西省煤层气管理相关政策已为全国油气资源管理提供了重要的政策样板。

（二）矿区生态综合治理经验总结

1. 有主矿山修复规范开展，持续推动“控增量”

建立健全矿山生态保护修复制度。一是出台矿山环境治理恢复基金管理办法，规范矿业权人基金缴存和生态义务履行，对矿业权人履行矿山生态修复义务形成制度约束。二是规范开发治理方案的编制和审查备案制度，全国率先实现《矿产资源开发利用方案》《矿山地质环境保护与治理恢复》《矿山生态环境保护与治理恢复》《土地复垦方案》“四合一”编写，为矿山生态修复系统性提供科学指引。三是印发《关于全面监督矿业权人严格履行矿山生态修复义务的通知》，确保矿业权人生态修复义务全面履行到位。四是印发《关于进一步加强矿山环境保护与土地复垦工作的通知》，明确各级自然资源部门的监管责任，监督矿业权人自主履行矿山生态修复义务。五是出台矿山生态修复规范，强化年度生态修复及验收要求，规范和指导山西矿山生态修复技术工作。六是制定露天煤矿监督管理长效机制，从源头严防、过程严管、后果严惩等方面，加强全省露天煤矿生态保护修复监管。七是建立山西省生态保护修复监测管理系统，利用卫星遥感、地理信息和动态监测技术，对全省矿业权人的矿山生态修复工作实行信息化监管。截至2022年底，全省矿山企业自主缴存生态修复基金和土地复垦费用475亿元，持续专款用于矿山生态修复治理，全面开创了山西有主矿山生态修复新局面。

2. 无主矿山修复有序推进，持续推动“减存量”

一是摸清底数，谋篇布局历史遗留矿山生态修复工作。完成了全省历史遗留矿山图斑核查工作，全面摸清了山西历史遗留矿山总量。根据全省区域重大战略和重要生态系统格局，山西下达各市“十四五”历史遗留矿山生态修复 1 万公顷的治理任务，将有效解决历史遗留矿山生态破坏问题，全面完成山西黄河流域历史遗留矿山生态修复治理，明显改善矿山周边人居环境，区域生态系统服务功能逐步恢复，助力山西黄河流域生态保护修复和高质量发展。

二是完善政策，推动历史遗留矿山生态修复项目的实施。制定了《山西省历史遗留矿山生态修复项目管理办法》和《山西省矿山生态修复规范》。为引导和支持各类市场主体和社会资本参与矿山生态保护修复，先后出台了《山西省自然资源厅关于鼓励和支持社会资本参与矿山生态保护修复实施细则》《山西省鼓励和支持社会资本参与生态保护修复实施办法》，切实保障山西“十四五”期间历史遗留矿山生态修复任务的实施和监督管理。

三　未来展望

山西省自然资源厅将围绕“发挥山西在推进全国能源革命中的示范引领作用、促进资源型地区经济转型和高质量发展”思路定位，统筹提升煤炭供应保障能力、深化煤层气管理体制改革、推进矿产资源综合利用、强化地热资源勘查开发利用、探索矿区生态综合治理等目标任务，加快推进山西“五大基地”建设和能源产业“五个一体化”融合发展，推动山西能源革命走在排头、作出示范。

（一）全面提升煤炭供应保障能力

一是优先山西“十四五”期间接续煤矿项目资源配置，符合条件的应配尽配，确保现有产能稳中有增，形成与山西增产保供需求相匹配的配置供应格局。二是加快矿区核查和项目审议，完善竞争出让方案，规范实施协议出让。三是争取国家支持，促进符合条件的探矿权加快转采，全力解决影响规划矿井资源配置的历史遗留问题。加快实施符合条件矿区的公益性地质详查。

（二）提升煤层气勘查开采效能

一是力争到 2028 年煤层气新增探明储量 5000 亿立方米，形成大中小气田全面开发的新格局。二是继续加大找矿力度，设置煤层气省级地质勘查项目。三是深入煤层气企业开展调研帮扶，并积极引导央企与地方企业合作，助力煤层气增储上产。

（三）持续深化煤铝共采试点工作

一是总结形成可复制可推广的煤铝共采制度成果，构建形成铝产业高质量发展的资源保障格局。二是鼓励支持煤炭企业勘查煤下铝资源，积极推进符合条件的“煤下铝”转采。三是严把项目核准、报告审查、设计批复和项目验收关口。

（四）强化地热资源勘查开发利用

一是引导资本多元化投入。二是完善常态化监督机制推动项目整改。三是实施地热示范项目引领。

（五）探索矿区生态综合治理机制

一是统筹推进矿区生态修复，到 2025 年基本完成黄河流域重点生态区历史遗留矿山地质环境问题修复治理工作。二是强化矿山企业基金使用监测管理，细化使用范围，规范提取、使用流程。三是积极争取国家山水项目，申报黄河中游吕梁山西麓山水林田湖草沙一体化保护和修复项目，重点解决入黄河的水沙关系问题。

B.10 加快推动绿色低碳发展 助力生产生活方式绿色转型

殷龙龙　崔圣杰　杨海龙*

摘　要： “十四五”以来，生态文明建设进入了以降碳为重点战略方向、推动减污降碳协同增效、促进经济社会发展全面绿色转型的关键时期。山西坚决贯彻落实国家“双碳”战略，组织全省发电行业重点排放单位积极参与全国碳市场交易，深入开展国家气候投融资试点、山西省近零碳排放试点、碳普惠机制试点等各类低碳试点，发挥试点示范引领带动作用；实行“两高”项目台账清单化管理和动态监控，推动“两高”项目生态环境源头防控；全面加强“禁煤区”建设，推进清洁取暖改造；以扎实的步伐有序实施碳达峰山西行动，持续深化能源革命综合改革试点。

关键词： “双碳”战略　碳市场　低碳试点　能源革命

按照中共中央办公厅、国务院办公厅《关于在山西开展能源革命综合改革试点的意见》以及山西省委省政府《关于印发〈山西能源革命综合改革试点行动方案〉的通知》职责分工及年度行动计划，涉及山西省生态环境厅的能源革命综合改革试点建设工作具体如下。

* 殷龙龙，山西省生态环境厅应对气候变化处（对外合作处）三级主任科员，主要从事应对气候变化领域方面工作；崔圣杰，山西省生态环境厅应对气候变化处（对外合作处）四级调研员，主要从事应对气候变化和对外合作领域方面工作；杨海龙，山西省生态环境规划和技术研究院高级工程师，主要从事低碳环境政策、应对气候变化领域方面工作。

一　主要做法和成效

（一）积极参与全国碳交易市场建设

按照全国碳市场整体工作部署，组织全省发电行业重点排放单位参与全国碳市场交易，充分发挥碳市场机制控制和减缓温室气体排放的重要作用。一是夯实碳市场数据基础。督促重点排放单位按照《企业温室气体排放核算方法与报告指南》有关规定，制定并严格执行年度数据质量控制计划，规范开展月度数据信息存证工作。组织开展2021年度、2022年度重点排放单位碳排放报告与核查、复查工作；根据核（复）查结果，按照相关核算指南完成碳排放配额核定、发放工作，夯实碳市场公平有序运行的数据基础。二是加大帮扶力度。发布《山西省重点排放单位参与全国碳排放权交易操作指引1.0》，加强对山西发电行业控排企业数据报送、交易和履约等关键环节的指导和帮助，引导重点排放单位积极参与全国碳排放权交易，提升碳资产管理意识和能力。开展企业碳排放控制地方标准研究，引导重点行业企业构建碳排放管理体系，提升碳排放管理水平和绩效。三是鼓励用足用好履约灵活机制。支持山西符合条件的重点排放单位享受国家灵活履约政策，组织开展配额预支和个性化纾困方案申报，为山西完成全国碳排放权交易市场第二个履约周期配额清缴任务奠定良好基础。四是加强碳交易能力建设。多次组织举办相关专题培训，进一步提升控排企业碳数据质量管理能力，提升企业碳排放主体责任意识，促进企业碳排放管理从粗放型向精细化转变。

（二）深化低碳试点示范建设

会同省财政厅先后印发《山西省深化低碳试点　推进近零碳排放示范工程建设实施方案》（晋环发〔2022〕9号）、《关于推进近零碳排放示范工程建设的通知》（晋环函〔2023〕151号），围绕园区、社区、建筑、公共机构、企业等不同层级，组织开展近零碳排放示范项目创建工作，公开征集并建立了山西近零碳排放示范工程建设专家库，为稳妥有序推进山西近零碳排放示范工程建设工作奠定了基础。2023 年 7 月联合省财政厅组织对近零碳试点申报项目开展评审，通过竞争性选拔，确定了长治市、太原市共 5 个基础条件较好、特色突出的近零碳建筑、社区、公共机构、县区 4 类试点项目，支持开展近零碳排放试点建设，推动打造近零碳发展示范标杆，发挥试点示范引领带动作用。

为深入贯彻落实党中央、国务院关于碳达峰碳中和的重大战略，服务山西高质量发展目标，根据生态环境部等国家部委大力推进气候投融资发展有关安排，省生态环境厅积极组织和全力支持有条件、有意愿的地方开展试点申报。2022 年 8 月，长治市、太原市通过竞争性评审，获批成为国家首批气候投融资试点（全国共 23 个）。为扎实推进气候投融资试点地方各项任务落地落实，省生态环境厅牵头建立试点工作推进机制，成立工作专班，做好对试点地方的政策支持和业务指导；建立改革任务台账，围绕 8 项改革事项提出了 26 条具体落实措施，明确重点任务、工作目标和进度计划；建立山西省气候投融资项目库，提升项目管理水平，提高和保证项目管理能力，引导和促进更多资金投向减缓和适应气候变化领域；加强标准体系建设，开展碳足迹核算、气候友好型项目（气候效益）评价等地方标准制定工作，全面提高入库项目质量，为后期衔接国家气候投融资项目库奠定良好基础。太原市、长治市政府均建立了专家委员会，制定了推进气候投融资发展的政策配套和创新举措，定期研究解决气候投融资改革中遇到的重大问题和事项，保障试点工作稳妥有序推进。

（三）建立全省公众节能降碳激励机制

创新开展碳普惠机制试点建设，探索建立公众碳减排激励机制，引导山西居民践行绿色生活、参与消费侧碳减排。统筹协调相关机构建设碳普惠推广平台，发布上线“三晋绿色生活”微信小程序，围绕衣、食、住、行、游、用等日常生活领域，接入多种减排场景和激励机制，并通过打通各平台数据、应用数字化技术，实现减排数据的互联互通和滤重汇总，初步搭建完成碳减排量计算模型框架体系、减排行为折算积分方法及“个人碳账本”等，进一步推动山西形成绿色低碳生产生活方式，促进消费端碳减排。目前山西碳普惠机制应用场景已涵盖交通、购物、餐饮、节能、旅游等居民生活多个领域、多个能源消费场景，并为公众的低碳行为提供消费优惠、兑换产品和服务等激励方式，助力生产生活方式绿色转型。2023 年 8 月，山西省碳普惠机制——“三晋绿色生活”入选生态环境部发布的 2022 年绿色低碳典型案例。

（四）实施重点行业能效提升行动

认真贯彻党中央、国务院关于坚决遏制“两高”项目盲目发展的决策部署，落实山西省坚决遏制“两高”项目盲目发展行动方案，实行“两高”项目台账清单化管理和动态监控，扎实推进“两高”项目生态环境源头防控工作。目前山西“十四五”拟达产、投产的“两高”项目共 120 个，其中存量项目 22 个、在建项目 61 个、拟建项目 37 个。83 个“建成”和“在建”项目中已批复环评的 81 个，未批复环评的 2 个，均已评估结束，正在按程序审查过程中。全省 11 个黄河流域盲目上马高耗能高耗水项目均已取得环评批复。积极配合推进干熄焦改造及余热发电，对受理的焦化项目均批复要求配套建设干熄焦及余热发电装置。

（五）严格合理控制煤炭消费增长

一是扎实推进清洁取暖改造工作。2021 年 4 月，山西晋北大同、朔州、忻州三市争取中央财政北方地区冬季清洁取暖试点资金 27 亿元，全省 11 个市实现中央财政支持北方地区冬季清洁取暖试点城市全覆盖，累计争取中央财政资金 129 亿元。在巩固全省 11 市国家北方地区清洁取暖试点全覆盖的基础上，聚焦太原、晋中、吕梁 3 市 14 个大气污染严重的重点县（市、区），组织实施山西中部城市群清洁取暖散煤清零重大工程，截至 2022 年，全省累计完成清洁取暖改造 653 万户。清洁取暖改造工作的开展促使全省环境空气二氧化硫浓度持续下降，2022 年，全省二氧化硫平均浓度首次下降到 12 微克/立方米，11 个设区市二氧化硫指标首次全部达到国家一级标准。二是全面加强“禁煤区”建设。指导 11 个设区市建成区全面完成“禁煤区”划定工作，推动全省各县（市）建成区完成“禁煤区”划定，有力倒逼划定区域内用能方式摆脱对燃煤的深度依赖，有力推进优质能源替代散煤。三是完成燃煤锅炉淘汰和工业炉窑专项整治。2022 年累计淘汰燃煤锅炉 78 台 342.56 蒸吨。从 2019 年以来累计完成工业炉窑综合整治 7676 台，有效缓解了秋冬季大气污染防治攻坚压力。

（六）助力推动国家区域再生水循环利用试点城市工作

联合省发展改革委、省住建厅、省水利厅组织各市积极申报区域再生水循环利用国家试点城市，组织专家对晋城和运城两市试点实施方案的科学性、合理性及示范性进行评审完善，协助申报，成功推动晋城市、运城市入选生态环境部首批国家区域再生水循环利用试点。

（七）开展闭坑煤矿矿坑水污染状况调查评估工作

积极与部委对接，获得中央专项资金支持，推动实施闭坑煤矿矿坑水污染状况调查评估。印发《山西省闭坑煤矿矿坑水污染状况调查评估工作方案》《闭坑煤矿矿坑水污染状况调查评估技术指导意见》，督导各市有序推进两项工作。

（八）助力发展循环经济

一是制定《山西省“十四五”重点行业清洁生产审核实施方案》。落实党的十九大以来国家和山西关于清洁生产审核的新要求，配套印发清洁生产审核企业名录库、专家库以及专家库管理办法。二是创新制度，推行“两精简”审核模式。实施审核分级管理，简化验收内容，实施部门间验收结果互认，降低企业负担，助力市场主体倍增。积极探索行业、工业园区和产业集群整体审核新模式。三是开展清洁生产审核方法研究，集中连片推广清洁生产先进共性技术和设备，着力推动园区绿色化、循环化和生态化改造，提升行业、工业园区和产业集群整体清洁生产水平。

（九）助力推动构建生态补偿机制

积极配合省财政厅起草《山西省关于深化生态保护补偿制度改革的实施意见》。研究提出“优化生态安全重点保护区纵向补偿制度、健全生态受益地区和保护地区间横向补偿机制、拓展市场化补偿渠道多元化补偿方式”等意见建议并被采纳。

（十）健全绿色低碳转型多元化投入机制

一是积极创新投融资模式。在做好地方债务风险防控的前提下，充分发挥开发性金融支持绿色发展的资源配置功能，进一步加强与金融机构建立全方位、多层次、宽领域的绿色金融业务合作。与国家开发银行山西省分行、中国银行山西省分行、兴业银行山西省分行等金融机构签署了战略合作协议，其中，国家开发银行山西省分行授信额度上不封顶，贷款年利率为3.98%，贷款年限为25~30年；中国银行山西省分行首批授信额度200亿元，上不封顶，贷款年利率为3.87%，贷款年限20~25年；兴业银行山西省分行未来5年向全省生态环境领域授信额度不低于300亿元。二是积极拓宽融资渠道。以绿色金融促进经济社会绿色低碳转型发展，引导和鼓励更多金融资源支持生态环保产业发展。充分发挥资金合力，通过省级财政资金引导带动更多社会资金投入，提高资金使用效益。

（十一）列入国家规划、山西规划的重大项目进展情况

“山西中部城市群清洁取暖散煤清零重大工程”系山西规划的重大项目，2022年，省生态环境厅聚焦太原、晋中、吕梁3市14个大气污染严重的重点县（市、区），组织实施山西中部城市群清洁取暖散煤清零重大工程，该工程预期完成54万户清洁取暖改造。目前正在稳步推进山西中部城市群清洁取暖散煤清零重大工程，预计2023年底前能基本完成。

二 目标愿景

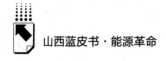

（一）推动山西产业结构调整，坚决遏制“两高”项目盲目发展

严格落实“三线一单”生态环境分区管控要求，全面落实党的十九届五中全会关于加快推动绿色低碳发展的决策部署和黄河流域生态保护和高质量发展战略要求，严格区域环境质量改善、重点污染物排放总量控制、碳排放碳达峰目标和相关规划环评要求，严格项目准入，推动产业结构调整。认真贯彻党中央、国务院关于坚决遏制“两高”项目盲目发展的决策部署，落实山西省坚决遏制“两高”项目盲目发展行动方案，实行“两高”项目台账清单化管理和动态监控，扎实推进“两高”项目生态环境源头防控工作。

（二）支持新能源产业发展

督促指导各市生态环境部门和各相关市行政审批部门强化生态环境分区管控成果应用，对照生态环境准入要求，依法依规及时办理风电、光电等新能源建设项目环评手续，为山西新能源产业发展提供支撑。

（三）推进火电等重点行业节能降碳

发挥碳市场机制减少和控制温室气体排放作用，积极参与全国碳市场建设，强化山西重点行业碳排放数据质量管理，加强部门联动监管；逐步有序扩大覆盖范围，适时纳入建材、钢铁、有色、化工等重点排放行业；鼓励相关企业积极开展温室气体自愿减排，推动山西自愿减排项目的开发、核证业务有序发展，支持相关项目通过参与国家 CCER 交易等取得经济收益；制定企业碳排放控制管理体系建设和绩效评价地方标准，引导重点行业企业节能降碳提效。

（四）创新金融支持节能降碳机制

推进国家气候投融资试点建设，建立山西气候投融资项目库，搭建“政银企”产融对接平台，积极探索金融创新对煤炭清洁高效开发利用、清洁能源发展、重点领域节能降碳等重大工程项目的支持模式，加强与金融机构建立全方位、多层次、宽领域的绿色金融业务合作，引导金融机构加强对节能降碳领域重点项目的金融服务和产品开发，发挥气候投融资试点对稳经济和促进高质量发展的重要作用。

（五）推进节能降碳全民行动

推进全省碳普惠机制试点建设，建立健全多元社会化参与机制，激励社会各界参与节能降碳减排行动，引导公众节约能源消费、践行低碳生活，促进低碳产业产品发展。加强山西大型活动碳中和与碳普惠机制联动，鼓励大型活动碳排放优先用山西碳普惠减排量、林业碳汇等进行抵消，促进碳普惠可持续推广运行。围绕减污降碳组织开展科普宣传活动。开展六五环境日、全国低碳日宣传活动。

（六）积极推进节能降碳试点示范

加快晋城市国家级低碳试点城市建设。完成现有省级低碳试点的总结评估和动态调整，推动深化“十四五”低碳试点建设工作。推进近零碳排放示范工程建设，指导督促近零碳排放试点采取节能、提高能效、调整用能结构、优化工艺流程等措施按时序推进试点项目建设，打造近零碳发展示范标杆，发挥节能降碳示范引领作用。

（七）推进重点出口高耗能产品节能降碳

积极研究国际碳关税碳交易政策，推动山西重点产品全周期碳排放核算和认证，加快相关标准体系建设。

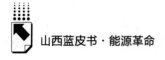

（八）推进资源节约和循环利用

大力发展清洁生产和循环经济，扎实推进全省重点行业清洁生产审核工作。进一步加强工业固体废物污染防治环境监管，促进提升大宗工业固废综合利用率。

（九）继续推进和深化各项改革措施

按照省政府行政审批制度改革的总体要求，继续推进优化营商环境、转型项目建设、重点项目推进、标准地改革等多项改革事项。按照《关于深化山西省建设项目环境影响评价文件审批事项告知承诺制改革有关工作的通知》，不断强化承诺制全过程监管措施。

（十）全力推进转型项目和重点工程落地

按照省政府重点工程的部署要求，聚焦保供煤矿、重大交通枢纽、能源设施等重点项目，全程参与，及时打通疑点、难点、堵点，确保项目按期取得环评批复。

地 市 篇

City Reports

B.11

太原市：深入推进能源革命助力经济高质量发展

郭 鑫*

摘 要： 党的二十大报告强调“深入推进能源革命”，对能源发展作出新部署、提出新要求。太原市坚决贯彻落实党中央能源转型和能源安全的战略部署，紧紧围绕山西能源革命综合改革试点工作要求，以“双碳”战略目标为引领，践行“四个革命、一个合作”能源安全新战略，深入推进能源革命，夯实传统能源保障能力，大力发展新能源和可再生能源，着力推进能源结构绿色转型，全面推动新型能源体系建设，争当全省能源革命排头兵，助力经济高质量发展。

关键词： 能源革命 能源供给 能源消费 “双碳”战略

* 郭鑫，太原社会科学院经济发展研究所，主要研究方向为产业经济学。

能源安全是关系国家经济社会发展的全局性、战略性问题，对国家繁荣发展、人民生活改善、社会长治久安至关重要。太原市深入贯彻落实习近平总书记提出的“四个革命、一个合作”能源安全新战略，深刻把握党的二十大对能源高质量发展作出的新部署、新要求，紧紧围绕山西能源革命综合改革试点工作要求，深入推进能源革命综合改革试点任务落地落实，抓改革、保供应、谋发展、促转型，加快构建清洁低碳、安全高效的能源体系。以“双碳”目标为牵引，以“五个一体化”融合发展为主攻方向，进一步加快“五大基地”建设，加快推动能源产业高质量发展，争当全省能源革命排头兵。

一　主要做法

太原市坚决贯彻落实党中央深入推进能源革命的战略部署，紧紧围绕山西能源革命综合改革试点工作要求，在优化能源消费结构、改善能源供给结构、强化能源技术创新、加快能源体制改革、扩大能源开放合作等方面重点发力，扎实开展能源革命综合改革试点各项工作，全面推动产业转型与经济高质量发展。

（一）优化能源消费结构，提升能源综合利用水平

太原市积极优化能源消费结构，严格落实能耗“双控”政策，合理控制煤炭消费总量，以新能源为重点，推动能源消费方式变革，引导消费绿色低碳升级。

严格落实能耗“双控”政策。聚焦工业等重点领域，以减污降碳协同增效为总抓手，全面加强节能管理。依托清徐精细化工循环产业园，构建“以化领焦”产业新模式，坚定不移走绿色发展之路。对火电行业氮氧化物排放浓度实行“双控”制度，进一步强化火电行业氮氧化物减排工作，努力改善空气质量和环境质量。

推动重点行业绿色转型。推进焦化行业干熄焦节能、环保、安全“三

改造”。完善煤炭消费管理体系，做好煤炭消费减量等量替代工作，严控增量、削减存量，合理控制煤炭消费总量，努力实现煤炭消费负增长。推进低能耗高附加值的节能、低碳、新能源及可再生能源项目建设，支持废钢回收行业发展。

提升终端用能电气化水平。优化煤炭与新能源和清洁能源的配比组合，有序推进工业企业、城市综合体等用电大户的电能替代，强化电网资源优化配置作用，促进光伏与建筑一体化发展，提升终端用能低碳化电气化水平，推广节能减排新技术应用范围。

积极探索地热能利用新方式。推进公共建筑地热能应用试点项目，推动太原机场三期“地热+”零碳示范项目、太原火车西站项目等公共地热项目建设，为规模化开发全市地热能资源探索经验。

着力提升能源利用率。持续开展绿色工厂、绿色园区、绿色产品创建，提升能源利用水平，促进产业节材节能。完善废旧物资循环利用体系，促进清洁能源和可再生资源使用提质增效。

大力倡导绿色低碳的消费模式。倡导绿色低碳全民行动，积极推广新能源汽车的使用范围，鼓励绿色出行，激发能源消费侧绿色活力。重点出台《太原市绿色出行行动实施方案（2019~2022年）》《太原市城市品质提升行动方案（2019~2022年）》等政策性文件，倡导绿色低碳生活方式。累计投入超过1000亿元，坚持“低碳、环保、高效”原则，打造公交车、出租车、城市轨道交通、自行车“四位一体”的综合公共交通体系，太原市成为首批“国家公交都市建设示范城市”。①

（二）改善能源供给结构，推进产业链转型发展

太原市通过优化能源供给结构布局，稳步推进煤炭、电力、抽水蓄能、氢能等传统能源与新能源的开发利用，推进新型化工材料等产业链高质量发展。

---

① 曹婷婷：《太原市全力构建绿色交通体系》，《山西日报》2023年8月30日。

推进能源产业链创新协同发展。以产业链“链长制”为牵引，大力发展新型化工材料等产业链，加快建设阳曲县碳纤维等专业镇，推进智能煤矿、数字电网等能源基础设施建设，推动能源产业链向上下游拓展。稳步推进煤炭和煤电、煤电和新能源、煤炭和煤化工、煤炭产业和数字技术、煤炭产业和降碳技术一体化发展①，优化产业布局，延链补链强链，促进能源全产业链提质增效。

推进煤炭和煤化工一体化发展。进一步延伸产业链条，推进补链延链强链，打造以焦炭、合成氨、甲醇、乙二醇、LNG 以及工业高纯氢、己二酸、己内酰胺、炭黑等传统煤化工产品和碳基新材料、煤基新材料等为主的产品体系，构建煤—煤基石墨—石墨烯/电容炭/多孔炭/泡沫炭、煤—焦—苯—己内酰胺/己二酸—尼龙 6/尼龙 66、煤—煤焦油—针状焦—锂电池负极材料等多条深加工产业链②，提升产品附加值。

提升电力输送能力。加强电力输送通道、重点区域输变电工程建设，依托太原电网规划北部、中东部、中西部三分区格局，积极开展 220 千伏电网分区结构优化工作，畅通太原市绿色电力内供外送双循环。加强煤电支撑调节能力，有序发展大容量、高参数、低能耗、少排放煤电机组，逐步做好 30 万千瓦以下煤电机组淘汰整合工作，优化电力资源配置。

大力发展抽水蓄能。充分发挥抽水蓄能电站的储能作用，提升电力系统灵活调节能力。深入开展站点勘测工作，推进太原（古交）抽水蓄能电站项目尽快列入国家抽水蓄能中长期规划重点实施项目，优化电力资源配置。推动包括古交市 100 兆瓦独立储能电站综合利用示范项目在内的 3 个省级“新能源+储能”试点示范项目建成投运。

加快风电光伏项目建设。探索“光伏+”多领域合作开发模式，推进分布式光伏与工业、农业、交通等产业和设施协同发展。以阳曲阳锐风电项目等新能源装机建设为重点，推进古交等地区低风速资源开发，不断提高新能

① 冷雪：《立足“新”能源　携手向未来——展望“双碳”目标下的山西省能源低碳发展》，《新能源科技》2022 年第 9 期。

② 《我省要打造 10 条煤化工重点产业链》，《山西经济日报》2023 年 7 月 12 日。

源装机容量。

完善氢能产业布局。氢能产业链是山西重点产业链之一。以山西美锦能源为链主，围绕“绿色炼焦—焦炉煤气制高纯氢—制、储、运、加氢等设备及产品”成链，构建低碳高效的氢能产业生态，打造氢能产业链。美锦能源作为氢能全产业链布局的龙头企业，在粤港澳大湾区、长三角地区、渤海湾地区以及山西省四个优势区域推动氢能项目建设，已初步形成了焦炉煤气提氢技术、氢燃料电池研发、氢能源客车整车制造和加氢站建设的全产业链布局，年产 2000Nm/h 工业高纯氢项目已投产，助力太原市氢能产业发展全省领先。

（三）强化能源技术创新，打造高水平科技创新平台

太原市重点围绕创新平台建设和关键核心技术攻关，不断提高能源领域的技术创新水平，全面提升太原市创新能级和核心竞争力，着力打造高水平的科技创新平台。

推动重大创新平台建设。推进国家区域科技创新中心建设，大力布局国家与省级的重点实验室，构建高水平创新体系。积极推进国家第三代半导体技术创新中心（山西）、第一实验室建设，着力打造国内一流的技术创新平台和成果转化基地。

实施产业链关键核心技术攻关。围绕产业链部署创新链，探索实施关键核心技术攻关“揭榜挂帅”制度，聚焦重点产业链链主、链核企业的关键核心技术需求，支持太钢集团、太重集团等 9 家企业，联合哈尔滨工业大学、中国科学院赣江创新研究院等 21 所高校、科研院所和企业组建创新联合体，实施“面向新能源高比例消纳的灵活性低碳发电技术开发”等关键核心技术攻关，打造校企合作新高地。

（四）加快能源体制改革，构建现代能源市场体系

太原市大力推进能源体制改革，积极推动各项政策措施落地见效，深化煤层气管理体制改革和电力市场化改革，充分释放市场活力。

完善相关政策措施。2022 年，依托国家可持续发展议程创新示范区建设，出台《关于加快培育发展新型研发机构的实施意见》、《太原市打造新高地行动方案（2022~2025 年）》、《太原市推进高新技术企业高质量发展的若干措施》及实施细则、《太原国家可持续发展议程示范区建设方案（2021~2025 年）》、《太原市招商引资支持新能源产业发展措施》等系列政策，为能源革命提供了制度性保障，为能源产业高质量转型发展、能源革命综合改革深入推进注入了新动力。

深化煤层气管理体制改革。积极出台《太原市煤成气增储上产行动计划（2020~2022 年）》，坚决落实《山西省煤层气勘查开采管理办法》《关于征收煤层气矿业权出让收益及探矿权、采矿权使用费的通知》等相关政策。成立太原市煤成气增储上产领导小组、煤电油气运协调保障领导小组，进一步统筹协调煤成气增储上产工作和煤电油气运供应保障工作，压实责任，将煤层气和煤炭抽采联动纳入常态化管理。

推进电力市场化改革。加快建设开放竞争的电力市场，以大中型工业企业、高新技术企业为引领，鼓励各市场主体参与电力直接交易，促进能源资源优化配置。开展绿色电力交易，鼓励多方市场运营机构参与售电服务，推动新能源参与电力市场交易，有效推进配售电改革。

（五）扩大能源开放合作，不断提升能源领域影响力

举办高端专业化特色论坛。2023 年 9 月，太原市成功举办以“智慧能源　绿色共赢”为主题的能源低碳发展论坛。聚焦国内外“新能源技术产业”“煤层气高效利用”“碳汇和绿色金融”等前沿技术与重点领域，打造新技术、新产业的低碳转型合作平台，全方位拓展能源领域科技交流与转型合作，不断提升太原市能源领域的全球影响力。

二　改革成效

太原市能源革命综合改革试点工作开展以来，能源生产和消费结构不断

优化，能源技术不断创新突破，能源开放合作进一步扩大，能源革命各项任务取得了一系列成效，发展态势显著向好。

（一）能源消费结构优化

太原市扎实推进能源消费向绿色低碳转变，生产领域节能降耗形势良好，绿色低碳出行成为居民生活的新风尚，社会总体能效大幅提升。

节能降耗形势稳定向好。2022 年前三季度，太原市单位地区生产总值能耗下降 4.0%，位居全省前 4。重点领域节能减污降碳效果突出，完成共计 166 万千瓦的 5 台煤电机组节能改造；推动低效产能加快退出，累计淘汰落后机电设备 3100 余台；煤炭消费合理控制，2022 年全市煤炭消费量和煤炭消费实物量均有所下降。

低碳出行场景类型实现全覆盖。通过发展公共交通，太原市公交车全部实现新能源和清洁能源车辆替换，网约车和出租车新能源车型超过 98%，新增网约车纯电动化比率达到 100%，8000 多辆出租汽车实现纯电动化，成为全国首个纯电动出租汽车城市。绿色出行比例（公交、自行车、步行等）超过 75%，绿色出行服务满意率达到 90%以上，先后被评为"国家公交都市建设示范城市""绿色出行创建达标城市"，成功打造出绿色出行的"太原模式"。

（二）能源供给稳步增长

2022 年，太原市的煤炭、电力、天然气等能源供给整体保持稳步增长，有力保障了社会生产与居民的用能需求。

煤炭供应能力稳步提升。太原市以安全生产为基础，贯彻落实煤炭增产保供措施，全力挖掘煤矿生产潜力。2022 年，太原市原煤产量由 2021 年的 4750.58 万吨提高到 5141.49 万吨①，煤炭先进产能占比超过 80%，有力扛起了煤炭增产保供重任。

① 太原市统计局：《太原市 2022 年国民经济和社会发展统计公报》。

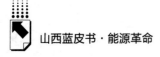

电力输送能力不断提升。2022 年，太原市发电量和电力装机容量分别达到 329.21 亿千瓦时、863.09 万千瓦。其中，新能源装机容量快速增长，突破 130 万千瓦，占全市装机容量的比例不断提升。建成风电、光伏、生物质发电、水力发电等各类新能源项目 33 个，太原抽水蓄能电站、太忻一体化经济区大盂产业新城“三采一注”地热能利用工程等新能源项目持续推进。

非常规天然气生产持续推进。太原市全面压实开发主体责任，加大煤层气投资、抽采和综合利用力度，2022 年煤层气产量突破 1 亿立方米。储气能力不断提高。通过购买、租赁华新燃气集团旗下储气设施，有力保障了民生用气需求。

（三）能源技术创新提升

太原市坚持实施创新驱动发展战略，加大科技投入，在能源科技创新平台建设、能源关键核心技术攻关、科技成果转化等方面取得了阶段性的进展。

能源科技创新平台建设持续开展。国家第三代半导体技术创新中心（山西）揭牌成立，省部共建煤基能源清洁高效利用国家重点实验室获批建设，“低碳能源与储能技术山西省重点实验室”等 12 个省级重点实验室、技术创新中心和中试基地获批建设，数量在全省名列前茅。

能源关键核心技术实现突破。依托太原理工大学、中国科学院山西煤炭化学研究所、太钢集团、太重集团等高校和企业，攻克“石墨烯”“电容炭”等关键核心技术，“电机系统节能技术与变频电机一体机研发”“YE5 系列高效节能电机”获得国家“能效之星”权威认证，多项科研技术达到国际先进水平。

科技成果转化取得成效。山西大学“煤矸石煤泥清洁高效利用关键技术及应用”等 5 个科技成果产业化应用项目获国家科技奖，“生物质梯级转化利用制化学品和炭材料”“煤矿安全智能感知与智能服务的关键技术及示范应用”等 16 个科技成果示范应用项目获山西省科技奖。华阳集团智联

（山西）新材科技有限公司获批建设山西省科技成果转化（华阳碳谷）示范基地。

（四）能源体制改革持续深化

总体来看，2022 年太原市能源体制改革步伐加快，重点领域和关键环节市场化改革有序开展，改革实现新突破。

能源体制改革稳步推进。深入推进东山煤电集团等国有企业混合所有制改革，优化国有资本布局，鼓励引导民间资本有序参与能源领域投资运营，激发市场活力，重塑竞争性市场结构。开展社会资本控股增量配电网试点，确保增量配电业务改革取得实效。

电子交易市场建设有序开展。太原煤炭交易中心着力搭建多层次能源市场化交易平台，煤化工平台正式启用，进一步扩大竞价、挂牌交易的交易规模和全流程上线交易量，完成首单煤化工产品甲醇的竞价交易。依托山西祥睿能源有限公司、清徐经济园区，探索覆盖能源生产、能源消费、能源交易、能源利用、能源回收全过程的清徐开发区智慧能源管理平台，积极探索煤电一体化能源体制新模式。

（五）能源开放合作取得突破

太原市全方位拓展能源转型合作，积极搭建企业跨国合作、高校跨省共建的平台，共创开放合作共赢的新局面。

能源领域科技交流持续深化。2022 年太原能源低碳发展论坛期间，市政府与法中能源协会签署了战略合作框架协议，中欧零碳产业园落户太忻一体化经济区；中国电子科技集团公司第二研究所成功引进俄罗斯技术，研制完成高纯碳化硅粉料合成设备；山西电机制造有限公司积极拓展海外市场，对标意大利、俄罗斯等国家，自主研发的高效电机已完成了意大利客户 ADDA 公司的首单 IE4 能效等级高效电机合同交付，同时完成了俄罗斯多家公司的合同。

高校共建成效显著。2022 年 9 月，中国科学院大学太原能源材料学院落地建成。中科大太原能源材料学院是中科院第一个四方共建的科教融合学院，重点设置能源、材料、资源与环境、碳中和未来技术等专业方向，联合打造煤炭高效低碳利用、碳基新材料、氢能与燃料电池、污染物资源化利用四个实验室，着力推动能源科技创新，为把太原市打造成为能源领域高水平知识创新基地提供了重要的合作交流平台。

三　未来展望

下一步，太原市将继续全面贯彻新发展理念，立足资源禀赋和产业基础，紧抓2030年前碳达峰的关键期、窗口期，以创新牵引能源领域质量变革、效率变革、动力变革，提升传统能源保障能力，大力发展新能源和可再生能源，推动新型能源体系建设，全面推进能源革命取得新成效。

（一）现代煤化工产业示范基地建设稳步推进

依托清徐精细化工循环产业园，总投资450亿元，以打造世界一流的千万吨级现代煤化工产业示范基地为目标①，大力推动清徐精细化工循环产业园区美锦化工新材料生产项目、梗阳炭材原料等主体项目建设，推动年产2万吨工业高纯氢、15.5万吨LNG、30万吨甲醇等新能源产品投产上市，大力发展精细化工及化工新材料产业，实现煤焦化工—基础化工—精细化工—日用化工持续延伸②。

（二）能源领域节能降耗持续开展

构建清洁低碳消费模式，推动先进节能技术应用升级，有效控制能耗强度，全市能源消费总量、万元国内生产总值能耗下降控制在省下达指标以内，新增主要耗能设备能源效率达到或接近国际先进水平。

① 《投资450亿元！清徐精细化工循环产业园强势打造千亿级产业集群》，搜狐网，https://www.sohu.com/a/724781562_120872575。

② 太原市人民政府：《太原市“十四五”能源发展规划》。

（三）能源重大项目建设取得显著进展

以安全生产为基础，全力挖掘煤矿生产潜力。到 2023 年，全市原煤产量稳定在 5000 万吨以上，全市 180 万吨/年以上生产煤矿智能化建设全部开工。加快推进煤矿智能化改造，推动煤炭产业数字化水平不断提高。

整合全市焦化产能，推动阳曲、古交等地的焦化企业向园区集聚，充分释放园区产业联动循环效应，构建“以化领焦”的产业新模式，全力打造全国最具影响力的“氢都、碳谷、溶剂之城”。

推进电网优化补强，有力保障电力稳定供应，电力装机规模不断扩大，新能源装机规模进一步提高。推动智能配电网、主动配电网建设，建立储能、电蓄热等设施智能调度机制，增强电网运行灵活性，提高新能源消纳能力。

稳定现有煤层气产量，拓展燃气综合利用市场，到 2023 年，全市煤层气产量稳定在 1 亿立方米。加大力度促进煤层气增储上产，积极开展废弃矿井煤层气抽采实验，着力推动煤矿配套瓦斯电站建设。

（四）新能源产业规模稳步壮大

以“新能源+储能”为主攻方向，合理布局风电、地热能、生物质能利用项目，重点推进中来光伏电池及硅基材料、矽盛光电高效单晶硅等项目建设，打造千亿级光伏全产业链集群。围绕“制氢—储氢—运氢—加氢”产业链条，开展焦炉煤气制氢、可再生能源制氢等氢能关键核心技术攻关，构建低碳高效的氢能产业生态。

新能源产业跨区域合作持续深化，推动太原—吕梁—阳泉氢能全产业链、太原—晋中—忻州“地热能+可再生能源”综合利用示范区等项目建设投产，重点瞄准新能源汽车、光伏装备制造业、地热能产业等领域开展跨区域的合作共建，形成多点支撑的产业布局。

四　改革建议

能源领域作为基础性、全局性、战略性行业，对太原市经济转型与高质量发展具有重要意义。太原市开展能源革命综合改革试点工作，既是一项艰巨的战略任务，也是一项复杂的系统工程。在推进能源革命的过程中，太原市仍然还面临着节能降耗压力大、增量配电改革试点进展慢、能源科技创新策源能力不足、新能源产业发展不均衡、能源领域对外合作的广度和深度有限等问题亟待解决。

为进一步深入推进能源革命综合改革试点工作，太原市要继续立足以煤为主的基本国情、省情，坚持先立后破，以创新为驱动、以“双碳”目标为引领，坚持绿色低碳、生态优先的理念，聚焦“五大基地”建设，着力提升能源生产供应能力，统筹推进提升能源绿色开发利用水平，打造能源技术创新高地，推进城市绿色转型与高质量发展。

（一）完善能源消耗总量和强度调控

以“双碳”为目标，重点控制化石能源消费，严格落实碳排放总量和强度“双控”制度，全力推动高耗能行业转型发展。推动建立全市单位能耗产出效益综合评价制度，将能耗强度作为主要目标、总量作为辅助调控，建立二氧化碳总量控制制度。划清招商引资的能耗强度“指导线”，对重点项目、新上项目，按照能耗强度分类审批，严把企业增加值能耗和产品能效，把能源产出率放在优先位置，以能耗强度“论英雄”，提高企业能耗产出率。

（二）建立新型储能容量补偿机制和容量市场

深化电力体制改革，推进发电、售电模式改革，建立电力市场交易价格监管规则，明确系统可靠性标准和资源有效容量计算流程，打造电力市场主体多元化的竞争格局。建立健全可再生能源电力消纳保障机制，探索电力负荷曲线的跨省区电力中长期交易，做好可再生能源电力并网消纳与跨省跨区输送工作。

（三）推动能源产业绿色转型

加快煤炭绿色开发利用基地建设，积极推动煤炭智能绿色开采，广泛推广保水开采、充填开采、煤与瓦斯共采等绿色开采技术，使用绿色开采工艺和技术装备，推进煤炭清洁高效利用和技术研发。完善煤矿智能化标准体系建设，提升煤矸石综合利用或无害化处理能力，推动煤炭规范化、标准化绿色开采，降低绿色开采成本，提高市场竞争力。进一步提升重点企业碳排放数据管理水平，定期开展重点碳排企业碳排查工作，做好碳排放认证，推动企业绿色转型。

（四）以科技创新引领能源产业数字化发展

大力推动能源数字化发展。加快推进能源互联网建设，重点发展数字能源技术，加强能源领域与大数据、人工智能、能源互联网、云计算等专业技术的深度融合，创新能源发展新业态。① 着力打造煤炭企业“云上”生态系统、数字能源工业大数据平台、数字能源科研示范基地等公共服务平台，实现多能协同转化，促进能源资源优化配置，有效提升能源数字化智能化发展水平，提升能源产业核心竞争力。

（五）持续开展新能源和可再生能源替代行动

重点提高分布式光伏发电、大容量光伏并网等技术及零部件制造的自主化水平，扩展光伏发电、光伏建筑、光伏交通等领域的融合应用。推进绿氢技术开发和示范应用，推动 CCS 技术与化石能源制氢相结合，提高氢能的制取、储运、加注与综合利用水平，实现碳减排，构建清洁低碳、安全高效的能源体系。大力发展新能源汽车产业，布局建设整车设计、高储能电池等重大项目，完善产业链条。推动可再生能源开发利用，完善可再生能源消费数据统计核算体系，可再生能源消费不纳入能源消费强度和总量“双控”，做好绿色电力证书的发放和统计。

---

① 周宏春、李长征、周春：《我国能源领域科学低碳转型研究与思考》，《中国煤炭》2022 年第 1 期。

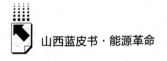

（六）构建开放共赢的交流合作体系

扩展能源领域对外开放，坚持“走出去”和“引进来”相结合，深化与发达国家和地区在智慧能源、光伏、风电、氢能等新能源技术领域的创新合作，通过共建联合实验室、科技园区合作等方式，提升新能源与可再生能源发展应用水平，共享科技创新成果。进一步发挥太原能源低碳发展论坛的影响力，借鉴世界经济论坛、博鳌亚洲论坛等全球知名论坛的举办经验，将太原论坛打造成为国家级、国际性、专业化的论坛，汇聚全球智慧，创新发展思路，在引领全球性能源发展议题上发挥更大的作用，为全球能源结构优化调整、能源科技持续突破提供先进经验交流的平台，纵深推进山西能源革命综合改革试点工作。

深入推进能源革命是保障能源安全、推动经济高质量发展的必由之路。展望未来，太原市能源转型之路任重道远。进入新发展阶段，太原市要继续围绕“四个革命、一个合作”的能源安全新战略，以党的二十大精神为引领，深刻领会高质量发展的丰富内涵，在“双碳”目标的指引下，不断优化煤、气、电、新能源和可再生能源等资源的生产与消费结构，努力在能源体制改革、能源技术创新、绿色低碳发展、能源对外合作等方面持续发力，推进“五个一体化”融合发展，进一步加快“五大基地”建设，全面推动新型能源体系建设，助力高质量发展。

参考文献

［1］太原市统计局：《太原市 2022 年国民经济和社会发展统计公报》。

［2］太原市人民政府：《太原市“十四五”能源发展规划》。

［3］太原市人民政府：《太原市国民经济和社会发展第十四个五年规划和 2035 年远景目标纲要》。

［4］王中庆：《山西能源革命与碳达峰碳中和有效衔接研究》，《经济问题》2022 年第 9 期。

[5] 冷雪：《立足“新”能源　携手向未来——展望“双碳”目标下的山西省能源低碳发展》，《新能源科技》2022 年第 9 期。
[6] 刘华军、石印、郭立祥等：《新时代的中国能源革命：历程、成就与展望》，《管理世界》2022 年第 7 期。
[7] 周宏春、李长征、周春：《我国能源领域科学低碳转型研究与思考》，《中国煤炭》2022 年第 1 期。
[8] 汪文生、张静静：《基于供给侧结构性改革的能源消费革命实现路径及调控模拟》，《经济问题》2021 年第 12 期。
[9] 魏文栋：《能源革命：实现碳达峰和碳中和的必由之路》，《探索与争鸣》2021 年第 9 期。
[10] 王江波、王子初、陈敏等：《能源革命排头兵目标下太原城市能源设施系统战略规划研究》，《现代城市研究》2021 年第 4 期。

B.12
大同市:“融入京津冀，打造桥头堡”争当能源革命尖兵

王爱民　周海青*

摘　要： 习近平总书记在视察山西时发表重要讲话，肯定了山西“不当煤老大，争当全国能源革命排头兵”的大方向和大格局，并赋予山西建设国家资源型经济转型综合配套改革试验区的重大任务。为此，山西省委省政府明确要求大同市要“争当全省能源革命和对外开放的‘尖兵’”。这对以煤炭为主要资源的大同来说，资源型转型的任务显得尤为迫切和重要。大同作为传统的能源型城市，将融入京津冀打造桥头堡作为能源革命的新路径，强力推动煤炭绿色开发利用，持续巩固电力外送基地的比较优势，全面加快新能源产业高质量发展，全力推动能源产业绿色转型迈上新台阶。

关键词： 能源革命　绿色转型　高质量发展　大同

山西省委省政府赋予大同市融入京津冀打造桥头堡的重大历史使命，大同市坚决扛起重任，以能源革命为突破口，聚力“实施能源创新链合作行动，优化供给结构，建设‘绿能大同’”，持续深化能源革命综合改革试点，加快推进能源产业“五个一体化”融合发展，着力构建“煤炭压舱石、风光地储氢、产品多元化、源网荷储联”新型能源体系，打造京津冀绿色能源供应地。

---

* 王爱民，大同市人民政府发展研究中心主任，主要研究方向为区域经济、城市经济和县域经济；周海青，大同市人民政府发展研究中心办公室主任，主要研究方向为城市经济。

一　主要举措及成效

大同市争当能源革命排头兵，围绕“六新”，运用创新生态手段，着力培育“多能互补”全能源产业链条，推动大同成为产业集中、项目集中、人才集中的新能源产业示范区。

（一）打造创新生态体系，助力能源科技成果转化

借助平能效应，整合各方优势，助力能源产业提质增效。

1. 搭建技术集中的平台

近年来，大同市在高质量转型发展过程中，始终把打造创新生态作为战略之举，建立科技创新平台，激发转型发展动能。大同国际能源革命科创园和氢都新能源产业城两大牵引性工程成型见效，依托科创园，吸引了大同全科盟新能源产业技术研究院、中科院工程热物理研究所大同分所、清华启迪大同能源产业创新中心、上海漕河泾国际创新创业园、北大 1898（大同）众创空间、大同碳经济产业研究院、太赫兹技术（大同）研究院、华为（大同）能源云+人工智能创新中心等多个科技创新平台进驻园区。同时吸纳集聚了包括 28 名两院院士在内的 100 名专家组建了新能源战略咨询委员会，成为大同能源革命、转型发展的智囊团。为大同加快科技成果转化、释放创新驱动效能提供技术支撑。“一园两城”26 个项目，全部实现了开工、成型、见效的目标，真正迈出了大同高质量转型坚实的一步。

大同市国际能源革命科技创新园。项目建设总规模 102.7 万平方米，总投资约 140 亿元。创新园是能源革命和新能源产业发展的样板，力争打造成国际化、全球化一流 100%“零碳、智慧”示范园区和国家级增量配电网示范试点，打造互联网+智慧能源+精细化运维与建筑节能的能源发展新业态。目前科创园 A 区未来能源馆、上海漕河泾国际双创园、同煤双创中心和重点实验室四大项目建成运行，科创园 B 区启迪大同新能源产业创新中心、启迪未来能源加速器、启迪能源集团总部开园揭牌，C 区能源经

济总部基地规划启动，D 区全省首个被动式超低能耗能源革命示范小区全面开工建设。

2. 打造企业集中的平台

“氢都”大同新能源产业城。2019 年 10 月 28 日全面开工建设，2023 年已初步成形。氢都产业城的建立是大同深入贯彻落实习近平总书记“四个革命、一个合作”能源革命重要论述，按照省委赋予大同争当能源革命和对外开放“尖兵”的重大使命要求，继科创园之后，“氢”尽全力大手笔布局氢能产业的又一标志性工程。其中氢都驰拓锂离子电池负极材料、深圳雄韬氢燃料汽车发动机总成、石墨烯+新能源储能产业园、新研氢能氢燃料电池电堆、中科院工程热物理所大同分所、华为大同智能创新中心等 49 个产业项目建成投产，形成了以氢能为主的汽车全产业链、以石墨烯等为主的新材料产业、以锂电池等为主的多元产业、以智能机器人等为主的高端装备制造和生物医药等一流的创新生态，使大同逐步发展成为产业集中、人才集聚、最具先进性和引领性的全国新能源产业示范区，助力大同从“煤都”向“氢都”和“新能源之都”华丽转身。

3. 完善人才引进的平台

大同转型汇智创新城牢固树立“人才是第一资源”的理念，精心构建“一切为了转型、一切服务转型”的人才格局，全力打造汇聚人才、引进人才、培养人才的基地和摇篮。为完善入住条件、保险待遇、创业扶持，市人社局对《大同转型汇智创新城创业就业指南》进行修订和完善。创新城全方位解决人才食住行等问题，让人才拎包入住，进一步优化人才发展环境，使大同的人才引得进、留得住、用得好。

（二）推进煤炭产业“减、优、绿”，建设煤炭绿色开发利用基地和现代煤化工示范基地

近年来，大同市坚定不移走煤炭“减、优、绿”之路，压减煤炭产能，推进煤炭减量重组，淘汰落后产能，实现煤炭产业绿色发展、低碳发展、高效发展。目前编制完成煤炭绿色开发利用基地规划，深入推动 5G、人工智

能、工业互联网等前沿技术深度融入矿山智能化建设；加快推进晋北现代煤化工示范区建设，提升煤炭资源清洁高效利用率和产品附加值；开展煤矿关闭后剩余煤炭、煤层气、矿井水、地下空间等资源普查，提高矿山地质环境恢复治理率和矿区土地复垦率。

1. 由黑变绿，清洁转化

煤炭在中短期内作为我国主体能源的地位较难改变，实现煤炭转型发展仍是我国能源转型发展的立足点。面对能源生产与消费革命带来的挑战，大同市煤炭行业提早准备，积极应对，实现地方经济的可持续发展。同煤塔山循环经济园区在初步建成"两矿十厂一条路"的基础上，通过增环补链、创新提升，形成目前"两矿四化五电九厂一条路"21 个项目承载联动，"煤—电—热、煤—化工、煤—建材"三条产业链耦合共生、协同运营的循环经济园区。

园区贡献主要有如下几点。一是园区内的塔山煤矿成功研发了"特厚煤层大采高综放开采与关键技术"，让煤炭行业时隔 11 年再获国家科技进步一等奖，迈入煤炭开采技术世界高端。二是塔山园区做到"采煤不见煤""发电不冒烟""废水不外排"，成为绿色生产的显著特征。特别是园区资源综合利用电厂实施热电联供，已经拔掉了平旺地区燃煤锅炉 371 台，每年减排二氧化硫 6814 吨、烟尘 3362 吨、氮氧化物 3812 吨，为"大同蓝"作出了贡献。三是塔山园区为"工业反哺农业，带动农村致富"提供了平台，形成了工业发展与农民致富的互动。

2. 绿色开采，智能升级

大同市以推进 11 座智能化煤矿建设和 24 处智能化采掘工作面建设为重点，积极推广 5G、人工智能、工业物联网、云计算、大数据、机器人、智能装备等高新技术在煤矿领域的应用，推动煤矿装备向智能化、高端化发展，全市先进产能占比稳定在 90% 以上。经过 2021 年、2022 年两年的建设，大同市共建成智能化煤矿 3 座、智能化采掘工作面 50 处。其中，晋能控股煤业集团所属塔山矿、同忻矿被评定为国家首批智能化示范煤矿。

3. 绿色利用，高效转化

近年来，同煤集团积极转型升级动作不断，大力发展现代煤化工产业，全力构建醇、烯、气现代煤化工体系，建成60万吨煤制甲醇项目、10万吨煤基活性炭项目，正在加快建设60万吨煤制烯烃项目、40亿立方米煤制天然气项目和5000吨甲醇制氢气项目。此外，同煤集团自主建成同煤“双创”中心，积极推进国家重点实验室建设，依靠高端科技研发平台，加快能源重大技术突破和颠覆性技术探索，积极研究煤泥提取稀土、石墨烯、页岩油（气）开发、碳纤维材料、二氧化碳捕集利用封存等新技术。

4. 绿色治理，再造青山

同煤集团矸石山恢复治理、同煤晋华宫煤矿国家矿山公园、同煤云冈煤矿废弃巷道压缩空气储能试点示范项目、同煤井下水库项目、采煤沉陷区光伏基地“林光互补”、金隅冀东水泥石灰岩尾矿治理等都成为废弃矿山治理的有益探索。

（三）充分发挥“多能互补”资源优势，建设绿色能源装备制造基地

大同市采用“多能互补”的能源政策，积极发展氢能，形成风、光、水、火、氢、生物质等多能互补的能源格局，将大同建设成全国清洁能源供应基地。

1. 风电产业

大同市风力资源丰富，地理条件优越，有着发展风电产业的良好自然条件。大同市高度重视风电产业发展，“十三五”期间，国家能源局批复晋北三市风电基地建设规模共700万千瓦，其中大同市建设规模为200万千瓦。截至2022年，风力发电4364万千瓦时，同比增长170.55%，风电容量位居全省第3。广灵卧羊场风电场，装机容量19.88万千瓦，共安装风机90台，可为山西电网提供约6.5亿度绿色清洁能源，为国家节约标准煤约16万吨，节水88万吨。风电场通过风资源评估、风场整体优化设计、智能风机选型、风场协同优化控制等技术创新，提升发电效率，打造智慧风场。

2. 光伏全产业链

大同市加快构建光伏原材料—先进制造—终端应用的全产业集群，计划出台《大同市加快光伏产业发展若干支持政策》，按照差异化竞争、打通全产业链原则，全力引进国内光伏行业龙头企业布局生产基地。

熊猫电站项目装机规模为 5 万千瓦，是全球首座熊猫电站，2017 投入运营。项目年供电约为 8000 万千瓦时，相当于 3.4 万个家庭一年的用电量，可实现每年二氧化碳减排 5.27 万吨，二氧化硫减排 170 吨，节约标准煤 2.2 万吨，对污染物减排和环境保护起到了重要作用。

大同移动能源产业园 300 兆瓦铜铟镓硒薄膜太阳能电池项目于 2017 年 12 月 26 日建成投产，是国内第一条规模化柔性薄膜太阳能电池生产线，实现了大同市光伏项目中"大同制造"零元素的突破。组件可用于地面电站、分布式电站、共享单车、背包、帐篷、发电纸、移动能源等各种领域，是第一代晶硅技术向第二代薄膜电池技术的革命性变革。

3. 储能项目

大同加快培育储能全产业链，围绕储能提升可再生能源利用水平、电力系统灵活性和稳定性、用能智能化水平以及支撑能源互联网等应用场景，积极培育电池正负极材料、电芯、模组、梯次利用等储能技术装备产业链。以大同市云冈矿巷道空气压缩储能电站项目、浑源 150 万千瓦抽水蓄能项目、山西城市动力储能示范项目、宁德时代等储能项目为典型代表。

（四）培育氢能多元应用，推动大同成为氢能全产业链示范基地

氢能是一种清洁能源和良好的能源载体，是世界公认的能源清洁化终极解决方案。大同市将氢能产业作为能源革命的重要组成部分，在现代煤化工产业的发展基础上，着力培育氢能产业，加快氢能制、运、储、用全产业链布局，发展可再生能源制氢、氢燃料电池及配件制造，加快推进加氢站建设，打造制氢储氢一体化服务体系，抢占氢能产业发展先机。

1. 甲醇制氢项目

大同市的现代煤化工产业，为氢能产业发展提供了极大的资源优势。大

同市以已建 60 万吨/年煤制甲醇项目为基础，规划建设一套制氢装置，标志着大同市在解决制氢技术上迈出了一大步，进一步解决了氢能产业发展过程中氢源不足的问题。

2. 新研氢能燃料电池产业项目

大同新研氢能致力于新能源材料、氢能、燃料电池和储能技术的开发和应用，拥有全国第一条燃料电池全自动化生产线，实现了从不锈钢卷材到燃料电池封装模块的自动化生产，同时能够实现过程检测、电堆的活化、测试和包装等。项目总占地 11 万平方米，建成投产后可实现年产燃料电池电堆 1 万台套。

3. 雄韬氢能大同产业园项目

项目总占地面积约 23.5 万平方米。一期打造 5 万/年产能燃料电池生态产业园，设置发动机、电堆等核心发动机配套等主要配套生产线。二期、三期设有膜电极、电堆、空压机等氢燃料电池发动机核心零部件生产线。项目核心产品为膜电极、电堆、燃料电池发动机系统，规划发动机年产能 5 万套，电堆年产能 5 万套。2018 年底，大同公交陆续配置氢燃料电池公交车，并于 2019 年 4 月起开展示范运营。车辆采用雄韬氢能自主研发的燃料电池发动机系统，平均氢耗 5.1 千克/100 公里，为推动“煤都”向“氢能之都”“新能源之都”转变搭建了一个看得见、能引领的路径和样板。

4. 全国首个制氢加氢一体站

该加氢站位于大同平城区开源街南侧，由大同氢雄云鼎氢能科技有限公司建设运营，用地面积 9920.75 平方米，日制氢/供氢能力 1000 千克，可供约 50 辆大巴车运营，实现了制氢加氢运氢一体化，标志着山西省从“煤”时代向“氢”时代的重大转变。

（五）开展全面节能提效行动，建设绿色低碳示范区

大同市实施动全面节能提效行动，聚焦工业、建筑、交通等方面节能增效，严格控制能耗指标的管理、提升清洁生产和资源的循环利用率，推动清

洁供暖、绿色建筑、垃圾处理的实施，大力构建绿色低碳节能示范新城区。

1. 清洁供暖

大同市加快推动清洁供暖，按照企业为主、政府推动、居民可承受的方针，宜气则气、宜电则电，尽可能地利用清洁能源，加快提高清洁供暖比重。灵丘县 40 万千瓦风电供暖示范项目是山西省第一个采取风电清洁能源新技术供暖的民生工程和扶贫项目，也是全国最大的风电供暖项目，能满足灵丘县近期 20 万平方米、远期 80 万平方米的供热需求，将使灵丘县易地扶贫搬迁的 5513 人直接受益。大同城市级大温差集中供热改造工程，是国内第一个成功开创大温差溴化锂吸收式热泵在热电联产集中供热，并实现多热源环网联供，从根本上解决同煤集团棚户区热源不足的问题。项目全部改造完成后，增大无煤供热面积 2428 万平方米，取缔燃煤锅炉 3000 余座，相当于年节约标准煤 68 万吨。

2. 垃圾处理

大同富乔垃圾焚烧发电项目是大同市发展循环经济和实现节能减排的重点项目，也是山西省首家利用垃圾焚烧发电的标杆企业。项目总体设计日处理生活垃圾 1500 吨，自 2009 年 10 月投产以来，年均发电 2.2 亿千瓦时，年处理城市生活垃圾和农林废弃物 45 万余吨，二氧化碳减排量 15 万吨，年节约原煤 15 万吨，年处置污泥 15 万吨，节约标煤 1 万吨，有效推动了大同市固废无害化、减量化、资源化、稳定化、彻底化处理。

3. 绿色建筑

装配式建筑采用标准化设计、工厂化生产、装配化施工、信息化管理、智能化应用，是现代工业化生产方式的代表。近年来，装配式建筑在大同转型发展的沃土上多点落地，推动大同乃至山西省绿色建筑和新型建筑工业化发展，以科创园 D 区装配式建筑示范项目、泰瑞集团大同装配式绿色建筑产业基地为代表，为建筑产业结构调整带来新的变革。

（六）以"六新"项目建设为支撑，推动新旧动能转化

大同市在能源转型道路上积极引进相关颠覆性、关键性技术，多方位运

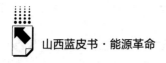

用新材料，推动大同地区新材料、新工艺、新技术、全产业链的协同创新，将大同打造成国家级石墨烯和新能源与新材料产业集聚区。

1. 新技术方面

大同新成新材料有限公司攻克碳滑条生产技术，改变了受电弓碳滑条长期依赖进口的局面，将推动我国新材料产业、战略性新兴产业以及城市轨道交通技术的革新发展。另外，大同在二氧化碳捕集利用及智能人体安检方面也取得突破进展。

2. 新基建方面

大同大力发展数字经济，变资源优势为经济优势，对实现高质量转型发展具有重要的战略意义。大同市积极推进数字化、网络化、智能化发展，环首都—太行山能源信息技术基地、云中 e 谷、华为“能源云”、智慧北斗产业园等一批数据中心项目正在有序推进，“5G+智慧政务”“5G+智慧交通”“5G+智慧能源”“5G+智慧教育”“5G+智慧医疗”“5G+智能制造”等新型智慧城市建设正在全面铺开，截至目前，全市已完成 698 座 5G 基站建设。

3. 新材料方面

大同全力打造晋北碳基新材料集聚区，万城众创 · 氢都驰拓新能源产业基地，形成了集研发、生产锂离子电池材料为集群的新能源产业基地，由负极材料、隔膜、电解液、正极材料、电芯壳盖组成，涵盖整个锂电池材料全产业链。山西沃特海默新材料科技股份有限公司研发生产的纳米硅碳负极材料以及微孔铝箔和微孔铜箔对储能生产领域产生了极大的影响。大同宇林德石墨设备股份有限公司年产 5 万吨超高功率石墨电极项目正式投产。该项目填补了国内直径 600 毫米以上超高功率石墨电极的空白，改变了这一产品长期依赖进口的历史。大同单元铁塔公司自主研发设计玄武岩复合材料通信杆塔产品，主要用于 5G 新基建项目。山西惠谷嘉旭生物科技有限公司生产的纳米生物基生物降解材料产品主要应用于工业、农业和生活领域。

（七）以高新技术为引领，推进工业转型升级

大同市着力打造高端装备制造业，围绕高端制造引领，大力推进电力机

车产业提质增效，加快中车大同公司产能释放；积极推进北方（大同）军民融合产业园建设，全面推进轻型飞机、北斗显示等高端智能制造项目建设。配套装备制造业发展齐头并进。中车电传动矿用自卸车建设项目将开发具有自主技术的交流传动驱动与控制系统、发电机与牵引电机等重要部件，建成具有国际先进水平和较强实力的矿用自卸车研发制造平台。陕汽集团是国内首家CNG重卡研制并批量生产的企业，也是国内唯一实现新能源汽车产业化和重卡新能源科研生产的基地。陕汽集团天然气重卡汽车项目占地面积46.7万平方米，拥有先进的生产线及主要设备432台套。

二 未来展望

大同市在能源革命综合改革试点中精准发力，全市能源产业高质量发展蓄能前行。

（一）传统能源产业绿色发展

加快煤炭安全绿色智能化开采和清洁高效低碳集约化利用。打造全国绿色电力输出基地，现代绿色能源生产、供应、消费、管理基地及创新与示范应用的综合示范城市。完善绿电输送网络。加强电力输配网络和储备设施建设，加快电网优化改接，实现多种能源削峰填谷智能调节和多能耦合，加快"点对网"环首都绿色电力外送通道建设，以绿电、氢能为外送介质，确保首都及京津冀能源安全。

（二）新能源产业高质量发展

绿色能源供应体系基本形成。风、光、生物质、地热、氢能等绿色能源长足发展，多能互补体系基本建成。建设火电和新能源双千万千瓦级综合能源基地。加快推动风电、光伏等新能源开发，加快"风光水火储氢一体化"发展。整合全市太阳能和土地资源，统一规划，分步开发，因地制宜推动太阳能资源高效利用。坚持龙头建链。依托综合投资实力强的龙头企业，打造涵盖制储运加氢、氢燃料电池、氢燃料发动机制造的全产业链。在储能产业方面，通过配置储能设施加快推动清洁能源替代，提升可再生能源在区域能源供应中的比重，构建涵盖新型储能技术应用、储能产品制造、储能设施示范的储能全产业链。

（三）着力打造氢能示范城市

构建可再生能源发电、电解水制氢、电网灵活调峰电解水制氢、工业副产氢制氢的多元化制氢格局，提升氢源保障能力。科学布局氢能高精尖项目和创新项目，建设集氢能供应、氢能技术研发、氢能装备制造于一体的“氢都”大同新能源产业城，率先建成国内一流的氢能产业示范区。推动光伏风电等可再生能源制氢进行工业化示范。到 2025 年，培育氢能相关企业达到 100 家，产业链核心企业 7~10 家，氢能产业规模实现跨越式增长，氢能产业体系、配套基础设施相对完善，氢能产业关键核心技术实现重大突破，氢能产业链布局趋于完善，构建形成氢能产业集群。

（四）推动能源技术融合应用

在“新能源+储能”、“新能源+大数据”、高效清洁发电、新能源开发利用、制氢等方面，建设一批创新示范工程，推广应用阳高光热示范项目，继续扩展风电供暖示范，争取由示范试点到扩大推广范围；推动可再生能源在工业园区的应用，推行“零碳”产业园示范。扩大集成产品供给。形成“北京研发设计+大同生产制造+大同示范应用”的产业区域布局链，争取在光伏、储能、氢能、数据中心等领域，增强大同集成产品供给能力。

（五）完善投融资服务体系

统筹设立产业股权投资基金，吸引金融资本和社会资本共同参与设立新能源、氢能、储能等新兴产业子基金。同时推进煤炭消费等量减量替代，提升风能、太阳能、生物质能、氢能等清洁能源利用比例，降低碳排放水平。

加快建设大同绿色金融改革创新试验区，完善绿色金融服务体系，适时推动碳税改革试点。

参考文献

大同市人民政府：《大同市国民经济和社会发展第十四个五年规划和2035年远景目标纲要》（同政发〔2021〕21号）。

B.13 朔州市：推进能源绿色低碳发展 塞上绿都展新颜

祁 贵 戎建仁 贾 兴 李艳桃*

摘 要： 朔州作为全国重要的煤电能源基地，一煤独大、资源依赖等问题十分突出，转型发展任务艰巨。为破解结构性、体制性、素质性矛盾，实现从“能源大市”向“能源强市”的历史性跨越，朔州牢牢把握开展能源革命综合改革试点工作的发展机遇，坚持清洁高效低碳绿色“八字”方针，按照能源产业“五个一体化”融合发展思路，全力打造国际现代化煤炭生产基地、国家工业固废综合利用示范基地、中部地区新能源电力外送基地、山西碳基新材料加工制造基地，能源优势进一步转化为比较优势和竞争优势，为朔州高质量转型发展注入了强劲动能。

关键词： 能源革命 现代产业体系 转型发展 朔州

中国能源革命看山西，山西能源革命看朔州。朔州作为全国能源大市，2022 年，全年累计生产原煤 2.17 亿吨，位居全国第三、全省第一；发电量累计完成 627.7 亿千瓦时，位居全省第一；电力装机规模达到 1786.74 万千

---

* 祁贵，朔州市人民政府发展研究中心党组书记、主任，主要研究方向为城市中长期发展规划和区域发展政策；戎建仁，朔州市人民政府发展研究中心党组成员、副主任，主要研究方向为宏观经济形势分析及产业经济发展政策；贾兴，朔州市人民政府发展研究中心办公室副主任，主要研究方向为能源经济转型；李艳桃，朔州市发展改革委员会能源科科长，主要研究方向为能源产业经济。

瓦，位居全省第一。多年来，朔州煤电产业增加值占全市工业增加值的80%以上，“一煤独大”的煤电产业在支撑起朔州经济社会发展的同时，经济结构单一、抗风险能力差也成为朔州经济发展不可回避的“痛点”，深入开展能源革命综合改革试点工作，是朔州高质量转型发展的现实选择和必由之路。

一　主要举措

近年来，朔州市委市政府从新时代国家能源战略全局出发，牢牢把握开展能源革命综合改革试点工作的发展机遇，把碳达峰、碳中和作为牵引举措，统筹谋划、综合施策，全力抓产业转型，以转型促发展，加快构建多元支撑的现代产业体系，从根本上扭转“一煤独大”、依赖资源的发展方式，持续推动能源革命向纵深发展，为实现高质量发展提供了坚实支撑。

（一）加强组织领导，做好顶层设计

朔州市委市政府高度重视能源革命综合改革试点工作，深入学习贯彻国家和省委省政府决策部署、重要会议精神，始终坚持高位推动、精心组织，主要领导躬身入局、主抓直管、亲自谋划、亲自协调，各部门主动抬高标杆，努力争先进位，各项工作取得了阶段性成绩。先后成立了煤矿智能化建设、新能源+储能项目、冬季清洁取暖保障、煤炭产能核增、“上大压小”煤电项目建设、煤制烯烃项目、硅芯产业园、宝武太钢铬铁项目等工作专班，由分管副市长召集调度会议，明确各部门工作职责、责任人等，每周调度进展情况，压茬推进能源革命综合改革试点工作。

（二）建立工作台账，统筹协调推进

制定了深化能源革命综合改革试点各项重点工作推进机制，建立了全市能源革命工作台账，按照山西能源革命综合改革试点工作领导小组办公室要求，每月及时报送涉省级行动计划任务台账。同时，建立完善的联动工作机

制，积极与省直有关部门、县区、企业沟通对接。为推进中煤平朔煤基烯烃新材料及下游深加工一体化项目，朔州市人民政府主要领导多次赴国家发改委、省直相关厅局沟通协调，得到了充分认可与支持，项目前期手续有序推进。

（三）加强督促考核，确保取得实效

按照《山西能源革命综合改革试点朔州实施方案》任务安排，结合省级年度行动要求，朔州围绕建设“四大基地”、构建现代化的塞上绿都战略目标，连续三年印发了年度行动计划，并及时报送省领导小组办公室。同时将能源革命综合改革试点工作推进情况纳入13710督办系统，按时序进度要求，市委考核办、市纪检委按月跟踪督办，督促推进完成预期目标任务，确保朔州市在能源革命综合改革试点工作中走在前、作表率。

（四）推动形成绿色生产生活方式

加强“双碳”路径顶层设计，已编制完成《朔州市2030年前碳达峰行动方案》。同时，以能效优先和保障合理用能、提高能耗要素服务能力为导向，通过开展重点行业节能降耗改造、煤炭替代、零碳建筑、绿色低碳发展等工作，2022年万元GDP综合能耗强度稳定下降，超额完成省定年度下降目标。大力推进清洁取暖改造工作，通过集中供热、煤改电、煤改气、“太阳能+”、采用生物质锅炉等途径，2022年全市改造任务为9.54万户，实际完成改造10.37万户，完成率108.7%，有效实现清洁取暖全市域全覆盖。

（五）着力构建一流创新生态

持续推进科技创新平台建设。出台《朔州市技术创新中心管理办法（试行）》《朔州市新型研发机构认定和管理办法（试行）》，积极引导企业加快创新平台建设，中大生物科技、国润储能科技、诺浩新能源科技建成省级技术创新研发平台，储能技术与装备工程朔州市重点实验室建成运营，晋坤双碳产业研究院、煤矸石高值利用山西省重点实验室挂牌运行，规上工业企业实现创新全覆盖，创新生态活力迸发。

持续推动科技成果转化。2022年，全市高新技术企业达到98家，较2020年增加39家。山西国润储能科技有限公司液流电池用高性能全氟离子膜产业化技术，打破国外产品垄断，荣获中国生产力促进中心协会评定的“中国好技术”荣誉称号，自主研发建成国内首条全钒液流电池电堆自动化生产线，单条生产线年产能100MW，可填补全省液流储能空白；山西晋坤矿产品股份有限公司建成年产1.5万吨煤矸石衍生品活性氧化铝项目，属国内首例投产的石油催化剂裂化前驱体项目，生产工艺和产品技术指标具有国家专利；晋坤高岭土公司研发的“煤矸石制备石油裂化催化剂”填补国内技术空白。

二　主要成效

能源革命综合改革试点工作开展以来，朔州市按照山西省委部署要求，坚持绿色低碳、创新驱动、市场主导、协同发展、多元化推进的原则，积极推进能源革命综合改革试点工作，取得了阶段性成效。

（一）打造国际现代化煤炭生产基地

圆满完成煤炭增产保供任务。朔州各级能源部门扛起牵头责任，成立保供工作专班，印发《朔州市煤炭增产保供和产能新增工作方案》，统筹推进矿井建设、生产组织、产能核增等各项工作，充分释放先进产能，2022年全市累计生产原煤21600万吨，比2019年18137万吨增加3463万吨，增长19%，产量位居全省第一。省定朔州市2022年煤炭保供产量不少于16627万吨，实际全年完成17046万吨，超目标任务量419万吨；省定朔州市2022年电煤中长协合同量不少于13749万吨，实际完成签约13751万吨，超目标任务量2万吨；省定朔州市2022年核增产能730万吨，6座煤矿获批，增加产能770万吨，超目标任务量40万吨，奋力书写了能源保供的朔州答卷。

持续释放煤矿先进产能。“十三五”以来，全市煤炭行业共淘汰落后产能2841万吨，煤矿先进产能占比达到了92%，高于山西省平均水平10多个百分点。“5G+智能矿山”建设快速推进，建成6座智能化矿井，智能化综采工作面21处，智能化掘进工作面47处。同步释放煤矿先进产能，加快办理核增手续，13座煤矿已取得核增批复，净增能力1630万吨/年。

积极优化矿区生态环境。全市累计治理恢复矿山土地约16.43万亩，累计营造林178.2万亩，森林覆盖率达到20.25%。右玉县南河湾生态系统提质工程、平鲁区后安煤炭有限公司采煤沉陷区复垦治理项目被省自然资源厅列为国土空间生态修复试点示范项目。右玉县被水利部正式确定为全国水土保持高质量发展先行区建设五个试点县之一。

（二）打造中部地区电力外送基地

电力外送能力显著提升。2022年，朔州市运营发电总装机规模达1787万千瓦，全年发电量654.8亿千瓦时，占全省总发电量的15.6%，发电量位居全省第一。2022年外送电量达518.6亿千瓦时，首次突破500亿大关，成为京津冀、江苏等地安全优质的电力保障基地。

做大做强火力发电产业。大力推进煤电机组升级改造，进一步优化煤电布局和结构，推进煤电机组“上大压小”，神电平鲁2×100万千瓦“上大压小”煤电机组已并网运营，华能山阴2×100万千瓦“上大压小”煤电项目正在推进环评报告审查工作。推进煤电机组“三改联动”，已完成节能改造70万千瓦、灵活性改造135万千瓦、供热改造70万千瓦，预计2024年初进入试运行。到“十四五”末，朔州市的火电装机将达到1600万千瓦，届时，在电力市场的话语权将进一步增强。

电力产业结构进一步优化。截至2023年8月，全市新能源装机规模达739万千瓦，占全市总装机规模的40%；其中，风电装机规模574万千瓦，位居全省第一，光伏发电装机规模136万千瓦，位居全省第三，清洁能源占比逐年提升。“十四五”末，朔州市将规划建设成煤电装机1600万千瓦、新能源1600万千瓦的“双千万千瓦级”中部电力外送基地。

储能产业蓬勃发展。为充分发挥源网荷储协调互济能力，上报省能源局中煤平朔100万千瓦源网荷储氢一体化、国能右玉130万千瓦源网荷储一体化、国电投怀仁 150 万千瓦风光储制氢合成氨一体化等 10 个项目；在朔州陶瓷技术学院建成省内首个全钒液流电池光储充一体化示范项目；已备案的独立电化学储能电站 26 个，开工建设 5 个；在建大功率磁悬浮飞轮储能项目 1 个；怀仁 120 万千瓦抽水蓄能和应县 90 万千瓦分布式抽水蓄能示范项目被列入山西省“十四五”规划备选项目；谋划推进中煤平朔废弃矿井压缩空气储能项目，已开展储气方案分析比对。“十四五”末，朔州市储能规模将达到 300 万千瓦，储电量 36 亿度，清洁能源供应能力将大幅提升。

（三）工业固废资源化利用产业逐步壮大

朔州市工业固废综合利用产业经过十余年快速发展，产业基础已经形成，固废综合利用产品从传统建材领域拓展延伸到了新材料、陶瓷、防腐绝热材料、装饰材料以及其他新型建筑材料等 7 大类 200 多个产品种类。初步形成煤矸石发电、煤矸石制材、粉煤灰综合利用等固废综合利用产业集群。近年来，全市工业固废利用量达到了 3100 万吨，利用率达到了 73% 以上，2022 年，全市废弃物综合利用全产业链产值近 60 亿元，占制造业总产值的 30%，有力地推动了工业经济的转型发展，固废综合利用产业走出一条“资源—产品—废弃物—资源化再利用—新产品”的绿色发展新路径。

（四）打造山西碳基新材料加工制造基地

积极引进碳基新材料企业。山西四方威能新能源科技有限公司新建年产 6 万吨锂离子电池负极材料项目，是国家产业鼓励类高新技术类项目，于 2023 年 5 月投产。山西恒科新材料科技有限公司年产 4 万吨锂离子电池负极材料项目 2022 年底已投产。积极推动煤炭分级分质利用。山西普勤低热值煤分级分质利用示范项目一期工程土建已完成；朔州市新耀洁净能源股份有限公司 300 万吨/年低阶煤分级分质利用项目正在设备购安，预计 2023 年内实现试产。

（五）深化能源领域开放合作

坚持服务京津冀协同发展大局，增进区域能源合作，建设京津冀清洁能源供应基地。围绕能源产业基础、商业贸易等领域，联合大同市共同打造晋北城镇圈。与清华大学能源互联网研究中心合作开展能源互联网重大科技基础设施建设。积极推进与珠三角地区、华中地区产业合作，引进硅芯产业、装备制造等项目。2022 年 2 月 12 日召开低碳硅芯产业项目对接会，会上共签约项目 8 个，总投资 259.58 亿元。积极对接引进宝武太钢集团碳减排工程朔州绿电氢铬基合金绿色低碳项目，2022 年 2 月太钢集团与朔州市人民政府签订合作框架协议。2022 年 8 月召开了“晋阳湖·数字经济发展峰会预热活动——朔州能源产业智能化建设”交流会，为全省能源产业智能化建设搭建平台，打造能源产业与数字产业的合作典范。

三　存在的问题

朔州市能源革命推进成效显著，但存在的问题亦不容忽视。

（一）环境容量空间限制产业发展

朔州市长期以来形成了“一煤独大”“一企独大”的产业结构，近年来，随着能源革命综合改革的大力推进，朔州市产业结构调整取得了积极成效，逐步趋向合理，但总体来看，产业结构仍然倚重煤和电，煤电产业又是污染物排放的主要来源。正在推进的中煤平朔煤基烯烃新材料及下游深加工一体化项目、宝武太钢集团绿色低碳铬基合金项目，对污染排放的需求量较大，但目前朔州市已无可用的污染物削减替代量，需积极争取省级统筹安排污染物削减替代量，为项目建设创造条件，为未来产业发展留足环境空间。

（二）新能源发展受土地资源约束明显

朔州市最大风速为 24 米/秒，年日照小时数可达 3000 小时以上，风、光资源良好。截至 2023 年 8 月，全市新能源装机规模已达 739 万千瓦，“十四五”末的发展目标为 1600 万千瓦，土地需求 20 万亩左右。朔州市按地貌分类的荒山荒坡、采煤沉陷区等未利用地较多，但在实际新能源项目选址过程中，自然资源部门划分的具体土地类型大多为耕地或林地，项目落地面临的土地资源约束明显。

（三）能源领域科技创新力量薄弱

受资金、人才等因素的制约，科技经费投入强度较低，科技基础薄弱，难以引进能源领域重大项目。有关高新科技企业申报科技平台建设类的项目较少，且省级、市级科技创新平台，只限于企业内部的创新研发，能源领域原创性、引领性技术偏少，难以有效支撑绿色低碳转型。重大能源科技创新产学研体系不完善，重大技术攻关、成果转化奖励激励机制不完善。

四　未来展望

朔州作为新兴资源型城市，将深入贯彻落实党的二十大报告提出的“加快发展方式绿色转型”重大战略，以抓铁留痕的毅力和逢山开路的勇气，攻坚克难，抢抓机遇，推动全市能源体系建设再创新成就，加快建设以能源产业为基础、以新兴产业为支撑的高质量发展的“塞上绿都”。

（一）构建多元化清洁低碳供应体系

充分发挥煤炭、煤电兜底保障作用，推动传统能源和新能源优化组合，同步推动传统能源逐步退出和新能源安全可靠替代，加快建立多元低碳能源供给体系，全面提升能源供给质量和效率。

1. 大力推进现代化煤炭基地建设

持续深化煤炭行业供给侧结构性改革，把保障国家能源安全和稳定供应作为重要政治任务，统筹资源衔接平衡，稳定煤炭产能产量，提高先进产能占比，到 2025 年，煤炭产能稳定在 2 亿吨/年左右。积极建设智能化示范煤矿。推动煤炭开采智能化转型，打造煤炭无人（少人）智能开采新模式，推广充填开采、保水开采等绿色开采技术，推动煤炭分质分级梯级利用，开辟清洁高效利用新途径，推动煤炭产业迈入高质量发展新时代。有序推动新增产能与化解过剩产能衔接，优化煤炭生产结构，改造提升一批资源条件相对较好的煤矿，新建一批大型、特大型现代化矿井，不断提高先进产能占比和资源集约高效绿色开发水平，先进产能占比保持在90%以上。发挥煤炭在全市经济社会发展中的“稳定器”和“压舱石”作用。

2. 全力推进可再生能源发展

把促进新能源和清洁能源发展放在更加突出的位置，积极有序发展光能源、硅能源、氢能源、可再生能源，加快发展有规模有效益的风能、太阳能、生物质能、地热能等新能源，推动清洁能源成为能源电力增量主体。到“十四五”末，新能源和可再生能源装机达到1600万千瓦，外送电规模达到1000亿度。积极发展新能源发电、分布式发电、煤电调峰以及融合先进储能技术、信息技术的微电网和智能电网，加快虚拟电厂建设，大力推进坚强智能电网和泛在电力物联网融合发展，构建以电网为枢纽的能源互联网，打造全省能源互联网试点示范城市。

3. 积极推动新型电力系统建设

围绕提升存量、做优增量，着力调整电力结构，优化电源布局，加强电网智能化建设，增强系统调节能力，推动电力系统向适应高比例新能源方向转型。大力推动煤电节能降碳改造、灵活性改造、供热改造“三改联动”。加快对供电煤耗在300克标准煤/千瓦时以上的煤电机组实施节能改造，促进清洁能源消纳。推进煤电清洁低碳发展。依托晋北城镇圈，打造晋北千万千瓦级大型煤电基地，按照“上大压小”“等容量置换”开发模式，科学布局一批高参数、大容量煤电一体化项目，有序推动在建煤电项目投产，合理布局必要的民生热电和电网支撑项目。推进一批支撑性电源点项目建设，加快完善500千伏主网架结构，提升电网与电源支撑能力。

（二）深化能源领域交流合作

创优能源领域开放环境。进一步放宽市场准入，全面实施能源领域市场准入负面清单制度，在煤炭领域向各类资本公平开放。推动区域能源合作。立足中部地区新能源电力外送基地定位，积极拓展省外电力市场，精准对接京津冀，主动服务雄安新区，打造京津冀、雄安新区清洁能源保障基地。建立完善“朔呼包鄂榆”能源产业协同发展机制，推动一批重大工程项目落地，实现资源互补，促进产业发展升级。推进重大能源合作项目建设。充分发挥国际工业固废综合利用大会永久会址优势，积极参展中国（太原）国际能源产业博览会，推动能源装备和资源开发合作项目落地，不断提高能源领域开放的程度、水平、能级和质量。

（三）提升绿色低碳发展水平

以降碳为重点战略方向，强化引导和约束机制，协调推进绿色生产、绿色发展、绿色生活，不断提升清洁能源消费比重，促进用能结构和方式深刻变革，推动减污降碳协同增效，促进经济社会发展全面绿色转型。实施节能降碳增效行动。深入开展全面节能行动，坚决控制能源消费总量，健全能耗双控管理制度，推进重点领域低碳转型发展，大幅增强全市绿色低碳发展能力。

1. 加强重点领域节能

坚持能源节约与高效低碳利用并举，大力推进低碳排放，推进多领域节能增效，构建以绿色低碳为特征的生产生活和消费方式，提高能源资源利用效率。推进重点高耗能行业技改节能，在建材、化工、热电等行业积极推广节能新技术、新产品和新工艺，力争能效标准达到全国同行先进水平。强化工业绿色节能。

2. 加大清洁能源替代力度

以削减存量和严控增量为抓手，通过开展煤炭等量减量替代，推进终端用能电气化，实施煤炭消费总量控制，坚决控制能源消费总量，压减高耗煤产业用煤需求，不断提升清洁能源消费比重，全面提升城乡优质用能水平，为高质量转型发展腾出用能和环境空间。

3. 大力推进碳排放达峰行动

积极应对气候变化，支持开展低碳零碳试点示范，协同推进减碳与大气污染防治工作，加强碳排放动态监测和信息披露，加快创建低碳城市，构建以低碳为特征的工业、能源、建筑、交通等低碳生产生活方式，实现绿色低碳发展，推动朔州碳排放率先达到峰值。

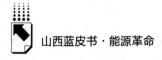

五 政策建议

深入开展能源革命综合改革试点工作，推动朔州由能源大市向综合能源强市转变，由一煤独大向多元支撑转变，构建现代产业体系，是朔州高质量转型的出路所在。为深化朔州市能源革命综合改革试点工作，提出如下政策建议。

（一）拓展能源产业发展环境空间

提升传统能源的绿色清洁供应能力，积极探索清洁低碳、安全高效的高质量能源发展新模式，快速推进煤炭纵向产业链发展，拓展发展环境空间，是朔州市高质量发展的必然选择。积极争取用森林碳汇来换取污染物排放指标的政策，也就是“种树卖空气”，通过市场机制实现森林生态价值补偿，用朔州丰富的森林资源换取产业发展的环境空间。

（二）大力推广生态修复类新能源项目

全市共建有工业固体废物填埋场87座，其中煤矸石填埋场71座，主要利用方式为荒沟造地，可以开展煤矸石山阶梯式光伏治理项目，还可以开展粉煤灰储灰场生态治理光伏发电项目、采煤沉陷区生态治理光伏发电项目等。

（三）完善产学研研发体系

坚持实施创新战略，加快汇聚创新要素，打造一流创新生态，建立重大能源科技攻关基金，鼓励校企、企企合作。用活能源转型发展基金，对企业承担能源科技创新任务提供政策支持、资金支持，充分激发能源领域创新主体活力。围绕煤基资源高端转化、高附加值新型煤化工产业，加快推动煤制油气、煤制甲醇、煤制烯烃等新型材料的科技创新。

参考文献

[1]《朔州市国民经济和社会发展第十四个五年规划和 2035 年远景目标纲要》，朔州市人民政府网，http：//szxxgk. shuozhou. gov. cn/zfwj_1/202106/t20210608_339565. shtml。

[2]《朔州市“十四五”能源革命、现代能源体系建设及电力发展规划》，朔州市人民政府网，http：//szxxgk. shuozhou. gov. cn/zfwj_1/202208/t20220826_404796. shtml。

[3] 喻悦：《山西朔州推动工业固废综合产业高质量发展》，《中国建材报》2021 年 10 月 27 日。

[4] 刘淑花：《扛起能源革命排头兵重任》，《朔州日报》2019 年 12 月 17 日。

[5] 赵娟娟：《三一朔州一期 5GW 单晶硅项目正式投产》，《朔州日报》2023 年 9 月 29 日。

[6]《朔州：解码黑色煤炭的绿色基因主题》，山西省人民政府网，https：//www. shanxi. gov. cn/zmhd/zxft/202309/t20230921_9344200. shtml。

[7]《朔州：“四大基地”发展清洁低碳能源》，山西省人民政府网，https：//www. shanxi. gov. cn/ztjj/2023tyny/xlhd2023/pxlt/202309/t20230904_9254653. shtml。

[8]《朔州市 2022 年国民经济和社会发展统计公报》，朔州市统计局官网，http：//sztj. shuozhou. gov. cn/tjsj/tjgb/202305/t20230509_438865. html。

[9] 曹英、张玮：《山西朔州：高效治污　走绿色高质量发展之路》，中国经济新闻网，https：//www. cet. com. cn/dfpd/jzz/sx/3312880. shtml。

[10]《变废为宝！工业固废综合利用朔州谱新篇》，央广网，https：//www. cnr. cn/sx/rwft/20230822/t20230822_526391089. shtml。

[11]《2023 年朔州市 1～8 月主要经济指标》，朔州市统计局官网，http：//sztj. shuozhou. gov. cn/tjsj/tjtb/202310/t20231011_638564. html。

B.14

忻州市：打造能源发展新高地践行能源革命新使命

冯德生*

摘　要： 忻州市作为山西省面积最大的市，境内煤炭、风、光、水等能源资源十分丰富，是典型的资源型经济地区，能源产业是重要支柱产业。忻州依托宝贵的资源、地理条件优势，在“南融东进”战略中加快与京津冀、雄安新区协同发展，以龙头企业引领、重大项目拉动、智能制造示范、政产学研同向发力为抓手，积极推动能源结构调整，在完整准确全面贯彻新发展理念、主动服务和融入新发展格局中走出“忻州路径”。

关键词： 综合能源基地　绿色发展　区域联动　忻州

近年来，忻州市锚定打造全省绿色能源产业基地的目标，认真落实省委省政府决策部署，持续深化能源革命综合改革试点工作，聚焦完善体制机制、项目建设全方位发展，实现了产业保障强化、提质提速、产业类型多点突破，完成了增产保供各项任务，蹚出了一条具有忻州特色、绿色低碳、优质高效的转型发展新路。

一　主要举措

忻州市着力推动能源革命综合改革试点，以习近平总书记“四个革命、

---

* 冯德生，忻州市人民政府发展研究中心四级调研员，主要研究方向为宏观经济政策、区域产业发展。

一个合作”重大战略思想为指引，认真落实省委能源革命“五个一体化”融合发展的工作要求，聚焦完善体制机制，促进产业保障不断强化。

（一）加强组织领导，坚持高位推动

为全面加强对全市能源革命综合改革试点工作的领导，成立了由书记、市长任组长的忻州市能源革命综合改革试点工作领导小组。为确保能源革命综合改革试点工作落到实处，领导小组多次组织召开能源革命综合改革试点工作专题会，并召开试点工作推进会。建立深化能源革命综合改革试点各项重点工作推进机制，明确各部门职责。

（二）加强协调联动，理顺工作机制

在市委市政府领导指导下，忻州市认真贯彻能源管理体制调整要求，协调一致，革弊立新，埋头苦干，加快构建现代能源体系，全力推进忻州能源工作高质量转型发展。建立了全市能源革命试点工作台账，按月更新台账信息，定期报送涉省级行动计划任务台账。积极与省直有关部门、县区、企业对接工作情况，及时解决出现的困难和问题。

（三）找准忻州定位，率先谋划布局

2019 年中共中央办公厅、国务院办公厅印发《关于在山西开展能源革命综合改革试点的意见》后，市委市政府高度重视，结合省委出台的《山西能源革命综合改革试点行动方案》，忻州市委市政府印发《忻州市深化能源革命综合改革打造重要绿色能源基地实施意见》。提前谋划布局，在全省率先印发《忻州能源革命综合改革试点 2020 年行动计划》《忻州能源革命综合改革试点 2021 年行动计划》《忻州能源革命综合改革试点 2022 年行动计划》，动态跟踪任务进展，按月调度工作情况，督促推进完成预期目标任务，及时协调解决工作推进中的重大问题，力争实现全市能源革命综合改革取得突破性进展。

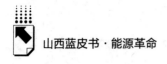

（四）把握根本任务，强化跟踪调度

为加强跟踪，及时总结推广经验，忻州市从2019年开始就建立了能源革命推进情况定期报送制度，各牵头单位确定了联络员，定期向市领导小组办公室报送推进情况。忻州市就列入省级行动计划中涉及忻州市任务和市级行动计划中各项任务建立了工作台账。中共忻州市纪委办公室印发《关于在能源革命综合改革试点中加强政治监督的通知》，为忻州能源革命试点工作推进保驾护航。

二 主要成效

忻州市绿色能源的后发优势和比较优势明显。2019年10月8日，忻州市推进能源革命综合改革打造重要绿色能源基地动员部署会隆重召开，忻州能源革命综合改革试点工作全面启动。经过4年多的能源革命综合改革，忻州市紧扣目标任务，协同高效推进，各项工作取得明显成效。

（一）发挥优势，构建清洁低碳安全高效的能源体系

忻州市以项目建设为突破，通过一大批带动能力强的能源项目落地投产，在传统能源和新能源领域加快形成了牵引发展新引擎。

1. 新能源装机持续增长

经过四年多的能源革命试点改革，全市电力总装机由2019年底的1158.3万千瓦发展到2022年底的1693.5万千瓦，增加了535.2万千瓦，其中新能源装机由2019年底的592.3万千瓦发展到2022年底的945.15万千瓦，增加了352.85万千瓦，新能源占比55.8%，高于全省15.5个百分点，新能源装机总量和占比均位居全省第一。三年共申报成功45个349万千瓦新能源项目，原平等3个国家整县屋顶分布式光伏开发试点。忻州市加快推进新能源项目建设工作受到省政府办公厅《关于对稳增长稳市场主体等五个方面38项典型经验做法给予表扬的通报》表扬。同时，依托天宝、金

瑞、富兴通、双环等大型装备制造企业，推动新能源制造产业技术创新。山西天宝集团被列为全省风电产业链 6 家“链核”企业之一，3 家公司被列为全省风电产业链“链上”企业。

2. 煤炭产量逐年提高

2020~2022 年忻州市原煤产量由 8214 万吨提升到 13726 万吨，产量增幅为 67.1%。全市煤炭产量逐年提高，电网运行安全，为能源安全和经济社会发展提供了有力支撑。煤炭结构持续优化，全市先进产能占比达到 97.47%，远高于全省约 80% 的平均水平。加强煤炭经营监管督导工作，2021 年牵头印发了《全市煤矿企业生产经营活动监管督导工作实施方案》，超额完成了补考进位任务。2022 年忻州市地方及驻忻央企原煤产量达到 4754.77 万吨，完成年度任务的 100.7%，4 次受到省增产增供工作专班领导小组的通报表扬；加强煤炭中长期合同履约监管，2022 年忻州市地方及驻忻央企电煤中长期合同全年签订 4225.41 万吨，完成任务的 108.26%。履约 4684.73 万吨（包括煤矿企业、贸易企业及省级储煤基地履约量），完成任务的 120.03%。

3. 电力供应安全稳定

全市煤炭产量逐年提高，电力供应稳定，电网运行安全，为能源安全和经济社会发展提供了有力支撑。2022 年指导全市煤电企业签订电煤中长期合同 1790.8 万吨，完成任务的 103.04%，全市煤电企业电煤库存保持在合理水平，电力供应安全稳定。2020~2022 年，苏晋王家岭、宁武华润电厂相继并网投产，山煤河曲 2×350 兆瓦低热值煤发电项目稳步推进，全市全年发电量由 403.52 亿千瓦时提高到 513.46 亿千瓦时，增幅 27%。2023 年 3 月 2 日，华润宁武 2×35 万千瓦低热值煤发电项目正式进入双机运营发电阶段。电力直接交易规模不断扩大。累计交易电量由 2020 年的 72.56 亿千瓦时增加到 134.99 亿千瓦时，2022 年达到占总售电量的 82.95%。制定了“十四五”煤电机组“三改联动”方案，2022 年全市“三改联动”任务圆满完成。强化省级煤炭基地建设，确保能源供应安全稳定。3 年申报省级煤炭储备基地 10 户。

4. 重点项目稳步推进

2022 年五台西龙池二期、代县黄草院抽水蓄能项目被纳入国家重点实施项目，目前两个项目预可研阶段工作全部完成，均已进入可研阶段。繁峙 100MW/200MW 共享储能项目，2022 年底完成固定资产投资 1800 万元，力争 2023 年底投产。山西新石能源科技有限公司 180 万吨/年焦化配套 250 吨/小时干熄焦项目 2021 年 1 月启动建设，于 2022 年 10 月 25 日点火烘炉，2022 年 11 月 9 日装红焦投产，目前运行状态良好。忻州北 500 千伏汇集站新建工程项目已取得国网公司可研批复，进展顺利。太忻一体化经济区忻州片区重点工程项目稳步推进。

5. 能源节约高效利用

2022 年开展了全市“十三五”煤炭消费总量评估工作，“两高”项目整改全部完成，煤电机组“三改联动”完成了 246.5 万千瓦改造任务。解决了太忻一体化经济区内定襄清瑞新材料科技有限公司、同德科创材料有限公司、禹王焦化三期 3 个项目的能耗问题。

6. 输电通道布局合理

忻州电能外送通道主要是“三纵一横”输送网络。“三纵”就是在运的西通道（500 千伏吕梁固贤—忻州五寨—朔州明海湖）、中通道（500 千伏太原侯村—忻州—朔州神二），规划的东通道（忻州北 500 千伏变电站至山西大同、阳泉电网），两条在运纵向通道的经济输送能力 500 万千瓦，最大输送能力 1200 万千瓦。“一横”即河曲电厂—五寨—朔州—神二—保定北 500 千伏线路，送至河北电网，河北电网通过电源和负荷匹配，为雄安新区、京津唐能源供应创造条件。

（二）深化市县改革试点，形成有特色、有亮点的改革经验

全力推进北方地区清洁取暖试点项目。争取到中央财政资金 3 亿元/年，3 年共计 9 亿元。3 年内完成清洁取暖改造面积 4215 万平方米，改造户数 19.98 万户，改造完成后，城区、县城清洁取暖覆盖率达到 100%，平原农村基本实现散煤全替代，整体农村覆盖率可达到 70%以上。通过指导各县

（市、区）开展清洁取暖改造工程，完成北方地区清洁取暖试点城市备案目标任务，改善全市采暖季环境空气质量。

加快忻府区低碳节能城区建设。主要从固废利用、垃圾无害化处理、绿色建筑节能改造、绿色能源、清洁取暖五个方面进行，将忻府区打造为绿色低碳节能城区。从源头降低能源消耗，减少污染物的生产，加强资源的综合利用，促进产业链延长、产品共生整合，合理利用各种废弃物和再生资源，提高资源利用效率。

（三）实施绿色建筑绿色交通行动，推动重点领域节能降碳工作

实施绿色建筑行动。2022 年全市新开工绿色建筑面积占比 100%，全市竣工绿色建筑面积占比 99%，全市新开工装配式建筑占比 24%，节能标准和绿色建筑标准执行率达 100%。全省排名从 2019 年底的第 8 上升到 2022 年底的第 3。神池县、岢岚县成功申报省级县城绿色低碳建设试点。

积极推进山西绿电交通发展有限公司换电站项目建设。山西铝业厂区建成并运营 3 座换电站、13 台充电桩，累计推广电动重卡、电动装载机、电动自卸车、电动叉车等各类电动车辆（设备）到场总数已达 148 辆。换电站运行效率及服务规模位居国内行业前列。

（四）加大智慧热网建设力度，忻州城区热电联产供热能力稳步提升

为适应能源革命综合改革，忻州城区热电联供集中供热做到了“优先发展、应接尽接”。从 2019 年至 2022 年，忻州城区热电联产集中供热面积从 19137386. 13 平方米增加至 22821279. 3 平方米，新增 3683893. 17 平方米；新铺设供热管网 99695. 97 米。忻州城区热电联产热力站从 2019 年的 181 座增加至 2022 年的 215 座，新增热力站 34 座；从 2019 年至 2022 年新增加远程分户管控用户 27412 户，达到 54000 余户。从 2019 年至 2022 年，忻州市热力有限公司开展既有建筑节能改造 7. 11 万平方米，同时继续加大智慧热网建设力度。目前，城区热电联产集中供热覆盖率已达 96%以上。

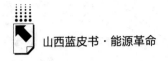

（五）加快绿色低碳科技革命，促进能源领域试点示范建设

截至 2022 年底，能源领域高端创新研发机构较 2019 年增加了 7 家，新培育进入高新技术企业培育库节能环保型企业 11 家。2010~2022 年共组织申报山西特瑞环保工程科技有限责任公司等 18 家企业通过了高新技术企业认定。组织认定了山西能际智能科技有限责任公司数字电池能源控制系统技术忻州市重点实验室、山西奥博能源电力有限公司忻州市太阳能绿色能源应用技术创新中心、山西新聚星锅炉有限公司忻州市供暖除尘设备研发中试基地、山西安耐哲新能源产业研究院有限公司新型研发机构等高水平创新平台。组织山西东昌实业有限公司申报认定了全市首家省级技术创新中心。河曲电厂锚定“双碳”目标，紧追节能前沿，以科技创新为驱动力，在节能降碳和新能源一体化发展方面进行了很多有益的尝试，特别是通过对旧机组进行“汽轮机通流改造”，跑出绿色转型“加速度”。

（六）打造具有全国影响力的光伏产业基地

繁峙县引入青岛奥博能源电力有限公司在繁峙县经济技术园区设厂建设奥博智慧产业园，项目总投资 5 亿元，2021 年固定资产投资已经全部完成并投入使用，园区占地面积 81.82 亩，总建筑面积 4.19 万平方米，是融合了 5G 技术、物联网、工业互联、人工智能等数字化技术的新能源生产基地，是集“冷、热、汽、电、储、碳”六位一体的综合能源管理智慧产业园区；建成年产 1GW 光伏组件生产线和年产能 20 万支中高温金属直通管生产线，成为行业内首个同时具备光伏、光热技术的新能源智能制造基地，带动了大量本地劳动力就业和相关能源产业的发展。

繁峙县雁头村作为山西省第一个集中式太阳能供暖工程，实现全村太阳能供暖 400 户，供暖面积约 16538 平方米。项目运行至今，产热量正常，周边环境也得到了很大的改善。经测算，该项目运行 20 年将实现二氧化碳减排量 104800 吨、二氧化硫减排量 800 吨、氮氧化物减排量 296 吨、粉尘减排量 148 吨、炉渣减排量 11600 吨。

（七）能源领域开放合作取得新突破

为贯彻落实党的二十大精神，促进区域协同发展，忻州市与保定市建立了横向联络推进机制，探讨合作定位与发展模式，共同研究和推进区域重大合作事项落实，加强忻州市与河北保定等地在能源科创领域深层次合作交流。目前，忻州、保定两市已共同委托国家权威机构编制《保忻绿色能源产业科创走廊战略规划》《保忻绿色能源产业科创走廊“三张图”》，按照合同约定委托期限完成研究成果，达到引领保忻绿色能源产业科创走廊高标准高质量推进建设的效果。双方已在战略合作、发展规划、园区共建等方面取得阶段性成果。

三　存在的问题

忻州市作为山西中部城市群高质量发展的“北引擎”，能源转型态势强劲，但在发展过程中也暴露出了一系列问题，值得重点关注。

（一）煤炭产业升级刻不容缓

忻州市煤炭产业总体发展滞后，煤炭品质不高（高灰高硫低热值），市场竞争力不强。安全生产形势和生态环境保护任务艰巨等问题日益凸显。从单纯的煤炭销售来讲，随着陕西、内蒙古外运条件的改善，忻州市来自陕煤、蒙煤的竞争压力将越来越大，对方质量优、成本低、价格低的优势将越来越突出，己方质量低、成本高、价格高的劣势将越来越明显。从市场定位讲，忻州市煤炭产业仍依赖于初级产品的开采加工，延伸方向仅限于火电领域和少量的焦化配煤，煤炭产业链短、煤炭附加值低，转型发展基础薄弱。从区位讲，忻州市周边“强者林立”，北有大同、朔州，南有阳泉、太原、吕梁、晋中，能源工业包括经济水平等均好于忻州。西部毗邻的陕西榆林、内蒙古鄂尔多斯，忻州市与之能源实力相比更为悬殊。从产业发展讲，优质上组煤资源逐步接近枯竭，资源开发向中深部延伸，煤质优势、成本优势逐步弱化，现代煤化工产业布局滞后。从生态压力讲，煤炭产业污染排放、生态破坏问题突出，成为环境治理难题，生态环境压力加大。传统开采方式带来的煤矿安全生产隐患问题也难以根除。

（二）新能源发展存在诸多短板

忻州市风光水资源齐备，国土面积广阔，发展可再生能源、新能源资源禀赋条件得天独厚，但新能源发展全产业链起步较晚，相关装备制造业发展总体缓慢。忻州自身能源消纳能力有限，加之外送通道建设不够，储配设施相对滞后，电网灵活性还有很大提升空间，新能源对传统能源安全可靠的替代基础有待夯实，与新能源大规模高比例发展相匹配的系统灵活调节资源相对匮乏。忻州市新能源发展全产业链起步较晚，相关装备制造业发展总体缓慢，面对市场的激烈竞争，如不能与资源、技术等优势结合，竞争能力将很容易受到冲击。定襄风电法兰制造虽然态势较好，但比较优势不够明显，成为“小巨人”需要走的路还很长。繁峙奥博槽式太阳能光热供暖项目虽然亮点突出，但亟须在试点推进、扩大推广的基础上形成规模化产能。从电力消纳、输出讲，由于自身消纳能力不足及输电通道少而受到能力限制，潜在地造成了对电力投资方的伤害，影响新能源产业的进一步布局发展。

（三）能源类产品转型迫在眉睫

虽然近年推进供给侧结构性改革成效显著，但能源领域产能过剩的形势依然严峻，包括煤炭、新能源、可再生资源都存在销售、吸收和消纳的问题。在推动以煤炭为主向综合能源共同发展转变，建立新型能源体系工作上，忻州还面临不少问题和困难。例如，央企及地方煤炭企业保供任务重，煤炭安全保供压力大，部分矿井出现接替紧张的问题，个别矿井资源已经枯竭，矿井资源储量不足，制约了煤炭产业长远可持续发展；煤矿新核增生产能力未完成环评、安全生产许可证变更等手续办理，没有完全形成有效产能；本地消纳量小，电力外送通道不足，造成风、光、水、火、储综合能源统筹发展难度较大；新能源大规模、高比例接入电网，使电网运行控制和电力平衡难度加大。

（四）产业结构优化需引起重视

传统产业转型升级的结构性、体制性问题仍然突出，目前能源产业链上下游发展不协同、要素资源配置不合理、附加值和全要素生产率较低等结构性、体制性问题仍然突出，对于煤炭和煤电的发展还是局限于惯性思维，发展路线也没有突破常规路径。能源领域转型项目存在投资占比较低、新建项目库中项目富余量较少、具有战略性牵引性的大项目好项目还不多、部分县（市、区）签约项目和入库项目少等问题。

（五）能源产业发展的动力不足

面对国家关于新能源补贴政策的快速调整，只有全产业链发展才能降低成本，才能释放工业制造业、促进就业等方面的红利，推动可持续发展。能源产业项目一般投入资金较大，有的能源企业小富即安，科研投入不足、创新动力不足、先行先试勇气不足。另外，忻州市现有能源行业从业人员专业水平相对有限，能源类高端专业人才匮乏，由于受地域限制、产业单一等多种因素影响，高端研究能力的科研院所匮乏、“高精尖”科技人才短缺成为制约忻州市能源产业发展的重要因素。

四　未来展望

忻州市横跨山西省东西，区位优势明显，能源产业发展潜力巨大。忻州市将以习近平总书记“四个革命、一个合作”能源安全新战略为遵循，深入贯彻党的二十大精神，落实省第十二次党代会部署，坚持改革创新、坚持绿色低碳、坚持智能高效、坚持系统思维、坚持开放共享，大力发展清洁和可再生能源，加大储能设施建设和电网灵活性改造力度，畅通能源生产与能源消费循环，辐射和带动更广区域实现绿色转型。未来忻州市将重点从以下七个方面发力。

一是积极推动煤炭和煤电一体化、煤电和新能源一体化。主要是以保障能源电力稳定供应和可再生能源合理利用为导向，创新体制机制，强化项目支撑，探索实施煤炭和煤电、煤电和新能源一体化建设运营，推进煤炭、煤电、新能源企业结成利益共享、风险共担的利益共同体，增强企业综合竞争力。

二是构建能源全产业链发展格局。如在建的一道新能源 14GW 光伏基地项目，就是忻州加快推动能源产业高质量发展的重点项目。该项目总投资 60 亿元，占地面积 473 亩，规划总建筑面积 21 万平方米，标准化厂房及相关配套设施建成后，将整体移交一道新能源科技有限公司，主要生产光伏发电产业的核心部件太阳能电池。

三是大力发展分布式可再生能源。重点是在推进集约化规模化风电光伏项目的同时，确保 2023~2025 年“忻州市推进分布式可再生能源发展三年行动计划”落地生根、开花结果。

四是加快新能源汇集站建设。重点加快忻州北 500 千伏汇集站前期工作，推动宁武 500 千伏汇集站 2023 年开工建设，为清洁能源高质量发展提供保障。

五是构建“地热能+”多能互补格局。重点是发挥忻州市地热资源优势，推动相关产业联动、互动发展，实现地热资源多产业、集群化、高质量开发利用。

六是做好能源保供和新能源开发两篇文章。主要是发挥忻州黄河流域资源区位等优势，实现保供与开发双赢。

七是推动绿色能源产业数实融合。以“太忻数谷”数字经济先导区建设为抓手，通过数智赋能忻州能源产业高质量发展，不断催生新业态新模式，在新一轮产业转型升级中占得先机、赢得主动，努力打造忻州乃至全省数字经济的“场景地标”。

五　政策建议

忻州各类资源开发潜力巨大，转型态势强劲，生态环境保持良好，环境容量较为富裕，在承接产业转移、发展新兴产业上有较大的环境空间。通过资源和科技的集聚，必将抢占产业制高点，推动能源产业有机更新、破旧立新。

（一）立足区域新布局谋求发展新定位

忻州一头连着东部能源消费大市场，一头连着西部能源生产大基地。特别是雄忻高铁建成后，将进一步拉近忻州、保定等地的时空距离。推进忻州与保定等地共建绿色能源产业科创走廊，是践行国家能源安全新战略、争当能源革命排头兵的生动实践，也是践行习近平总书记对山西工作的重要讲话重要指示精神的具体行动，完全符合省委关于能源产业绿色转型的部署要求，有利于保障京津冀地区能源供应安全，对山西中部城市群融入京津冀协同发展、加快形成优势互补的区域经济新格局具有重要意义。

（二）推进忻州大型综合能源基地建设

忻州市委市政府紧紧围绕打造重要综合能源基地这一战略目标，不断推进能源项目建设，促进能源结构调整，全市能源产业打下了坚实的基础，取得了长足的进步。建议支持忻州原平同华二期 2×66 万千瓦、河曲国能三期 2×100 万千瓦、晋能控股集团 4×100 万千瓦高参数大容量火电先进机组建设，充分发挥这些项目高参数、坑口电站、煤源可靠、供应稳定、综合成本低等优势，形成维护电网安全稳定运行的新支撑点；在下一步竞争性光伏风电基地项目布局和规模指标配置上，给予忻州倾斜，进一步推动忻州能源供给绿色化、清洁化、高效化。

参考文献

［1］郑娜：《忻州：追光逐风打造绿色能源产业基地》，《山西日报》2021 年 8 月 21 日。

[2] 山西省社会科学院课题组、王云珠：《山西能源革命综合改革试点的改革路径和政策建议》，《经济问题》2020 年第 10 期。

[3]《忻州市国民经济和社会发展第十四个五年规划和 2035 年远景目标纲要》，忻州市人民政府网，https：//zwgk. sxxz. gov. cn/xzsrmzf/wj/zfwj/xzf/202107/t20210705_ 3651735. shtml。

[4]《忻州市煤炭增产保供和产能新增工作实施方案》，忻州市人民政府网，https：//zwgk. sxxz. gov. cn/xzsrmzf/wj/zfwj/xzbf/202207/t20220719_ 3780171. shtml。

[5] 胡羽：《“五个一体化”：当好全国能源革命排头兵》，《山西日报》2022 年 12 月 28 日。

[6] 王国梁：《忻州蹚出新能源产业高质量发展新路》，《忻州日报》2022 年 11 月 26 日。

[7] 忻州市统计局、国家统计局忻州调查队：《忻州市 2022 年国民经济和社会发展统计公报》，2023 年 4 月 7 日。

B.15
吕梁市：全面构建清洁低碳安全高效能源基地

李晋峰　樊艳艳*

摘　要： 吕梁作为典型的能源资源型地区，近年来，持续贯彻落实习近平总书记关于能源革命的重要论述和《山西能源革命综合改革试点行动方案》，全力推进能源绿色低碳转型发展，在提升能源安全保障能力、提高煤炭供给体系质量、建设非常规天然气产业基地、推动氢能产业全链条发展、攻关能源领域关键技术等方面改革创新、试点示范，取得了一定成效，在能源革命上走在排头，为全省能源绿色低碳转型发展形成可复制可推广的经验做法。"十四五"期间，吕梁市以实现"双碳"目标为牵引，用足用好国家政策，扎实推进能源革命，持续推动能源结构优化调整，努力建设全省能源革命综合改革试点先行区，全力打造新型综合能源示范区，为吕梁高质量发展提供坚实保障。

关键词： 能源革命　转型发展　氢能　吕梁

近年来，吕梁市坚持以习近平总书记"四个革命、一个合作"能源安全新战略为根本遵循，深入贯彻落实习近平总书记对山西工作的重要讲话重要指示精神，全面落实省委市委关于能源革命的安排部署，以实现"双碳"

---

* 李晋峰，吕梁市发展改革委产业科科长，主要研究方向为产业发展和能源经济；樊艳艳，吕梁市发展改革委产业科四级主任科员，主要研究方向为能源革命。

目标为统领，充分挖掘资源优势，加快构建清洁低碳、安全高效的能源体系，不断推进能源革命综合改革试点走深走实，能源生产和利用方式发生较大变革，能源安全保障能力和绿色低碳发展水平得到明显提高，在提升能源供给体系质量效益、构建清洁低碳用能模式等方面取得重大突破，为吕梁资源型地区经济转型和高质量发展提供有力支撑。

一 主要做法

（一）市委市政府专题研究部署推进

市能源革命综合改革试点工作领导小组高度重视能源革命综合改革试点工作，主要领导亲自安排、亲自部署，多次就能源革命综合改革工作作出批示、提出要求。市委市政府召开专题会议对《吕梁市能源革命行动方案》进行研究审议。领导小组办公室多次进行调度并协调推进重点项目，充分发挥统筹协调督促落实的职能职责，明确专人具体负责，积极有效地完成有关工作。

（二）研究印发《吕梁市能源革命2022年行动计划》并建立工作台账

为全面贯彻落实《山西能源革命综合改革试点 2022 年行动计划》和《吕梁市能源革命行动方案》，以市委办、市政府办名义印发《吕梁市能源革命 2022 年行动计划》。市能源革命领导小组办公室对该计划具体任务进行详细分解，建立工作台账，印发《关于报送吕梁市能源革命行动计划任务进展情况的通知》，明确具体任务、责任单位和完成时限。

（三）创新思路将试点工作具体项目化

为把工作落到实处，形成具体抓手，吕梁市围绕能源供给、能源消费、能源技术等领域，遴选确定“上大压小”百万千瓦煤电机组、风电、光伏发电、光伏+储能、整县屋顶分布式光伏发电、非常规天然气开发、氢能产业、抽水蓄能电站、生物质利用发电、智慧矿山、新能源汇集站等 14 个方面共 52 个重点项目，作为年度能源革命综改试点的着力点全力推进。

（四）坚持调度通报专项考核制度

市领导小组办公室不定期地组织各县（市、区）领导小组、市直有关成员单位召开全市推进能源革命综改工作调度会，协调解决重大困难和问题，扎实推进有关工作及重点项目建设。按月对能源领域省 6 个重点项目、市确定的 52 个重点项目进展情况进行调度分析。专题印发《关于全市能源革命推进情况的通报》，不定期地对各县（市、区）推进情况进行综合排名通报。同时，研究制定《吕梁能源革命综合改革试点工作专项考核办法》，列为全年目标责任制专项考核内容之一。

二　主要成效

（一）传统优势产业先进产能稳步提升

一是煤炭保供目标任务超额完成。市政府坚决扛起保障国家能源安全的重大政治责任和使命，成立了由市长担任组长的工作专班，制定了《煤炭增产保供和产能新增工作方案》，与各县（市、区）签订了《能源安全保供工作责任书》。2022 年全市原煤产量达 1.647 亿吨①，比 2019 年的 1.3 亿吨净增产 0.347 亿吨，日均产量达到 45.9 万吨。除省属煤矿外，地方及央企煤矿原煤产量累计完成 9482.74 万吨，日均产量 26.34 万吨，完成省下达的煤炭保供 9477 万吨的目标任务。

二是煤炭供给体系质量全面提高。坚持把建设先进产能煤矿作为提高煤炭供给体系质量的重要途径，推动现有生产矿井对标先进产能强化提升，提

① 康桂芳：《市能源局：持续推进春节期间能源保供工作》，《吕梁日报》2023 年 2 月 7 日。

高煤矿机械化水平及全员生产效率。截至2022年底，全市共有煤矿125座，产能20505万吨/年。公告生产矿井97座，产能15625万吨/年，平均单井规模161万吨/年。全市获评一级安全生产标准化矿井和特级安全高效矿井81座，产能1.32亿吨/年，先进产能占比达到85%①。在保障安全生产的前提下，大力推动具备增产潜力的煤矿尽快释放产能，2022年共新增煤炭产能1420万吨，其中22座生产煤矿核增产能930万吨/年，均已按照核增后的产能组织生产。同时，采取“分类施策、整体推进”的思路，推动具备条件的煤矿加快施工进度，尽快进入联合试运转，其中离石交口煤业、兴县斜沟煤矿已竣工验收，释放产能1590万吨/年；兴县肖家洼煤矿建设规模由800万吨/年调整为1200万吨/年，在加快手续办理的同时，先行按照调整后的规模应急保供生产。

三是煤矿绿色智能化开采水平取得较大突破。全市煤炭领域以煤炭产业和数字技术一体化融合发展为契机，全力推动煤炭绿色开采规范化、标准化建设和采掘工作面智能化建设，提升煤矿全要素生产效率和本质安全水平，煤矿智能化建设完成比例居全省前列。截至2022年底，柳林金家庄、中阳沈家峁等6个“110工法”无煤柱开采技术应用试点，煤矿累计减少16个工作面保安煤柱，较正常工艺多采出原煤229万吨；离石神州煤业垃圾场下充填开采项目竣工投产，煤柱下采出原煤24万吨；离石亚辰工业广场下充填开采项目（连采连充工艺）进入试采，工业广场煤柱下累计开采原煤8.8万吨。煤矿智能化改造完成投资33.38亿元，累计建成离石东江、中阳鑫岩等8座智能化煤矿、135处智能化采掘工作面，固定岗位实现无人值守563处，共计减人1574人。柳林哪哈沟、中阳鑫岩、离柳佳峰和临县庞庞塔4座煤矿完成5G下井。其中，中阳鑫岩煤矿顺利通过“国家智能化示范煤矿”现场验收，成为全省国家级智能化矿井典范。临县庞庞塔煤矿5G+工业互联网应用入选国家能源局发布的《全国煤矿智能化建设典型案例》。

① 吕梁市发展改革委：《关于吕梁市2022年国民经济和社会发展计划执行情况与2023年国民经济和社会发展计划（草案）的报告》。

四是清洁电力发展水平大力提升。第一，有序开展煤电机组淘汰落后产能工作，2020 年关停淘汰交城美锦热电 2×2.5 万千瓦煤电机组。2022 年又关停山西离柳焦煤集团气源厂、山西金岩和嘉能源等 6 户企业的 11 台机组，容量共计 22.3 万千瓦。第二，煤电机组“上大压小”有序推进。计划按照先立后破原则，通过关停已投产小机组，整合已取得路条且不计划继续建设的项目，总计装机容量 204 万千瓦，谋划新建 2×100 万千瓦煤电机组项目。第三，推进煤电机组“三改联动”，2022 年全市完成节能改造 125 万千瓦，灵活性改造 30 万千瓦。全市火电机组总装机达 809.6 万千瓦，其中煤电 743.95 万千瓦，全年发电总量 322.86 亿千瓦时，占全省发电总量的 7.86%。

（二）新能源和清洁能源发展提档升级

一是非常规天然气产业基地蓄能成势。吕梁紧抓省政府赋予的非常规天然气综合改革试点重大机遇，先后制定《吕梁市煤成气增储上产行动计划（2020~2022 年）》《吕梁市非常规天然气综合改革试点方案》等，加大资源勘探力度，实现全市非常规天然气资源勘查全覆盖，加快天然气管网互联互通建设，保证市域内非常规天然气的有效输出，为京津冀、雄安新区提供清洁能源供应，鼓励各类投资主体合资合作建设储气设施，推进调峰设施储气能力建设。全市非常规天然气已探明总储量达到 3429.15 亿立方米，输气管网总里程达到 1763.74 公里，临兴、石楼西、三交北等区块产量实现连年翻番，由 2019 年的 8.17 亿立方米提升至 2022 年的 30.04 亿立方米①，占全省煤成气总产量的 31.26%，年均增产 7.29 亿立方米，增速全省第一。上游勘探开发、中游管网建设、下游综合利用的产业链条初步形成，吕梁已成为继晋城之后的全省第二大非常规天然气产业发展基地。

二是新能源可持续发展能力快速提高。通过制定新能源项目配套电网专项规划，加大项目储备力度，完善收益分配机制，光伏、风电、水电、生物

① 吕梁市统计局：《吕梁市 2022 年国民经济和社会发展统计公报》。

质等多能互补发展新格局初具规模。截至2022年底，全市已建成新能源和清洁能源发电项目装机容量达292.7万千瓦，其中集中式风电装机148.9万千瓦、分散式风电装机21万千瓦、集中式光伏发电装机80.5万千瓦、分布式扶贫光伏发电装机38.6万千瓦、生物质发电装机3.7万千瓦，新能源装机占比由2019年的18%提高到2022年的近30%。其中，总投资7亿元的吕梁市1000吨生活垃圾焚烧发电和日处理100吨餐厨垃圾项目于2022年10月正式建成投运，吕梁“一区三县”（离石区、柳林县、中阳县、方山县）行政区域范围内所产生的生活垃圾和餐厨垃圾历史性地告别垃圾填埋，全部实现减量化、资源化、无害化处理，年可产生绿电1.1亿度，有效地改善了吕梁人居生活环境。抽水蓄能方面，交城80万千瓦神堂坪抽水蓄能电站项目正在积极推进，交口80万千瓦抽水蓄能电站项目正在开展前期工作。

三是氢能全产业链发展势头强劲。吕梁市制定《氢能产业发展中长期规划（2021~2035）》《吕梁市氢能产业发展2022年行动计划》，确定“一体两翼、三港四链”氢能产业发展战略，实现“气—站—运—车”全链条发展。成立工作专班，聚焦年度目标任务，制定出任务清单、责任清单、措施清单和结果清单。同时，加强产业发展、科技创新、资金保障等政策的精准扶持，制定试行《吕梁市加氢站建设审批与管理办法》，明确行政审批部门，保障加氢站的顺利推进，在氢能产业相关领域和相关企业优先实施“承诺制+标准地+全代办”改革，通过燃料电池车辆推广、加氢站建设、加氢终端等方面1亿元专项财政资金补贴，撬动引导氢能产业发展。2022年，全市已形成焦炉煤气制氢能力7.5万吨，纯度达到99.9999%，既能为氢燃料电池提供清洁能源，也能用于电子工业、精细化工等高端产业。在加氢站建设方面，已建成9座加氢站，为全市200辆氢能重卡提供加氢服务。在氢燃料电池汽车方面，美锦氢能重卡生产基地2万台/年氢能商用车一期一阶段1000台/年组装生产线建成投运，鹏飞30万辆/年一期3万辆/年氢燃料电池汽车及配套电堆、动力系统、供氢系统研发制造项目完成规划设计，汽车制造成功起步。2022年，吕梁氢能产业发展综合指数为335.23，位列全省第1。

（三）重点领域节能降碳持续深化

一是坚决遏制“两高”项目盲目发展。吕梁市坚决落实省委省政府遏制“两高”项目盲目发展有关安排部署，一方面坚决抓好在建“两高”项目的问题整改，建立“两高”项目问题整改周报告、周调度机制，印发《关于上报违规上马高耗能高排放高耗水项目问题整改提醒警示相关落实情况的催办函》《关于加快推进“两高”项目和黄河流域高耗能高耗水项目问题整改的督办函》《关于加快推进违规上马高耗能高排放项目问题整改的提醒警示函》等，想方设法督促协调、加快推进项目整改，并逐月通报“两高”项目问题整改进展情况。截至2022年底，27个违规上马、手续不全“两高”项目，完成整改23个，并报省发改委销号备案，剩余4个项目停工整改。另一方面严控拟建“两高”项目准入，提高项目准入门槛，市发展改革委会同相关部门严控项目审批流程，对5个拟建项目必要性和可行性进行论证，并审核上报。

二是严格落实能耗双控目标。全市高度重视能耗双控工作，合理控制能耗总量，坚决降低能耗强度，重点对电力、钢铁、焦化、建材、有色、化工六大传统高耗能行业开展能效提升行动，市委市政府多次组织召开全市能耗双控工作推进会，进行专题研究。通过精准测算用能空间，逐月细化分解任务，全面加强督查指导，依法依规分类处置，不断提高全市高耗能行业能效水平，推动重点行业能耗水平尽快迈过全国同行业平均值、早日达到先进值。同时抢抓国家能耗考核政策调整机遇，坚持科学依法节能原则，对重点项目、重点企业、“两高”项目分类施策，切实做到应保尽保、该压就压。2022年，全市能耗强度同比下降2.7%。

三是广泛开展绿色节能低碳行动。全面推广绿色建筑、装配式建筑，开展建筑能效提升工程，实施新建居住建筑节能75%标准。2022年，绿色建筑占城镇新建建筑面积的比例达到100%，装配式建筑占比22%。同时，积极推行公共交通绿色化。为鼓励绿色出行，减少机动车污染排放，全市累计替换新能源纯电动公交车393辆、纯电动出租车974辆以及新能源网约车

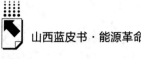

80 辆。从 2022 年 4 月 1 日起，吕梁市在全国市级以上城市率先实施“市区公交车全民免费乘坐”政策，积极贯彻国家优先发展城市公共交通战略，城区范围内所有城市公交线路的运营车辆（包含机场巴士）全民免费乘坐。2022 年，市区共有公交线路 24 条，城市公交车辆 435 辆，其中新能源公交 429 台、机场巴士 6 台。市区公交出行分担率达 18%，公交车辆每万人拥有量 14.78 标台。兴县、临县、中阳等地也相继实行城区公交车免费乘坐。

（四）能源技术攻关取得重大突破

一是煤炭绿色开采技术推广应用。为破解传统采煤技术资源浪费大、巷道掘进成本高、安全隐患大、接续紧张等一系列难题，柳林县政府率先与中国矿业大学、中科院院士何满潮合作成立了柳林能源与环境院士工作站，重点围绕“无煤柱自成巷 110、滑坡地质检测、瓦斯治理”等技术应用与研发，先后与太原理工大学、沈阳煤科院合作，在柳林沙曲一矿、二矿和金家庄煤矿完成“110 工法”应用，在全县开展地质灾害预测预报，以及在西坡煤业开展瓦斯治理工程。同时，加大对柳林矿区“110 工法”技术推广研究、吕梁学院开展定向水力致裂切顶留巷无煤柱开采技术研究等科技项目的资金支持力度。依据产能匡算，柳林全县矿井推广应用“110 工法”，每年可节约煤炭资源 660 万吨，价值约 46 亿元，吕梁全市矿井推广应用“110 工法”，每年可节约煤炭资源 1500 万吨，价值约 105 亿元，该项技术的推广应用取得了良好的社会效益和经济效益，为煤炭绿色开采蹚出了新路子。

二是氢能产业技术创新不断升级。孝义鹏飞与上海交大合作成立“燃料电池汽车制造技术联合实验室”，与上海交大、上海申能、上海氢晨、上海鲲华、浙江蓝能、徐工集团、太重集团联合成立“氢能产业协同创新中心”，为氢能产业发展提供科技支撑。2022 年 9 月，发布全球首套 250kW 氢燃料电池发动机系统——鲲·运 200，该系统由申能集团下属上海鲲华新能源公司和孝义鹏飞集团控股的鲲鹏氢能源科技公司合作开发，是全球单堆单系统最大功率燃料电池系统，采用了全新的系统架构，具有高集成度、高效率、高性能、高可靠性、高智能化的特点，满足重卡动力需求，可拓展为机车、船舶、氢储能发电等更高功率的应用场景。

（五）能源开发利用和生态治理协同推进

先行先试推进煤铝共采试点。吕梁市兴县、临县、柳林、离石等县（区）煤铝共伴生现象较为普遍，境内开展煤铝共采具备较好的地质赋存条件。为统筹协调有序推进煤铝共采改革工作，市政府成立了以分管副市长为组长的领导组，印发实施《吕梁市人民政府开展煤铝共采工作实施方案（试点）》，提前谋划，精心组织，周密部署。全市先后有 4 户煤矿企业取得省自然资源厅同意协议出让煤下铝探矿权意见书。同时，省自然资源厅将兴县黄辉头、赵家焉、苏家吉三个铝土矿探矿权调整为涉煤区探矿权和无煤区探矿权。对已经取得省厅同意协议出让“煤下铝”探矿权意见书的煤炭企业、已取得铝土矿探矿权因涉煤无法办理探转采的企业等分类施策，有序推进勘探工作。

三　发展愿景

下一步，吕梁市立足能源资源禀赋和比较优势，结合“两个基本”目标实现，将更加注重推动高质量发展与能源绿色低碳转型的平衡，煤电机组由基荷电源逐步转变为支撑性和调节型电源，终端电力消费比重稳步提高，非化石能源消费比重达到全国平均水平，全面形成绿色生产和消费模式，为吕梁高质量发展提供能源保障。到“十四五”末，一体化能源产业链初步形成，能源高质量发展的体制机制逐步健全，能源革命排头兵的示范作用有效发挥，基本形成煤炭、电力、新能源、可再生能源多轮驱动、协调发展的绿色能源供应体系。

（一）推动“五个一体化”融合发展

推动《吕梁市能源产业“五个一体化”融合发展行动方案》落实落细，

加快构建新型电力系统，推动新增风光发电指标向煤炭及煤电企业倾斜布局，实现传统能源与新能源优化组合。聚焦现代煤化工和碳基新材料等前沿领域，促进煤化工产业高端化、多元化、低碳化发展。以智慧矿山、智能电网等为抓手，加快推进能源产业数字化转型。

（二）提升能源生产供应保障能力

稳住存量，发挥好煤炭在推动能源绿色低碳发展中的支撑作用，持续推进非常规天然气增储上产，不断提升清洁电力发展水平。力争到2025年，煤炭先进产能占比达到95%以上，非常规天然气总产量稳步提升，输气管网总里程突破2500公里，力争2×100万千瓦“上大压小”煤电机组项目开工建设。

（三）加快新能源和清洁能源发展

统筹规划全市风光资源开发利用，全力推进项目建设，到2025年，新能源和清洁能源装机占比大幅提升。加快推进抽水蓄能和新型储能项目建设。因地制宜推广“生物质+生物质炉具”清洁取暖、废弃菌棒综合利用、畜禽粪污资源化利用等模式，提高生物质能综合利用项目中能源化比例。

（四）推进重点领域节能减污降碳

严格落实《吕梁市碳达峰实施方案》，实施煤电、焦化、钢铁、有色、建材、化工等重点行业能效提升行动。严格合理控制煤炭消费增长，推进电能、清洁能源替代非电用煤，鼓励可再生能源消费，合理控制煤炭消费总量，有序推进煤炭消费减量替代。

（五）开展能源领域关键技术攻关

在电池储能技术应用试点示范、碳捕集利用和封存技术应用等方面加大科技创新力度。支持吕梁学院基于大数据的光伏发电预测及效率提升研究、基于超声波探测的透明工作面三维精准建模等关键技术攻关。到2025年底，全市能源技术创新能力明显增强，数字化智能化转型加速推进。

参考文献

[1] 吕梁市统计局：《吕梁市 2022 年国民经济和社会发展统计公报》，2023。

[2] 吕梁市政府：《吕梁市碳达峰实施方案》，2023。

[3] 吕梁市政府办公室：《2023 年政府工作报告》，2023。

[4] 吕梁市发展和改革委员会：《关于吕梁市 2022 年国民经济和社会发展计划执行情况与 2023 年国民经济和社会发展计划（草案）的报告》，2023。

[5] 吕梁市能源局：《2023 年能源工作要点》，2023。

[6] 康桂芳：《市能源局：持续推进春节期间能源保供工作》，《吕梁日报》2023 年 2 月 7 日。

B.16
阳泉市：积极推进能源革命综合改革引领绿色低碳转型发展

赵全生*

摘　要： 阳泉市在“双碳”目标牵引下，牢牢把握能源革命改革试点的发展机遇，聚焦打造资源型城市绿色转型的目标定位，在围绕风电、光伏发电、新能源电池产业积极布局和开发的同时，大力推动煤矿绿色智能化改造，全力建设清洁低碳、安全高效的现代能源供给体系，力争在全省能源革命改革进程中走在排头、作出示范，形成可复制可推广的经验做法，为推进能源绿色低碳转型、实现碳达峰碳中和目标奠定基础。

关键词： 低碳转型　科技创新　体制变革　阳泉

阳泉市扎实推进能源革命综合改革试点行动，围绕“五大基地”（煤炭绿色开发利用基地、非常规天然气基地、电力外送基地、现代煤化工示范基地、煤基科技创新成果转化基地）和“六个先锋”（煤炭绿色开采先锋、煤炭固废综合利用先锋、清洁电力外送先锋、氢能产业发展先锋、绿色能源消费先锋、煤基科技创新先锋）谋篇布局，能源革命综合改革试点顺利推进。

一　主要举措及成效

近年来，阳泉市深入贯彻能源安全新战略，争当能源革命排头兵，在产

* 赵全生，阳泉市人民政府发展研究中心党组成员、副主任。

业结构调整、能耗双控、发展新能源、加强综合利用等方面持续发力，朝着绿色低碳转型的方向迈出坚实步伐。

（一）推动高质量发展，绿色煤炭基地雏形显现

优化整合煤炭资源，先进产能大幅增加。积极化解过剩产能，关闭煤矿12座，淘汰落后产能1190万吨，煤炭生产结构进一步优化。加快产业升级，大力实施煤矿智能化、绿色开采建设，建成2座智能化煤矿78处智能化采掘工作面，煤矿本质安全水平进一步提升。无（小）煤柱开采、矸石返井、无害化处理等绿色开采试点建设逐步推广。煤矿企业积极推进高产高效矿井建设，截至2022年底，全市生产矿井产能5470万吨/年，平均单井规模176万吨/年，煤矿先进产能占比达到94.52%，处于全省先进水平。

开展瓦斯综合利用，能源综合利用路径不断扩展。28座高瓦斯、煤与瓦斯突出矿井全部建成地面永久瓦斯抽采系统，瓦斯抽采量、利用量、利用率均明显提高。建成瓦斯发电项目20个，居民供热和生活用气达到37.3万户。低浓度瓦斯利用取得突破，程庄煤矿低浓度瓦斯直燃制热项目、华阳二矿桑掌乏风氧化发电项目、卫东煤矿低浓度瓦斯热源撬项目丰富了低浓度瓦斯热源供热发电应用途径。

提升生态恢复治理力度，绿色低碳矿区稳步建设。实施废弃钻井回填工程，实施郊区山底河流域、城区小河流域老窑水污染治理，全力打造地下水治理修复全国典型。生态保护和修复成效明显。废弃露天矿山修复后恢复耕地0.48万亩、林地1.37万亩、其他草地0.21万亩，土地恢复利用率达100%。

（二）优化产业布局，电力外送基地架构形成

经过多年发展，全市电力装机结构持续保持绿色低碳发展态势，基本形成了煤电、煤层气、新能源和可再生能源多轮驱动的电力供应体系。全市规划电力装机规模达到1180万千瓦左右，其中已建成规模698.2万千瓦，在建规模234.4万千瓦，谋划建设257.1万千瓦。按照全市电力外送发展计划，“点对网”外送火电机组装机规划规模402万千瓦，目前已建成200万

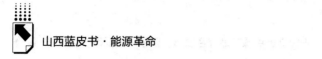

千瓦，正在建设 132 万千瓦，谋划建设 70 万千瓦。

实施三改联动，火电“支撑性电源”特性加强。阳泉热电 2×660MW 低热值煤发电项目建设全速推进，近期实现双机投产。在加快新的火电项目建设的同时，全市开展了对现役火电机组的“三改联动”行动。目前，阳光电厂 1#、2#、3#、4#机组和河坡电厂 1#机组均完成相关调试、实验及验收，改造容量 163 万千瓦，改造率达到 58.15%。

探索推进“源网荷储”一体化，新型电力系统逐步成型。2020～2022 年三年时间，先后建成中能建二期风电、粤电二期风电、盂县清阳污水处理厂 335 千瓦屋顶分布式光伏等项目，新能源和清洁能源比例逐步提升，装机规模达到 222 万千瓦，较 2020 年增长 13.96%。2022 年全年发电量 38.09 亿千瓦时，较 2020 年增长 36.13%。

大力发展储能。全市谋划布局高新区 200MW/400MWh 独立储能电站项目和北京弘盛通公司郊区 500MW/1000MWh 独立储能电站项目，目前已开工建设。推动三峡盂县上社 140 万千瓦抽水蓄能项目成功纳入“十四五”重点实施项目清单，预计 2023 年底完成前期手续办理。快速建成华阳天成“光储网充”项目，成为全市园区级“源网荷储”试点示范项目。

加强“漾电送冀”合作，电力外送规模不断加大。建成盂县电厂—邢台西 500 千伏输电线路；开工建设西上庄—阳泉—石家庄桂山变电站 500 千伏输电线路，与既有阳泉—石家庄北 500 千伏输电线路，将共同形成三条连接河北南网大容量输电线路，为大规模电力外送奠定基础。

（三）推动低碳消费，能源消费革命不断深入

严格能源消耗总量和强度控制，严把能源项目审批关。全市重点对煤炭开采、洗选加工、水泥、石灰、焦化、燃煤电厂等行业企业开展能耗控制，督促帮助其降低工业能耗，减少能源浪费。2022 年，全市万元 GDP 能耗同比下降 2.8%，规上企业能源消费 700.81 万吨标准煤，能耗增长控制在合理范围。

推动绿色用能，低碳绿色用能模式基本建立。全市完成清洁取暖改造

28.12万户，实现了全市供热改造全覆盖，形成了煤改电、煤改气、煤改生物质、煤改甲醇的多元化供暖方式。实施节能监测监管，强化能耗考核奖惩。依托阳泉智慧能源数据中心平台，完善能耗监测应用场景功能，71家重点用能单位全部实现在线采集联网。

（四）创新成果应用，能源产业发展迈向高端

全市以科技矿山、智慧矿山建设为重点，加快煤炭与数字化一体化融合，促进能源发展方式转型，推动能源产业向产业链中高端转移。建成两座智能化煤矿（华阳一矿、新景矿），建成78处智能化采掘工作面，煤矿安全水平进一步提升。其中华阳一矿实现采、掘、机、运、通、选等主要生产数据集成和应用，成为国家首批智能化示范煤矿；81405高抽巷掘进工作面成为全省首个高级智能化采掘工作面，日掘进最高水平为全国同类最高。

加快科技成果转化，产业转型进一步深化。在科技创新引领下，全市新能源电池材料、新型碳基材料、新型储能、数字经济等9条产业链形成，华阳首批量产1GWh钠离子电芯生产线正式投运，填补本市钠离子电池“材料—电芯—电池—应用”全产业链条空白。河坡电厂攻破多元低热值煤大容量高效清洁燃烧关键技术，开创了一条绿色无污染的劣质燃料批量工业利用新路线。

完善数字经济制度措施，城市数字化转型取得实质性进展。出台全省首个《数字经济企业认定管理办法》。制定《数字经济优先发展战略三年行动计划》。举办第二届数字能源与可持续发展论坛。阳泉城市大脑获“2022数字政府创新成果与实践”案例。华阳集团联创公司跻身“煤炭行业信息技术企业20强”，全市数字经济发展集聚成势。

构筑创新发展平台，科技成果初步显现。山西智创城NO.7入驻企业数量达到85家。阳泉产业技术研究院通过省科技厅省级新型研发机构专家评审，阳泉高新技术产业开发区管理委员会成为省级科技成果转化基地。与北京大学校企合作的硅酸铝纤维项目成果转化及中试基地建设在矿区落地，与北京邮电大学校企合作的煤矿井下无轨胶轮车、5G+北斗高精度室内定位系统等项目完成技术开发。

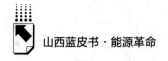

（五）优化体制机制，能源产业发展增添活力

优化能源管理体制，提升政府宏观调控能力。编制实施阳泉综合能源发展“十四五”规划，为能源绿色低碳转型提供发展方向。紧抓政策平台机遇，推动能源产业外延发展，积极深化与河北省能源合作，组织晋能控股电力集团、格盟国际有限公司及市内重点电力企业赴国网河北省电力公司洽谈，共同推进电力外送，强化区域能源合作。深化电力体制改革，提高电力交易市场化水平。推进电力直接交易，2022 年，全市直接参与市场化交易电力用户 4738 户，直购电量总计 51.46 亿千瓦时，比 2020 年增长 57.03%。

二 存在的问题

阳泉市只有客观审视能源革命中面临的困境，才能在日益激烈的竞争中脱颖而出，占得先机。

（一）煤炭绿色基地建设面临挑战

地方煤矿智能化建设积极性不高。目前已建成的 78 个智能化工作面，属于省属煤矿的就有 72 个，地方煤矿中仅古州煤业和汇能煤业建成 6 个。大多数地方煤矿机械化开采设备的自动化程度不高，有些使用的掘进机为无法升级改造的 EBZ 旧型号，综采支架大多未使用电液控支架，还有个别煤矿掘进面由于地质条件原因还采用炮掘和架棚支护。

煤矿绿色开采存在制约因素。全市从 2020 年推进煤炭绿色开采试点以来，受地质条件、企业重组、资金投入等方面影响，截至目前全市 31 座正常生产的煤矿中，仅华阳新景矿（无煤柱）、平定卫东煤矿（矸石返井）绿色开采试点项目完成建设、通过主体验收，全市采用绿色开采技术的煤矿占比仅为 6.45%。

矿井瓦斯利用继续提升难度较大。2022 年，全市瓦斯利用率为

38.63%，低于全省46.35%的平均水平。多数高瓦斯矿井抽采的瓦斯浓度低、数量少，现有技术无法直接利用。据不完全统计，矿井浓度小于10%的瓦斯利用率只有22.13%，大量低浓度瓦斯通过回风井风排或矿井抽采系统抽排，利用率极低。

煤基产业发展不容乐观。近年阳泉煤基产业发展的方向主要是煤制乙二醇和PBAT可降解塑料（聚对苯二甲酸己二酸丁二醇酯）。华阳新材料平定乙二醇项目自2017年11月投产后，受市场下行影响，生产成本与销售价格倒挂，生产被迫中断。乙二醇停产后，其副产氢气源阻断，对灰氢产业链发展也产生了不利影响。

（二）电力外送基地建设步伐缓慢

煤电项目推进效果不明显。华阳热电西上庄电厂项目原计划在2022年底投运，受产权变更和疫情影响延迟近一年之久。盂县鑫磊电厂建设主体发生变化，至今仍处于停工状态。阳光二期“上大压小”项目建设前期投入巨大，目前主体投资意愿出现波动，急需加快协调沟通。

绿电发展空间受限。虽然全市新能源和清洁能源发展较快，装机规模达到217.95万千瓦，但31.21%的电力占比低于全省40.25%的平均水平。目前，新能源快速布局的主要制约因素是可用土地资源不足和审批手续办理缓慢。全市山地面积占比超过75%，受“三线”划定控制的土地面积占比大，可供大规模开发的新能源土地资源有限。新能源项目建设单位取得土地使用权审批周期较长，影响项目整体进度。

源网荷储一体化推进深度不足。多能互补、源网荷储一体化布局的进展缓慢，智慧能源系统建设不均衡，互联网、大数据、人工智能与能源产业的融合主要体现在表层形式，深层次、全覆盖的融合还没有推开。平定经开区、阳泉高新区分别于2018年、2019年获批国家增量配电业务试点名单，但截至目前开发区增量配电网建设未取得实质性进展。

电力外送配套设施相对滞后。全市大容量电力外送通道不足，部分送出线路出现涡流现象。“十四五”期间规划建设的盂县220千伏开关站规划线路，受太原阳曲火工区影响进展缓慢；其他外送线路暂无明确规划。“十四五”末，全市建成千万千瓦级电源机组，65%左右电量需要外送，按照目前外送线路建设进度，难以满足大量电力送出需求。

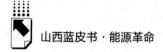

（三）能源技术创新引领动力不足

科技产出能力较弱。在低浓度能源、煤化工、生物质能等方面技术应用少，关键装备及材料依赖进口问题比较突出。能源大数据管理与应用不适应发展要求，数据中心功能相对单一。企业创新主体地位不够突出。产学研结合不够紧密，重大能源工程提供的宝贵创新实践机会与能源技术研发结合不够，创新活动与产业需求脱节的现象依然存在。市场在科技创新资源配置中的作用有待加强。

（四）能源机制体制支撑尚需完善

综合能源管理理念没有确立。能源企业重生产、轻管理是一个长期存在的问题，能源生产思维占据主导地位，需求侧管理、系统性布局不到位。现有的煤炭价格形成机制尚不完善，目前设置了封顶限高价，却没有保底稳定价，煤炭价格一旦过度下跌，对全市经济影响巨大。政策补贴覆盖不全。国家对绿色开采实行补贴政策，但只涵盖充填开采一种方式，无煤柱、小煤柱、矸石返井等开采工艺缺乏宏观政策支持。鼓励煤矿开展智能化改造，但缺乏专项资金支撑。瓦斯利用补贴标准降低，对企业瓦斯利用的积极性也产生了影响。

三　提升对策与建议

阳泉市要争当能源革命综合试点排头兵，必须直面问题，转变发展观念，用好政策机遇，紧紧抓住能源转型的窗口期、战略期和机遇期。围绕“两个转型”“五个一体化”发展思路，锚定“构建清洁低碳安全高效现代能源体系”根本目标，从以下五方面发力。

（一）加快建设煤炭绿色基地

稳定煤炭开发规模。在确保安全的前提下，发挥煤炭压舱石作用，稳定煤炭供应。加快在建的西上庄、坤宁矿井建设。做好煤炭中长协合同签订履约工作。2025 年产能力争达到 6500 万吨，2027 年随着资源枯竭型煤矿关闭退出，产能力争稳定在每年 6000 万吨左右。鼓励企业采用先进煤炭洗选技术工艺及装备，提高原煤入洗率和煤炭质量。2023 年全市洗选煤先进产能占比达到 28%，2025 年达到 32%，2027 年达到 35%；入洗率稳定在 80% 以上。

推进煤矿提质赋能。大力建设现代化智能、绿色、高效煤矿，推动煤矿洗选升级，提高产品清洁水平。建议国家加大煤矿绿色开采和智能化政策倾斜力度，补贴优化覆盖更多高瓦斯突出矿井，提高煤矿绿色智能升级改造积极性。2023 年 180 万吨/年及以上生产煤矿智能化改造全部开工，2025 年建成 20 座智能化煤矿。

推动建设绿色矿区。大力推广煤矿开采新技术、新工艺、新材料、新设备，实现绿色开采。大力推进矸石充填开采，促进存量矸石全部开采回填，建设东坪煤业连采连充、西上庄煤矿井下矸石智能分选试点示范工程，积极推动和谐煤矿小煤柱绿色开采，有效提升煤炭资源的回收率。

提升煤层气抽采利用水平。一方面，加强煤层气和煤炭抽采联动，提高煤层气勘查和科研投入。开展煤炭采空区（废弃矿井）煤层气抽采试验，有效开发利用采空区煤层气资源。另一方面，丰富煤层气利用形式，拓宽供热发电等基础应用。鼓励开展矿井低浓度瓦斯高效脱氧脱氮分离提纯技术与示范、低浓度瓦斯蓄热氧化井筒加热等技术研究与应用。

完善煤炭外运体系。实施阳涉铁路电气化改造，推动西上庄煤矿铁路专用线、盂县东铁路专用线，盂县北综合货站铁路专用线建设和阳大铁路向南延伸、华阳一矿铁路装车站场改造等工程，形成南北向煤炭运输主干线，实现矿区煤炭由公路运输向铁路运输的转变。支持盂县和郊区煤矿、电厂铁路支线建设，优化装车点和物流园区建设布局。积极谋划推进东陆港建设项目，提高全市煤炭外运能力。

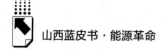

改造升级煤基产业链。发挥无烟煤生产基地优势，推动煤化工行业转型发展。深入研究无烟煤化工采用常压 UGI 炉的传统气化工艺，积极打造无烟煤汽化炉。最大程度利用公用工程与气化岛优势，为平定园区 PBAT 等项目做好水、电、气供应以及后勤服务，实现创收减亏。

（二）提速电力外送基地建设

推进“源网荷储”布局。“源”端加快构筑煤电、风电、光伏等多元能源供应体系。“网”端完善电网主网架结构，实施配电网扩容改造和智能化升级，提升配电网柔性开放接入能力、灵活控制能力。“荷”端积极引进产品附加值高、能源消费少的新兴产业，优化产业结构。鼓励企业优先使用新能源电力。“储”端发挥独立储能、抽水蓄能在电力系统调峰调频功能，加快储能电站建设。

用好国家、省关于“源网荷储”相关政策。力争将高新区列入省级“源网荷储”一体化推进试点。努力在市域范围内打造一批小而精的“源网荷储”项目。积极推广华阳天成“光储网充”示范项目，积极谋划奇峰屋顶分布式光伏、兆丰铝电独立储能电站、亚美屋顶分布式光伏等项目，在全市形成集聚效应，让“源网荷储”蔚然成风。

积极发展抽水蓄能和新型储能。推动盂县上社抽水蓄能电站尽快开工建设，推动盂县梁家寨抽水蓄能站从国家抽水蓄能中长期规划备选项目清单调整为重点实施项目，谋划平定小型抽水蓄能电站项目，形成滚动接续良好局面。推动青于蓝容释储能高新区独立储能、弘盛通独立储能电站项目建设进度，提高电力系统调峰调频能力。

增强煤电发展后劲。推动华阳建投阳泉热电 2×66 万千瓦项目年内实现双机投运。督促鑫磊电厂尽快实现股权转让，力争实质性开工。加快阳光二期“上大压小”项目建设，争取 2023 年取得实质性进展。有序推进全省 30 万千瓦以下煤电机组分类处置，加快煤电机组“三改联动”，促进燃煤自备电厂、瓦斯电站参与调峰。

统筹布局新能源建设。推进煤炭和新能源一体化发展。加快全市废弃矿山和废旧矿区绿色资源再利用，鼓励煤炭企业参与新能源建设，建设指标向煤炭企业倾斜，协同推动风电光伏基地、煤电企业配套储能和新能源消纳建设，实现由“传统火电”向“风光水火储”多能互补的电源结构转变。有序推进集中式风光项目建设。

综合推进分散式新能源发电。利用农村闲置土地、农房屋顶、养殖大棚和农业大棚等开展乡村振兴光伏计划；利用市域各类交通沿线、高速公路边坡、服务区、收费站及匝道，车站、机场等交通枢纽开展交通廊道光伏计划；利用“光伏+建筑”开展整县区分布式屋顶光伏计划。

加快完善电力外送基础设施。全面构建阳冀能源合作框架，统筹布局电源、电网建设，着力打造阳泉冀南电力产业共同体，大力探索电力合作新模式。利用全市电力输送通道和风电、光伏、火电“打捆”送出去的优势，促进新能源与传统能源融合，持续提升全市新能源电力外送能力。提升电网升级改造水平，建设坚强电网、智慧电网。

（三）推动能源消费方式转型

加强能源消费“双控”。统筹规划编制企业、区县碳达峰碳中和路线，强化能源预算管理，实现由能耗“双控”向碳排放“双控”转变。优化能耗“双控”考核方式，建议外送电机组和“十四五”新建超超临界机组能耗单列。健全能耗、碳排放监管机制，加强预警监测，严管红线，坚决完成省定目标任务。

优化能源消费方式。完善煤电长协消费模式，确保能源供求关系稳定。引导支持煤、电、冶、化、建材等多种产业一体化集约发展，构建稳定的能源消费市场。构建能源消费共同体，建设工业园区集约化能源公用岛。严格落实新增可再生能源和原料用能不纳入能源消费总量控制要求和国家重大项目能耗单列政策要求，强化重点用能企业管理。

构建低碳产业体系。围绕增链、延链、补链、强链，实现产业上、中、下游深度协作，重点发展低能耗、低排放的非煤产业、战略性新兴产业以及现代服务业，积极构建节能低碳的产业体系。进一步推进煤炭、电力、瓦斯、余热的分质利用，大幅提升能源利用效率，发挥能源最大效益。

（四）实施能源科技创新赋能

加强数字能源建设。推动能源领域云网边端融合发展，加强能源综合治理，促进能源数据共建共享，推动能源产业数字赋能，完善能源领域数字化基础设施，拓展数据中心功能，建设1000座5G基站，实施千兆光网升级行动，积极打造“数智新城”。

推进智能矿山建设。围绕煤炭智能化开采，加快煤炭产业数字化改造。强化大数据、人工智能、物联网、云计算、区块链、5G等数字技术与煤矿开拓、采掘、运通、洗选、安全保障、经营管理等全领域、全方位、全流程的深度融合。

深化能源科技研究与应用。着眼“三高”煤炭开采、煤炭资源枯竭、生态环境保护对能源发展的制约，组织重点科研技术攻关。鼓励引导能源技术突破和示范应用。重点支持新型建筑保温材料、氢燃料电池、石墨烯等领域基础创新、技术突破及产业化应用。加大全产业链氢能技术研发力度，推动氢能利用场景示范。

（五）深化能源管理体制变革

完善能源综合改革政策机制。加强能源综合改革的规划引领，全面分解落实《阳泉市综合能源发展“十四五”规划》，适时编制能源领域数字化转型发展、煤炭清洁高效利用、能源领域碳达峰碳中和等专项实施方案，建立一套完整的政策指导体系，有步骤分计划推进能源革命综合改革。

深化能源市场化改革。发挥大集团“抱团取暖”优势，探索建立煤炭稳价机制，抑制煤价超出合理区间过度下跌或上涨带来的不利影响，确保煤炭供需平衡稳定。深化电力市场改革。鼓励企业积极参与全省虚拟电厂建设，提升“源网荷储”一体化水平。积极推动完善市场核心规则框架。

培育适应能源转型发展的市场主体。引导传统能源企业向新能源、新材料领域转型发展，向综合能源服务商延伸；积极打造培育大型煤炭仓储物流企业；积极引入或培育专业化的综合能源服务公司。优化企业管理体系。促进华阳集团、晋能控股、潞安化工、裕光电厂等上下游产业一体化发展。

加强政策引导和调控。积极争取更多煤矿绿色智能开采政策福利，提高煤矿绿色智能化发展水平。落实煤层气资源税优惠和利用补贴政策，提高瓦斯利用企业积极性。完善风电、光伏发电与林地、土地协调发展的支持性政策，提高风电、光伏发电开发利用效率。建立健全新能源项目投资准入政策，保障新能源开发秩序。

参考文献

[1] 刘汉元、刘建生：《能源革命：改变21世纪》，中国言实出版社，2010。

[2] 国家发改委、国家能源局：《氢能产业发展中长期规划（2021~2035年）》，2022年3月23日。

[3] 郑海鸥：《深入推动能源革命　促进绿色低碳发展——农工党中央调研组对北京、宁夏等地开展重点考察调研》，《人民日报》2022年7月5日。

B.17
晋中市：沿“绿”而行绘底色 向“新”而进促转型

王　帅*

摘　要： 能源革命综合改革试点是习近平总书记亲自赋予山西的重大使命，是晋中必须扛牢践行的政治担当。晋中市以科学有序推进“双碳”目标为牵引，深入贯彻习近平总书记赋予山西的能源革命综合改革试点重大历史使命，深入贯彻“四个革命、一个合作”能源安全新战略，全力走好“双碳”目标引领下的经济高质量发展之路，在加快转型发展中干在实处、走在前列。本文总结概括了晋中市在深化能源革命、推动转型发展中取得的三方面成绩：交好减碳增效新答卷，构建降碳节能新格局，壮大低碳转型新动能；分析了面临的战略机遇叠加、区位优势凸显、自然资源富集等历史机遇，以及能源结构调整任务艰巨、规模化开发利用较低、新能源接入和消纳方面亟须强化等不利因素，从建设国家级甲醇经济示范区、提升煤炭供给质量、打造非常规天然气开发利用示范地、增强绿电发展动能、推进绿色低碳科技革命、推动能源新装备走向智能化、优化能源消费结构推动能源消费绿色低碳转型等七方面提出举措、进行展望。

关键词： 能源革命　绿色低碳　甲醇经济　晋中

---

* 王帅，任职于晋中市政府办公室。

能源革命综合改革试点是习近平总书记亲自赋予山西的重大使命，是晋中必须扛牢践行的政治担当。晋中和山西一样，煤炭是工业经济的重要支柱，贯穿各个产业。近年来，晋中市以科学有序推进“双碳”目标为牵引，以“等不得、急不得”的责任感、“时时放心不下”的紧迫感狠抓落实，深入贯彻党中央赋予山西的能源革命综合改革试点重大历史使命，深入贯彻“四个革命、一个合作”能源安全新战略，把煤炭与生态环境、产业转型结合起来，积极探索清洁高效、低碳安全的绿色能源发展之路，加快推进能源产业“五个一体化”融合发展，全力走好“双碳”目标引领下的经济高质量发展之路，在加快转型发展中干在实处、走在前列。

一　主要做法

（一）坚决扛起能源安全政治责任，夯实“稳产”基础，交好减碳增效新答卷

胸怀“国之大者”，以高度的政治清醒、绝对的政治忠诚、强烈的政治担当充分认识能源安全的全局性、战略性地位，统筹保障煤炭稳定供应与绿色开采，协同解决能源安全与资源高效利用问题。

1. 以“一矿一策稳产保供”行动确保任务不折不扣落实

晋中煤炭资源探明储量 271.6 亿吨，是保障国家能源安全的重要基地之一。晋中市按照山西省委省政府“三稳三不准”要求，在 8 个产煤县（市、区）开展“一矿一策稳产保供”行动。2022 年，全市煤炭产量达到 1.16 亿吨，创历史新高，每天约 31.8 万吨煤炭源源不断被运出井口，为缓解全国燃“煤”之急作出了晋中贡献；煤炭行业工业增加值 890.9 亿元，占全市 GDP 的 36.5%，拉动全市 GDP 2.54 个百分点，成为稳住全市经济大盘的重要“压舱石”。同步布局建设标准储煤场所，加快“公转铁”、多式联运体系建设，全面提升综合储运能力，推动煤炭产供储销闭环高效流通、保障有力。

2. 以煤炭智能化建设工程推动行业清洁低碳发展

建设智慧矿井既是发展所趋，也是推动煤炭高效、清洁、安全生产的重

要路径。晋中市深化煤炭行业供给侧结构性改革，以技术变革为主线，以生产过程少人化、无人化为方向，以典型示范、系统优化为路径，加快智能化矿井改造，拓展5G智能化应用场景，全市形成145个智能化采掘工作面，寿阳新元煤矿建成全国首座5G矿井，在全国煤炭行业首次应用“掌上智能作业管理平台”，智能化步伐走在全国前列，2022年底通过国家首批智能化示范矿井验收。

3. 以碳基新材料项目倍增计划引领煤炭多元高端利用

晋中以煤为主的基本市情短期内难以改变，加快煤炭高端化、多元化、低碳化发展，实现从燃料向原料、材料、终端产品转变是必然选择。晋中市积极探索“分级分质、能化结合、集成联产”新型煤炭梯级利用方式，布局“煤焦油—针状焦—负极材料—汽车电池—化学储能”碳基新材料产业链，建成以昔阳尚太锂电、介休华舜负极材料、祁县鑫丹源负极材料等为代表的20余个碳基材料项目，其中尚太锂电负极材料项目三期20万吨生产线年底全部投产达效后，将成为全国最大的负极材料生产基地。

（二）坚决担起能源革命重大使命，强化“多元”支撑，构建降碳节能新格局

晋中市以科学有序推进“双碳”目标为牵引，深入贯彻党中央赋予山西的能源革命综合改革试点重大历史使命，深入贯彻“四个革命、一个合作”能源安全新战略，立足能源结构、产业结构，在发挥煤电调峰和兜底保供作用的基础上，积极发展清洁替代能源，构建煤炭和新能源多能互补、优化组合的供应体系。

1. 强规模壮实力，加快构建新能源支撑体系

瞄准新能源规模化、高质量发展战略方向，以夯实安全可靠替代基础为目标，实施“风光倍增”工程，全市风光和生物质等新能源发电装机容量占比达到32.8%；27个在建项目全部达产后，新能源发电装机容量占比将超过50%。构建“新能源+储能”发展模式，加快推进“1+5+5+N”抽水蓄能项目，建设源网荷储一体化多能互补新能源基地。加大煤成气增储上产

力度，晋中横跨沁水、霍西两大煤田北部，预测资源量约为 2.56 万亿立方米，占全国 35 万亿立方米的 7.2%，占全省 8.31 万亿立方米的 30.8%，居全省第 1 位。晋中市立足资源优势，打造非常规天然气开发综合利用基地，19 个煤成气区块获得探矿权，2022 年全市煤成气产量 6.85 亿立方米，“十四五”末煤成气年产量将达 20 亿立方米；现有油气长输管道总长度约 868 公里，覆盖全市（榆社除外），输气能力达每年 30 亿立方米。

2. 严监管破壁垒，纵深推进能源体制机制改革

把握节能降耗总要求，以技术创新严格用能监管，实施重点用能单位能耗在线监测，全市规上工业能耗强度同比下降 14%；加快煤电机组节能降碳改造、灵活性改造、供热改造“三改联动”，持续降低发电煤耗，2022 年全市煤电机组改造规模达 300 万千瓦，超额完成省定任务，平均供电煤耗下降约 9.4 克标准煤/千瓦时。将火电、钢铁、焦化等重点排放行业纳入碳市场涵盖范围，倒逼山西陆矿工贸、介休茂胜热电等一批小型火电机组有序淘汰，引导山西耀光、华能左权等大型煤电机组绿色升级，加快能耗“双控”向碳排放总量和强度“双控”转变。

3. 育主体抓创新，加快推进绿色低碳科技革命

从创新主体培育、技术攻关、创新载体建设、产学研合作等方面发力，积极推进能源领域产业低碳转型发展。2022 年底，全市共有 102 家能源领域高新技术企业，占高企总数的 33%；研发投入 16.8 亿元，拥有有效知识产权 1949 件，销售收入 339.8 亿元，为能源革命综合改革试点工作提供了有力的创新动能。制定出台《关于支持科技创新的若干措施》，鼓励引导企业加大研发投入，创建创新载体平台，激发创新活力。截至 2022 年底，全市能源领域有省级重点实验室 1 家、省级技术创新中心 2 家、工程技术研究中心 2 家、省级科技成果转化示范企业 2 家。

（三）坚决打好产业升级攻坚战役，校准“调优”方向，壮大低碳转型新动能

坚定走习近平总书记为山西指引的资源型经济转型光明大道不动摇，紧

扣“产业结构优化升级”重点不松劲，锻长补短推动动力深度转换，加快经济低碳转型。

1. 延链强链聚合新兴产业

把引育龙头、拉长链条作为主方向，把推行“链长制”作为主抓手，聚焦高端装备制造、现代物流、新材料等 8 个新兴产业集群，发挥产业链“链长”服务员、协调员、牵线员“三大员”作用，推动建链延链补链，力争年内产值破千亿元。聚力打造新能源汽车产业链，建立“政府+链主+产业园”联动模式，在市内集聚 16 户零部件配套企业的基础上，积极推动与全省 150 余户汽车关联企业开展合作，提升产业协同创新和稳定配套率；绘制全产业链条招商图谱，面向国内外再加快引进一批重要零部件配套项目，依托尚太锂电项目实现动力电池等关键环节零部件本土生产，增强新能源汽车产业链控制力。2022 年，全省新能源汽车产业链“链主”企业吉利晋中基地产值历史性突破 200 亿元，达到 233 亿元，较上年翻了一番，产能由 10. 5 万台提升到 20 万台，产量占到全省的 95%，在全省链条最长、产量最大、资质最全。全市战略性新兴产业增加值增长 28. 7%。

2. 创新革新提升传统产业

传统产业是推动产业转型两个方面之一，晋中市坚持以增强生存力、发展力为方向，突出智能化、绿色化、服务化，加快传统行业存量项目改造，完成 10 个焦化技改项目，实现焦化全行业干熄焦、大机焦运行；实施总投资 500 亿元的特钢闭环产业链，推动 300 万吨的废钢回收加工项目落地建设。以技术创新、标准创建、平台创设赋能碳素、玛钢、玻璃器皿等传统特色产业，晋阳碳素等企业参与 17 项国家及行业标准制定，引领晋中传统碳素产业实现向高附加值低能耗石墨市场的战略性转移。昔阳尚太锂电三期投运、四期落地，将成为全国最大的负极材料生产基地。中晋太行全球首套焦炉煤气氢基直接还原铁技术世界领先，和顺银圣氧化镁突破国内硅钢生产“卡脖子”技术。太谷玛钢、祁县玻璃器皿、平遥牛肉和推光漆器入选全省首批十大重点专业镇，数量全省最多，玻璃器皿产业集群入选全国中小企业特色产业集群百强名单、全省唯一。

3. 谋划长远发展甲醇经济

甲醇低碳、含氧、富氢，具有安全性、经济性、环保性等特点，原料主要是煤、焦炉气和生物质等，符合我国“富煤贫油少气”的国情，是燃料领域的最佳替代品。晋中作为全国最早从事甲醇燃料和甲醇汽车应用的试点城市之一，甲醇资源丰富，产业技术成熟。为了有效激活资源和产业优势，统筹保障能源安全和促进经济发展，切实解决能源生产和消费活动碳排放问题，晋中市瞄准甲醇经济突破口，发挥吉利晋中基地全省新能源汽车产业链“链主”作用，发展甲醇燃料、推广甲醇汽车，努力推动现代特色煤化工与汽车先进制造业协同发展，全力打造甲醇全产业链经济新生态，全力在保障国家能源安全中作出晋中贡献。目前，全球首款醇电混动轿车下线，全国首条年产 1 万台甲醇重卡生产线投产，举办全市甲醇重卡集中签约暨整车交付仪式，与省属国企达成采购意向 2700 余辆，已交付（签约）甲醇重卡超 2000 辆，建成甲醇加注站 29 座，甲醇经济成为中部地区先进制造业基地新标识。

4. 积厚成势做强优势产业

晋中在全省拥有独一无二的国家农高区品牌、得天独厚的文化旅游资源。晋中扬优势、锻长板，一手抓“国字号”品牌龙头带动，瞄准农业“特”“优”方向，推动农产品精深加工 10 大产业集群集聚，全年农产品加工销售收入有望突破 370 亿元，增长 15%以上；一手抓国家级文旅融合发展示范区创建，实施文旅融合五大行动，全面启动包括平遥古城在内的千处重点文保单位保护性修复，项目化推进文物保护利用和非遗保护传承，做优平遥牛肉、推光漆器、老陈醋等特色品牌，促进文旅、文物、文产、文创融合发展，打造集“体验、互动、跨界”于一体的“云上晋中”文旅融合 4.0 版，加快把文旅产业培育成晋中战略性支柱产业。

二 面临的形势

在取得成绩的同时也应看到，当前世界能源供需格局深刻调整，地缘政治因素加剧能源供应的不稳定性。从发展环境和晋中自身条件看，推动能源革命既有有利条件，也面临制约因素。

（一）有利因素

一是战略机遇叠加。党的二十大报告强调有计划分步骤实施碳达峰行动，规划建设新型能源体系。山西省委省政府明确深化能源革命综合改革试点，提出建设打造“五大基地”（煤炭绿色开发利用基地、非常规天然气基地、电力外送基地、现代煤化工基地、煤基科技创新成果转化基地）战略目标。在此背景下，以煤炭为代表的化石能源肩负着能源安全和低碳转型双重任务，清洁电力成为新增主体，现代煤化工向高端化、多元化、低碳化方向加快发展，“十四五”时期山西将在煤炭供应安全兜底、电力供应稳定可靠、非常规天然气增储上产等方面进一步彰显责任担当，全力保障国家能源安全。

二是区位优势凸显。晋中作为毗邻太原的地级市，与太原共为山西中部城市群和城市核龙头，产业基础扎实、门类齐全，特别是新能源汽车、高端装备制造、碳基循环等 8 大新兴产业集群成势。省委省政府明确支持晋中开展甲醇经济试点，支持晋中加快建设甲醇汽车运营示范城市，支持吉利晋中基地持续优化提升甲醇汽车和甲醇燃料产业关键技术，积极研发甲醇重卡和醇电混动轿车等产品，打造产研一体的国际级甲醇汽车生产基地。

三是自然资源富集。晋中市资源品类丰富，是山西三大煤炭基地之一。煤层气储量多，横跨沁水、霍西两大煤田北部，预测资源量约为 2.56 万亿立方米，占全国 35 万亿立方米的 7.2%，占全省 8.31 万亿立方米的 30.8%，居全省第 1 位。抽水蓄能基础好，水资源总量约为 10.9 亿立方米，大部分河流流经地域山势陡峭，落差大，具备建设抽水蓄能电站的天然优势。新能源资源充足，全市大部分范围 70 米年平均风速大于 5.0 米/秒，具备开发建设风电场条件，全市属于太阳能资源三类地区，全年太阳日照时数平均为 2530.8 小时，适合开发建设光伏发电项目。

（二）制约因素

一是能源结构调整任务艰巨。煤炭依旧是能源主体，“双碳”目标愿景下能源结构的低碳进程迫切需要提速。晋中处于山西电网中部，榆横—潍坊、蒙西—晋中两条1000千伏交流特高压线路在此交汇，建设抽水蓄能项目对构建新型电力系统、保障能源安全具有重要意义，亟待加速推进。

二是规模化开发利用较低。重点是煤层气开采方面，虽然晋中煤成气资源较为丰富，但存在勘探开发地质条件复杂、开发难度大、进展缓慢、存在技术瓶颈、配套扶持政策不完善等困难，抽采利用还没有形成较为完整的产业链条、瓦斯利用方面短板明显，未实现规模化开采利用。

三是新能源接入和消纳方面亟须强化。能源生产从“基地式为主”向“基地式和分布式”并举的方向转变，晋中适合开发风电光伏的新能源资源主要集中在榆社、左权、和顺、昔阳、寿阳等东山5县，但上述各县电网架构相对薄弱，配电网建设相对滞后，不能完全满足新能源发展需要，亟须发展新能源配套储能、建成新能源汇集站等应用项目，增强绿电消纳和接入能力。

三　未来展望

晋中深入贯彻落实习近平总书记“四个革命、一个合作”能源安全战略重大要求，坚守“五大基地”战略定位，紧抓碳达峰、碳中和的窗口期，扛起转型发展和能源革命“两大使命”，一体谋划、协同推进，加快构建清洁低碳、安全高效的现代能源体系，在转型发展中扛牢能源保供政治责任，在能源革命综合改革中彰显转型发展成效。

（一）建设国家级甲醇经济示范区，打造山西中部城市群制造产业新地标

这是山西省委省政府赋予晋中的重大使命，是实现“双碳”目标的战略抉择，是加快转型蹚新路的必然举措，是推进高质量发展的晋中担当。下

一步，布局“一区两园三体系”。一区，即国家级甲醇经济示范区；两园，即甲醇汽车高端装备制造园、绿色甲醇循环经济产业园；三体系，即构建核心主导产业、支撑服务产业、示范应用场景三大产业体系。实施甲醇经济“11155”发展工程，即建设年制备总量达100万吨的绿色甲醇生产项目，布局100座甲醇加注站，年产10万台甲醇乘用车，建设年产5万辆甲醇增程重卡项目，建设5个甲醇低碳小镇发展目标。加大汽车推广应用。用足用好山西省工信厅等十厅局15条扶持政策，制定购买甲醇汽车补贴政策，从路权优惠、加注体系、应用推广等方面拿出一系列“真金白银”的措施，采取“行政激励+市场引导”方式，在全省逐步打开应用场景。提高产业链本地配套化率。用好招商“十二式”，落实项目建设“四全工作法”，围绕汽车产业链强链延链补链，大力抓招商引资和项目建设。下一步，将组建甲醇经济示范区建设运营公司，设立产业发展基金，优化体制机制，市场化推动产业链及配套项目落地建设。市里将统筹土地、能耗、环境容量等指标，做到要素跟着项目走，以市场化、法治化、国际化一流营商环境为甲醇经济示范区建设赋能。加强科技创新成果转化。一方面，与中科院、南方科技大学及驻地高校开展合作，共建甲醇经济产业研究院，开展科研攻关、技术合作，抢占甲醇科技创新制高点，实现从煤制甲醇到绿色甲醇的动能转换，推动甲醇产业链更多成果在晋中转化落地；另一方面，发挥晋中大学城和职教港的先天优势，加快青年发展友好型城市建设，在全省率先出台了柔性引才实施办法，对招引的人才给予一次性奖励，对在晋中企事业单位就业的人才购买甲醇汽车给予3万元奖励，为甲醇经济发展持续不断注入科技创新人才和高质量产业工人。

（二）提升煤炭供给质量，打造煤炭清洁高效利用探索地

一是强化煤炭生产稳供，坚持“一矿一策”逐矿明确停缓建煤矿分类处置意见，推动具备条件的停缓建煤矿尽早开工复工，持续推进七元、泊里2座500万吨/年特大型煤矿建设，2023年全年总产量达到1.27亿吨。二是加快煤矿智能化建设。推进大数据、5G工业互联网、人工智能等先进技术

在煤炭产业的融合作用，发挥寿阳新元5G智慧矿山先发优势，打造寿阳智能化矿井示范县。不断拓展智能场景应用，推动煤矿智能化建设再上新台阶。三是建立健全煤炭储备体系，构建煤炭高效物流体系，能源基础设施和保障能力显著增强。

（三）加快开采勘探利用，打造非常规天然气开发利用示范地

一是推进煤成气增储上产。按照“一区一策”分层次推进煤层气勘探开发，推动寿阳开发区块周边滚动勘探、实现“上产”；推动和顺横岭、榆社—武乡、榆社东等勘探区块重点勘探，尽快“建产”；推动马坊东、景尚东等新出让区块风险勘探，尽早“试采”；推动寺家庄、左权等煤矿矿区瓦斯治理合作共采，实现“稳产”，确保全市煤成气产量稳定在6.6亿立方米以上。二是加强煤成气管网及配套设施建设，优化输气管网布局，力争到2025年长输管线突破1280公里。三是扩展煤成气下游综合利用，大力推进“气化晋中”建设，鼓励太谷玛钢、祁县玻璃实现煤成气绿色清洁替代。支持昔阳建设煤层气制金刚石项目，推进和顺光伏压延玻璃及配套深加工等以煤成气为燃料的工业项目，提升煤层气综合消纳利用。

（四）加快发展新能源和抽水蓄能，增强绿电发展动能

一是推动列入开发计划的风电光伏项目尽快建成投产，东山风光储多能互补新能源发电基地进一步做大做强。推动分布式新能源多场景开发利用，实现新能源与多行业融合发展。二是推动新能源配套储能和独立储能电站建设，实现“新能源+储能”协调发展。推进左权、榆社、和顺抽水蓄能项目纳入国家规划。加快推进昔阳100MW/200MW共享储能基地试点示范项目、华能昔阳百万千瓦风光储能基地、祁县80MW光储一体化+乡村振兴示范等项目建设，力争到2023年底全市新能源和清洁能源装机达450万千瓦，达到总装机容量的40%以上。三是加强配套电网建设，推动晋中左权500千伏汇集开关站新建工程、晋中寿阳220千伏汇集站新建工程前期工作实现尽快开工，进一步提升电网对新能源的消纳能力。

（五）加快能源新技术攻关，推进绿色低碳科技革命

顺应能源技术革命新趋势，以绿色低碳为方向，加快能源领域技术攻关，深化与太原理工大学、山西能源学院的合作。依托晋中职业教育园区和重点实验室、工程技术研究中心，积极争取重大战略项目和国家级、省级科技重大专项。开展光伏电池及组件技术、甲醇清洁燃料高效应用技术等技术攻关，组织实施好晋能光伏技术有限责任公司与陕西师范大学联合揭榜的“适用于光伏建筑一体化的半透明太阳能电池模组开发”等技术攻关项目。

（六）推动煤炭由燃料向新材料、高端碳产品转变，推动能源新装备走向智能化

一是延伸煤炭清洁转化产业链，推动建设昔阳锂离子电池负极材料项目，构建全国最大的负极材料生产基地。以祁县、太谷为重点，大力培育石墨烯、超级电容炭等高端碳材料，打造碳基新材料工业园。二是建设绿色焦化产业基地，重点推进大机焦项目建设，2023 年底前 4.3 米焦炉退出。力争到 2025 年末大机焦项目全面建成，总产能达到 2000 万吨，市场竞争力和环保水平达到历史最优，形成“焦化并举，上下联产”的先进产业格局。三是打造能源新装备产业，推进山西奥泰科工贸集团新型大型智能煤机制造项目建设、山西联安矿用设备有限公司矿用变频器及智能自动化巡检机器人系统项目建设。

（七）优化能源消费结构，推动能源消费绿色低碳转型

一是推进能源消费“双控”工程，科学分解省下达的“十四五”能耗“双控”任务。通过倒逼传统产业转型升级、优化配置增量用能、推动六大高耗能行业持续节能降耗、做好重点行业绿色升级工程，确保实现“十四五”能耗控制目标。二是全面贯彻落实国家、省煤炭消费减量替代政策措施要求，对所有新建、改建、扩建耗煤项目严格落实煤炭消费减量替代。三

是继续推广绿色建筑节能。从规划上明确、设计上规范、施工中监督，新建建筑全部按照绿色建筑标准进行设计，公共建筑全部执行一星级及以上标准，超限高层执行三星级标准。四是深入实施绿色交通行动，加快构建绿色公共交通体系。扩展新能源和清洁能源车辆的使用范围，晋中市城市公交车辆、巡游出租车的新增、更新将全部使用新能源或甲醇车辆。

B.18

长治市：聚焦三大目标 争当能源革命排头兵

王爱军　李　腾*

摘　要： 能源是一个城市高质量发展的重要基石。近年来，长治市坚持以习近平新时代中国特色社会主义思想为指导，全面贯彻党的二十大精神，认真落实省委省政府关于能源革命综合改革的一系列决策部署，聚焦构建安全高效绿色低碳现代能源供应体系、打造全国用能洼地、发展“能源+”新产业新业态三大目标，高起点谋划、大力度推进、全方位实施能源革命，绿色低碳能源体系建设取得重大阶段性成效。在新的征程上，长治市将把能源革命贯穿高质量发展和现代化建设全过程，全面践行绿色发展理念，进一步优化能源多元供应体系、改善能源消费结构、加强能源领域科技创新，强化能源对外合作，努力争当全省能源革命排头兵，为把长治建设成全国资源型城市产业转型升级示范区、打造成现代化太行山水名城提供重要的能源保障。

关键词： 绿色低碳　能源革命　“能源+”　长治

近年来，长治市坚持以习近平新时代中国特色社会主义思想为指导，全面贯彻落实党的二十大精神，按照“四个革命、一个合作”能源安全新战

* 王爱军，长治市人民政府发展研究中心主任，主要研究方向为经济转型、低碳发展和能源政策；李腾，长治市发展改革委能源发展科科长，主要研究方向为新能源发展和能源经济。

略，立足新发展阶段，完整、准确、全面贯彻新发展理念，构建新发展格局，全面落实省委省政府关于能源革命综合改革的一系列决策部署，聚焦构建安全高效绿色低碳现代能源供应体系、打造全国用能洼地、发展“能源+”新产业新业态三大目标，先行先试、大胆探索，努力争当全省能源革命排头兵。

一　主要举措

长治市加强组织领导，制订行动计划，建立工作机制，强化监督考核，确保能源革命综合改革各项试点工作落细落实。

（一）加强组织领导，持续高位推动

长治市委市政府高度重视能源革命综合改革试点工作，成立由党政一把手任组长的能源革命综合改革试点工作领导小组，将能源革命有关要求列入市委常委会、市政府常务会学习内容，及时开展学习，全面、准确理解有关工作要求。市委市政府就能源革命综合改革试点及相关工作多次作出批示要求，召开专题会议部署安排；深入县区、企业调研能源工作，实地解决企业困难；与中国能建、天风胜联、国电投等国内知名能源企业开展交流座谈，签订战略合作协议；积极同清华大学、太原理工大学、山西能源互联网研究院等高校、科研机构建立合作关系，推动能源科技创新。

（二）制定行动计划，完善顶层设计

根据山西省委省政府关于能源革命最新工作要求和《山西能源革命综合改革试点 2022 年行动计划》，结合长治市实际，制定印发《长治市能源革命综合改革试点 2022 年行动计划》，分别从 6 个领域明确了 24 项重点工作任务。同时制定《长治市煤炭增产保供和产能新增工作方案》《长治市 30 万千瓦以下煤电机组分类处置实施方案》《长治市非常规天然气提升上产 2022 年实施方案》《长治市关于促进全市煤炭绿色开采的意见》《长治市

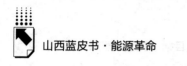

2022~2023年迎峰度冬能源保供工作方案》《2022年度长治市深入推进煤矿智能化建设实施方案》，不折不扣地落实省委省政府的各项工作要求。

（三）建立工作机制，加强工作对接

建立能源革命月度总结、能源领域重点工程项目月调度、抽水蓄能项目“周调度、月通报、季总结”机制以及“新能源+储能”月报等工作机制，定期向省领导小组办公室报送能源革命各项工作进展情况。建立“一对一”包县制度，指派专人跟踪各县区项目推进情况，及时督促抓好落实。同时，加强与省发改委的沟通对接，多次赴省发改委汇报工作进展，较好地完成了省里交办的各项工作任务。此外，建立长治市能源革命综合改革试点工作联动机制，编制长治市能源革命综合改革试点工作简报，2022年印发简报166期，极大地提升了各级各部门的工作积极性，形成了争先进位、比拼赶超的工作氛围。

（四）强化监督考核，确保任务落实

持续开展能源革命综合改革试点考核工作，发挥考核“指挥棒”作用，强化正面激励与反向约束，将日常工作推进情况作为年终考核的重要依据之一，充分调动各县区、各部门工作积极性，以日常工作扎实推进确保各项年度目标任务圆满完成。

二　工作成效

为构建现代绿色能源体系，近年来长治市以能源供给、消费、技术、体制、对外合作为关键环节，大力度实施、全方位推进能源革命各项工作，能源革命取得了阶段性成效。

（一）聚焦能源供给革命，构建安全高效绿色低碳现代能源供应体系

近年来，长治市围绕“六大基地”建设，不断深化能源供给侧结构性

改革，加快改造传统能源产业，大力发展清洁能源产业，着力推动煤炭与新能源优化组合，清洁低碳、安全高效的能源供给体系正在加速形成。

1. 加快建设煤炭绿色开发利用基地

一是确保煤炭产量。制定印发《长治市煤炭增产保供和产能新增工作方案》，将全年煤炭产量及产能核增任务分解细化到各产煤县区和有关煤矿企业。在与省政府签订《能源安全保供工作责任书》的基础上，将煤炭增产保供和产能新增工作任务又分解至沁源、武乡、襄垣、上党、长子等县区，进一步明确了县区的年产量、日产量、产能核增、建设矿井投产等目标任务。2022 年长治市原煤产量累计完成 1.71 亿吨，同比增长 7.99%。

二是推动产能新增。2022 年善福、辛呈 2 座新建矿井竣工投产，金星、上庄和大峪煤矿进入联合试运转，增加产能 390 万吨/年。全市 8 座煤矿取得省能源局产能核增批复，净增产能 390 万吨/年。截至 2022 年底，全市生产煤矿 96 座，总生产能力 16150 万吨/年，先进产能占比 80%。

三是加快煤矿智能化建设。截至 2022 年底，全市共有 4 座智能化示范煤矿。其中，高河煤矿已通过国家能源局验收，达到了一类中级智能化煤矿标准，成为全省首座通过国家级智能化示范煤矿验收的矿井；潞安李村、晋能王庄 2 座试点煤矿已向省能源局报请验收，晋能三元煤业智能化矿井基本建成。全市智能化采掘工作面现已建成验收 80 余处，其中智能化综采工作面 18 处、智能化掘进工作面 62 处，工作面实现减人 264 人，减人比例 23.3%，300 多处固定岗位实现无人值守，实现减人 1100 余人。

四是推行煤炭绿色开采。印发了《关于促进全市煤炭绿色开采的意见》，截至 2022 年底，长治市省级绿色开采试点煤矿累计达 16 座，13 座绿色开采试点矿井已基本建成，3 座正在建设中，涵盖充填开采、煤与瓦斯共采、覆岩离层注浆、连采连充、无煤柱等多种开采方式，矿井数量、开采方式应用等均位居全省前列。

五是组织签订中长协合同。2022 年全市签订电煤中长期合同 3242.7 万吨，完成省下达任务，全市 8 家燃煤发电企业实现长协合同 100%全覆盖。同时，积极组织协调煤矿企业与供电供热企业签订电煤合同 550 万吨，解决了长治市7~12月发电、供热燃煤紧缺的局面，并根据实际履约过程中出现的问题多次为电厂协调电煤保供。加强电煤中长期合同履约监管，建立月报制度，收集电煤中长期合同履约情况，督促煤矿企业在保证安全的前提下，合理组织生产，确保合同全额兑现。

2. 加快建设非常规天然气增储上产基地

一是力促非常规天然气增储上产。印发《长治市非常规天然气提升上产2022年实施方案》，2022年全市煤层气产量为2.18亿立方米，同比增长22.45%，完成全年目标任务（2亿立方米）的109%；煤矿瓦斯抽采量为9.28亿立方米，完成全年目标任务（8.75亿立方米）的106%。

二是做好天然气保供工作。加强监测调度，连续5年实行采暖季供用气情况日报告制度，每日对天然气供应和消纳情况进行监测，发现问题及时预警；成立舆情监测专班，及时回应社会关切，加强舆论引导，坚决防止不实炒作；督促城镇燃气企业全面落实天然气供用气合同，实现全年和供暖季供用气合同全覆盖，2022年全市天然气消费量为4.21亿立方米，同比增长6.4%，供暖季用气量2.85亿立方米，全市27家城燃企业全部足量签订供气合同；认真落实“政府3天、城燃企业5%”储气责任，储气合同全部签订，全年未出现短供断供现象。

三是加快天然气基础设施建设。开展天然气管网互联互通建设，全市长输管道总长676.8公里，除沁县、平顺县外均接通天然气管道。持续推进储气能力建设，储量1万水立方的襄垣液化调峰储备集散中心项目和6万水立方的长子川东储气调峰建设项目相继建成投产，有效提升了全市天然气储气调峰能力。

3. 加快建设电力外送基地

一是全面夯实煤电保供基础。截至2022年底，全市电力总装机1355.96万千瓦，其中传统能源发电装机1007.6万千瓦。2022年，全市发电量439.9亿千瓦时，同比增长18.89%，用电量217.08亿千瓦时，同比增长8.12%，外送电量222.82亿度，同比增长31.7%。

二是着力优化电网布局。长治市电网通过长治—南阳1000千伏线路与华中电网相连，通过潞城—辛安双回 500 千伏线路与河北南网相连，通过 17 条 500 千伏线路、6 条 220 千伏联络线与山西电网相连，基本形成以 1000 千伏特高压变电站为战略支点、以东西两座 500 千伏变电站为核心、以 220 千伏双环网为骨干、110 千伏及 35 千伏双源双变的电力网络结构。

三是大力实施“三改联动”。对传统火电机组实施节能降耗改造、供热改造和灵活性改造“三改联动”。2022 年完成 4 家企业 7 个项目，总装机 315 万千瓦。

4. 加快建设新能源和清洁能源示范基地

一是积极创建全国源网荷储一体化示范市。根据国家发展改革委、国家能源局《关于推进电力源网荷储一体化和多能互补发展的指导意见》（发改能源规〔2021〕280 号）文件精神，2022 年 9 月，市长在接受山西电视台“穿越山西的能源之旅 · 市长访谈”专访中，亲自谋划提出充分发挥煤电机组和新能源发展基础，探索开展全国源网荷储一体化示范市创建工作，为长治市能源工作指明了路径，重点推进襄垣县“源网荷储”一体化、长子县“风光水火储”一体化示范项目，目前项目建设已初见成效，为全省乃至全国提供了新鲜经验，打造了“长治样板”。

二是大力发展风光新能源。截至 2022 年底，全市新能源装机 348.36 万千瓦，较 2021 年底新增 105.65 万千瓦，其中光伏新并网 9 个项目 95.75 万千瓦，风电新并网 1 个项目 9.9 万千瓦。2022 年争取新能源建设指标 100 万千瓦，其中风电 45 万千瓦、光伏 55 万千瓦。

三是因地制宜发展生物质能。统筹全市生物质资源，在生物质能发电、清洁取暖、生物天然气等方面多元化综合开发利用。先后建设沁县生物质综合利用、屯留区生物质综合利用、上党区秸秆打捆直燃供暖、潞城区生物质气炭联产等项目。特别是屯留区生物质能试点示范工作已初具规模，到 2022 年底，全区建成和在建可腐烂垃圾沼气化综合处理站达到 21 座，总容量约 8.3 万立方米，初步解决了可腐烂垃圾无害化处理的难题。

5. 加快建设新型储能蓄能基地

一是大力推动抽水蓄能项目开工。长治市被纳入全国“十四五”抽水蓄能中长期规划的抽水蓄能项目共2个，分别是长子抽水蓄能项目和沁源抽水蓄能项目。长治市建立“三专”工作机制，成立专班，及时跟踪项目动态，统筹有序推进各项工作。目前，两个项目已被纳入国家规划，全面启动平硐施工，各项前期工作正在有序推进，力争尽快核准开工。

二是精心谋划新型储能项目建设。长治市有2个项目被列入全省“新能源+储能”试点，分别是屯留鼎轮30MW飞轮储能项目和襄垣锂离子电池40MW/80MWh+超级电容10MW/0.5MWh混合储能试点示范项目。4个项目被纳入全省新型储能建设库，3个项目被纳入全省新型储能储备库，规划总容量达到130万千瓦，实行滚动管理。

6. 加快建设现代煤化工示范基地

积极探索煤炭清洁高效利用新路径，按照产业高端化、产品差异化、生产集约化发展思路，延伸煤焦化、煤电化、煤气化等煤炭深加工产业链，构建特色现代煤化工产业体系，涌现出一批细分行业龙头企业，生产出一系列高端化学品，推动煤炭由燃料向高端化工产品原料转变，着力创建世界一流的煤炭清洁高效利用产业集聚区和国家现代煤化工产业示范区。潞安180万吨/年高硫煤清洁利用油化电热一体化示范项目造就了“点煤成金”的奇迹，潞宝集团紧盯精细化工领域的高端技术，建成全球首个以焦化苯为原料生产己内酰胺和全球规模最大的锦纶短纤维项目，将“炭中抽丝”神话变为现实，开创了以煤基化工原料生产高品质合成纤维的先河，完成了由“黑”向“白”的转变。

（二）聚焦能源消费革命，全面践行绿色发展理念

近年来，长治市全面践行绿色发展理念，突出“碳达峰碳中和、能耗双控”、减量替代、绿色建筑、绿色交通、清洁取暖等重点领域，着力改善工业和民用“两大领域”的能源消费结构。

1. 大力实施碳达峰长治行动

构建长治市碳达峰碳中和“1+N”政策体系，编制能源、工业、交通、生态等领域实施方案，推动碳排放统计核算。先后完成《长治市推进如期

完成碳达峰碳中和任务工作方案的初步设想（初稿）》《长治市工业领域能源消费及碳排放情况分析报告（初稿）》《长治市双碳前瞻性研究报告》《长治市节能减碳路径粗浅分析与思考》等，对“十四五”能源消费减量及碳排放减排潜力进行分析，对工业领域碳达峰路径进行探讨，夯实长治市碳达峰方案编制基础。

2. 全力开展能耗双控工作

紧跟国家、省优化完善能耗双控、优化完善节能审查系列政策精神，服务项目节能审查手续办理，2022 年共为 36 个项目出具审核评价意见，申请办理节能审查手续，为 10 个开发区（园区）出具区域能评审查意见。2021~2022 年，长治市能耗强度累计下降 8.8%，超过全省平均水平 0.6 个百分点，顺利完成年度任务和“十四五”进度任务。

3. 积极压减煤炭消费总量

“十四五”以来，全市关停淘汰煤电机组 43 万千瓦、焦炉 1045 万吨、各类燃煤锅炉 683 蒸吨，农村清洁取暖改造 40 万户，合计压减存量低效用煤 1464 万吨。同时，对标国内标杆，持续推进煤电、焦化等行业煤炭清洁高效利用水平。长治市非化石能源消费比重持续提升，由 2020 年的 3.27% 提升至 2022 年的 4.9%；煤炭消费占比稳步下降，由 2020 年的 88.85%下降至 2022 年的 88%。

4. 着力推进国家资源综合利用基地建设

2019 年，长治市被列为国家级工业资源综合利用基地，出台了《长治市工业资源综合利用基地工作方案》等文件，完成潞城史回和襄垣富阳两个工业固废园区规划编制工作，建立 3 个研发平台，重点推进 24 个固废项目建设，高河煤矿矸石粉碎回填（湿法）、华晟荣煤矿煤矸石粉碎回填（干法）等 9 个固废处理项目均已竣工投产，年可利用煤矸石、粉煤灰等各类固废共计 571 万吨。2022 年 5 月，长治市工业资源综合利用基地建设顺利通过工信部验收。

5. 全面倡导绿色节能建筑

2022 年，全市新建建筑面积 146.15 万平方米，全部执行绿色建筑标准，执行率 100%；全市装配式建筑面积 33.75 万平方米，占比 23.09%。

6. 积极发展绿色交通

2015 年以来，公交车开始更换为新能源汽车，目前，全市公交车 1653 辆，新能源公交车占比 95.7%，主城区公交车 547 辆，新能源公交车占比 100%；全市出租车 3201 辆，新能源出租车占比 95%，主城区出租车 1801 辆，新能源出租车占比 100%。编制印发《长治市电动汽车充电基础设施专项规划（2021~2025 年）》，2022 年，全市已建成充电桩 4066 个、换电站 4 座，其中公交专用桩 415 个、公用桩 599 个、私人桩 3052 个。

7. 大力推动清洁取暖全覆盖

2017 年以来，长治市大力推进冬季清洁取暖工程，以集中供热、煤改电、煤改气为主，偏远农村实施生物质、太阳能、沼气等多能互补供暖模式，全市累计完成 76.33 万户清洁取暖改造，减少散煤消耗近 200 万吨，实现主城区、县城建成区及周边平原地区 100%清洁取暖全覆盖，清洁取暖取得阶段性成效，全市大气环境质量大幅改善，群众生活质量显著提升。2022 年，重点推进上党革命老区散煤治理项目，实现全市散煤清零。

（三）聚焦能源技术革命，大力发展“能源+”新产业新业态

近年来，长治市立足推进能源技术革命，大力应用能源先进技术，组建研发机构，搭建创新创业平台，积极推进能源领域的产学研协同创新，以能源装备制造业为抓手，不断培育壮大能源产业转型升级新动能。

1. 大力推动能源先进技术应用

煤炭方面，高河煤矿建设完成了 5G+“一张网”、智能化综采掘进工作面，全面提高安全管理运营水平，实现了“降本增效、减人提效”。电力方面，晋控 2×100 万千瓦机组采用国际先进的超超临界、直接空冷燃煤发电技术，进一步降低发电煤耗指标；高河 2×66 万千瓦电厂采用高效超临界间接空冷汽轮发电机组，是国内低热值煤发电机组中容量大、参数高、超低排放指标最先进的机组。

2. 着力建设煤基科技研发平台

长治市围绕煤制高端化学品、煤制油、煤制新材料、新能源、装备制

造、先进储能等领域，搭建与国内外知名高校、科研院所、龙头企业研发机构的合作平台，采用多种形式的合作模式，共建研发平台，在关键领域、关键环节、关键节点开展技术攻关，力求突破。现有国家煤基合成工程技术研究中心、1个国家级工程技术研究中心及山西省光伏电池工程技术研究中心、山西省煤系固废利用工程技术研究中心、煤基全合成润滑材料山西省重点实验室3个省级研发机构。

3. 大力发展光伏装备制造产业

长治市初步形成了“硅矿—硅锭—切片—电池—组件—应用”上下游相对完整的光伏制造产业链，已成为长治市经济发展重要支柱产业之一。现有光伏制造企业14家，其中硅料产能年产1000吨、拉晶切片产能1.5GW、光伏电池产能4GW、光伏组件产能2GW、金刚线年产能4300万公里、光伏接线盒年产能600万套、光伏玻璃年产能2000万平方米。此外，还涵盖光伏零部件制造、光伏发电项目设计与开发、光伏发电系统运维等多种光伏制造配套产业，光伏产业集群初具规模。

4. 积极培育新能源汽车装备制造产业

以成功汽车为链主的新能源汽车产业链发展良好，以“建链、补链、强链”为抓手，开展“专精特新”企业培育计划，补齐产业链配套环节，构建新能源汽车全产业链。山西成功汽车是一家新能源汽车整车制造企业，已取得纯电动专用客厢车、货车资质和多用途乘用车资质，已具备年产12万辆新能源商用和乘用车生产能力，目前市场销售的电动车3种，正在开发SUV纯电动轿车，是省内唯一拥有完整整车生产资质的自主品牌企业、省级专精特新“小巨人”企业。全市有襄垣恒昌元、山西中德等7家动力电池企业以及轻量化铝镁合金和充电桩生产等新能源汽车配套企业。

5. 加速布局氢能装备制造产业

充分发挥焦炉煤气工业副产氢纯化和氯碱副产氢的资源与技术优势，依托中极氢能汽车（长治）有限公司等“链主”“链核”企业，开展氢能产业关键核心技术攻关、技术咨询、技术服务，以及配件的生产和销售，加速布局氢能基础设施，探索氢能在交通、工业等领域的示范应用。目前，全市建成投运 2000 吨/年高纯氢生产装置 1 套，建成综合能源加氢站 1 座、新开工 1 座，氢能重卡运营车辆达到 50 辆，氢燃料电池汽车应用场景示范工作取得零的突破。

（四）聚焦能源体制革命，打造全国用能洼地

近年来，长治市坚持改革先行，创新突破，在创新能源体制机制上不断探索，加快重点领域、关键环节的改革步伐，努力打造全国用能洼地。

1. 大胆探索电力市场化改革

长治市共有襄垣经开区、潞安化工集团（2017 年全国第二批）和沁源经开区（2020 年全国第五批）三个增量配电业务改革试点项目。目前，潞安化工集团已实现暂时性自主结算电费工作，企业供电制度基本形成。襄垣经开区已取得电力业务许可证，签订区域划分协议，相关工作正在稳步推进。沁源经开区供电区域已明确，正在办理电力业务许可证，项目一期工程已开工建设。售电市场改革加快，山西襄矿集团售电公司、山西潞安配售电有限公司等 8 家售电公司参与电力直接交易。2022 年，电力直接交易结算电量 161.86 亿千瓦时，占全社会用电量的 74.56%，顺利完成全年目标任务。

2. 有序发展碳金融市场

2022 年 8 月，长治市成功入选全国首批气候投融资试点城市名单，全市 12 家参与企业全部提前完成全国碳市场第一个履约期配额清缴履约任务。全市气候投融资项目清单中，已有 18 个项目被列入银行信贷项目储备，全市碳减排专项再贷款全年贷款金额 7.13 亿元，成功落地金额 4.28 亿元。2022 年全市银行业机构绿色信贷支持节约标准煤超 27.96 万吨，减排二氧化碳当量达 52.24 万吨。

3. 全力推动生态产品价值实现机制试点

生态产品价值实现机制试点是推进实现“双碳”目标的重要组成部分，对科学编制长治市碳达峰方案具有重要的支撑作用。为此，长治市成立了生

态产品价值实现机制试点工作专班，制定了《长治市生态产品调查评价与价值实现机制试点工作方案》，邀请中科院南京地理与湖泊研究所李恒超教授对平顺、沁县、沁源三县生态产品价值实现路径进行了调研，并赴国家生态产品价值实现机制试点市浙江省丽水市进行考察学习。

（五）聚焦能源对外合作，全面开展国际国内交流对接

近年来，长治市依托能源产业比较优势，抢抓新能源发展契机，加大招商引资力度，在能源产业发展和项目建设上广泛开展国际国内交流与合作。

1. 着力扩大国内合作

加强与京津冀、长三角、粤港澳大湾区、中原城市群的交流合作，用好与北京开展革命老区对口合作政策机遇，加大招商引资力度，深度开展项目合作，精准承接产业转移，为推动长治市能源革命综合改革试点，实现经济转型发展注入新动力。2019 年以来，长治市成功举办首届中国（长治）老工业和资源型城市氢能产业发展论坛、第四届全国产业转型升级示范区建设政策培训暨现场经验交流、首届（长治）新能源产业论坛、长治市气候投融资试点启动会、气候投融资产融对接会长治专场等大型活动，积极参加山西省气候投融资推进会暨产融对接会并在大会上作了经验交流。

2. 积极开展国际合作

加强长治市煤炭、化工、焦化等大宗商品外销能力，推动潞安化工集团等本地能源企业在国际上开展多领域交流合作。在国家能源局、德国环境自然保护及核安全部指导下，与德国国际合作机构（GIZ）举办能源领域低碳发展能力建设提升培训会，学习德国、奥地利低碳供热案例经验；与亚洲开发银行、清华大学举办农村地区清洁用能技术研讨会，在长子县开展了清洁取暖试点项目。

三　发展愿景

长治市聚焦构建安全高效绿色低碳现代能源供应体系、形成全国用能注

地、发展“能源+”新产业新业态三个目标定位，到“十四五”末，全市煤、电、气、新能源多轮驱动协调发展的现代绿色能源供应体系基本形成，以清洁能源为支撑的低碳生活场景初步构建，以能源科技创新为基础的竞争优势全面彰显，以能源治理现代化为核心的能源体制革命抢先破题，能源对内、对外双向开放通道更加畅通，“五大基地”和源网荷储一体化示范市初具规模，安全高效绿色低碳的现代绿色能源体系初步建成，“能源+装备制造”“能源+数字经济”等“能源+”新产业新业态发展取得突破，争当全省能源革命排头兵。

（一）能源生产多元供应

能源革命综合改革试点取得明显成效，多种能源供应体系更加巩固。煤炭绿色智能安全开采和高效清洁深度利用达到全国领先水平，煤炭产量根据国家保供需要稳定在合理水平，先进产能占比达到95%左右，能源保供能力进一步提升。非常规天然气产量达3.6亿立方米。清洁能源发展水平大幅度提升，新能源和清洁能源装机占比达40%。

（二）能源消费绿色低碳

“十四五”期间，长治市能源消费增速将逐渐趋缓，完成省下达的能源消费强度和二氧化碳强度控制目标，到2025年，非化石能源消费占比稳步提升，完成省定目标任务，电能占终端能源消费比重持续提升，煤炭占一次能源消费比重稳步下降，全社会绿色低碳用能模式初步形成。

（三）能源技术不断突破

围绕新能源、高端装备制造、数字能源等方面加大科技创新力度，力争在核心技术上有所突破。同时要加大能源领域实验室、技术中心、研究中心等建设，培育长治市创新生态理念，到2025年规上企业研发投入年均增速达20%，能源产业数字化智能化转型加速推进。

（四）绿色低碳市场体系初步形成

能源产业的财税、价格、金融、土地等政策体系逐步健全，市场化体制机制不断完善，对外开放合作渠道更加畅通，长治市能源产业基础能力及产业链现代化建设取得新的突破，为全省高质量发展作出长治贡献。

B.19

晋城市：建设能源革命领跑城市推动能源高质量发展

邱亚南　樊媛媛　史敏杰*

摘　要： 能源革命综合改革试点是习近平总书记亲自赋予山西的重大使命。近年来，晋城市认真贯彻习近平总书记“四个革命、一个合作”能源安全新战略，全面落实省委省政府关于能源革命综合改革试点的决策部署，锚定全方位推进资源型经济高质量发展目标，深刻把握政策机遇，明确提出“建设能源革命领跑城市”战略定位，将能源革命各项任务贯穿经济社会发展各领域、全过程，着力构建清洁低碳安全高效的现代能源体系。下一步，晋城将继续围绕建设绿色转型的示范城市和能源革命的领跑城市战略定位，用好“六化工作法”，持续大力推进能源革命综合改革试点建设，促进绿色低碳发展。

关键词： 能源革命　绿色低碳　晋城

山西能源革命综合改革试点开展以来，晋城市深入贯彻习近平总书记“四个革命、一个合作”能源安全新战略和对山西工作的重要讲话重要指示精神，认真落实山西省委省政府决策部署，全面推进能源革命综合改革试点建设，全力建设能源革命领跑城市。

---

* 邱亚南，晋城市人民政府发展研究中心党组成员、副主任；樊媛媛，晋城市人民政府发展研究中心经济运行分析科科长；史敏杰，晋城市发展改革委工业经济科负责人。

一　试点工作总体推进情况

晋城市委市政府高度重视能源革命综合改革试点工作，把能源革命作为晋城市的“六大战略定位”之一，坚持高点谋划、高位推进，推动改革试点领跑“再加速”。

（一）强化组织领导

成立由市委书记、市长任双组长的能源革命综合改革试点领导小组。2019 年 12 月全市能源革命综合改革试点动员会议以来，市委常委会议及市政府常务会议多次集中学习习近平总书记关于能源安全新战略的重要论述，传达贯彻省委省政府关于能源革命综合改革试点建设的决策部署；多次召开会议研究能源革命、碳达峰碳中和、能耗双控、煤层气增储上产、煤矿智能化改造、抽水蓄能项目建设等工作，指导协调相关重大事项稳步开展、落实落细。

（二）强化规划引领

编制实施《晋城市能源革命综合改革试点实施方案》及 2020 年、2021 年、2022 年三年行动计划，分类确定工作任务和省定晋城市重大引领示范项目，实行清单化管理。高标准编制晋城市《“十四五”能源革命及现代能源体系建设规划》《煤层气千亿级产业集群发展规划》《关于完整准确全面贯彻新发展理念切实做好碳达峰碳中和工作的实施意见》《重点行业能耗双控行动方案（2021~2025 年）》等 26 项指导性方案和规划，引领全市能源革命综合改革试点工作不断向纵深推进。

（三）强化机制建设

建立“1+7”抓落实推进机制，抓总深化能源革命综改试点，加快构建现代能源体系推进机制，围绕专项工作任务，建立能源领域“五个一体化”

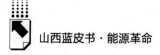

融合发展、煤层气增储上产、碳达峰碳中和、遏制“两高”项目盲目发展、能耗双控工作、抽水蓄能“政企一体化”协调、铁路专用线建设专班等7个分项推进机制，制定任务、责任、措施、结果“四清单”，层层压实责任，调度推进工作。

（四）强化督导考核

将能源革命综合改革试点建设纳入全市高质量发展目标责任考核督导范畴，制定实施晋城市《能源革命综合改革试点工作专项考核办法》《煤层气增储上产目标考核办法》，明确各县（市、区）和成员单位差异化目标任务，组织开展专项考核。建立全市能源革命综合改革试点任务台账，月报送、季汇总、年盘点，开展常态化督导调度，定期进行专题汇报，及时掌握工作进展情况，科学研判工作形势，动态推进任务落实。

二　主要做法及成效

晋城依托丰富的煤炭、煤层气资源，以碳达峰碳中和为牵引，聚焦“建设能源革命领跑城市”战略定位，深入落实全省“五大基地”建设要求，有效实施“5+1”工作路径，积极构建“稳煤增气、优电上新、降碳增效”清洁低碳安全高效的现代能源体系，全市能源革命综合改革试点工作持续加速向纵深推进。2022年，煤矿智能化建设全省第一、煤层气增储上产全省第一，新能源装机规模翻倍增长，万元GDP能耗降幅全省第一。

（一）扛牢能源保供责任，夯实“压舱石”助力稳经济

坚决扛起能源安全责任，将保供作为最大的政治任务，成立煤炭增产保供和产能新增工作专班，分解目标、逐企分析、科学调度，持续提升能源供给能力，确保完成能源保供任务。

1. 煤炭生产提能增量

通过产能核增、建设矿井转产、减量重组等举措，全市煤矿产能规模增

加至 15620 万吨/年，单井规模提高到 134 万吨/年，先进产能占比达到 89.4%。2020~2022 年，全市累计原煤产量 3.8 亿吨，超额完成省定任务；2022 年原煤产量 1.39 亿吨，同比增长 10.6%。

2. 能源保供行而有力

签订电煤中长期合同 6000 万吨，执行电煤价格政策，有力保证福建、江苏、重庆等 14 个省（市）和 93 个煤电企业煤炭供应，做到了签约率、履约率和价格执行率“三个百分之百”。供应省内及周边地区煤层气 38 亿立方米，点对点直供江苏省电量 174 亿千瓦时。

（二）加快清洁高效开发利用，推进煤炭产业转型发展

聚焦“集约高效、智能绿色、清洁利用”三个方向，积极探索，勇蹚新路，促进煤炭可持续发展。

1. 稳步推进煤矿智能化建设

按照“全面铺开、分类实施、分段建设、预留空间”原则，加快实施智能化矿山建设，建成 1 座国家智能化示范试点煤矿、7 座中级智能化煤矿、220 处智能化采掘工作面，13 座产能 180 万吨/年及以上生产矿井智能化建设全部开工。83 座煤矿被评定为特级安全高效矿井，全市煤矿采煤机械化程度达到 100%，掘进机械化程度达到 90%以上，煤炭产业智能化建设全省领先。天地王坡顺利通过国家首批智能化示范煤矿建设验收，矿井和选煤厂分别达到了国家中级智能化建设水平，生产调度一体化管控系统和装车智能管理系统两项成果入选《全国煤矿智能化建设典型案例汇编（2023 年）》。玉溪煤矿成功入选工信部发布的《2023 年 5G 工厂名录》。132 家洗煤厂全部实现标准化规范升级，原煤入洗率达到全省平均水平。

2. 深度推进绿色开采

坚持“先行先试、示范引领、有序推广”，建成成庄、王坡、玉溪等 8 座煤与瓦斯共采试点，东峰、盖州等 37 座煤矿应用了无（小）煤柱开采技术，持续推进唐安、米山等 3 座煤矿开展了充填开采试点，6 座井下矸石智能分选系统和不可利用矸石全部返井试点建设，低碳转型走在全省前列。

3. 积极开拓无烟煤市场

11月16日，“2023无烟煤产业大会暨无烟煤产需衔接会”在晋城召开，中国煤炭运销协会无烟煤专业委员会与晋城市国有资本投资运营有限公司签订战略合作协议，无烟煤产业大会暨无烟煤产需衔接会永久会址落户晋城。晋城市能源局与中国煤炭运销协会无烟煤专业委员会、重庆市经信委、河北省发改委、北京航空航天大学签订战略合作协议，24家无烟煤供需双方企业签订战略合作协议，无烟煤市场体系保障更加完善。

（三）聚焦千亿级产业，打造全省煤层气示范基地

全力推进煤层气综合改革试点，加快建设“一枢纽三基地一中心”。2020~2022年，全市煤层气产量累计达到131.41亿立方米，超出省定目标任务2.37亿立方米，产量和增储上产目标完成率连续三年位居全省第一。

1. 深化产业布局

加强市级总体规划设计，科学编制《晋城市煤层气综合改革试点实施方案》《晋城市煤层气示范基地建设规划》《晋城市“十四五”煤层气千亿级产业集群发展规划》《“气化晋城”实施方案（2021~2025年）》《晋城市煤层气管网互联互通发展规划》，围绕勘探开发、加工储运、高效利用、科技创新、生产服务、装备材料、物流贸易，辐射行业8条产业链，着力打造煤层气千亿级产业集群。

2. 创新体制机制

争取4项省级层面煤层气审批事项下放晋城市，增设8宗煤层气矿业权，面积186平方公里，预计新增资源量170亿立方米，进一步夯实产业发展资源基础。制定煤层气“一件事”审批流程，将煤层气开发项目审批时限由半年压缩至27个工作日，降低企业成本，提高审批效率。

3. 领跑增储上产

推动区块合作开发，重点推进中石油与华新合作的马必东马25区和郑庄龙湾合作区（合计近130平方公里）项目建设。中石油在晋城市建成全国首个年地面抽采能力超过20亿立方米的煤层气田，为增强国家天然气自主保障

能力再添“底气”。2020~2022年，全市煤层气企业累计投资98.97亿元，新增钻井1742口，产量由2019年的31.45亿立方米提升至2022年的51亿立方米，增幅62.1%，年平均增幅达到20%以上，增储上产三年行动圆满收官。

4. 完善储运体系

推动全市煤层气管网整联废建，打造全市“一张网”输气管网格局，依托当前全市1434公里输气管道网络，加快推进总投资70亿元的“气化晋城”管网配套及储气调峰项目建设，目前全市长输管道7条，境内总长571公里，年外输能力95亿立方米，其他各类管道863公里，实现主城区、县城、各类经济开发区（工业园区）和A级以上景区全覆盖。

5. 拓展消纳利用

深入实施“气化晋城”，积极培育煤层气消费利用主体，拓展利用市场，坚持规划、配置、价格、标准“四统一”，城乡居民气化率提高至92%以上。加快工业领域燃料、原料替代，年煤层气（煤矿瓦斯）就地消纳量达到20亿立方米，资源优势加速转化为产业优势。

6. 强化科技创新

建立煤与煤层气共采国家重点实验室、国家煤层气质检中心等国家级科研平台，引领制定多项煤层气开发利用国家标准，形成一大批适用于晋城煤层气特征的技术体系和关键技术。高阶煤煤层气勘探开发技术全国领先，钻井投入产出比实现翻番，井型由直井和多分支水平井向以L形水平井为主、以直井为辅转变，水平井单井日产万立方米气投资由2500万元降低700万元，直井单井日产万立方米气投资由2500万元降低1180万元，产能到位率达到90%以上，达到国际领先水平。薄煤层开采技术取得突破，中海油潘庄区块实现量产，单井最高日产达1.1万立方米，平均日产量超2500立方米，资源采收率从30%提升至40%以上。成立全国首家市级煤层气标准化技术委员会，推进产业向标准化、制度化发展。

7. 延伸产业链条

形成了一批以晋能控股装备制造、清瑞能源科技、江淮重工等为龙头的煤层气装备制造企业，以煤矿井下长孔定向钻机、煤层气井远程智能化排采、液化天然气（LNG）低温压力容器储罐及低浓度瓦斯提纯装备等为主导的煤层气装备制造产品。

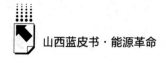

（四）推进“多能互补”，构建安全高效新型电力系统

围绕电力外送基地建设，科学规划布局大容量、高参数、低能耗的先进煤电机组，增强外送输电通道支撑调节能力，电力产业发展水平提升明显，逐步形成以火电为主导，风、光、水、瓦斯、生物质、余热余压综合利用发电等多元化高效低碳发展格局。电力装机规模从2018年的532万千瓦增加至2022年的756.5万千瓦，增长超四成。2020~2022年，全市累计发电量788亿千瓦时，其中2022年发电总量250亿千瓦时。

1. 加快推动传统火电提质升级

深入推进煤电机组“三改联动”，推动煤电向基础保障性和系统调节性电源并重转变，提升煤电机组灵活性。完成阳城矸石电厂2×13.5万千瓦机组节能技术改造、阳城电厂“上大压小”和高平市第三热源厂热电联产项目二期工程，100%完成供热改造，供热能力达7000万平方米，保障50万户城乡居民温暖过冬。围绕“源网荷储”，累计投资30亿元加强坚强智能电网建设，新增容量220万KVA，电网容载比全省第二。推动煤炭企业参与煤电联营、兼并重组，形成煤电价格联动、风险共担合作机制。煤电和工商业用电全部实现市场化交易，直接交易电量规模150亿千瓦时。

2. 科学布局新能源项目

建成集中式风电项目3个，16个分散式风电项目加快推进。建成光伏发电项目3个，高平、陵川两市（县）入选国家整县屋顶分布式光伏项目试点。共谋划总装机容量677万千瓦的9个抽水蓄能电站项目，沁水120万千瓦抽水蓄能电站项目被纳入国家“十四五”重点实施项目，启动平硐施工。生物质发电实现突破，晋城中科1.5万千瓦垃圾发电、高平农谷丹峰1.5万千瓦生物质热电联产等项目建成投运。全市新能源装机容量达到250万千瓦，新能源和清洁能源装机占比41%，超全省平均水平；新能源发电量由2018年的2.24亿千瓦时提升至2022年的21亿千瓦时，实现跨越式发展。

（五）开展“双碳”行动，建设绿色能源消费体系

始终坚持绿色发展理念，紧盯“能耗强度、能耗总量、用能结构”三个重点，持续提升节能降耗水平，能耗工作持续保持全省领先位次。“十四五”以来，能耗强度累计下降10.8%，完成总目标的70%，降幅全省第一。2022年，晋城万元GDP能耗下降6.7%，完成省定目标的158%，优于-3.5%的全省平均水平，排名全省第1。

1.减煤工作全省领先

2022年，全市煤炭消费量1902.6万吨，比2020年减少310万吨，提前完成“十四五”减煤任务，为全市新上耗煤项目腾出了用煤空间。

2.实施重点行业能效提升行动

制定《晋城市重点行业能耗双控实施方案（2021~2025年）》，以煤电、焦化等高耗能行业为重点，开展节能改造和落后产能淘汰，全市重点用能企业实施节能改造项目56个，改造完成后年减少能耗8万吨标煤和煤炭消费10万吨。

3.不断开展制度创新

创新用能预算化管理，2021年获批全省用能预算化管理试点市，创新“1+8”管理机制在全省推广。率先开展初始能耗核定和全口径煤炭消费统计，完成2020年全市煤炭消费量基数核定。协同推进减污降碳，编制完成《晋城市2020~2021年度温室气体排放清单》，2021年全市单位地区生产总值二氧化碳年度降低率为17.68%，较2019年下降22.34%，为完成“十四五”省定下降目标奠定了坚实基础。启动能源领域碳达峰实施方案和碳达峰试点城市申报，全力推动能耗“双控”向碳排放“双控”转变。

4.大力推进清洁取暖

建立了以清洁集中供热为主，以煤改气、煤改电等其他清洁取暖为辅的清洁供暖体系。累计完成居民户改造34.25万户、公益单位改造626户，城

市建成区、县城建成区及城乡结合部（含中心镇）、农村地区的清洁取暖覆盖率分别达100%、100%、81%。建立健全冬季清洁取暖保障工作落实机制，对未实施煤改气、煤改电、集中供热地区实行洁净型煤兜底，2021～2022年供应优质型煤近2.2亿块。获批省级清洁取暖数字化管理试点，为全省趟路子作示范。在国家四部委组织的清洁取暖试点城市中期绩效评价和总体绩效评价中均获得优秀等次。

5. 积极推进绿色交通建设

建立绿色公共交通体系，2020～2021年，市区更新纯电动新能源公交车121辆，新能源公交车达到671辆，实现城市建成区新能源公交车全覆盖；2022年，市区出租车更新纯电动新能源汽车869辆，新能源出租车占比达到62.35%。建立绿色运输体系，全面推进国三及以下排放标准营运老旧柴油车辆淘汰工作，已淘汰注销2702辆，提前超额完成省定任务；推进泽州、阳城、沁水、高平四县（市）公路运输车辆升级；积极推进3条新建铁路专用线建设。

6. 积极推进绿色建筑集中示范区建设

政府投资类公益性建筑、大型公共建筑全面强制执行绿色建筑标准，全市累计新建绿色建筑面积达1442.56万平方米，绿色建筑面积占新建建筑面积比例由2019年的79%提高到2022年的94.76%。绿色建筑集中示范区内新建绿色建筑面积达304.86万平方米，示范区内一星以上绿色建筑占新建建筑面积比例由2019年的70%提高到2022年的86.43%。大力发展装配式建筑，新建装配式建筑面积达326.17万平方米，装配式建筑占新建建筑比例由2019年的1.8%提高到2022年的31%。

（六）建设研发平台，创新推广绿色低碳科技

大力推动科技研发平台建设，能源领域科技研发平台达到14家，其中国家级1家、省级5家、市级8家；市级以上科技计划项目38项，其中省基础研究计划1项、省重大专项10项、省重点研发计划1项、中央引导地方计划1项、市级重点研发计划25项；获得省市科研资金支持6375.5万元。

1. 成功搭建“一院一站一基地”

搭建晋城市安理工能源工程技术研究院、国家煤层气产业联盟晋城专家工作站和中国矿业大学晋城产学研基地三个科技创新平台，从煤炭清洁高效利用、煤层气开发、煤系固废综合利用、燃煤电厂节能4个方面谋划实施科技攻关课题。

2. 扎实开展关键核心技术攻关

完成煤炭采空区煤层气抽采关键技术项目研究、煤层气低产井成因机制及增产改造关键技术项目研究、煤矿区煤与煤层气共采理论与关键技术项目研究，申请发明专利18项，发表论文44篇，其中SCI/EI论文37篇。锑化物单模大功率激光器研发与应用示范和高炉富氢低碳冶炼关键工艺技术研究与工业示范被列入2022年省重大专项。推动蓝焰煤层气、煤与煤层气共采国家重点实验室开展废弃矿井采空区地面煤层气抽采技术研究及示范项目，荣获山西省科技进步一等奖。全国煤炭行业首个科研创新人工智能计算中心在晋能控股集团智能矿山创新实验室落地。

三　发展愿景

晋城将坚持以习近平新时代中国特色社会主义思想为指导，全面贯彻落实习近平总书记关于推动能源革命和“双碳”工作的重要指示和对山西工作的重要讲话重要指示精神，围绕建设绿色转型的示范城市和能源革命的领跑城市战略定位，用好“六化工作法”，大力推进能源革命综合改革试点建设，加快构建清洁低碳安全高效的现代能源体系，为晋城高质量发展和现代化建设提供坚强能源支撑。

（一）推动能源产业“五个一体化”融合发展

以“五个一体化”融合发展为主攻方向，加快推动能源产业高质量发展。推动煤炭和煤电一体化。以保障能源电力稳定供应和可再生能源合理利用为导向，创新体制机制，强化项目支撑。鼓励通过企业战略重组、交叉持股、长期协议、混合所有制改革等方式实施煤炭和煤电一体化建设运营，推进煤炭、煤电、新能源企业结成利益共享、风险共担的利益共同体，增强企业综合竞争力。推动煤电和新能源一体化。积极推动先进高效煤电机组建设，加快煤电机组“三改联动”，推动煤电向基础保障性和系统调节性电源并重转变，提升煤电机组灵活性。推动煤电和新能源优化组合，加快建设“风光火储”“源网荷储”两个一体化基地，推动已获批新能源项目建成投运。推动煤炭和煤化工一体化。紧跟现代煤化工和碳基新材料发展趋势，坚持高端化、多元化、低碳化发展方向，围绕煤制高端化学品、煤制高端碳材料等领域，加强煤转化关键核心技术研发与推广应用，推动煤炭由燃料向原料、材料、终端产品转变。积极推动现有重点传统煤化工企业气化升级改造，延伸下游产业链，提高产品附加值，夯实产业基础。推动煤炭产业和数字技术一体化。用数字赋能煤炭产业，加快5G、物联网、人工智能、大数据、工业互联网等新一代信息技术在煤炭产业的推广应用，加强煤炭产业关键核心技术攻关及成果转化引进。推进煤炭产业数字化智能化升级，促使煤炭行业朝着绿色化、低碳化、数字化、智能化、高效化的方向发展。推动煤炭产业和降碳技术一体化。以实现能源科技自立自强为核心，转化一批支撑引领煤炭产业高质量发展的降碳技术。大力推动煤炭智能绿色安全开采和清洁高效深度利用，深化煤炭梯级高值利用。强化技术攻关和产业应用，力争每年新建能源领域科技创新平台1家，申报科技计划项目3项。

（二）推动煤层气基地建设提质提速

坚持把煤层气作为打造能源革命领跑城市的战略突破口，重点抓好“资源开发、管网运营、消费利用”三个关键环节，推动全产业链高质量发展，加快建设全国煤层气产业示范基地。加大对薄煤层及其他资源的综合勘查力度，摸排全市非常规天然气潜在资源，重新评价已探明区块储量，扩大新增储量规模，进一步夯实资源基础。加大煤层气增储上产力度，实施“成熟区稳产、建设区达产、探明区建产”的一区一策开发路线图，加大地面开发、稳定井下抽采，打好“三区”攻坚战，力争到2025年底煤层气总产量达到100亿立方米。实施基础设施体系“整联废建”，整合联通现有管道及配套基础设施，加快关键节点连接线建设，建设统一完善的产业运行体系和覆盖全市的管输体系，提升资源优化配置能力，全力打造全省输气管网重要枢纽和京津冀应急调峰保障基地。力争到2025年，储气调峰能力达2.5亿立方米，管网外输能力150亿立方米/年。拓展消纳利用持续发力。以“三化一降”为路径，将资源优势转化为产业优势，实现煤层气行业的绿色低碳发展。大力实施“气化晋城”工程，将城乡居民气化率提升至95%以上；加快推进液化及储气调峰项目建设，实现“淡储旺销”；推广煤层气冷热气电一体化联供项目，持续扩大公共服务和交通领域用气，推动全市工业园区实现用气全覆盖，重点抓好氢冶金、燃气发电、煤层气制氢等项目，推动燃料、原料替代。力争到2025年底，煤层气就地消纳利用量达到60亿立方米，就地消纳率由20%提升到60%以上。建延强补煤层气全产业链。建链方面，探索利用国家、省碳交易机制和平台，将煤层气开发利用纳入全国碳交易体系，促进煤层气产业发展。强链方面，重点加快全市煤层气管网和外输通道建设，推进市级管网与国家干线、省级干线、城镇管网互联互通。延链方面，通过招商引智、企业孵化等路径，吸引装备制造、工具研制、材料生产等领域的优质企业、领军人才及其团队落户晋城发展，强化与晋能装备制造集团建设合作基础，补齐晋城市煤层气装备制造、煤层气高端材料生产短板，拓宽延伸煤层气产业链条。

（三）提升能源生产供应保障能力

积极践行绿色发展理念，深化煤炭开采和利用方式变革，稳定煤炭生产规模，推进先进产能建设，充分发挥煤炭在转型发展中的“压舱石”作用。扎实推进煤炭增产保供和产能新增。统筹“双碳”目标与能源保供，科学合理安排采掘衔接和生产计划，稳定煤炭供应，推进煤矿通过产能核增释放优质产能，适度布局先进产能。力争到2025年，能源综合生产能力达到1.05亿吨标准煤/年，原煤产量稳定在1.4亿吨/年左右。全面推进煤矿智能化建设。因地制宜开展煤矿智能化示范工程，建设一批少（无）人化智能矿山和智能采掘工作面，提升煤矿智能化和本质安全水平。到 2025 年，建成智能化示范煤矿 30 座，先进产能占比提升至 95%，到 2027 年全市煤矿全部实现智能化。加快推进铁路外运能力建设。强化专用铁路（线）的联动性，重点抓好晋城西北部专用铁路项目和晋煤沁秀龙湾能源有限公司专用铁路等 6 条国家重点铁路专用项目，彻底解决外运的通道问题，改善运输结构。深度推进绿色矿山开发。因地制宜开展煤与瓦斯共采、煤矿充填开采，提升煤矿瓦斯、煤矸石综合利用或无害化处理能力，促进绿色开采技术多元化。到 2025 年，1/3 以上生产矿井实现绿色开采。以矿山治理推进土地开发，积极利用煤炭资源开采形成的采空区，开发矿山公园、科普基地。

（四）推动电力和新能源高质量发展

深化电力配网一体化管理新模式，提升配网建设成效。充分利用本地可再生能源资源条件和产业基础，推动新能源和清洁能源布局优化、提质增效，努力构建多能互补的新型电力体系。推进风电光伏规模化开发。立足晋东“新能源+”融合发展基地建设，加快推进广东粤电泽州光伏发电等 15 个光伏发电子项目及金风天翼陵川风电一期等 3 个风力发电项目，在有条件的产业集聚区、工矿厂房、公共建筑等发展分布式光伏，力争 2023 年新能源和清洁能源装机占比超过 50%，2025 年占比超过 53%。推动抽水蓄能项目建设提速增效。谋划总装机容量 434 万千瓦 5 个项目抽水蓄能项目，推动沁水抽水蓄能项目开工建设，陵川抽水蓄能电站项目、阳城县润河西冶抽水蓄能电站项目加快纳规。加快布局“新能源+储能”项目。结合新能源项目布局、区域负荷及电网结构等，谋划推进一批新型储能试点项目，超前布局一批新能源汇集站，围绕高速公路、国省干道、太行一号旅游公路等，优化布局一批充换电基础设施，到 2025 年全市新建充电桩 8000 个以上，基本实现重点区域全覆盖。推进综合智慧能源系统建设。加快提升电力行业数字化，建设智慧电厂。加快建设风、光、煤层气等多能协调互补的智慧能源系统，实现电热冷气等高效供应和能源梯级利用。推动分布式可再生发电为主的智慧微网与工业、建筑、交通等产业协同发展，促进清洁能源消纳，实现绿色发展。推动新增外送电力通道建设。以华北、华东主要受电地区为重点，实施外送通道重点电网工程，合理规划布局外送电通道，提升外送电力能力和跨区域电力资源配置能力。

（五）推进能源科技技术创新转化

围绕煤层气开发、煤炭清洁高效利用、储能、氢能开发等，建设能源创新成果转化平台，重点引导科技成果对接产业需求转移转化，推进煤基科技成果转化示范。加快建设煤层气开采及综合利用科技成果转化示范基地。围绕国家、省支持政策，依托煤与煤层气共采国家重点实验室，在煤层气低产井成因机制及增产改造关键技术等6项省重大专项研究的基础上，进一步开展极难开采资源开发关键技术、低浓度煤矿瓦斯综合利用前沿技术等探索，为晋城市实现煤层气提储上产、高效勘探开发和分级利用提供根本动力。加快能源领域创新平台建设。以设立机构、联合发展、协同攻关、项目合作为抓手，依托晋能控股装备制造集团、兰花集团等龙头企业，持续加强与中科院、中国工程院等“国家队”的深度对接，抓紧推动支持晋能控股装备制造集团国家级能源化学研究所建设。推进绿色低碳技术转移转化。依托科研机构和大型企业，建设清洁高效新能源创新平台，在相关企业引进和推广使用太阳能、风能、生物质能、热能和氢能新技术，加快推动成熟技术产业化。建立能源高效利用产业联盟。支持能源企业与国内外高校、科研院所共建成果转化中试基地、产学研协同创新中心、技术创新中心等，集中力量攻破能源领域关键共性技术。

（六）深化重点领域节能降碳

坚持以“双碳”为牵引促进绿色转型，加强顶层设计，持续开展重点领域节能降碳提效，加快构建清洁低碳、安全高效的能源体系，有序推动能耗“双控”转向碳排放“双控”。有计划分步骤实施碳达峰晋城行动。按照省委省政府做好碳达峰碳中和工作的总体部署，出台碳达峰碳中和工作实施意见和碳达峰实施方案，统筹推进专项领域碳达峰行动。逐步建立市县碳排放统计核算制度，适时开展重点产品碳排放核算。着力提升节能降碳能力。坚持全市统筹谋划调控，组织重点用能企业做好用能预算管理和节能技改项目清单化管理，促进能效水平提升。到2025年，全市万元GDP能耗降低17.5%以上，煤炭消费量降低10%以上。创新推动一般工业固废全过程减量。强化准入管理，建设“无废园区”，重点推动晋城经济技术开发区国家级绿色园区建设以及高平、沁水、阳城经济技术开发区“十四五”绿色低碳循环示范园区建设。完善产业循环链条，推动煤炭、钢铁、化工等重点行业工业固废产生强度下降。规范工业固体废物处置，2025年末实现工业固体废物“产用处”平衡，年度贮存“零增加”。推进无废矿山创建，2025年绿色矿山建成率达到36%。积极开展低碳零碳试点示范。推进近零碳排放示范工程建设，鼓励创建近零碳排放园（县）区、社区、公共机构、建筑、企业等各类近零碳排放试点。探索碳普惠机制试点，鼓励社会公众积极主动践行低碳行为、实现生活减排。探索推动碳足迹认证，推动对重点产品进行全周期碳排放量核算和碳标签认证，推动经济产业绿色低碳发展。持续开展绿色建筑创建行动。全面推广绿色建筑，大力发展装配式建筑，推进建筑业数字化转型。以政府投资项目、大型公共建筑为重点，推动绿色创新技术集成应用。力争到2025年，绿色建筑占城镇新建建筑比例达到100%，装配式建筑占比达到30%。大力推进交通减排降碳行动。加速更新老旧和高能耗、高排放交通工具，加快新能源和清洁能源汽车推广应用。到2025年，市区主城区公交车、出租车全部为新能源车；建筑、运输等领域新能源车辆更换比例达到30%。

B.20

临汾市：全力打造“六个能源”构建现代能源体系

温晓江　陈彬彬*

摘　要： 临汾作为全省的能源大市，坚持把能源革命放在突出位置，全力推进试点建设，以推动能源高质量发展为主题，统筹能源产业转型升级与高质量发展全面提质提速，统筹全市三大板块产业布局，将深化供给侧结构性改革和转型发展紧密结合，以能源供给转型、能源消费变革为引领，以能源科技创新、能源体制机制改革、能源对外开放合作为支撑，全力打造“六个能源”，构建清洁低碳、安全高效的现代能源体系，将临汾打造成为国家级清洁能源示范区、全国有影响力的能源产业发展新高地。

关键词： 六个能源　能源供给　现代能源体系　临汾

临汾市认真落实省委、市委经济工作会议部署，对表对标“五大基地”目标要求，以推动能源高质量转型发展为主题，以能源供给转型、能源消费变革为引领，以能源科技创新、能源体制机制改革、能源对外开放合作为支撑，推动能源产业“五个一体化”融合发展，加快形成上下游一体化的能源产业链，构建清洁低碳、安全高效的现代能源体系，在建设“全国能源革命综合改革试点先行区”中作出临汾贡献、展现临汾担当。

---

* 温晓江，临汾市人民政府发展研究中心党组书记、主任，主要研究方向为宏观经济、区域经济、产业经济等；陈彬彬，临汾市人民政府发展研究中心办公室主任。

一　主要举措

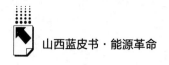

临汾作为全省的能源大市，坚持把能源革命放在突出位置，全力推进试点建设，以推动能源高质量发展为主题，将深化供给侧结构性改革和转型发展紧密结合，以能源供给转型、能源消费变革为引领，以能源科技创新、能源体制机制改革、能源对外开放合作为支撑，构建清洁低碳、安全高效的现代能源体系。

（一）能源革命与经济社会发展深度融合

能源是社会经济运行的基础动力，能源革命是全市经济和社会发展的巨大动能。近年来，市委市政府高瞻远瞩，将能源革命综合改革试点纳入国民经济和社会发展全盘考虑，在《临汾市国民经济和社会发展第十四个五年规划和2035年远景目标纲要》中，将其作为独立章节，超前谋划、重点部署，为全市“十四五”期间能源革命试点工作指明了方向。煤炭行业仍是全市经济发展的重要支撑。2022年，在煤炭价格持续处于高位、煤炭保供及产能核增的大环境下，全市煤炭企业积极生产，煤炭行业增加值增长13.9%，对规上工业增长的贡献率达93.2%，持续发挥稳增长中流砥柱作用。

（二）能源革命与产业结构调整深度融合

能源是工业的重大支撑，2021年，在重工业中，以煤、焦、钢铁、电力四大行业为主，其占规上工业增加值的88.2%，是全市工业经济增长的重要组成部分。在转型发展的关键时期，临汾市认真落实省委省政府“以能源革命推动绿色低碳发展”的部署要求，全力推动煤炭、新能源和焦化产业的结构调整，以能源转型促进全市产业结构提档升级。

（三）能源革命与产业布局深度融合

根据“沿汾零碳区、沿黄负碳区、沿太岳低碳区‘三区’建设”的部署要求，能源革命以突出打造“沿黄新型综合能源基地，沿太岳现代煤化工氢能发展基地，沿汾清洁低碳用能示范基地，清洁能源五百亿级低碳产业集群”为总目标，努力推进三大板块能源领域高质量、全方位协同发展。

（四）能源革命与生态保护深度融合

能源与生态环境保护议题紧密相连，实现碳达峰碳中和既是我国向世界作出的庄严承诺，也是一场广泛而深刻的经济社会变革。党的二十大报告明确提出，推动绿色发展，促进人与自然和谐共生，有计划分步骤实施碳达峰行动，深入推进能源革命。临汾市能源革命以碳达峰碳中和为牵引，以能耗“双控”、遏制“两高”项目盲目发展为抓手，着力推动煤炭绿色清洁高效开发利用、能耗“双控”、绿色交通三大领域改革取得重大突破。经过几年的努力，全市生态环境和空气质量得到明显改善，临汾生态环保名片更加鲜亮。

（五）能源革命与政府治理现代化建设深度融合

临汾市将能源革命作为检验政府效能的重要手段，坚持高位推动，始终把试点建设作为一项重要内容纳入全市目标责任考核。高规格督导检查、高标准考核评比，为改革试点向纵深推进提供了强大动力，也加快了政府治理现代化进程，促使全市上下形成抢抓机遇、乘势而上、大干快干的干事创业氛围。

二 主要成效

临汾市坚持稳中求进，深入贯彻新发展理念，推进能源革命向纵深发展，取得了可喜的成绩。

（一）能源供给实现量质双重提升

全市能源供给从结构上看，仍是以煤为主，以煤电、焦化为辅，非常规

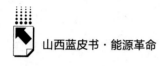

天然气、风电、光伏等新能源和清洁能源快速发展的多元综合能源供给体系。

1. 煤气产量持续增长

2022年全市规上原煤产量8782万吨，同比增长8.5%，为保障能源安全和后续能源产业发展发挥了“压舱石”作用。规上非常规天然气产量2020年为7.4亿立方米，2021年为18.6亿立方米，2022年为18.5亿立方米，产量稳中有升，产业持续健康发展，是全市新的能源产业增长极。

2. 煤炭产能有序释放

全市煤炭产业通过关闭退出落后产能、加快兼并重组整合煤矿和停缓建煤矿开工建设、推动新建煤矿早日开工投产达效，有序释放先进产能。2022年全市生产矿井80座，生产能力9210万吨/年；在建矿井12座，规划产能1510万吨/年；停缓建矿井18座，规划产能1410万吨/年。煤炭先进产能占比84.1%，为增产保供打下了坚实基础。

3. 智能化建设初见成效

全市已建成智能化煤矿4座、智能化采掘工作面80个，圆满完成煤矿智能化建设任务目标。煤矿安全生产形势总体稳定，煤炭百万吨死亡率控制在0.03%以下。煤矿智能化水平不断提高，为煤炭产业绿色升级注入了强大动能。

4. 新能源发展明显加快

2022年全市新能源装机容量为213.77万千瓦，其中，风电59.2万千瓦，占比7.52%；光伏143.32万千瓦，占比18.21%；水电0.25万千瓦，占比0.03%；生物质11万千瓦，占比1.4%。新能源装机占比从2020年的19.8%上升至2022年的27.17%。装机占比持续上升，全市能源供给结构正在持续优化。

5. 氢能产业崭露头角

丰富的非常规天然气资源和焦炉煤气资源是发展氢能的先天优势。永和县天然气（煤层气）液化储气调峰提氦制氢项目正在全力推进；曲沃晋南钢铁集团率先在全国构建“钢—焦—化—氢”全闭环低碳产业链，实现了化产固碳及产品高值转化、“氢冶金”重大技术突破，年减少碳排放约60万吨，达到世界领先水平；晋南钢铁首座加氢站成为国内规模最大的加氢站项目。

（二）能源绿色低碳消费水平显著提高

近年来临汾市有序实施碳达峰碳中和临汾行动，坚持节能降碳，牢固树立资源节约集约利用意识，有力有效推进能源消费强度和总量双控工作，不断优化能源消费方式和消费结构，加快构建绿色能源消费体系，消费侧改革效果显著。全市2022年能耗强度下降4.7%（省定目标为2.7%），超额完成省定目标任务。单位GDP能耗呈逐年下降趋势，绿色消费水平呈上升趋势。2022年，临汾市规上工业综合能源消费量为1935.7万吨标准煤，同比下降3.2%。单位工业增加值能耗同比下降12.2%。六大主要行业能耗呈“两增四降”。炼焦业能源消费同比下降9.2%，建材业下降8.7%，煤炭业下降4.1%，黑色冶炼业下降2.0%，化工业和发电业能源消费均增长1.2%。全市工业企业绿色消费模式基本形成。清洁取暖方面，三年共完成改造6895万平方米，完成率115%。

（三）能源科技创新工作稳步推进

积极推动能源产业从资源、资本主导向技术主导转变，紧紧围绕优势产业，充分强化企业在科技创新中的主体地位，发挥政府的组织保障作用，大力支持重点领域、重点方向科技创新，能源科技创新活跃度明显增强。

政府支持力度不断加大。持续推行“市长创新奖”，累计对能源领域企业奖励220万元；重点支持推进了立恒集团利用焦炉煤气发展高端现代煤化工、浮山县国家级尾矿综合利用等领域技术突破，在全市发挥了示范引领作用，全市初步形成了崇尚创新、致力创新的良好氛围。

产学研合作不断深入。加强与高校院所产学研合作，已建成大地华基固废利用省级技术中心，加快上海大学与中升共建富氢低碳冶炼热模拟系统等中试基地建设，形成了多层次能源科技创新平台。加大校企合作，与西北大学深度合作设立了全市首家节能低碳研发基地。

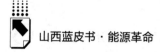

企业主动性不断提高。中国石油化工股份有限公司临汾煤层气分公司“延川南深部煤层气高效开发关键技术及工业化应用”获2021年度山西省科学技术奖科技进步奖二等奖。该项目经过多年技术攻关，取得了丰硕的研究成果。全市能源企业越来越注重自身关键技术的迭代升级和创新发明。

（四）能源体制机制不断健全

深化能源体制革命是提升能源系统活力和能源配置效率，建设清洁低碳、安全高效现代能源体系的重要体制保障。近年来，临汾市主动寻求变革，始终保证能源体制与能源产业和经济社会发展相适应，为能源产业快速发展做好了顶层设计。

能源治理效能逐步提高。通过多轮机构改革，把能源方面的监管职能全部划转至能源局，改变了过去“九龙治水”的混乱现象，能源监管更加统一、连续和专业。逐步优化能源管理，能源治理方式初步实现从重审批向重战略、规划、政策、标准、监管、服务的重大转变。在全市推行“标准地+承诺制”“要素跟着项目走”“领办+代办+专办+一网通办”机制，以营商环境的整体优化为全市能源产业发展提供良好保障。

（五）能源合作更加紧密广泛

“走出去”脚步更远。市主要领导高度重视能源合作，多次带领团队赴内蒙古、上海、厦门等地进行对接洽谈，积极推介临汾、展示临汾，拓展能源领域合作范围，为对外合作争得更多市场、资源、技术、机遇、平台和话语权，全力打造能源领域对外开放新高地。近年来引进了华润、华电、中煤华晋等一批优质的大型央企，为全市经济社会发展注入了强劲动力。

“请进来”更加精准。创新招商理念，改进工作方法。探索推进“基金+产业”招商引资新路径，用好产业引导基金“杠杆”。同时，实行靶向招商，聚焦强链补链，全市科学编制了“招商图谱”“产业地图”，制定了对外招商的100个重点项目清单，各县（市、区）也明确了各自产业发展优势、发展规划和招商重点，精准对接，为项目落地、企业落户奠定了坚实的基础。全市先后引进了多家新材料、新能源“源网荷储”、抽水蓄能等企业，填补了多个领域的空白，为后续的产业转型升级奠定了坚实的基础。

“留下来”更加贴心。注重投资企业后续服务，大力跟进已签约项目，深入企业实地了解项目进展情况以及存在的困难，力争实现项目谋划科学有效、项目对接及时高效、项目问题妥善解决。全市 12 个省级开发区、6 个产业集聚区标准化厂房可实现“拎包入住”，提供“保姆式”“一站式”服务，解决了企业的后顾之忧。企业满意度不断提高，以商招商成效不断凸显。

三　存在的问题

临汾市在践行能源革命综合改革试点的过程中，有收获，亦有困惑，厘清存在的问题是为了更好地前行。

（一）能源供给仍显单一

煤炭行业曾经为全市的经济发展立下了汗马功劳，当前和今后一段时期内，仍然是能源产业的主力。因此，在深入推动能源革命过程中仍面临摆脱“两个过多依赖”的压力。能源产业仍主要集中在煤焦电产业链条，非常规天然气增储上产的规模和速度还是不够，风电光伏的装机率和占比还有待提高，多元化的能源产业结构仍未形成。

（二）能源产业链条较短

能源产业仍处于上游阶段，下游产业发展较慢，没有形成能源高效回收利用的完整和全闭环式的低碳产业链条。例如，新能源的风电、光伏等只是处于并网发电阶段，电力的后续利用和储能等相关产业发展缓慢。

（三）创新支持力度不大

政府财政投入、科技政策支持、科研院所和企业研发投入与发达地区相比仍有较大差距。科学技术支出占一般公共预算支出的比重处于全省较后位置，全市能源领域整体科技水平偏低，制约了能源优势向发展优势的转化。

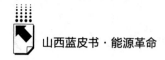

（四）要素支撑作用不足

近年来，临汾市以风电、光伏发电为代表的新能源产业发展成效显著，装机规模不断扩大，发电量占比稳步提升。但是，日益收紧的土地、林业政策与大力发展新能源之间存在矛盾，对后续新能源项目开发建设造成制约。

（五）合作质量有待提升

能源合作领域不够广泛，合作方式比较单一，只是单纯地引进能源企业，能源技术领域等方面的合作较少。对外合作机制不够健全，合作水平仍需提高，合作的深度和广度有待进一步深化。

四 未来展望

临汾市以“四个革命、一个合作”为基本遵循，以“四个统筹”为牵引，统筹碳达峰碳中和“临汾行动”与能源革命综合改革试点，统筹能源产业转型升级与高质量发展全面提质提速，统筹全市三大板块产业布局，统筹“六个能源”，以打造“沿黄新型综合能源基地、沿太岳现代煤化工氢能发展基地，沿汾清洁低碳用能示范基地”为依托，加快“沿汾零碳区、沿黄负碳区、沿太岳低碳区”三区建设。

（一）能源供给增量保质，打造“安全能源”

能源是工业的粮食、国民经济的命脉，习近平总书记指出“能源的饭碗必须端在自己手里”。临汾要顺应能源发展大势，增产保供，全力保障国家、省、市能源安全。

1. 稳煤，建设煤炭绿色开发基地

扎实做好煤炭产业布局规划，积极推进三大矿区规划修编工作，规划好全市500米煤层以下的煤炭资源开采工作，为煤炭产业可持续发展输送新鲜血液。扎实推进煤炭增产保供和产能核增工作，有序释放产能潜力，提升煤炭供应保障能力。扎实推进煤炭绿色开采和煤矿智能化建设工作，积极推动充填开采、无煤柱开采等绿色开采试点建设，围绕“2027年所有煤矿全部实现智能化”目标，建设和改造一批智能化矿井和智能化综采改造面，实现矿井可视化、自动化、智能化。

2. 优电，建设电力供应保障基地

大力发展清洁高效煤电，加大煤电机组改造力度，探索多种技术改造方式，加快推动煤电机组灵活性改造。鼓励煤—电—热一体化发展，提升能源转换效率和资源综合利用率。深化电力市场建设成果，主动参与全省电力现货交易规则制定和区域电力市场建设，融入全国统一电力市场。做好电力现货、中长期及辅助服务市场交易的有效衔接。

3. 增气，建设非常规天然气基地

充分发挥非常规天然气资源优势，努力实现“采储运加输用”全产业链发展。稳步推进非常规天然气增储上产，加快完善管网输配系统，加快储气设施建设提高调峰储备能力，拓展应用领域促进高效利用。将临汾市打造成为“晋南储气调峰基地”，将浮山县“晋南储气调峰中心”建设成为“临汾地区天然气资源汇集中心、晋豫冀临近区域液化储能中心、天然气及制成品数字化贸易中心、清洁能源化工高效利用中心”四大中心。

4. 上新，建设新能源和清洁能源基地

充分发挥省对临汾市“晋西沿黄百里风光基地”的发展定位，以乡宁县、霍州市、浮山县分布式光伏试点等项目为重点，提高新能源装机占比。做好侯马、翼城、浮山、洪洞4个抽水蓄能项目的前期工作，力争纳入国家抽水蓄能中长期规划。加速推进古贤水利枢纽配套设施工程、输气管道和生态修复等项目的前期手续办理，确保与主体项目同步开工建设。以曲沃、洪洞、襄汾等重点区域为依托，大力发展地热能。因地制宜推进新能源就近开发利用，加快推进侯马元工独立储能电站项目，促进新能源消纳和储能协调发展。积极培育氢能制储运加用产业集群，利用焦化产业优势，推进焦化中间产品生产过程中的驰放气提氢项目建设；在部分风光资源丰富地区，探索开展风光发电制取绿氢和储能示范，实施一批“新能源+储能+制氢”项目。

（二）能源消费模式变革，打造“绿色能源”

按照“传统产业升链、优势产业延链、短板产业补链、合作产业强链、未来产业建链”的“五链”思路，充分发挥临汾市在煤炭、非常规天然气、现代煤化工等方面得天独厚的优势，大力实施全产业链培育工程，促进产业链成链集群发展，提高临汾市在全省甚至全国的话语权和影响力，争取更多的试点项目在临汾落地。

1. 建设绿色运输基地

开展公共交通绿色运输试点。持续推进交通运输领域的清洁能源、新能源汽车推广应用，逐步形成绿色运输公共交通体系。开展氢能短倒运输试点。在焦化工业园、煤矿等运营强度大、行驶路线固定的工业园区（矿区）开展氢能重卡短倒运输示范应用。在重卡物流聚集地区打造“氢能重卡+加氢站+长管拖车”连锁运营的方式，通过氢能重卡投放规模和行驶范围，合理布局加氢站点和长管拖车运氢路径，逐步实现大型运输车辆“柴改氢”，有效降低大气污染物和碳排放。

2. 稳步推进现代煤化工示范基地建设

现代煤化工是促进煤炭清洁高效利用和煤炭产业转型升级的重要途径。依托主焦煤资源优势和焦化企业众多的发展优势，紧跟现代煤化工和碳基新材料发展趋势，以高端化、多元化、低碳化为方向，培育千亿级绿色焦化产业链，延伸煤炭产业链、增加附加值。以资源利用为方向，延伸焦炉煤气、煤焦油、苯等副产物深加工产业链，积极推广煤—焦—化—氢模式，加快发展煤焦炭材料及化工产品深加工产业，实现焦化产业绿色发展。重点实施安泽圣鑫焦炉煤气制 LNG、安泽科鑫精蒽咔唑、古县宏源绿氢制甲醇等项目。

3. 实施临汾碳达峰十大行动

大力推进传统能源绿色低碳转型行动、新能源和清洁能源替代行动、节能降碳增效行动、工业领域碳达峰行动、城乡建设碳达峰行动、交通运输绿色低碳行动、循环经济助力降碳行动、科技创新赋能碳达峰行动、碳汇能力巩固提升行动、全民参与碳达峰行动十大行动，加快实现生产生活方式绿色变革，实现降碳、减污、扩绿、增长协同推进，推动经济社会发展建立在资源高效利用和绿色低碳发展的基础之上，力争实现碳达峰目标。

（三）加强科技成果转移转化，打造“创新能源”

聚焦关键技术创新。依托骨干企业，开展提氦制氢、煤矿数字化综合掘进系统等技术攻关，推广先进技术的示范应用。持续推动数字化、大数据、人工智能技术与能源清洁高效开发利用技术的融合创新。坚持用好“市长创新奖”，强化企业科技创新主体地位。

聚焦科技成果转移转化。充分利用山西科技成果转化和知识产权交易服务平台、临汾市科技成果转化服务平台，链接优势科技资源，及时进行供需对接，重点引导科技成果对接产业需求转移转化，积极引导能源企业在平台发布技术需求。依托重点科研机构、高校院校和行业龙头企业，加快推进中试基地建设，提升企业成果承载能力，促进各类研究成果优先在临汾转化落地。

聚焦研发平台培育。进一步加强产学研深度融合，组建国内一流学术专家和运营管理团队，共建技术创新中心、重点实验室等创新平台，深度促进能源、信息、智能制造、金融等多产业融合。鼓励能源领域有实力的企业成立内部研发机构，提升科技创新能力。重点培育山西晋南钢铁集团有限公司的“钢焦化氢联产低碳清洁利用技术创新中心”成为省级技术创新中心。

（四）能源体制优化探索，打造“智慧能源”“文化能源”

积极融入全省改革试点工作，构建能源领域高标准市场体系。主动对接省级，在煤炭交易中心、焦炭交易中心、电力市场改革、绿色交易中心挂牌运行中充分发挥临汾智慧，提升临汾话语权；在虚拟电厂试点示范、新能源电力直供电等试点建设中，全力争取临汾作为试点城市，先行先试，探索研究配套政策和实施细则，拓展能源革命综合改革试点新路径。

摆脱传统能源发展模式，构建新型“智慧能源”。实施“能源+”产业发展新模式，充分发挥能源产业与现代服务业、数字经济、智能制造、工业互联网等其他产业的耦合作用，培育催生新业态。实施“互联网+”智慧能源示范工程。提升能源消费智能化水平，推进综合能源网络基础设施建设，构建用能终端灵活融入的微平衡系统。

焕发能源新活力，构建“文化能源”。积极打造能源文旅城市，深度推进能源工业遗产保护利用与文化保护传承、产业创新发展、城市功能提升协同互进，建设一批集城市记忆、知识传播、创意文化、休闲体验于一体的能源文旅城市和能源工业遗产博物馆，延续城市历史文脉，助力临汾打造“博物馆之城”，努力蹚出资源型城市转型发展的新路子。

（五）能源合作深入广泛，打造“开放能源”

不断提升合作优势。发挥临汾市资源优势、产业优势和区位优势，强化对接洽谈，丰富合作类型，拓展合作领域，通过政企联动、优势互补，实现从能源生产到能源环保、能源技术、能源配套服务等各个领域和环节的紧密合作。

主动融入区域合作。持续推进黄河金三角区域合作，加强与山西中部城市群、关中平原城市群、中原城市群、郑洛西高质量发展合作带的务实合作，主动融入京津冀、长三角，实现全面联动和协作，在互联互动互通中实现区域共同繁荣、协同发展。

开展多种形式招商。实施全员招商，推行领导带头招商、活动招商、驻点招商等行之有效的招商方式。实施以商招商，创新开展市场化委托招商，委托具有相应资质和渠道资源的专业招商公司、商协会开展招商。实施产业链招商，通过延伸龙头骨干企业产业链条，鼓励现有企业向上下游企业招商。实施园区招商，推进全市开发区和各园区与发达地区园区建立长期合作关系，积极承接发达地区产业转移。

五 政策建议

围绕国家和省对能源革命综合改革试点的新要求，临汾市将全力打造“六个能源”，不断拓展转型发展新内涵新路径，加快培育新动能新优势，积极构建内在竞争力充分的能源产业格局，助力能源革命深度破题，能源产业高质量转型发展，基本实现能源产业现代化。

（一）加强组织领导，聚焦政策加持

聚焦国家和省关于能源产业的相关政策，积极对接国家高端研究院和科研院所，由政府主导扎实开展各产业链专业性研究，动态完善产业图谱，构建全链条产业发展生态体系。

（二）完善要素配置，提升企业吸引力

进一步优化营商环境、支持项目建设、增强投资吸引力。围绕影响绿色能源产业链引进和培育的要素清单，制定出台针对性强、可操作性好的专项政策措施，优先支持绿色能源产业链龙头骨干企业及上下游配套企业，重点保障产业链重点项目在资金、能源、土地、用工、运输、原料等方面的需求。

（三）完善监督考核机制，激发干事创业热忱

加强对能源产业发展情况和发展趋势的监督管理、监测预警、分析研判和跟踪反馈。充分发挥考核“风向标”“指挥棒”作用，将重大改革举措的推进落实情况，重点工作、重要指标的完成情况，作为对各县（市、区）、各部门目标考核的重要内容，根据任务完成情况进行激励奖励和严肃问责。要将考核结果与干部使用相挂钩，健全完善科学的干部评价体系。

参考文献

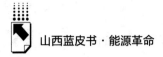

[1] 临汾市人民政府：《临汾市国民经济和社会发展第十四个五年规划和 2035 年远景目标纲要》，2021 年 5 月 17 日。

[2] 临汾市统计局：《临汾市 2022 年国民经济和社会发展统计公报》，2023 年 4 月 10 日。

[3] 临汾市统计局：《临汾市 2021 年国民经济和社会发展统计公报》，2022 年 3 月 23 日。

[4]《中国共产党临汾市第五届委员会第六次全体会议决议》，2023 年 8 月 11 日。

[5]《中国共产党山西省第十二届委员会第六次全体会议决议》，2023 年 7 月 26 日。

B.21

运城市：着力构建现代能源体系 争当全省能源革命排头兵

张 云 晋泽军 撖向东 刘宁胜 李 星*

摘 要： 运城市坚决贯彻落实习近平总书记“四个革命、一个合作”能源安全新战略，积极实施“五个一体化”融合发展推动能源革命综合改革试点新举措，强化碳达峰碳中和牵引作用，坚定不移走生态优先、绿色低碳的高质量发展道路。聚焦产业结构转型、能源结构优化、能源利用效率提升、重点项目谋划等目标任务，以经济社会发展全面向绿色转型为引领，以能源绿色低碳发展为关键，大力推进节能降耗，加速构建清洁低碳、经济高效、安全可靠的现代能源体系，加快形成节约资源和保护环境的产业结构、生产方式、生活方式、空间格局，全面推动能源革命综合改革试点工作向纵深发展，努力建设绿色节能示范区、新能源产业集聚区、智慧能源网联区和清洁利用先行区，争当全省能源革命排头兵。

关键词： 能源结构 绿色低碳 清洁能源 运城

---

* 张云，运城市政府发展研究中心党组书记、主任，主要研究方向为经济社会发展和改革开放中具有全局性、综合性、战略性的问题并提供决策建议；晋泽军，运城市政府发展研究中心党组成员、副主任，主要研究方向为区域经济社会发展及相关产业政策；撖向东，运城市发展和改革委员会工业科科长，主要研究方向为工业和能源发展等；刘宁胜，运城市政府发展研究中心研究二部部长，主要研究方向为新型工业化、数字经济等；李星，运城市发展和改革委员会工业科副科级干部，主要研究方向为能源利用发展等。

2022 年以来，运城市持续推进能源革命，坚持以“碳达峰、碳中和”为引领，以“四个革命、一个合作”能源安全战略和构建清洁低碳、安全高效的现代能源体系为根本遵循，全面推动能源革命综合改革试点工作向纵深发展，努力在争当试点示范上体现新作为。

一 主要举措

运城市坚持把“绿色、低碳、多元、高效、智能”作为能源工作的根本方向，按照推动高质量发展的目标要求，抢抓全省创建全国能源革命综合改革试点先行区的机遇，科学谋划部署、高效精准落实，在促进产业和能源结构持续优化、绿色低碳发展等方面持续用力。

（一）强化组织领导，突出工作重点

围绕全省行动计划和运城实施方案，立足全市能源及关联产业发展要求，组织召开全市能源革命综合改革试点工作推进会，研究制定全年工作重点。一是优化能源结构。重点推动煤炭、风光电、生物质能、抽水蓄能、地热能、天然气、甲醇、氢能等资源开发利用。二是构建绿色低碳消费格局。重点推动装配式建筑、绿色建筑、可再生能源建筑、绿色交通、重点领域节能降碳、减污降碳等工作。三是开展绿色低碳科技革命。重点推动科技创新平台建设、绿色低碳技术攻关、科技创新成果转化、能源互联网试点建设、产业链延伸等工作。四是完善绿色低碳政策体系。重点推动能耗“双控”、电力体制改革、完善价格、投融资政策、构建节能制度体系等任务。同时，研究制定了《运城市能源革命综合改革试点 2022 年行动计划》《运城市能源革命综合改革试点 2023 年行动计划》，行动计划中明确任务清单，并重点筛选具有牵引性、示范性的项目作为能源革命重大项目具体推进。

（二）完善工作机制，强化任务落实

全市制定了能源革命综合改革试点年度重点工作任务台账及重点工作推

进机制，建立了能源革命重点工作和重大项目推进清单管理机制、协调推进机制和调度评估机制，全面构建抓落实闭环管理体系，推动各项工作落地见效。从2022年初开始，着力推进抽水蓄能、能源互联网、地热开发利用、“新能源+储能”、晋南源网荷储一体化示范基地和芮西220千伏开关汇集站新建工程6个省级能源革命重大项目建设，以及运城市抽水蓄能改革试点、河津市地热能开发利用试点2项省安排运城市承担的市、县级改革试点工作，推动“月调度、季通报”。

（三）积极谋划推进，聚焦重点攻关

全市多次召开能源革命推进会以及抽水蓄能、能源互联网、地热、甲醇等能源革命专题会，抽水蓄能项目、能源互联网、地热能高质量开发利用工作均位于全省前列。2022年省级重点工作任务中，运城市6个项目被列为省级重大推进项目，数量占比在全省位居前列。在全省10个重点推进的抽水蓄能项目中，运城市被列入的项目数量占比30%，居全省第一位；晋南源网荷储一体化示范基地被列入全省五大风电光伏基地；芮西220千伏开关汇集站新建工程被列为全省“十四五”时期4座220千伏新能源汇集站之一，全省占比25%；展源储能科技有限公司50MW/100MWh独立调峰调频储能电站项目被列为全省15个“新能源+储能”试点示范项目之一。

二　主要成效

全市围绕积极稳妥推动实现碳达峰碳中和目标，重点推进煤电、风电、光伏、抽水蓄能、新型储能等项目，持续推进能耗“双控”，开展绿色低碳技术革命，推动产业链向中高端延伸，构建清洁低碳、安全高效的现代能源体系和推动能源结构优化成效明显。

（一）能源结构持续优化升级

围绕淘汰落后产能和推进煤矿智能化改造两手抓，同步推行“风电光

伏、地热能、生物质、氢能、甲醇”等多种能源开发利用，加强天然气保障能力和电网改造升级。

1. 传统能源改造升级

鼓励有条件的矿井开展煤矿智能化改造试点，推进大数据、物联网、人工智能等新技术在煤炭产业中的融合应用。截至2023年上半年，全市建成1处、新开工2处智能化采掘工作面，有效发挥5G场景在煤矿应用示范中的引领作用。加强电网改造升级，夯实能源保障基础，持续推进电网优化改接工程，加快翟店220千伏输变电工程，开展芮—杏园、平—夏县220千伏线路项目前期工作，配合做好保障性新能源并网工作，促进新能源量率一体协同有序发展。

2. 新能源建设多点进发

推动大型风电光伏基地建设，加快推进国家第一批风光基地暨晋南源网荷储一体化示范基地项目建设，芮城、闻喜2个源网荷储项目正在进行方案修编，河津、永济、芮城3个整县屋顶分布式光伏试点有序推进。

积极发展抽水蓄能和新型储能，立足“煤电+新能源+储能电站”三位一体发展思路，组织实施首批“新能源+储能”试点示范项目，推动储能在大规模可再生能源消纳、分布式发电、能源互联网等领域示范应用。加快推进垣曲抽水蓄能项目建设；统筹做好项目站点与生态保护红线衔接避让，积极争取垣曲二期和绛县抽水蓄能等项目被列入国家抽水蓄能中长期规划重点实施项目。

推动地热能高质量开发利用，积极推进浅层地热能开发利用，在满足土壤热平衡的情况下，因地制宜推进土壤源热泵和（污）水源热泵技术。创建地热供暖（冷）示范区，选择不宜集中供热的地域进行集中连片开发，开展浅层地热低碳清洁供暖（冷）试点示范建设。发布“十四五”期间公共建筑地热能应用总体方案和项目清单，推动全市地热能规模化、产业化开发利用。

探索推进氢能开发利用，探索焦炉煤气、甲醇和氨制氢、可再生能源制氢等。谋划布局氢能产业化应用示范项目，统筹推进“制储输加用”全链条发展。依托大运博世联合研发中心，建立和优化整车开发流程，推进大运氢燃料电池汽车、混合动力汽车新车型研发，有序推动氢燃料重卡生产等氢能产业集群建设。抢抓氢燃料发展机遇期，积极发展氢燃料重卡，建立“氢能供应—车载储氢系统—燃料电池系统—电驱动系统—整车制造”等氢燃料电池汽车产业链，形成新的突破口和增长点。为打造智能、高效、绿色物流体系，大运集团和山西晋南钢铁集团开展氢能战略合作，提前布局氢能重卡产业链，多辆氢燃料重卡交付使用，进一步加快推动大运氢燃料汽车应用发展。

（二）构建绿色低碳消费格局

全市积极推广绿色建筑，着力发展装配式建筑产业，加大太阳能光热系统推广力度，因地制宜推进光伏、空气源热泵、地热能等可再生能源建筑应用。在传统行业改造升级以及重点领域能效提升方面加大减污降碳和节能降碳力度。在绿色交通、绿色校园、绿色家庭以及节约型机关上通过宣传教育、媒体推广等方式，稳步实施绿色生活创建行动。

1. 大力推广绿色建筑

推行新型绿色建造方式，将绿色建造理念贯穿项目建设全过程，推进BIM（建筑信息模型）技术在建筑全生命周期的集成应用。推进新建建筑全面执行绿色建筑标准，引导发展高星级绿色建筑，加快绿色建筑集中示范建设。2022年底，全市绿色建筑新建面积占城镇新建建筑面积比例达70%。拓展可再生能源在建筑领域的应用形式，因地制宜推广高效地源热泵、空气源热泵等技术及产品，扩大可再生能源建筑应用规模。2022年，全市绿色建筑验收面积210.45万平方米，占比达70%以上；新建建筑可再生能源应用建筑面积234.71万平方米，验收可再生能源建筑面积91.05万平方米。2023年上半年，全年绿色建筑验收面积136.8万平方米，占比达80%以上；新建可再生能源建筑面积140.5万平方米，验收可再生能源建筑面积97.24万平方米。

2. 推动重点领域节能降碳

实施重点行业能效提升行动，加快推进工业领域绿色低碳转型，鼓励钢铁、电解铝、有色金属、化工、水泥等行业产能达到标杆水平。制定了《运城市重点行业能耗双控行动方案》，确保完成工业增加值能耗下降目标任务。成立“两高”项目专班，对“两高”项目进行分类处置，对“两高”项目建设实行减量置换，确保不新增“两高”产能，从源头上控制“两高”行业发展。

3. 深入开展绿色交通行动

强化充电基础设施建设，加快公共服务领域推广使用清洁能源、新能源汽车。加强城市公共交通和慢行交通系统建设管理，推进城市公交、出租领域新能源汽车推广应用，新增或更新的公交、出租车全部采用新能源汽车。2022 年，全年新增和更新新能源出租车 127 辆，超额完成年初制定的目标。截至 2023 年上半年，全市实际运营巡游出租车 4633 辆，其中纯电动 2892 辆、清洁能源 1741 辆，新能源和清洁能源占比达 100%。

（三）开展绿色低碳科技革命

全市围绕重点产业集群和“合汽生材”战略性新兴产业，加大招商引资和技术合作力度，在新材料、新能源、装备制造、化工等技术领域产业链方面取得突破向中高端延伸。申报一批市级重点实验室及新型研发机构，逐步壮大创新平台队伍。通过与清华大学能源互联网团队合作，建设市能源互联网平台中心，同步推进河津、芮城、垣曲分中心建设。

1. 推进科技创新平台建设

围绕新能源、新材料、高端装备制造、节能环保等领域，支持高校、科研院所采取技术入股等多种方式与能源企业共建重点实验室、技术创新中心等平台，提高能源领域企业自主创新能力，强化企业技术创新主体地位，为全面推动创新驱动转型发展提供科技引领和支撑。国家级创新平台建设取得突破，盐湖高新区科技企业孵化器获批成为全市首个国家级综合性孵化器。运城地福来生物科技发展有限公司建设的微藻生物技术研究院通过省厅认定，成为全市首家省级新型研发机构。中磁科技股份有限公司通过省级科技成果转化示范企业认定，盐湖高新区通过省级科技成果转化示范基地认定。

2. 实施绿色低碳技术攻关

推进能源领域技术攻关，围绕全市重点产业集群和“合汽生材”战略性新兴产业，鼓励支持能源企业、科研院所加快能源重大技术突破和技术探索，通过承担省、市能源领域科技项目，努力在新材料、新能源、装备制造、化工等技术领域取得突破。精准对接碳达峰碳中和、先进制造业等重要领域创新需求，实施科技创新重大项目，重点支持先进储能、深层地热应用回灌、氢能利用、碳捕集及应用等能源领域的关键技术研发攻关项目。在能源与节能环保、半导体与新材料等领域共推荐申报60项省级科技计划项目，积极开展技术研发，攻克关键核心技术。

3. 加快科技创新成果转化

持续加强市校科技合作，围绕战略性新兴产业发展需求，聚集创新资源，与北京理工大学、中北大学、西安交通大学、西北工业大学等高校建立战略合作关系，搭建产学研合作平台，进一步促进技术转移，加快科技成果转化。2022年运城科技大市场共促成全市企业与省内外高校签订产学研合作协议20项，中北大学运城产业研究院与全市13家企业开展产学研合作，并签订战略合作协议，使高校的科技成果“走出”实验室，“落进”生产线。组织开展成果转化对接活动，指导清控创新基地组织举办创业培训、政策解读等培训活动共21场，指导运城科技大市场组织举办校企对接、业务培训等活动31场。

4. 加快能源互联网试点建设

按照“1+3+N”总体布局，加快组建能源互联网市级平台公司，启动能源互联网市级中心和数据中心建设，同步推进3个试点县能源互联网县域分中心建设。加快推动宏达公司优先试点项目建设，为推广应用积累模式经验。根据首批能源互联网试点建设运营情况，遴选并储备后续批次试点项目，逐步扩大试点范围。

（四）完善绿色低碳政策体系

全市相继出台能源革命综合改革试点、能耗双控、低碳技术、清洁取暖、地热能应用等一系列相关政策，围绕“碳达峰、碳中和”目标，持续对新能源和可再生能源发展等领域支持发力，严控能源消耗“双控”指标，坚决遏制“两高”项目盲目发展。

1. 加强配套政策研究制定

研究制定能源、工业、科技、交通、城市建设、农业、生态等领域实施方案和保障方案等配套政策，逐步形成全市“1+X”政策体系。推动碳排放统计核算，按照国家统计局统一安排部署，在市县层面编制能源平衡表。对全市年综合能耗5000吨标准煤以上的“两高”项目进行全面排查，制定了《关于“十四五”推进沿黄重点地区工业项目入园及严控高污染、高耗水、高耗能项目的通知》，对高污染、高耗水、高耗能项目进行全面梳理整治。

2. 推进能耗“双控”监管

以重点项目为牵引，加强上下级部门联动，做好项目节能审查工作，争取更多项目纳入国家发展改革委能耗单列项目清单。完善能耗双控统计监测机制，加强对能耗双控形势统计监测分析，对全市能源消费总量、万元GDP能耗、重点行业能效水平以及能耗量较大的重点项目建设投产情况等开展分析和监测，增强监测预警的灵活性。

3. 加强对高耗能项目管控

严格分类处置，抓实问题整改，对“两高”项目实行清单管理、动态监控，严控拟建项目准入，加强建成、在建项目监管，升级改造存量项目，严控能源消耗“双控”指标，坚决遏制“两高”项目盲目发展。全力推进沿黄重点地区工业项目入园及严控高污染、高耗水、高耗能项目工作。

4. 持续深化电力体制改革

完善需求侧响应机制，推进源网荷储一体化项目建设，优化虚拟电厂运营模式，通过市场价格信号引导用户错峰用电，实现快速灵活的需求侧响应，发挥电力市场对能源清洁低碳转型的支撑作用。完善交易机制，组织战略性新兴产业用电交易，推动建立“一对一”精准服务，优化售电服务模式，降低终端用电成本。芮城、闻喜2个源网荷储项目正在进行方案修编。

5. 完善各类经济扶持政策

落实好电价政策，严格落实对高耗能企业市场交易电价不受燃煤发电基准价上浮 20%限制，推动落实电解铝等行业执行更严格的阶梯电价政策，对“两头在外”的“两高”项目加强管控，对能效达到基准水平的存量企业和能效达到标杆水平的在建、拟建企业用电不加价。鼓励辖区内各金融机构发放绿色贷款，主要集中在绿色交通运输项目、可再生能源及清洁能源项目、工业节能节水环保项目上。积极协调农业发展银行，发挥“水利银行”“绿色银行”作用，争取政策性资金，重点支持县域清洁能源项目建设。

6. 构建节能制度监察体系

探索建立用能权初始分配制度，结合节能评估审查、能源审计等措施，确认各用能单位、用能权初始配额，推进用能预算化管理，保障优质增量用能。落实用能权有偿使用和交易制度，积极稳妥推进初始用能权确权、有偿使用交易工作。创新合同能源管理服务模式，推广能源费用托管、节能量保证、融资租赁等商业模式。支持节能服务企业开展节能评估、节能诊断、能源审计等第三方服务，做大做强节能服务产业。

（五）扩大能源交流合作层次

全市积极参加太原能源低碳发展论坛，利用晋陕豫黄河金三角等合作平台，推介大运汽车、银光镁业、中磁科技、新源谷等企业新能源产品，加强与国网新源、中石油、中石化等国内领军企业机构对接合作，通过招商引资吸引一批能源企业来运建设投资。同时，指导能源类企业争取国家中长期贷款，通过政策贷款支持能源项目建设。

深化晋陕豫黄河金三角地区互动合作，协同保障能源供应安全，协同推进资源型经济转型，协同培育能源新产业、新业态、新模式。积极推动区域能源合作，运城出台了《关于牵头推进〈关于晋陕豫黄河金三角四市共同谋划跨区域大项目框架协议书〉等四个框架协议书的函》，明确各框架协议书的牵头单位，深入推进黄河金三角地区互动合作。

三　未来展望

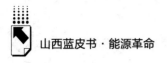

按照“多元互济、双网协同、绿色低碳、三储并进”的发展思路，加快构建现代能源供应体系，推动能源产业、能源消费方式变革，构建清洁低碳消费模式，加快培育新业态新模式，为全省能源革命试点提供运城经验。

（一）提升能源生产供应保障能力

扎实推进煤炭增产保供和产能新增工作，力争2023年全市煤炭产量达到520万吨以上，地方煤矿产量达到125万吨以上。夯实煤电支撑调节功能，有序开展全市30万千瓦以下煤电机组分类处置。加快煤电机组“三改联动”。统筹考虑煤电机组技术特性，一机一策开展节能降碳改造、灵活性改造、供热改造“三改联动”，提高全市120万千瓦煤电机组清洁高效水平和灵活调节能力。提升电网安全稳定运行能力，加强各电压等级和各区域电网间协同优化，完善电力需求侧响应机制，细化有序用电方案，保障负荷高峰期供需平衡稳定。加快晋南源网荷储一体化建设，结合运城丰富的风能、太阳能资源条件和本地消纳市场优势，统筹发电侧、用户侧，积极推进晋南源网荷储一体化试点示范。

（二）加快新能源和清洁能源发展

推进风电光伏规模化开发，优化集中式风电光伏项目布局，力争2023年底全市风电、光伏装机容量达到500万千瓦，占比达到50%。推动分布式光伏发电，加快整县屋顶分布式光伏建设，力争2023年新增分布式光伏装机达到15万千瓦以上。推动抽水蓄能项目建设提速增效，开展全市中小型抽水蓄能项目的前期选点普查工作，积极争取在全省内率先开展中小型抽水蓄能项目试点。加快新型储能试点示范，结合新能源项目布局、区域负荷及电网结构等实际，再谋划推进一批新型储能试点项目，探索布局压缩空气储能示范项目等。开展地热能资源开发利用，利用运城市地热能资源丰富条件，打造地热能利用先行试点，重点围绕城市供热一张网，加快地热能供暖开发利用。推进生物质能多元化利用，因地制宜推广农村生物质能源综合利用项目试点，促进农村用能结构转变。加快干熄焦改造及余热发电并网，确保2023年底前焦化行业干熄焦改造全面完成和4.3米及以下焦炉全面退出。

（三）着力打造现代能源产业体系

构建风电光伏产业链，开展风电光伏产业链建链工作，力争风电光伏制造产业取得突破。构建氢能产业链，加快出台《运城市氢能产业发展中长期规划（2023~2035年）》，利用现有加油、加气和充电站等，依法依规推进油气氢电综合一体站规划建设。超前布局充（换）电基础设施，做好高速公路、国省干道、旅游公路等优化充（换）电基础设施布局，力争2023年新建公共充电桩2000个。加快推进甲醇汽车推广利用，重点支持盐湖区开展甲醇汽车开发利用。

（四）构建绿色低碳能源消费格局

有计划分步骤实施碳达峰碳中和运城行动，做好碳排放统计核算工作，配合全省建立省市县三级碳排放统计核算制度。优化完善能耗双控制度，继续做好重点行业节能改造，探索推动能耗双控向碳排放总量和强度双控转变。推动产业链向中高端延伸，围绕打造“合汽生材”推进新材料产业延链强链，以技术改造、技术创新为驱动，重点发展特种钢、铝镁合金、铜合金等新材料，加快向能源装备、轨道交通、航空航天、5G新材料等高端领域延伸。推动建筑业绿色低碳发展，

（五）抢占能源领域技术创新高地

推进低碳技术转移转化，集聚创新资源，搭建产学研合作平台，加快科技成果转移转化。积极推进能源互联网试点，加快推进市级能源互联网平台立项工作，及时完成基础设施建设、硬件设施安装等工作。

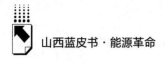

（六）构建能源领域标准市场体系

推动绿色交易中心挂牌运行，探索建立绿电绿证与碳市场衔接机制，进一步理顺碳电价格传导机制，提升企业参与绿色电力交易积极性。开展虚拟电厂试点示范，谋划推进虚拟电厂项目建设，推动虚拟电厂聚合分散可调电力资源并参与电力市场和电网运行。推进新能源电力直供试点，加强体制机制和政策创新，推动工业园区、大型生产企业和大数据中心等周边地区因地制宜开展新能源电力专线供电。

四　政策建议

坚持以“四个持续”为抓手，以能耗双降为目标，确保能源革命改革试点各项工作落到实处。

（一）持续优化能源供给结构

打破思维局限，继续解放思想，进一步破除全市对煤炭等化石能源过度依赖的能源供给结构和惯性思维，不断提高清洁能源和可再生能源开发利用比重，完善能源利用结构，实现能源供给多元化。特别是要破除新能源项目在用地、项目审批等方面制约因素，减少项目建设难度，因地制宜加快发展光伏、地热等新能源项目。

（二）持续提升能源利用效率

推进全市重点领域节能降碳，鼓励重点企业积极开展节能改造，提高能源利用效率。进一步强化问题导向，完整准确全面贯彻新发展理念，坚决遏制“两高”项目盲目发展，在加快新旧动能转换、积极布局绿色产业、优化能源供给结构上继续发力，确保完成能耗“双控”目标。

（三）持续加大项目储备力度

目前，运城在抽水蓄能、地热能项目上取得了一定成绩，但对照全省要求，其他能源项目储备还需加大推进力度。要在加强项目储备工作上持续发力，围绕碳达峰碳中和、能耗双控两个方面提前规划，对照能源革命五年实施方案，提前谋划一批能源革命重大项目。

（四）持续扩大交流合作水平

深化晋陕豫黄河金三角地区互动合作，加快将晋陕豫黄河金三角地区建设成省际交界区域合作发展模范试验区。推动全市能源装备技术和服务“走出去”和“引进来”，不断提升企业竞争力。通过多元形式，做好新能源的推广宣传工作，营造良好的能源发展利用环境。加大能源产业招商引资力度，引进省内外知名企业投资建设能源项目。加强与先进地区及企业交流合作，形成常态化对接联络机制，为能源革命工作打下坚实基础。

参考文献

[1] 庞昌伟：《中国能源革命的路径与前景》，《人民论坛》2022 年第 18 期。

[2] 王中庆：《山西能源革命与碳达峰碳中和有效衔接研究》，《经济问题》2022 年第 9 期。

[3] 周人杰：《坚持以系统观念推动能源革命》，《人民日报》2023 年 7 月 11 日。

[4]《运城市国民经济和社会发展第十四个五年规划和 2035 年远景目标纲要》，运城市人民政府门户网站，https：//www. yuncheng. gov. cn/doc/2021/02/03/129478. shtml。

[5] 储祥好：《2023 年政府工作报告》，运城市人民政府门户网站，https：//www. yuncheng. gov. cn/doc/2023/04/25/338609. shtml。

案 例 篇

Case Reports

B.22 优化电力资源配置　加快构建新型电力系统

——以国网山西省电力公司为例

李 黎　孙一奇　薛 敏　李 琦*

摘　要： 山西是全国唯一全省域、全方位、系统性的国家资源型经济转型综合配套改革试验区和能源革命综合改革试点省份。电网连接电力生产和消费，是重要的网络平台，是能源转型的核心。国网山西省电力公司立足山西电网发展现状，统筹发展与安全、保供与转型，加快特高压外送基地建设，积极服务新能源发展，打造现代智慧配电网，耕好电力现货“试验田”，充分利用山西“先行先试”政策优势，因地制宜加快构建清洁低碳、安全可靠、经

* 李黎，国网山西省电力公司发展策划部主任，高级工程师，主要研究方向为能源绿色低碳转型发展、电力生产经营与电网规划等；孙一奇，国网山西省电力公司发展策划部规划处处长，高级工程师，主要研究方向为公司规划与电网规划等；薛敏，国网山西省电力公司发展策划部规划处副处长，高级工程师，主要研究方向为新能源发展与消纳等；李琦，国网山西省电力公司发展策划部专责，工程师，主要研究方向为配电网规划等。

济高效、灵活智能的新型电力系统，为美好生活充电、为美丽山西赋能，全面服务中国式现代化山西建设。

关键词： 电力外送　现代智慧配电网　电力现货市场　国网山西省电力公司

能源革命综合改革试点是党中央赋予山西的重大使命，国网山西省电力公司立足行业特色，从建设电力外送基地、建设现代智慧配电网、建设新能源电力体系以及建设电力现货市场四方面持续发力，服务山西能源革命综改试点建设落地见效。

一　加快建设电力外送基地　彰显能源大省使命担当

山西是我国重要的能源基地，是全国西电东送、北电南送的枢纽，资源禀赋和区位优势显著，电力产业基础好，是重要的电力外送基地。加快建设电力外送基地，将山西能源资源优势转化为清洁高效电力，进一步发挥山西能源基地作用，促进山西电力资源在更大范围内优化配置，为全国经济社会高质量发展提供坚强电力支撑。

（一）主要做法

一是电力外送扩规模。加快建设山西电力外送基地，制定印发《山西省电力外送实施方案》。积极与江苏、河北、浙江、天津等省份沟通，签订外送电协议，扩展外送电渠道，并与受电省份沟通，协商提高跨省跨区外送电价格。在满足省内电力需求的前提下，通过调整电网运行方式、增加平谷段外送电力等措施，最大限度向受电省份提供电力电量支持，为缓解全国电力供需紧张局面作出山西贡献。

二是电源配套提能力。坚持“三个尽快”，定期梳理全省 874 万千瓦外送煤电建设进展，加快已纳规煤电建设进度，推动在建电源尽快投产，核准电源尽快开工，纳规电源尽快核准，全面提升保供能力。优化新增通道配套电源结构，推动煤电和新能源优化组合，推广“新能源+储能”模式。立足能源资源优势，积极争取新增纳规煤电机组。

三是项目建设加进度。加快大同—怀来特高压工程前期进度。“西电东送”外送能力提升工程中，晋北、晋中“两交”特高压扩建2项工程已投产，新增2×3000兆伏安主变容量，积极推进其余7项线路工程建设，力争2024年度夏前全部投产，发挥“两横”特高压通道作用，汇集山西网内盈余电力。有序开展新增外送通道研究，在满足省内用电需求基础上，统筹省内自用与外送，争取新增项目滚动纳入国家“十四五”规划，超前开展“十五五”新增外送通道规划研究。

四是市场建设促融合。积极参与省间现货市场建设，加快融入全国统一电力市场。健全“省间+省内”“中长期+现货+辅助服务”“批发+零售”有序衔接的市场体系，实现电力资源在更大范围内互济共享和优化配置。优化外送电交易曲线和价格机制，促成雁淮直流省级政府层面长协签订，强化交易组织和合同执行，提高配套电源利用小时，发挥稳定山西外送市场的预期作用。优化完善成本疏导机制，完善煤炭和煤电价格传导机制，纾解火电企业成本；建立完善容量补偿等市场机制，推动各类市场主体公平承担消纳成本。

五是发电机组保供应。按照“应修必修、修必修好”的原则，做好省调火电机组年度计划检修安排，结合电网运行实际进行优化调整，确保度夏度冬关键期机组的供应能力。建立电煤日报制度，开展电煤库存自查核查，确保电煤稳定供应。充分依托现货市场发现价格的作用，引导火电企业在度夏度冬大负荷期间，开机发电、顶高峰，保障电力供应。督促燃气电厂做好供气协调工作，扶持燃气机组继续以“报量报价”的方式参与现货竞争，以市场化方式提高燃机收益，提高企业购气保供积极性。

（二）实施成效

一是晋电外送能力持续增强。山西电网形成“三交一直特高压+14回

500千伏”外送格局，连接华北、华东、华中三大区域电网，2022年山西段外送能力3062万千瓦，较2019年增长12%；2025年推动大同—怀来—天津北—天津南特高压落地，形成“四交一直”特高压外送格局，外送能力提升至3600万千瓦左右，较2019年增长31%。

二是晋电外送规模持续扩大。充分利用山西外送通道输电优势，积极扩展外送电市场，提高外送电规模，实现山西能源资源大范围优化配置。自2019年以来至2023年8月底，累计外送电量5777.4亿千瓦时，折合标煤约1.85亿吨。2022年全省外送电量1464亿千瓦时，较2019年增长47.6%，全国排名第三，晋电外送至全国22个省市，有效保障了华北、华东、华中地区电力供应；2023年1~8月，外送电量1053.87亿千瓦时，全国排名第二。国家发展改革委经济运行调节局向山西省能源局发来《感谢信》指出：“2022年山西为确保全国电力稳定供应做出了突出贡献，充分体现了山西作为能源大省的使命担当。”

三是外送交易机制持续优化。细化省间中长期、省内和省间现货出清时序，实现跨省区电力余缺互济。2022年最大外送电力2620万千瓦、同比增长37.5%，2023年1~8月最大外送电力2644万千瓦，同比增长1.58%；组织山西发电企业全部网对网电量参与省间交易，达成中长期合约510.14亿千瓦时，通过省间现货市场外送增供38.66亿千瓦时，支援京津、山东、河北、河南、江苏等省市电力供应；特高压雁淮直流实现800万千瓦满功率运行，有力支撑全国保供大局。

立足山西区位优势、资源优势和电力产业优势，山西作为特高压建设的先行者，加快电力外送基地建设，将有利于促进山西能源优势转换为经济优势，以输电代替输煤，带动上下游产业链升级，发挥电网投资拉动作用，服务山西经济社会发展；有利于发挥山西能源基础作用服务全国电力保供大局，有效支援华中、华东、华北等核心经济区用电需求，实现电力资源在全国范围内大规模优化配置，增强保供能力；有利于推动山西清洁低碳转型，助推山西新能源发展和消纳，促进能源绿色低碳转型。

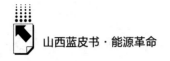

二　建设现代智慧配电网　引领电力系统蝶变路

现代智慧配电网是以中国式现代化为指引，以智慧化赋能为路径，以承载多元用户、联通多种能源、创造多维价值的公共服务平台、资源配置平台为功能定位，以网络高度自愈、主动支撑调节、用户即插即用、能源自由转换为主要特征，以绿色低碳、安全可靠、透明智慧、开放互动为发展重点，从传统向现代升级、从数字向智慧升级的配电网。党的二十大报告提出“推动绿色发展”“积极稳妥推进碳达峰碳中和”“加快规划建设新型能源体系”。在能源清洁低碳转型新形势下，山西提出“分布式可再生能源发展三年行动计划”“电动汽车充（换）电基础设施建设三年行动计划”，分布式新能源快速发展，电动汽车等多元负荷的大量接入，配电网功能形态发生变化，源荷模糊化、潮流双向化等问题日益凸显，在此背景下，山西现代智慧配电网持续加速建设，向更加智慧、开放、高效、友好的方向转型升级。

（一）主要做法

一是不断夯实配电网基础，提升电网承载能力。不断优化网架结构，按照“一城一网”“一乡一策”的差异化原则，着力打造坚强清晰的中压骨干网架。适度超前建设电网，及时跟踪区域负荷、新能源建设情况，适度超前开展电网建设，提高电网承载能力。稳步提升装备水平，加快老旧设备设施改造，推广高效节能变压器，稳妥应用新技术新装备及低碳节能技术，推动配电网装备水平升级。

二是推进配电网智慧升级，提升电网适应能力。加快智能终端有效覆盖，有序推进感知终端部署、通信网络建设，健全配电网“神经系统”，实现各环节可观可测可控。加快多元数据融合应用，坚持数据一个源、电网一张图，统一汇聚存储电网档案、图形、量测、项目四大类信息，有效支撑决策分析。加快智能调控升级，建成新一代配电自动化主站，加快故障自愈能力建设，打造配电网“智能中枢”，支撑源网荷储海量分散对象的协同运行。

三是促进管理机制优化，提升客户接网满意度。科学引导分布式电源发展，开展配电网分布式新能源承载能力测算，政企联合共同研究确定分布式新能源发展规模、布局、建设时序等，服务分布式新能源高效开发。大力提升接网服务水平。精简办电环节，新能源接入推出“一站式”高效服务，充电桩接入推出“购车办电—装桩接电—充电服务—增值服务”联网通办服务，极大地提升了接入效率。积极推动源网荷互动。推动充电负荷参与需求响应，实现车网高效互动。协同省能源主管部门积极研究推动绿电绿证市场交易机制，进一步提升新能源消纳水平。

（二）实施成效

省电力公司持续加大配电网投资，2019 年以来累计投资 261.2 亿元，主要用于网架形态、装备水平、智能升级等方面推动配网转型升级，不断优化服务机制，高效服务新能源、电动汽车等新要素发展，不断推进“双碳”目标的实现。

一是配网承载能力大幅提升。截至 2023 年 8 月，配网供电可靠率达到 99.90%，综合电压合格率达到 99.90%，户均配变容量达到 2.96 千伏安，C 类及以上供电区域线路联络率达到 83.4%，其中城市区域达到 92%，配电网更加经济、安全、可靠，有力支撑清洁能源转型。

二是分布式新能源实现新突破。截至 2023 年 8 月，配网接入分布式新能源 549 万千瓦，较 2018 年翻 3 倍，分布式新能源渗透率达到 15%、消纳率达到 100%。隰县、汾西等 39 个县日间“全绿电”供应，建成临汾段村零碳村，实现了“电从风光来，绿惠千万家”。

三是推动电动汽车有序发展。截至 2023 年 8 月，配网接入充电桩 5.7 万个，惠及新能源汽车 34.6 万辆，覆盖全省国家级高速公路服务区、县域以及 5A 级、4A 级景区，形成智能高效的公共充电服务网络，积极引导形成绿色低碳的生产生活方式，让电动汽车“回得了家，出得了城，下得了乡”。

未来，持续推进现代智慧配电网建设，提升供电能力与供电质量，将有利于推动新型城镇化、乡村振兴等国家重大战略落地，有利于服务分布式新能源、电动汽车等多元主体灵活便捷接入，保障新能源并网消纳、新要素有序发展，有效推动能源清洁转型，促进“双碳”目标落地。

三　积极服务新能源发展　推动能源清洁低碳转型

党的二十大报告提出：“积极稳妥推进碳达峰碳中和，坚持先立后破，有计划分步骤实施碳达峰行动，加快规划建设新型能源体系，确保能源安全。”山西作为我国重要的能源电力基地，承载着国家资源型经济转型试验区和能源革命综合改革试点的重任，推动能源清洁低碳转型的需求更为迫切。省电力公司多措并举服务新能源高质量发展，加快构建新型电力系统和新型能源体系，努力争当能源清洁低碳转型的推动者、先行者、引领者。

（一）主要做法

一是完善新能源发展机制，推动新能源科学有序发展。制定《新能源接网服务指南》，在新能源接网前期、并网运行等方面进一步统一服务标准、优化服务流程。配合能源主管部门出台《风电、光伏发电项目管理暂行办法》，规范项目储备、纳规、核备、建设、监管全流程，明确根据区域、土地、电网消纳等条件确定新能源年度规模。配合出台《新能源产业高质量发展指导意见》，按照工程实际造价合理分摊联合送出费用，推动新能源联合送出落地实施，节约土地廊道资源和电网间隔资源。配合出台《源网荷储一体化项目管理办法》，推动源网荷储项目在可研设计、项目评估、项目纳规、项目建设、项目并网、项目运营及项目监管 7 个方面实现一体化。

二是源网荷储统筹协调，推动能源绿色低碳转型。推动“煤电+新能源”优化组合发展，按照“传统电源保电力供应、新能源调电量结构”的思路，科学布局清洁煤电和新能源发展目标。加快布局新能源汇集站，“十四五”期间规划建设 12 座 500 千伏和 4 座 220 千伏新能源汇集站，已投产

500 千伏新荣、朔州明海湖扩建和 220 千伏平右等 3 座新能源汇集站，提升新能源接网能力约 260 万千瓦。扩大需求侧响应规模，出台全国首个虚拟电厂实施方案，2 家虚拟电厂试点项目完成建设；成立省市两级负荷管理中心，可调节负荷达 326 万千瓦，占最大负荷比例达到 8.2%。大幅提升系统调节能力，推动完成 2353 万千瓦火电灵活性改造，增加调峰能力约 360 万千瓦。

三是深化应用新能源云，提升新能源全过程服务效率。提升新能源及储能接网效率。2021 年 10 月以来，依托新能源平台累计为 193 项 1933 万千瓦新能源，以及 42 项 865 万千瓦储能提供了“全环节、全贯通、全线上”一站式并网服务，消除了疫情突发对新能源行业的严重影响。购售电合同一站式线上运转，补齐购售电管理服务体系“最后一公里”短板，实现合同线上“一站式”签订。2022 年 6 月上线以来，累计服务 574 家省调电厂线上合同管理，合同办理时间平均缩短 10 天左右。补贴申请全流程线上办理，服务新能源企业开展补贴项目线上填报、审核、发布功能。2020 年 5 月上线以来，累计完成 948 个集中式项目、3319 个非自然分布式项目补贴申报、审核，简化了办理流程，结算周期平均缩短 4 天。

（二）实施成效

一是推动新能源量率协同发展。“十三五”以来，山西新能源新增装机 3552 万千瓦，年均增速达到 23.7%。截至 2023 年 8 月底，新能源装机 4469 万千瓦，排名全国第 7，占比 35.31%，利用率达到 98.85%；其中风电 2409 万千瓦，排名全国第 5，占比 18.97%，光伏 2059 万千瓦，排名全国第 10，占比 16.02%。

二是创新电力市场交易机制。建立“省间+省内”“中长期+现货+辅助服务”“批发+零售”有序衔接的市场体系，推动“全电力优化，新能源优先”，火电出让发电空间，促进新能源优先发电，发电企业报量报价参与现货市场。新能源大发时段，电力现货价格大幅降低，引导用户增加用电，2022 年全年增加新能源消纳电量 14.2 亿千瓦时，新能源企业增收约 4.71

亿元。

三是推动能源绿色低碳消费。服务全省绿色交通发展，2022 年全省充电量 10.31 亿千瓦时，同比提升 12%。助力政府大力实施“煤改电”，累计推动冀东水泥等 2141 家企业电能替代，替代电量 310.79 亿千瓦时，减排二氧化碳 3102.31 万吨。通过加大电能替代推广力度，进一步提升新能源消纳水平，服务能源绿色低碳转型。

今后，国网山西省电力公司将推动新能源“能并尽并、应并尽并”，不断优化山西能源结构，助力山西能源供给清洁化；引导全社会绿色用能，提高绿电消费占全社会用电量比重，实现更多绿电“用得上、供得好”，服务能源绿色低碳转型；不断提升新能源利用效率，助力山西碳排放总量和碳排放强度指标下降，服务全省能耗双控，助力山西“双碳”目标加快实现。

四　勇于探路敢于破题　耕好电力现货市场“试验田”

2015 年中共中央、国务院下发电改 9 号文件，标志着新一轮电力体制改革已开始，以中长期市场起步，逐步建立以中长期交易规避风险、以现货交易优化配置电力资源、发现价格信号的电力市场体系，是本轮改革的重要任务。山西坚决贯彻落实国家有关电力体制改革精神，于 2017 年被国家列为首批 8 个现货市场建设试点省份之一，通过不断探索、尝试创新，扎实稳步推进现货市场建设，率先在全国实现了现货市场长周期运行。在国家碳中和碳达峰目标背景下，现货市场建设将成为能源体制机制改革的重要内容，有力支撑山西能源转型和经济高质量发展。

（一）主要做法

一是建立电力现货市场研讨机制。成立全省电力市场研讨专班，按月开展电力现货市场建设专题研讨工作，全省电力市场主体实现了由“被动接受规则”到“主动参与制定规则”、从“要我改革”到“我要改革”的重大转变。

二是构建完整协调的电力市场格局。制定《山西省进一步推进电力市场建设工作方案》，建立了“中长期+现货+辅助服务”的电力市场体系，实现了传统能源调节与新能源消纳、省内与外送、绿色发展与经济运行的统筹兼顾。结合现货市场结算试运行情况，持续滚动完善市场运营规则体系，由1.0版更新至13.0版。

三是搭建电力现货技术支持系统。搭建了山西电力现货市场技术支持系统，完成保障现货市场运行的全部核心功能开发，整个系统构成一个高效运转、密不可分的整体，打通了交易申报、交易组织、计量和结算等环节的数据流。

四是多场景检验试运行系统适应性。2021年4月1日至2023年8月底，山西开展连续不间断结算试运行已达29个月，居全国第一位，成为全国首个实现发用两侧均参与不间断结算试运行的电力现货市场试点省份。在稳步持续推进结算试运行过程中，山西电力现货市场的规则体系、技术支持系统、运营管理模式、市场监管与风险防控机制等经过多轮次完善，经受住了重重考验。

（二）实施成效

一是反映了短期电力供需形势。山西现货市场申报和出清价格充分反映了电力资源的时间和空间价值。每15分钟竞争形成一次电价，反映不同时段电力供需情况，引导用户调整用电行为，削峰填谷，节省发电和电网投资、运行、安全成本。

二是改变了市场主体的观念和行为。市场主体对现货市场价值的认识不断增强：火电企业由“抢电量”逐步转变为“要利润”，新能源企业由“被动接受”逐步转变为“主动参与”，电力用户由“按需用电”逐步转变为“合约用电”。

三是释放了优质发电资源的竞争优势。2020年11月、12月试运行期间，山西低成本机组增发电量23亿千瓦时，高成本机组减发电量让出市场空间获取收益，电能量结算均价呈现逐次下降，实现了多赢。现货市场电量规模稳步增长，国家有关进一步放开市场的要求得以有效落地。

四是增强了电力保供能力。2022 年迎峰度夏期间，省内现货市场发电侧交易均价 0.62 元/千瓦时，省间现货市场外送电交易均价达到 1.96 元/千瓦时，煤价压力得到有效传导，激发了煤电机组发电保供积极性，在山西全省用电负荷同比增长 8.8%的情况下，保障了省内电力可靠供应，通过省间现货市场增供支援了 22 个省份，有效缓解了受电省份的电力紧缺状况。

五是提升了新能源消纳能力。在现货市场引导下，2021 年 4 月至 2023 年 8 月，山西火电机组启停 3670 台次（相比非现货期间增加 35%），相比非现货期间向下调峰能力日均增加 89 万千瓦，合计增加新能源消纳电量 38 亿千瓦时，新能源企业增收约 12.62 亿元（不含国家补贴部分），累计减排二氧化碳 298.3 万吨；2022 年，火电下调峰能力日均增加 391 万千瓦，增加新能源消纳电量 14.2 亿千瓦时，新能源企业增收约 6.62 亿元。

未来，在电力现货市场中，市场主体逐步适应完整市场体系下的电力生产、消费与交易。火电企业开始探索不同的报价策略，实现与自身生产实际、经营目标和考核指标之间的匹配；新能源企业接受现货市场偏差结算，进一步加强短期功率预测研究；市场化用户开始加强用电曲线管理，跟踪分时电价变化调节自身生产用电安排；售电公司开始研究不同类型用户间的曲线匹配关系，为代理的用户提供更具技术含量的增值服务。山西省电力现货市场建设的成功经验将为其他省份电力现货市场建设提供重要借鉴。下一步，山西将努力推动现货交易市场体系向正式运行迈进，并在实践中不断完善现货市场方案规则和技术支持系统，确保电力现货市场长周期稳定运行，为全省能源革命综合改革勇敢探路，大胆破题，争当全国能源革命排头兵。

参考文献

[1] 郭晟熙：《能源革命视域下山西能源产业发展趋势研究》，《经济师》2023 年第 5 期。

[2] 王蕾：《新时代能源革命看山西　可持续绿色发展看山西——2022 年太原能源低碳发展论坛开幕式暨高峰论坛侧记》，《山西经济日报》2022 年 9 月 2 日。
[3] 乔栋：《保供“压舱石”　降碳“排头兵”》，《人民日报》2022 年 9 月 1 日。
[4] 王中庆：《山西能源革命与碳达峰碳中和有效衔接研究》，《经济问题》2022 年第 9 期。
[5] 李婕茜、王颂：《推进能源革命服务山西高质量发展》，《国家电网报》2021 年 9 月 3 日。

B.23

坚持战略聚焦　实施数智赋能助力企业绿色低碳转型升级

——以山西焦煤集团为例

原蓉军　郭　鑫　耿文涛*

摘　要： 山西焦煤集团有限责任公司（以下简称“山西焦煤”）坚决贯彻落实习近平生态文明思想和党的二十大关于绿色低碳发展的新要求，全面落实省委省政府能源革命综合改革工作部署，以数智科技赋能煤炭产业，以技术创新推动低碳发展，以专项整治支撑减污降耗，以产品升级实现清洁高效利用，持续加快煤炭绿色生产方式变革及资源的循环多元清洁利用，协同推进减污、降碳、扩绿、增长，切实把绿色低碳发展融会贯通到生产经营全过程、各方面，推进高质量发展，打造世界一流炼焦煤企业。

关键词： 数智赋能　先进产能　减污降耗　山西焦煤

山西焦煤组建于2001年10月，是具有国际影响力的炼焦煤生产加工企业和市场供应商，炼焦煤产销量居于世界前列。下有焦煤股份、西山煤电、汾西矿业、霍州煤电、山煤国际、华晋焦煤、山西焦化等23个子分公司。拥有山西焦煤能源集团股份有限公司、山煤国际能源集团股份有限公司、山

* 原蓉军，山西焦煤集团有限责任公司改革发展部部长，统计师，主要研究方向为国有企业改革与产业转型升级；郭鑫，山西焦煤集团有限责任公司改革发展部二级专家，政工师，主要研究方向为现代公司治理与提质增效；耿文涛，山西焦煤集团有限责任公司改革发展部二级专员，工程师，主要研究方向为国有企业提质增效。

西焦化股份有限公司 3 个 A 股上市公司。现煤炭资源保有储量 255.3 亿吨，可采储量 128.8 亿吨，优质稀缺炼焦煤资源储量居全国第一位。有 151 座煤矿，规划能力 2.67 亿吨/年；50 座选煤厂，入洗能力 1.6 亿吨/年；4 座焦化厂，设计能力 940 万吨/年；6 座燃煤电厂，32 座瓦斯、余热及光伏电厂，总装机容量 5007MW。在能源革命综合改革试点这一重大机遇面前，山西焦煤锚定绿色低碳发展之路，准确识变、科学应变、主动求变，坚持“资源重整、组织重构、文化兴业、内涵发展”的方向，举全集团之力加快打造“三个领军、三个领先、三个典范”的世界一流炼焦煤企业，加快推进煤炭智能绿色安全开采和清洁高效深度利用，积极探索黑色产业绿色低碳发展解决方案，以绿色低碳牵引产业转型升级，支撑能源革命综合改革试点向纵深推进，助力企业实现高质量发展。

一　主要举措及成效

2020 年，山西焦煤与山煤集团联合重组，省委省政府赋予了“建设具有全球竞争力的世界一流炼焦煤企业”重大历史使命。山西焦煤坚持战略定力，紧紧围绕“加速建设世界一流炼焦煤企业”战略目标，按照“三个三步走”战略路线，聚焦重点领域，以创新为驱动，实施数智赋能，全面加强煤炭、电力、焦化、建材、化工等重点行业的绿色低碳管理，推进高质量发展，有力扛起全省能源革命综合改革试点的重大使命。

（一）党建统领、高位推动，构建绿色低碳发展新格局

1. 坚持党建统领，凝聚绿色发展共识

深入贯彻习近平总书记关于绿色低碳发展的重要论述，认真落实省委省政府关于能源革命综合改革试点的决策部署，明确提出“加快建设人与自然和谐共生的美丽焦煤”宏伟愿景，切实将做好绿色低碳发展工作作为坚定拥护“两个确立”、坚决做到“两个维护”的具体行动。有序组织各级领

导干部集中学习习近平总书记关于“能源革命、绿色低碳”等方面的重要讲话重要论述，以学铸魂、以学增智，引导集团上下全面树牢绿色低碳的发展理念，凝聚绿色发展共识。

2. 加强顶层设计，构建绿色低碳发展新格局

积极开展“双碳”政策研究，认真落实上级相关政策要求，制定下发了《关于全面加强生态环境保护促进企业高质量绿色发展的意见》，将“碳达峰、碳中和”工作纳入集团公司“十四五”战略规划。全行业、全链条组织开展碳排放基础数据调研，摸清家底，建立碳排放数据库，完成了《山西焦煤碳排放调查与评估报告》编制，发布了《山西焦煤碳达峰行动方案》，全面提升碳排放基础管理水平。

3. 健全体制机制，落实企业主体责任

成立了以董事长、总经理为组长的碳达峰碳中和工作领导小组，统筹推动集团公司“双碳”工作。修订下发了《山西焦煤节约能源管理办法》，各子分公司相应成立组织领导机构，初步搭建了“集团公司—子分公司—矿厂”三级“双碳”工作管理体系，通过网格化管理，构建了“横向到边、纵向到底”的责任落实机制，推动全员全方位责任落实，保障能源革命综合改革各项工作有序推进、落地见效。

（二）坚持战略聚焦、保持战略定力，持续做强做优做大炼焦煤主业

1. 坚持“先进产能”战略

聚焦煤炭安全智能绿色开采，把绿色开采和先进产能战略结合起来，大力推广保水开采、充填开采、煤与瓦斯共采等绿色开采技术。在汾源、干河等矿井积极推进保水开采，在斜沟、庞庞塔等矿井开展井下矸石智能分选，在亚辰、锦瑞、紫晟等矿井推广充填开采，在霍尔辛赫、宏远、大平等矿井实施煤与瓦斯共采，在 9 座突出矿井应用保护层开采和大面积区域预抽技术，源头处减少污染。先后建成一级安全生产标准化矿井 37 座、二级 54 座，安全高效矿井 89 座，先进产能占比达到 97. 36%。

2. 坚持“精煤制胜”战略

通过洗选领域技术革新和工艺改造，持续引深洗选系统对标管理，大力推进优质高效选煤厂评选活动，降低煤泥排放量，降低介耗、药耗、水耗、电耗，全面提升全员劳动生产率和产能利用率。继续强化洗选配套能力建设，加快5G+数智化在洗选领域的推广应用，构建区域化、市场化的产、洗、运一体化经营模式，实现洗选效率、效能和效益的最大化。截至2022年，共建成清洁生产示范选煤厂10座，原煤入洗率达到89.18%，回收率达到46.04%，逐步实现“黑色”煤炭“绿色”发展。

3. 实施“配煤优势”战略

充分发挥自身资源品种优势，加强配煤技术研究，加大配煤工作力度，创新产品品种，挖掘市场需求，持续“创造市场、创造客户”。以炼焦煤智慧评价与高效利用山西省重点实验室为技术依托，以日照智能炼焦煤配煤基地为研发平台，按照产品属性和清洁高效利用等指标对煤焦产品进行了7大品种40种细分规格的标准化命名，大幅提高产品辨识度和内涵价值。先后建成日照配煤基地、清洁高效利用重点实验室。其中，日照配煤基地是中国首个千万吨级炼焦煤配煤基地和中国焦煤品牌集群示范基地。

（三）减污降碳、协同发力，打造绿色低碳产业体系

1. 三化牵引助力焦化产业实现“减、优、绿”

坚持焦化产业高端化、多元化、低碳化的发展方向，以洪洞园区为依托，加快先进产能释放，规划建设144万吨/年焦化项目，延伸配套焦炉煤气制氢、合成氨等，提升产品附加值，推进“煤—焦—气—化”循环经济建设。试点开展焦炉超低排放改造、装煤/推焦烟气脱硫、VOC深度治理、浓盐水提盐、干熄焦等百余项环措项目，全面推进绿色工厂建设。

2. 技术改造支撑电力产业实现节能降耗

山西焦煤古交电厂通过采用多热网多级串联高背压的供热方案，回收其泛气余热向城市供热，每年可节约标煤100万吨，减少二氧化碳排放量218万吨、二氧化硫排放量6.8万吨、氮氧化物排放量3.3万吨、粉尘排放量

2.9万吨，实现热量的梯级和最大化利用。方山发电厂通过汽轮机背压改造将供电煤耗从设计的415克标煤/千瓦时降至315克标煤/千瓦时以下。截至2022年底，累计通过技术改造累计淘汰高耗能设备300余台，原煤、焦炭生产单位能耗同比分别下降10.1%、10.7%，综合能源消费量同比下降7.2%，在节能降耗上跨出一大步。

3. 积极布局循环经济、战兴产业，全维度推动绿色低碳发展

紧紧抓住国家“双碳”政策战略机遇，大力发展煤电一体化、高品质焦炭、高端化工品、新能源等循环产业，为实现绿色低碳发展打牢基础。先后围绕“煤—电—材”产业链，建立古交等循环产业园区，电力产业规模达到4956.80MW；围绕“煤—焦—化”产业链，推进洪洞等循环产业园区建设，焦炭年产能达940万吨，配套形成苯、甲醇、炭黑、工业萘等几十种化工产品。同时，大力发展光伏等新能源产业。建成光伏发电站6座，总装机97MW，绿色低碳的多元产业格局初步建立。

（四）深化改革、全面变革，打造集约内涵发展新高地

1. 推进商业模式变革，提升焦煤品牌价值

立足自身主焦煤、肥煤资源的资源优势，通过精益化、差异化、高端化发展，放大比较优势，推动炼焦煤产品提档升级，变用“好煤”为“用好”煤。牵头创立的中国焦煤品牌集群，充分发挥中国焦煤品牌集群主席单位作用，引领中国炼焦煤品牌与标准化建设，打造具有全球竞争力的世界一流品牌集群。2021年中国品牌价值评价发布会上，山西焦煤以505.89亿元的品牌价值，在中国能源化工领域排名第6、在中国炼焦煤企业排名第1。

2. 实施盈利模式变革，增强价值创造能力

一方面，通过建设“稀缺炼焦煤资源保护性开采山西省工程研究中心、稀缺炼焦煤资源保护性开采与利用煤炭行业工程研究中心、炼焦煤智慧评价山西省重点实验室”等一批省级科技创新平台，参与制定国家级商品煤标准，利用配煤基地配煤加工，实现焦煤品质的标准化，为客户提供一揽子解决方案。

另一方面，利用好山西焦煤集团“焦煤在线”平台，加大对省内炼焦煤资源集中销售的支持和引导，避免无序竞争。持续推进煤矿接续产能释放、基建矿井转产、停缓建矿井复工复建，加快各项手续办理，不断厚植炼焦煤主业根基。2021 年山西焦煤原煤产量 1.74 亿吨，2022 年原煤产量 1.82 亿吨，连续两年圆满完成增产保供任务。

3. 植入精益化理念，提升管理能力水平

联合太原理工大学相关人员对集团各矿井水处理站运行管理情况进行细致调研，掌握运行参数，完成《煤矿矿井水处理站（厂）运行管理规范》，推进山西省地方标准制定项目。以环保精益赋能为目标，以精益化管理试点煤矿为重点，制定《山西焦煤对标一流创建标准化污水厂行动方案》，开展标准化污水厂创建工作，实现了污水厂运营管理水平的全面升级。截至 2022 年底，山西焦煤累计创建完成标准化污水厂 110 座，占比达到 58%，预计吨水处理成本可降低 5%以上，实现环境效益、经济效益和社会效益的多赢。

（五）科技创新、数字赋能，汇聚绿色低碳发展新动能

1. 完善创新管理体系，提升科技创新工作质效

山西焦煤持续完善技术创新管理体系，构建了以集团公司国家级企业技术中心为核心、子分公司技术分中心及矿（厂）科研管理部门相互配合、独立设置、并列运行、互补互联、资源共享的技术创新运行机制。建立了以项目为纽带、考核为导向、提升自主创新能力为目标的“创新多级互动、资源统一共享、成果集体共有”的技术创新管理体系，不断聚集创新资源，提升科技创新对安全生产、经营管理、产业培育、持续发展的贡献能力。

目前，山西焦煤拥有国家企业技术中心 2 家、省级企业技术中心 6 家。在国家发改委等五部委组织的 2022 年国家企业技术中心评价中，山西焦煤集团技术中心位居全国煤炭行业第一，创新实力获国家认可。

2. 开展重大技术攻关，解决发展中梗阻问题

围绕“安全、绿色、智能、低碳”理念，凝练“双碳”技术、黄河流域煤炭开发与生态保护、废弃矿山及煤基固废资源综合利用、煤矿智能化、

矿井绿色安全高效生产、煤炭清洁高效利用等科技“六大方向”，开展关键核心技术攻关。积极承担国家重点研发计划“大型矿井综合掘进机器人”项目，“废弃矿山遗留资源及地下空间开发利用关键技术研究”“遗留难采煤炭资源安全绿色高回收率开采关键技术研究与示范”“炼焦煤采洗配销一体化关键技术研究”等8项山西省科技重大专项正在加速推进，企业科技创新主体地位不断强化。

近两年，山西焦煤获得国家、省部级科学技术奖励56项，其中，荣获中国工业大奖表彰奖1项、中国煤炭工业科技进步一等奖6项，企业发展科技“含金量”进一步提升。

3. 加强科技成果转化，推动产学研用深度融合

坚持以数字经济赋能煤矿生产，持续完善成果转化机制，引导创新链和产业链深度融合，促进产学研有效贯通和科技成果高效转化应用。不断推进井下机器人作业、智能传输设备的运用，在降低生产成本，提高生产效率等方面效益明显提升。大力推广切顶卸压留巷无煤柱开采技术，开展矸石井下充填、高水材料充填和关键层注浆充填等绿色充填技术的研究，取得了显著的经济、社会、安全、环保效益；先后完成了“110”工法、采动覆岩离层注浆充填、选煤厂重介分选智能化控制技术等关键领域重点科技成果转化与新技术的推广应用，累计为集团公司创造经济效益20多亿元。

二　未来展望及主要任务

党的二十大报告指出：“加快发展方式绿色转型。推动经济社会发展绿色化、低碳化是实现高质量发展的关键环节。”当前，山西省正全力推动传统产业绿色化、低碳化、智能化改造，纵深推进能源革命综合改革试点工作。

山西焦煤将结合能源革命综合改革试点任务，锚定转型发展的路径不动摇，聚焦产业升级、节能降耗、深化改革、绿色低碳、技术研发、融合发展等方面，综合运用数字赋能转型升级等手段，创新举措、精准发力，全力推

进煤炭智能绿色安全开采和清洁高效综合利用，加速建设世界一流炼焦煤企业。

（一）清晰企业定位，有序推动“双碳”技术研发

山西焦煤将充分发挥企业支撑国家战略中的重要作用，把绿色转型升级提升到煤炭产业可持续发展的高度上来，因地制宜推广绿色开采工艺和技术，率先实现绿色低碳发展。一是强化规划引领。按照山西省国资委要求，统筹谋划，加快制定《山西焦煤碳排放管理办法》《山西焦煤环境监测管理办法》《山西焦煤建设项目环保管理办法》等管理制度，进一步构建绿色低碳发展格局。二是根据集团业务特点，立足炼焦煤主业，继续加大绿色开采方式研究。特别是要重点加大遗煤复采技术的研究和加快推进“山西煤炭资源高效保水开采技术与示范”项目，提升煤炭绿色生产水平。三是在“碳”排放盘查、绿色开采示范矿井建设，瓦斯开发利用、碳捕集利用与封存等方面加大投入，推动能源革命综合改革试点向纵深推进，实现黄河流域煤炭开发与生态保护双赢。

（二）坚持战略聚焦，推进五个“一体化”融合发展

深入贯彻落实省委省政府工作部署，加快推进“五个一体化”融合发展，推动企业迈向世界一流，实现高质量发展。煤炭及煤电一体化方面，推进河曲煤电厂、河曲露天煤矿、忻州区域 150 万千瓦新能源项目、晋中市引进储能等项目合作；煤电及新能源一体化方面，继续加强瓦斯电厂建设，同时依托煤炭产业地域布局积极发展集中式光伏，结合自有土地建设分布式光伏；煤炭及煤化工一体化方面，主要以洪洞工业园区为依托，加快先进产能释放，延伸配套焦炉煤气制氢、合成氨等，提升产品附加值，推进“煤—焦—气—化”补链、延链、强链；煤炭和数字技术一体化方面，规划 2025 年大型及灾害严重煤矿基本实现智能化，力争各类煤矿在 2027 年全部实现智能化；煤炭和降碳技术一体化方面，积极推广绿色开采技术，推进煤矸石无害化资源化综合利用方面

和“零碳矿山”项目的研究，开展二氧化碳增碳—焦炉煤气氢制甲醇技术的研究。

（三）开展技术攻关，助力实现安全绿色低碳发展

引深杜邦安全管理体系建设，针对矿井的重点领域，开展技术攻关，推进实现本质安全。一是持续开展瓦斯综合治理技术研究。深入推进“三区联动”，有效落实“一面一策”举措，以瓦斯“零超限”倒逼治理能力提档升级。二是坚持开展水害防治技术和装备研究，综合运用“防、堵、疏、排、截”等措施实现高效治理。三是加强顶板治理关键技术和设备研究。持续开展注浆支护、卸压支护和智能支护技术研究，运用数字化在线监测技术强化顶板离层、巷道变形监测。四是强化辅助运输管理，加快推进井下运输连续化、智能化建设，提升辅助运输的安全系数。五是深化废弃矿山和煤基固废资源综合利用。开展废弃矿山遗留煤层气资源地面抽采技术和地下空间综合利用技术研究，持续推进“废弃矿山遗留资源及地下空间开发利用关键技术”。

（四）深化改革变革，打造“共生共赢”和谐发展生态圈

山西焦煤将始终把深化改革、全面变革作为推动高质量发展的“关键一招”，始终坚持社会主义市场经济改革方向，持续推动传统产业绿色低碳转型升级。一是加快商业模式变革。持续强化“中国焦煤”品牌建设，加快焦煤产品评价标准研究。深入研究山西焦煤炼焦煤资源的优质稀缺特性，联合“煤焦钢”产业链龙头企业建立健全反映炼焦煤产品指标特性和应用价值的国际标准，建立山西焦煤炼焦煤科学评价体系，提高山西焦煤品牌影响力及行业话语权。二是加快盈利模式变革。以客户关系和价值创造为基础，强化资金预算管控，加强预算执行跟踪、监测、分析，及时纠偏，打通资金计划信息系统与财务共享系统互联，扩大资本收益，全面构建多元化的盈利模式。三是坚守“共生共赢”发展理念。充分发挥好“煤钢焦”产业链供应链链长责任，强化产业链供应链协同发展，在做优产品、做响品牌的

基础上，实施更大范围、更广领域、更深层次的产业链供应链融合，不断补链延链强链，与客户共生、共创、共赢，打造高质量发展生态圈。

（五）保持创新定力，加快数字化转型升级步伐

一是加快智能化矿厂建设。围绕采掘系统“少人化”、机运系统“无人化”、灾害管控“动态化”标准，强化顶层设计，统一规划实施，严格按照时间节点完成智能化建设任务。山西焦煤将按照省里统一安排部署，180 万吨/年及以上生产煤矿智能化改造全部开工，2023 年建成 25 座智能化矿井、51 处智能化工作面。二是加强生产运营数字化。重点加快数字化、5G 技术在洗选、焦化领域的应用，逐步打通矿井采掘与洗选、焦化生产环节的数据链接，建立数字化生产模型，切实提高生产效率。三是加大创新成果转化和人才培养力度。加强与国内外科研院所和高校合作，促进创新链产业链资金链人才链深度融合。持续加大内部人才培养和外部人才引进力度，构建科学的人才培养体系和以创新价值、能力、贡献为导向的人才评价体系，加速形成人才引领高质量发展的新局面。

参考文献

[1] 赵公民、宋江浩等：《能源革命战略下山西省煤炭产业发展政策文本的质性分析》，《煤炭经济研究》2021 年第 10 期。
[2] 王启瑞：《抓好能源革命综合改革试点　推动我省能源产业高质量发展》，《前进》2020 年第 4 期。
[3] 本刊评论员：《将绿色能源革命进行到底》，《国企管理》2023 年第 8 期。
[4] 张彦钰、朱政江、高亚琼：《山西省煤炭洗选发展建议》，《科技创新与生产力》2021 年第 4 期。

B.24

保障能源安全　加快建设世界一流现代化综合能源企业集团

——以晋能控股集团为例

黄威　赵祉友*

摘　要： 晋能控股集团自成立以来，坚决贯彻习近平总书记关于能源革命和“双碳”战略的重要论述重要指示精神，全面加快构建新型能源体系，有力推进节能减污降碳，企业数智化水平全面提升，能源领域开放合作不断深化，在全省能源革命和转型发展上走在排头、作出示范。未来，晋能控股集团将纵深推进能源革命综合改革试点，坚决扛牢保障国家能源安全政治责任，加快能源产业“五个一体化”融合发展，扎实推进绿色低碳和数字智能转型，努力建设世界一流现代化综合能源企业集团，为推动山西从传统能源大省向新型综合能源大省加快转型作出更大贡献。

关键词： 能源革命　能源安全　转型发展　晋能控股集团

晋能控股集团成立于2020年9月30日，是由原同煤集团、晋煤集团和晋能集团联合重组，同步整合山西焦煤、潞安化工、华阳新材料煤炭、电力、煤机装备制造产业相关资产，以及转制改企后的中国（太原）煤炭交

* 黄威，晋能控股集团有限公司战略发展部主任工程师、经济师、咨询（投资）工程师，主要研究方向为能源革命、电网经营与规划等；赵祉友，晋能控股集团战略发展部副部长，高级工程师、注册咨询工程师、注册监理工程师，主要从事能源产业政策和战略规划研究管理工作。

易中心，接收省国资运营公司所持太原煤气化公司股份，接管省司法厅所属正华实业公司5户煤炭企业，组建而成的省属重要骨干企业。企业资产总额1.1万亿元，从业人员50万人，成员单位分布在山西及全国24个省（区、市），是一家集煤炭、电力、装备制造、物流贸易、化工多元、现代服务于一体的综合能源企业集团。2022年集团营业收入5230亿元、利润332亿元，是全国第二大煤炭企业、山西最大的省属国有企业，居2023年世界500强第163位、中国企业500强第48位。自成立以来，晋能控股集团心怀国之大者、心系国之所需，始终坚持以习近平新时代中国特色社会主义思想为指导，全面贯彻党中央、国务院和山西省关于能源安全、能源革命的决策部署，深入学习贯彻习近平总书记对山西工作的重要讲话重要指示精神，坚决扛牢能源保供政治责任，加快“五个一体化”融合发展，着力构建“煤电双驱、多业并举、互为支撑、协同发展”的现代能源产业体系，能源供给结构持续优化，现代能源体系初具雏形。

一　主要举措和工作成效

晋能控股集团坚持以“四个革命、一个合作”能源安全新战略为根本遵循，认真贯彻落实国家、山西省关于能源革命综合改革试点总体工作方案以及年度行动计划，努力在能源革命和转型发展上走在排头、作出示范。

（一）煤炭清洁高效开发利用迈上新台阶

1. 坚决扛牢保供政治责任

晋能控股集团始终站在战略高度，坚决扛牢保障国家能源安全的政治责任，勇当能源保供“主力军”，以实际行动兑现了山西省绝不能让国家为煤发愁的庄严承诺。2022年原煤产量完成4.26亿吨，居全国第2位，比2021年增加0.45亿吨，增长11.8%。2022年完成煤炭保供2.29亿吨，分别占全省、全国保供量的37%和9.16%。2023年煤炭保供任务1.91亿吨，1~6月已完成9054万吨，对口保障21个省区市、34家电力供热公司、200余户电厂及供热企业。

2. 产能结构调整持续优化

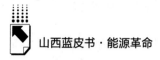

抢抓政策机遇，获得胡底扩区、沟底井田等3宗资源。完成16座矿井产能核增，净增产能1680万吨/年。加快推进东大、郑庄等12个重点煤矿项目建设。7座煤矿建成投产，增加公告产能2730万吨/年。截至2022年底，拥有各类煤矿228座，总产能规模达到48180万吨/年，其中120万吨/年以上大型煤矿产能占比82%，平均单井规模达到198万吨/年。建成50座一级安全生产标准化矿井、164座安全高效矿井。

3. 矿山智能化建设领跑全省

依托人工智能、云平台、5G网络等关键技术，不断拓展煤炭产业应用场景，提升数字化智能化水平。截至2022年底，塔山煤矿、同忻煤矿建成首批国家级智能化示范矿山，三元、王庄、寺河、石港4座煤矿建成省级智能化矿井，建成90个智能化综采工作面、194个智能化采掘工作面，15座矿山实现井下5G网络全覆盖，智能化产能比例达到55%。

4. 绿色开采水平显著提升

52座煤矿实施小（无）煤柱回采，多回收煤炭资源2630万吨。4座煤矿实施充填开采，多回收煤炭资源152万吨。3座煤矿实施保水开采，累计减免资源税税额约1.42亿元。在晋城、阳泉矿区推广实施煤与瓦斯共采，2022年集团瓦斯抽采量22.86亿立方米、利用量10.45亿立方米，分别占全国的18.57%、18.40%。18座煤矿入选国家绿色矿山名录，7座煤矿入选山西省绿色矿山名录。

（二）煤电低碳发展水平不断提升

1. 电力热力兜底保障持续加强

积极履行社会责任，克服成本增加等困难，组织各类发电机组应发尽发。2022年发电量完成945.15亿千瓦时，占全省总发电量的22.59%，2023年1~6月完成438.85亿千瓦时。全力支持山西战略性新兴产业发展，2022年兜底战新低价电量118.49亿千瓦时，占全省总摘牌量的65.79%。

26家火电厂承担全省11个地市、30多个县区的集中供热任务，年供热量1.01亿吉焦，供热面积达到2.7亿平方米，占全省供热面积的1/3。

2. 煤电机组“上大压小”有序推进

按照“建绿电、适改造、智慧化、延寿命”的发展思路，有序建设先进高效环保煤电机组。同热三期2×100万千瓦煤电项目核准获批。调整20万千瓦及以下无边际利润煤电机组运行方式，在非供热季减少运行时间提高热电比，统筹煤电机组淘汰落后和延寿工作。截至2022年底，集团发电装机容量达到2290万千瓦，占全省总装机的18.96%，发电类型涵盖火电、燃气发电、水电、风电、光伏发电、瓦斯发电6种门类。

3. 煤电机组“三改联动”全力推进

完成98项节能降碳改造、15项供热改造，53台煤电机组实现供热供汽。29台1052万千瓦完成灵活性改造，占集团总装机的62.17%，新增调峰能力115万千瓦，2022年供电煤耗较2021年降低8.93克/千瓦时，获得山西省支持煤电调峰新能源建设指标30万千瓦。截至2022年底，集团30万千瓦及以上煤电机组全部完成灵活性改造，供电煤耗全部满足国家节能降碳达标要求。

4. 稳步推进智慧电厂建设

塔山智慧电厂全面建成，获得山西省电力行业协会2022年电力创新成果一等奖，并获得省工信厅新动能专项资金奖励，智慧化性能达到国际先进水平。阳高热电、朔州热电、大土河热电、长治发电智慧电厂建设完成了改造目标。风电场和光伏电站试点智能机器人巡检，不断提高少人值守、智能运检的装备保障水平，提升生产管理效率。

5. 综合能源供给能力不断提升

积极拓展供电、供热、供汽、供水市场，着力构建产能、配能、用能、储能、节能、售能“六位一体能源生态圈”，不断提高电厂多能供给的保障能力，逐步构建起新型城市能源工厂，实现经济效益和社会效益的双丰收。国锦煤电“综合能源精准服务体系”项目获得中电联2022年度电力创新成果一等奖。

6. 加快坚强可靠电网建设

建成安泽荀乡220千伏等5个输变电工程，配网自动化系统陆续投运，地方电网供电能力及可靠性稳步提升。加强设备检修维护，全面做好负荷预测，滚动调整电网运行方式，顺利完成全国两会、北京冬奥会、迎峰度夏、党的二十大等保供电任务。2022 年完成售电量 187.53 亿千瓦时，2023 年 1~6 月完成 93.52 亿千瓦时，同比增加 3.47 亿千瓦时。

（三）清洁能源实现规模化发展

1. 清洁能源项目加快建设

坚持规模化、基地化和分布式开发并举，大幅提高清洁能源占比。万鑫顺达光伏等项目并网发电，大同天镇 100MW 光伏发电等项目开工建设，有序推进东大等瓦斯发电项目前期工作。截至 2022 年底，在役在建风电光伏装机 624 万千瓦，风电光伏发电量达到 78.91 亿千瓦时，2023 年 1~6 月完成 44.3 亿千瓦时。

2. 大型风电光伏基地取得突破

晋北采煤沉陷区大型风电光伏基地是晋能控股集团适应“双碳”发展趋势，构建新型电力系统的里程碑式重点项目，是全国两个以省属企业为主体建设的大型风光基地之一。晋能控股集团正在高起点高标准建设 600 万千瓦新能源、200 万千瓦煤电和 85 万千瓦储能，着力构建大型风电光伏基地、煤电配套电源和外送输电通道“三位一体”运行模式。

3. 积极发展抽水蓄能和储能项目

长治沁源 90 万千瓦抽水蓄能项目被纳入国家能源局《抽水蓄能中长期发展规划（2021~2035 年）》“十四五”重点实施项目，正在加快开展前期工作。大同储能电站 200MW/800MWh 项目已备案，一期项目被列入山西省首批“新能源+储能”试点示范项目名单。

（四）装备制造业加快培育

1. 提升煤机制造服务水平

煤机产品涵盖采、掘、机、运、通全系列产品，按照“高端化生产、专业化检修、区域化服务”的发展思路，全力打造大同、河保偏、晋中

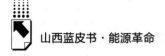

（阳泉）、长治、晋城五大制造检修服务基地，大力拓展内外部市场，提升产品质量和服务水平，推动装备制造向服务型制造转型。

2. 稳步发展光伏制造业务

加快电池组件产品升级，晋能清洁能源科技公司扩建2GW异质结高效单晶电池项目第二条产线投产，年产4GW高效N型单晶TopCon太阳能电池项目加快建设，已形成吕梁、晋中、长治三大光伏设备生产基地，涵盖拉晶、切片、高效光伏电池及高效组件的制造生产，光伏组件和电池综合产能达到10.7GW/年。

（五）基础化工“主阵地”不断夯实

按照基础化工、农业化肥的发展方向，推动气化工艺升级改造，重点提升尿素等传统基础化肥产品市场竞争力，保持化肥生产系统满负荷、长周期、安全稳定运行。2022年集团总氨产量1706万吨、尿素产量1147万吨，总氨、尿素产能分别占全国总产能的15%和16%。

（六）节能减污降碳推进有力

大力实施节能技术改造工程，控制能源消费总量。2022年，集团公司万元产值能耗1.29吨标准煤，同比降低0.31吨标准煤。全面完成2019年、2020年第一履约周期碳排放配额清缴履约义务。淘汰燃煤锅炉8台160蒸吨，新建水处理厂8座，对29座污废水处理厂进行提标改造、扩能改造。利用填沟造地、矸石制砖等方式，大力推动煤矸石、粉煤灰等综合治理和生态修复。

（七）科技创新持续加强

近两年，研发投入年均增长率保持在20%以上。与华为公司合作成立人工智能矿山创新实验室，建成了国内煤炭领域首个算力中心。煤与煤层气共采全国重点实验室通过科技部认定，正式进入全国重点实验室建设序列。截至2022年底，集团拥有国家级企业技术中心2个、国家级博士后工作站3个，国家级重点实验室1个、国家级实验室1个和省级科技创新平台31个。承接晋城矿区采气采煤一体化煤层气开发示范工程等10余项省部级以上科技项目，2020年以来，晋能控股集团共获得省部级以上科技成果奖励144项，获得授权专利76项，参与编制国家、行业标准和规范5项。

（八）企业数智化水平全面提升

大力推进数实融合、数智赋能，太原煤炭交易中心建设的现代能源综合服务数智平台，已发展成为国内交易商最多、交易量最大、服务功能完善的煤炭交易平台，被商务部评为“全国供应链创新与应用试点企业”。2022年平台交易量完成9.4亿吨，为客户溢价增值100亿元以上。晋能快成物流公司建成了大宗货物智慧物流综合服务平台，合作企业200余家，注册车辆60余万辆，数字物流量达到6140万吨。晋能信息服务公司建成了集煤矿、电厂、洗选厂于一体的生产经营信息采集平台。

（九）能源领域开放合作不断深化

太原煤炭交易中心成功承办2022年太原能源低碳发展论坛、晋阳湖数字经济发展峰会等重大活动，得到组委会及主办单位的充分认可。装备制造集团牵头组建成立了山西省智能煤机装备产业技术联盟，成员单位达到60家，联合52家联盟成员单位组建成立装备制造产业高质量协同发展共同体。光伏组件产品销售遍布全球，出口日本、德国、巴西等近40个国家。

二　发展展望和主要任务

未来，晋能控股集团将深入贯彻习近平总书记关于能源革命和“双碳”战略的重要论述重要指示精神，锚定山西省委“两个基本实现”奋斗目标，全面增强能源供应能力，扎实推进绿色低碳转型，加快能源产业“五个一体化”融合发展，积极构建新型能源体系，在推动能源革命和转型发展中发挥示范引领作用，努力建设世界一流的现代化综合能源企业集团，为推动山西从传统能源大省向新型综合能源大省加快转型作出更大贡献。

（一）坚决落实能源保供任务

坚定保障国家能源安全，全力完成2023年1.91亿吨电煤保供任务，原煤产量力争达到4.5亿吨。扎实推进煤矿产能核增工作，增加能力1220万吨/年。加快煤电机组向基础保障性和系统调节性电源并重转型，全力保障电力热力供应。

（二）纵深推动“五个一体化”发展

一是煤炭和煤电一体化。集团所有燃煤电厂分区域与煤矿签订了煤炭长期供应协议，推动煤电区域一体化。推动内部电厂与煤矿采用股权划转、增资等方式相互参股，实现利益共享、风险共担。对新建煤电项目实施一体规划、一体设计、一体建设、一体运营。

二是煤电和新能源一体化。整体谋划晋北采煤沉陷区大型风电光伏基地，未来打造成为全国领先的风光火储一体化综合能源示范基地，推动企业绿色转型发展。依托上市公司推动高效煤电、清洁绿电、规模储能、地方电网一体化发展。在忻州、长治、吕梁等地区积极谋划布局“风光水火储”“源网荷储”综合能源项目。

三是煤炭和煤化工一体化。坚持基础化工、农业化肥的发展方向，加快先进气化工艺升级改造，鼓励优势化工企业适度开发煤化工优势产品。推动晋城区域矿井与煤化工企业结对联营、协同发展，提升企业综合效益，促进煤炭就地转化利用。

四是煤炭产业和数字技术一体化。根据省政府《全面推进煤矿智能化和煤炭工业互联网平台建设实施方案》，持续推动数字技术与煤炭产业深度融合，不断拓展煤矿数智化应用场景，力争到2027年底各类生产煤矿基本实现智能化。

五是煤炭产业和降碳技术一体化。发挥煤与煤层气共采全国重点实验室、人工智能矿山创新实验室作用，积极开展煤与瓦斯共采、充填开采、保水开采、110 工法开采、二氧化碳捕集利用与封存技术研究应用，加大粉煤灰、煤矸石等固废利用研究。

（三）加快培育发展装备制造

优化装备制造产业布局，建设金鼎公司整套托辊自动化、华越公司工厂智能化升级改造、潞安装备公司智能化柔性化销轴自动生产线等项目，全面承接内部市场，大力开拓外部市场。推动年产 8GW 高效 N 型单晶 TopCon 太阳能电池一期项目建成投产。

（四）协同推进节能减污降碳

严格落实能耗“双控”要求，持续实施节能技术改造工程，加强能源双控管理。煤矸石全部综合利用或规范化处置。对 35 蒸吨/小时以下的燃煤锅炉实施动态清零。持续推进煤电机组“三改联动”，推动老小机组逐步转为应急备用或有序退出。全面完成 2021～2022 年度碳排放配额清缴履约义务。

（五）大力发展数字平台经济

充分发挥太原煤炭交易中心“中”字号作用，积极推进全国煤炭主产区（晋陕蒙疆）交易机构合作，努力建设辐射全国的区域综合能源交易服务平台。建成运营生产经营信息采集平台，在集团所有生产基建煤矿、洗选加工企业、在役火电厂全面上线运行。以快成物流公司为主体，积极拓展内部区域性大宗货物运输、公路短倒上站等物流总承包服务，逐步向全省推广，全年完成数字物流服务 3000 万吨。推动太原煤炭交易中心现代能源综合服务数智平台、生产经营信息数据采集平台、快成物流服务平台与煤炭销售平台协同运行、信息共享。

（六）深化能源领域开放合作

通过煤电联营、签订长协合同等方式，与煤电、冶金、化工等产业链供应链相关企业建立长期稳定、互利共赢的合作关系。充分发挥山西省智能煤机装备产业技术联盟作用，形成装备制造产业高质量协同发展共同体。与资源富集地区加强在煤电联营、新能源开发、风光火储一体化、能源装备产业发展等方面合作。积极融入国内大循环，发挥能源保供的纽带作用，与用煤省份建立长期稳定的合作关系，探索共同合作开发新能源。拓展海外营销渠道，出口光伏制造产品，提升产品服务质量品质，打造集团自主品牌。

参考文献

[1] 杨文俊:《蓝佛安在晋能控股集团调研并召开座谈会　强调全力打造现代化综合能源企业集团　率先在推进煤电一体化上取得更大突破》,《山西日报》2023 年 2 月 18 日。

[2] 沈佳:《能源革命与高质量发展煤炭清洁高效利用论坛举行》,《山西日报》2023 年 9 月 7 日。

[3] 山西省人民政府办公厅:《全面推进煤矿智能化和煤炭工业互联网平台建设实施方案》, 2023 年 5 月 9 日。

[4] 王龙飞、田泽鹏:《晋能控股电力集团：今年着力推动发电产业内涵集约发展》,《山西经济日报》2023 年 2 月 7 日。

B.25
深入推进能源革命 着力推动绿色低碳发展

——以华阳新材料科技集团有限公司为例

王 涛*

摘 要： 能源低碳发展关乎人类未来。习近平总书记亲自赋予山西能源革命综合改革试点的重大使命以来，华阳集团认真贯彻落实能源安全新战略和“双碳”战略，在全力保障国家能源安全的基础上，全面推进能源消费、供给、技术、体制革命和国际合作，推动煤炭清洁高效低碳利用技术不断取得新突破。面向未来，集团将以碳达峰碳中和目标为牵引，努力走出一条具有特色的能源低碳发展之路，为全省高质量发展和现代化建设不断注入绿色动力和强大动能，为全国乃至全球绿色低碳发展作出新的更大贡献。

关键词： 能源革命 智能化 绿色低碳 华阳集团

华阳新材料科技集团（以下简称“华阳集团”）是由世界 500 强企业——阳煤集团整体更名而来的高科技新材料产业集团，2020 年 10 月 27 日正式挂牌。自成立以来，华阳集团深入贯彻落实习近平总书记“四个革命、一个合作”能源安全新战略，坚决贯彻落实省委省政府推进能源革命综合改革试点的战略部署和要求，以“双碳”战略为引领，大力实施“双

---

* 王涛，华阳集团战略投资室主任。

轮驱动”发展战略，坚持立足煤、做强煤，做强做大传统煤炭优势产业，全面提升产业发展的“含金量”“含新量”“含绿量”；坚持延伸煤、超越煤，整合成立华阳产业技术研究总院，做精做优钠离子电池全产业链、高端碳纤维、煤层气制金刚石、PBAT可降解塑料、纳米纤维空气净化材料等新能源新材料产业，努力蹚出一条产业优、质量高、效益好、可持续的高质量发展新路。

一　主要做法和成效

近年来，华阳集团深入贯彻落实习近平总书记对山西工作的重要讲话重要指示精神，坚决贯彻落实省委省政府深化能源革命和能源产业“五个一体化”融合发展战略部署，勇担转型发展重任，坚定转型信心决心，加快热电联产项目建设，努力在煤炭和煤电一体化融合发展方面先行先试、蹚路破局、作出示范。同时，加快推动具有发展前景和利润效益好的新能源新材料产业重点项目，加快转型步伐，实现高质量发展。

（一）变革煤炭开采方式方面

煤矿智能化是华阳集团传统优势产业高质量发展的核心技术支撑，也是华阳集团实现高质量发展的必由之路。华阳集团将数字化作为传统煤炭产业发展的核心引擎和重要抓手，努力构建以“安全绿色智能开采”为特点的现代煤炭开采模式，全面提升煤炭产业发展的“含金量”“含新量”“含绿量”。

1. 积极推进煤矿智能化建设

国家和山西推进煤矿智能化建设以来，华阳集团以智能装备和大数据为手段，以煤炭工业转型升级、高质量发展为目标，以5G+工业互联网为依托，积极推进煤矿和采掘工作面智能建设。

（1）煤矿智能化建设任务及完成情况

华阳集团现有生产煤矿8座、基建煤矿2座，生产煤矿共有90处采掘工作面。按照到2024年所有生产煤矿及采掘工作面完成智能化建设进行规划，比《山西省煤矿智能化建设实施意见》的目标提前一年。

一是智能化煤矿建设。2022 年，建成 2 座智能化煤矿，其中一矿建成并通过国家首批智能化示范煤矿验收，成为山西省首个同步通过国家级智能化煤矿和智能化选煤厂验收的矿井；新景公司建成并通过省级智能化煤矿验收。2023 年，二矿、开元、榆树坡建成省级智能化煤矿。2024 年，景福建成省级智能化煤矿。七元、泊里、平舒 3 座新建（改扩建）煤矿按照“三同时”的时间要求建成智能化煤矿。平兴矿剩余服务年限不足 3 年，暂不进行达标规划。

二是智能化采掘工作面建设。2021 年，建成验收 29 处智能化采掘工作面，其中智能化综采工作面 8 处、智能化掘进工作面 21 处。2022 年，建成验收 50 处智能化采掘工作面，其中智能化综采工作面 11 处、智能化掘进工作面 39 处，比 32 处任务多完成 18 处，是山西省唯一一家按照能源局规定超额完成任务的企业。2023 年预计完成 47 处。截至 2023 年 5 月，山西省累计建成 4 处智能化高级掘进工作面，全部在华阳集团，分别是一矿 81405 高抽巷、一矿 81406 高抽巷、一矿 81407 高抽巷、新景保安 3#煤南回风巷，均为 TBM 的全断面岩巷掘进工艺。

（2）煤矿智能化建设亮点

一是 2020 年打造了全国首座 5G 煤矿。2022 年，与中煤协会、中煤科工等单位签署了“煤矿 5G 创新合作协议”，继续引领煤矿 5G 应用创新，正在一矿、二矿、新景 3 座煤矿实施“多矿井联合部署 5G 系统应用”项目，同时研制《矿用 5G 通信系统使用及管理规范》国家能源行业标准。

二是开展智能化综采工作面数据标准化及融合分析研究，正在研制“智能化综采工作面数据共享规范”山西省地方标准，目标是要实现煤矿工业互联网架构下综采工作面数据的模型化和对象化。

三是成功应用全国首台直径 3 米的 TBM 小断面煤矿岩巷掘进机，月进尺达 608 米，刷新了集团公司 2017 年应用直径 4.53 米 TBM 全断面煤矿岩巷掘进机月进尺最高 562 米的纪录，创全国煤矿岩巷掘进最高水平。

2. 大力开展绿色开采技术试点示范（充填开采）

煤矸石充填开采是深入贯彻习近平生态文明思想，积极落实新固废法和绿色矿山建设的重要举措。

七元、泊里为华阳集团两座在建矿井，根据山西省能源局《关于在全省新建煤矿开展井下矸石智能分选系统和不可利用矸石全部返井试点示范工程建设的通知》要求，两座煤矿均被列入山西省不可利用矸石全部返井试点示范工程名单。原设计的井下矸石充填开采必须采充协调作业。如何高效率低成本地进行煤矸石处置，成为矿井未来投产及高产高效工作重中之重。

“覆岩隔离注浆充填绿色开采技术”依托关键层理论，将地面洗选后的煤矸石破碎、球磨、制浆后通过泵送系统充填至关键层下方离层空间，达到控制与减缓地表沉降、消纳矸石堆积的目的，具有采充不干扰、充填开采效率高、充填成本低等优势，在煤矸石无害化处置中具有显著的竞争优势。

2023 年 3 月，阳煤集团公司配合中国矿业大学科研团队对两矿进行了实地调研与现场踏勘，结合各矿井条件及实际，编制了七元、泊里两矿井煤矸石覆岩隔离注浆充填总体方案。5 月，集团公司组织相关业务部门对方案进行了审查，并就下一步工作进行整体安排部署，要求煤矸石充填开采项目与矿井建设同步施工建设、同时投产见效。

七元、泊里两座 500 万吨矿井，年处置矸石量均在 150 万吨以上，采用“覆岩隔离注浆充填绿色开采技术”，在无害化处置矿井矸石减少环境污染的同时，大幅提高回采面产能，实现煤矸石高效率低成本地处置，对矿井尽早投产、达产有着积极的作用。同时本次项目建设需克服山西山地地形起伏大、用水难等问题，具有很强的科研性和示范性，项目成功试验将给山西煤矸石处置提供新的技术思路与途径选择。

（二）发展降碳节能新材料方面

华阳集团聚焦新材料产业，积极布局高端碳纤维、生物降解新材料等新材料产业，推动山西新材料产业向高端化、智能化、规模化发展，打造在全国具有比较优势的特色新材料产业集团。

1. 高端碳纤维产业示范项目

高性能碳纤维是世界各国发展高新技术、国防尖端技术和改造传统产业的物质基础和技术先导，是我国战略性新兴产业中主要的发展方向之一。而以 T1000 碳纤维为代表的国际新一代碳纤维，与第二代 T800 碳纤维相比，拉伸强度提高了 16%，可使机翼、机身等结构件减重 20%，满足我国商用飞机、第五代战斗机、新一代远程轰炸机、新一代战略导弹等的应用要求。尤其在新型氢能储能领域，高性能碳纤维的使用可使车载气瓶压力由目前的 35MPa 提升至 70MPa 以上，质量储氢密度从 2. 5%提升至 5%以上，市场前景广阔。因美、日等国的技术封锁和产品禁运，国家已将高性能碳纤维列为“卡脖子”材料。

为解决我国关键领域用高性能碳纤维品种长期依赖进口、特殊部件领域用高性能碳纤维受国外垄断、出口管制且国产碳纤维产品不能满足制造所需的现状，华阳集团攻坚新材料行业，积极布局高端碳纤维，保障国家关键战略材料安全。

2022 年 5 月 14 日，华阳集团与山西煤化所、大同市政府签署“碳基新材料合作协议”，规划建设千吨级高性能碳纤维项目。该项目一期 200 吨/年示范项目选址大同市云冈经开区清洁能源产业园。2022 年 10 月该项目增补为 2022 年山西省级重点工程项目。2023 年 1 月 6 日，省国运公司审议批复，同意设立山西华阳碳材科技有限公司开展千吨级高性能碳纤维一期 200 吨/年示范项目。2023 年 4 月，项目入列山西省人民政府办公厅发布的 2023 年省级重点工程项目名单。

项目确定后，华阳集团举全集团之力，抽调工程技术经验丰富的高素质人才组建项目团队，紧盯“安全、质量、工期、造价”四大关口，高标准设计、高效率推进、高质量建设，确保项目如期建成投产。2023 年 2 月，完成华阳碳材公司工商、税务登记及银行基本户开设。项目 2023 年 8 月完成长周期设备招标；预计 2023 年 11 月完成厂房主体建设，2024 年 4 月完成国产主体设备到货，2024 年 6 月打通全流程，产出碳纤维产品。同时，瞄准军工、航空航天、风电新能源、氢能储能等领域，超前开拓市场，加强与国科新材料、中国商飞和航天一院等企业合作，提前布局产品销售渠道。

2. 生物降解新材料产业项目

山西华阳生物降解新材料有限责任公司，是太原化学工业集团有限公司上市企业——山西华阳新材料股份有限公司的全资子公司，主要从事生物降解新材料研发、制造、销售以及技术咨询服务的公司。公司一直专注于发展生物可降解新材料，为华北地区消除“白色污染”、全面“禁塑”提供强力支撑。

PBAT 项目。2022 年 9 月，6 万吨/年 PBAT 一次试车成功，项目以 1，4-丁二醇（BDO）、对苯二甲酸（PTA）、乙二酸（AA）为原料，采用国内最新的“一步法”浓缩工艺。2023 年，积极推进项目消缺，3 月 31 日打通全流程产出 PBAT，生产负荷在 70%左右，工艺控制稳定，产品各项指标均达到目标值。

改性和制品项目。年产 4 万吨改性项目已于 2023 年 2 月顺利完成试生产；年产 2 万吨制品项目正在进行装置安装调试阶段，于 2023 年 7 月进行试生产。项目建成投产后，公司达到年产改性材料 4 万吨及膜袋塑料制品 2 万吨（包含 5000 吨地膜、5000 吨快递袋、2500 吨减震气泡袋、500 吨育苗袋、7000 吨购物袋垃圾袋等）。

所有项目投产后，公司将拥有 PBAT 产能 6 万吨/年，改性 PBAT 产能 4 万吨/年及塑料制品产能 2 万吨/年，四氢呋喃产能 6600 吨/年。预计可实现年销售收入 11.05 亿元，年均利润约 1.06 亿元，年均税收 2707 万元，解决就业岗位 100 余个。

同时，也将形成聚合母粒、改新材料、终端塑料制品生物降解全产业链，可为禁塑政策实施、生物降解材料应用推广提供产业示范，力争打造国内具有影响力的生物降解塑料原料、终端制品生产基地，成为全球生物降解材料产业的领军企业。

（三）煤层气转化利用方面

近年来，华阳集团与太原理工大学合作研发煤层气制备金刚石项目，煤层气转化制氢，氢气再经超高氢提纯装置提纯后，与提纯后的甲烷一起通入等离子制金刚石装置内生产金刚石，让煤层气可以高值利用。

山西新碳超硬材料科技有限公司，是华阳集团新型碳基材料高新技术公司。同时，华阳集团与太原理工大学共同成立的超硬材料实验室，为企业提供技术支撑，推动企业产品提档升级和快速发展。

该项目是山西“1331”工程的重点支持项目。项目总投资估算 3.5 亿元，建设 150 台金刚石生产设备，年产 45 万克拉金刚石。第一阶段建设 50 台金刚石生产设备，于 2020 年 8 月 11 日开始陆续调试试用，2022 年 6 月 50 台设备全部投运。目前可生产高品质的工具级、热沉级、光学级、电子级四类多晶以及大单晶产品。

该项目利用低浓度煤层气发电提供电力能源，高浓度煤层气提纯后的甲烷及煤层气裂解并提纯后的氢气作为原料气体，使用微波等离子体化学气相沉积（MPCVD）的方法，将煤层气合成为具有高附加值的金刚石产品。反应后的尾气收集后，输送到甲烷及煤层气裂解系统，实现能源的循环利用。预计 2023 年底完成建设。项目一期建成后，预计实现销售收入 5130 万元，实现利税 590 万元。

（四）推动能源全产业链发展方面

钠电产业是碳达峰碳中和以及绿色发展的重要载体，是全省先进材料产业和特色优势产业的重要组成部分。近年来，华阳集团瞄准钠离子电化学储能全产业链等新能源新材料产业，推动产业做精做优、集聚成势。

1. 钠离子电池产业项目

华阳集团坚决贯彻国家发展改革委，国家能源局《关于加快推动新型储能发展的指导意见》《“十四五”新型储能发展实施方案》精神，按照“上游关键材料生产全球领先，中游电池产品制造全国一流，建成全国领先的钠电新能源终端应用基地”的总体构想，从“规模、结构、创新、合作”等方面着力布局产业发展，努力打造山西省储能产业链“链主”企业，力争成为中国钠电行业的引领者。

华阳钠离子电池产业立足传统煤炭产业，积极发掘自身资源优势并寻找与新兴产业的结合点，拓宽山西省在“双碳”背景下的能源结构优化调整的实施路线，为促进能源体系革命的转型跨越式发展提供力量，力争为山西的转型蹚出一条新路来。同时，钠离子电池产业链覆盖面广，上下游各类企业均可通过业务往来参与其中，共同推进钠电产业发展，助力碳达峰、碳中和目标实现。

2019 年华阳集团就已与中科院、中科海钠强强联手，积极布局钠离子电池相关产业，率先进入钠离子电池量产赛道，相比其他钠离子电池企业具有一定的领先优势。

经过近几年的培育，华阳集团钠离子电池产业培育已经“萌芽”进入“育苗期”。千吨级钠离子电池正负极材料项目 2022 年 3 月投产，目前正在进行万吨级钠离子电池正负极材料项目建设，现已完成 PHC 管装施工；全球首条 1GWh 钠离子电芯生产线 2022 年 9 月 30 日正式投料试生产；1GWh 钠离子电池 PACK 生产线进入投料试生产阶段，3 项储能集成、储能产品正在研发。2023 年上半年，华阳集团集聚力量进行原创性引领性科技攻关，聚焦决定钠离子电池关键性能的正负极材料课题；重点推进钠离子电芯生产线研究开发项目，实施了镀镍钢带验证、正极投料 SP 自动投料、涂布工序失重调整等研发；积极拓展钠离子电池储能集成与产品开发业务，重点推进煤矿应急电源、井下无轨胶轮车等项目的研发。华阳集团正在推动钠离子电池产业集群化规模化发展，打造钠离子电池“材料—电芯—PACK—储能集成”全产业链发展格局。

2. 光储网充项目

为实现碳中和的战略目标，需要着力构建清洁低碳、安全高效的能源体系，更好地发挥源网荷储一体化在保障能源安全中的作用。储能技术与可再生能源发电的结合应用，是实现未来高占比大规模可再生能源应用的必要途径。

阳煤集团开发建设的光储网充项目，位于太原市综改区华阳科创城内，集屋顶分布式光伏、光伏车棚、飞轮储能、钠离子电池储能，以及新能源汽车充电系统于一体，结合智慧能源管理系统进行能量调度管理，实现微电网内各子系统高效协同运行。

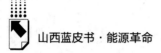

2022 年，该项目经历了调试投运、试运行、正式运行等阶段，其中光伏发电 28 万 kWh，减排二氧化碳约合 270 吨；钠离子电池储能完成峰谷时移 13 万 kWh，充电桩输出绿色电量约 18 万 kWh。该项目直接为华阳碳谷节省电量 26 万 kWh，结合汽车充电业务，节支创收约合 30 万元；2023 年 1~5 月光伏发电 7.5 万 kWh，系统收益 15 万元，节能、经济效益明显。

该项目采用的全球首套 1MWh 钠离子电池储能系统是钠离子电池在大型储能领域的一次重要产业应用的突破，将进一步推动钠离子电池商业化应用发展。此外，该项目的研发应用为新能源+混合储能模式做了先行试点，探索了新能源体系中物理储能与化学储能的技术路径，为在太原综改区及全国推广打下了坚实基础，也为实现“双碳”目标贡献了华阳智慧。目前已在太原综改区和阳泉天成完成两处光储网充系统建设，下一步将在华阳集团企业内部继续推广。

二　愿景展望

未来，华阳集团将坚决贯彻党中央、国务院决策部署，落实山西省委省政府高质量发展目标要求，以“双碳”战略为引领，大力实施“双轮驱动”发展战略，坚持立足煤、做强煤，延伸煤、超越煤，推动煤炭产业和新能源新材料产业互促互进、共同发展，以“双轮”驱动争当能源革命排头兵，努力实现“量的增长”与“质的提高”双跃升。

（一）总体布局

1. 做强做大煤炭产业，提升发展“含金量”“含新量”“含绿量”

坚持立足煤、做强煤，以“七个专班”为抓手，以提升安全保障能力为根本，做强做大传统煤炭产业。一是以“打成孔、打长孔、掏出煤”为目标，以“建队伍、定标准、强管理”为抓手，以“工艺革新、管理创新、成效出新”为重点，以“安全掘进、高效掘进、智能掘进”为导向，以“零故障、零失爆、零断电”为标准，提升发展“含金量”。二是推进煤炭增产扩能，打造智能化矿井，提升煤质管理，强化能源保供，提升发展“含新量”。三是全面打造绿色矿山，扎实推进环境污染综合治理，稳步推进职业病防治，提升发展“含绿量”。

2. 做精做优新能源新材料产业，推进产业延链强链补链

坚持延伸煤、超越煤，聚焦“专精特新”，以效益为中心，以市场为导向，以提高市场竞争力为核心，推动新能源新材料产业集群化规模化发展。一是打通钠电全产业链，掘金储能产业新蓝海。开展钠离子电池储能集成与开发业务，形成钠离子电池全产业链协同发展格局。二是超前布局高端碳纤维，抢占未来产业制高点。组建碳纤维技术研发团队，对接中科院山西煤化所等国内先进研发团队，实现生产、应用技术研究突破。三是发展高端纳米纤维新材料，打造产业升级新优势。以过滤材料为核心，以保暖材料为主线，与大客户建立稳定合作关系，成为知名品牌公司材料供应商。四是大力发展生物降解新材料，为解决“白色污染”提供新方案。抓好生产组织，加大营销力度，尽快形成出口业务，市场占有率提升至同行业领先水平，在地膜、育苗袋、淋膜、海水降解膜材料等新应用领域取得至少两项突破，实现产品产业化和价值最大化。五是做精人造金刚石新材料，探索煤层气“论克拉卖”新路径。持续优化产品结构，推动多晶产品逐步成为主流，金刚石涂覆截齿产品与省内外工矿、建筑施工等企业合作，金刚石单晶产品与下游珠宝批发商合作，宝石级单晶产品加工成裸钻，全力开拓新的市场领域。

（二）发展目标

在煤矿智能化建设方面。坚持集团公司统一规划、统筹安排，坚持矿井、系统、采掘工作面智能化建设切合实际、分类实施、发挥效率、提高效益原则，2023 年底把二矿、开元公司、平舒公司、榆树坡公司建设成智能化煤矿，建成 47 处智能化采掘工作面。2024 年景福公司建成智能化煤矿，力争所有生产煤矿、采掘工作面（不含平兴公司）全部实现智能化。七元公司和泊里公司按照“三同时”要求与矿井投产同步完成智能化煤矿建设，智能化煤矿建设水平全国领先。

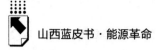

在新能源新材料方面。聚焦关键战略材料领域，以新能源材料为主导，以高性能纤维及复合材料为优势，以煤基新型炭材料、生物可降解塑料为特色，以新能源复合材料循环利用为拓展，通过延链补链强链，构建新材料产业发展新格局。深入推进主导材料集群化、优势材料规模化、传统材料新型化、材料体系绿色化，争取利用5年左右时间发展初具规模，到2027年基本建立集科研、产业、资本于一体的新材料协同创新生态系统，实现新材料产业发展规模和质量显著提升，自主创新能力明显增强，具有比较优势的特色新材料产业集群初步形成，总体实力进入国内先进行列，真正成为华阳集团高质量发展的另一个增长极，在推动全省新材料产业高端化、智能化、规模化发展上发挥重要作用。

B.26

勇担“三大使命” 能源革命结硕果

——以潞安化工集团有限公司为例

冯利松*

摘 要： 潞安化工集团坚决贯彻落实习近平总书记对山西工作的重要讲话重要指示精神和省委省政府能源革命综合改革试点要求，勇担能源安全、煤炭清洁高效利用和转型发展蹚新路“三大使命”，围绕“强煤优化育新”重塑产业布局，其中煤炭产业坚持“安全高效、绿色低碳、数字智能”的发展，化工产业通过重组整合、精益管理和“三个一批”行动，促进落后产能有序退出，先进产能补链延链强链。另外，加快光伏发电、煤层气综合利用、二氧化碳捕集及转化利用等相关技术开发和项目示范，大力培育战略新兴产业，成为集团新的经济增长极。

关键词： 智能化改造　绿色开采技术　能源革命　潞安化工集团

潞安化工集团是山西省委省政府贯彻习近平总书记对山西工作的重要讲话重要指示精神，着眼全省转型综改大局，应运而生、向新而立的省属重点国有企业。集团于2020年8月设立，是以原潞安矿业集团煤化产业为主体，整合重组相关省属企业化工资产和配套煤矿组建而成的企业集团，拥有原料煤、高端化学品、化工新材料、新能源的技术研发、工程设计、生产、营销、装备制造、工程总承包、运维服务等完整产业链。拥有全级次子企业

* 冯利松，潞安化工集团战略发展部部长，负责集团战略规划和项目投资论证。

181户，现煤炭保有储量112.78亿吨，可采储量50.16亿吨，在籍矿井36座，设计产能9460万吨/年；拥有合成氨、尿素、硝酸磷肥、煤制油、聚氯乙烯、丁辛醇、己内酰胺等各类化工产品1500万吨/年，拥有潞安环能、阳煤化工两个上市融资平台，拥有山西省唯一的国家煤基合成工程技术研究中心、2个国家级技术中心、2个博士后科研工作站、1家产业技术研究总院、11家国家高新技术企业。在深刻把握新发展阶段新发展格局下能源革命面临的重要机遇期，集团上下认真落实省委省政府的战略部署，坚持创新为上，真抓实干，助力全面构建“五型五化”[①] 高质量发展的一流能化企业集团，为山西加快能源革命和转型发展，奋进“两个基本实现”目标作出“潞安贡献”。

一　主要举措及成效

贯彻习近平总书记“四个革命、一个合作”能源安全新战略和“能源饭碗要端在自己手上”的指示精神，按照省委省政府“五大基地”“五个一体化”要求，始终牢记“国之大者”，坚决扛牢国有企业保障国家能源安全的政治责任，高效率抓好组织生产、高质量促进产业转型、高标准推动工作落实。

（一）积极构建以“强煤、优化、育新”为特征的现代产业新体系

1. 坚定不移“强煤”

秉承“安全高效、绿色低碳、数字智能”发展原则，以智慧矿山建设为契机，以绿色开采为主线，统筹做好矿井接续、智能化改造，实现煤炭产业稳定可持续发展。

---

① 五型五化：价值型、效益型、安全型、创新型、内涵型，一体化、精益化、绿色化、数智化、现代化。

能源供给大幅提升。落实全省煤炭增产保供要求，以煤炭的“稳”和“增”为全国、全省大局作贡献。2022年以来，先后有五里堠煤业、上庄煤业等4座矿井竣工验收，新增生产能力360万吨/年，伊田、黑龙等4座矿井获批产能核增，核增产能300万吨/年。2022年完成10466.5万吨煤炭增产保供任务和2427万吨电煤保供任务。

先进产能占比全省领先。持续推进精益化集约高效矿井三年行动，煤炭先进产能占比保持全省领先，进一步巩固全国喷吹煤基地和优质动力煤基地的比较优势、领先地位。

绿色开采成效显著。一是高河能源长壁充填开采煤量48.6万吨。二是常村、司马短壁充填项目已经投运，郭庄煤业正在建设。三是覆岩离层注浆在夏店、王庄、五阳、李村、常村持续推进，采出煤量494.56万吨。四是沿空留巷形成了以高河为代表的柔模沿空留巷、以王庄为代表的钢管混凝土沿空留巷、以慈林山为代表的高水材料沿空留巷三种成熟沿空留巷工艺，累计实现沿空留巷6.8万米。落实省委“做好水的大文章”要求，实施中水回用工程，推进回用管网建设，在2022年中水回用率41.8%的基础上，2023年要提高1个百分点以上。

智能矿井建设初见成效。集团公司共有12个智能化综采面和24个智能化掘进面建成投用，供电、压风、排水等固定场所无人值守累计减员578人。高河、新元通过“国家首批智能化示范建设煤矿”验收，高河能源成为山西省首座通过国家级智能化示范验收的矿井，初步形成了以三大信息基础平台+N个智能应用为核心的智能化矿井雏形。新元煤矿、五矿、高河能源进入全省信息化建设“一级标准”煤矿行列。特别是新元煤矿建成了国内煤炭行业首个5G+智能煤矿，实现了7大网络创新、2大平台部署、6大应用研究，开创并引领了中国矿业领域5G技术应用的潮流。工信部在新元公司召开了全国“5G+工业互联网”采矿行业实地调研会，各级领导对新元公司“5G+工业互联网”予以了充分肯定。其他矿井智能化建设快速推进。

产运销体系初步构建。依托古城铁路专用线开通、高河铁路专用线改造，年内增运100万吨。古城、寺家庄、新元等矿井新增储煤能力26万吨，180

公司储配煤场新增仓储能力25万吨；王庄西站提能改造，经销公司总储配煤能力提升至120万吨。同时加强数字化建设，提升公路销售运输效率。

2. 坚定不移“优化”

打造优势产业链条。聚焦“高端化、多元化、低碳化”的发展方向，重点打造“高效化肥、煤制油、先进材料、新型焦化、新能源与煤化工耦合、固废资源化利用”六大产品优势产业链和一条化工机械设备制造产业链。

推动产业结构升级改造。恒通化工实施动力结构调整项目，发挥动力岛热电联产优势，实现生产装置双电源供电、降低机组供电煤耗；齐鲁一化45000米^3/小时合成气技改项目通过淘汰间歇式固定床气化炉，新上安全高效环保的晋华炉3.0实现降本增效和产业升级；按照山西省环保政策要求，积极推动焦化公司及麟源煤业建设备用干熄焦项目；此外，大力实施二氧化碳气提尿素装置增加中压系统节能降碳改造，尿素造粒塔粉尘回收技术改造、煤仓封闭改造、VOCs治理等一批节能降耗和安全环保改造，推动产业结构升级改造。

推动一批延链补链强链项目。煤基合成油公司在成功转产合成氨尿素后，为解决公用工程“大马拉小车”问题，拟实施二期扩能项目，以填平补齐，发挥系统最大效益；天脊集团拟实施大颗粒尿素改造，实现差异化产品生产，提高附加值，同时以天脊硝基氮磷复合肥为基础，加快开发高端水溶性肥。

争先创优成效显著。煤基清洁能源公司引进APC多变量智能控制系统实现自动精准生产控制，在降低安全风险的基础上，产品质量和收率获得明显提高。正元氢能公司被中国石油和化学工业联合会评为2022年度石油和化工行业重点产品水效“领跑者”标杆企业，彰显了公司在煤制合成氨行业节能节水方面处于领先水平，低碳发展也迈上新台阶。丰喜集团获“2022年全国氮肥企业合成氨产量20强”“2022年全国氮肥企业尿素产量20强”称号，天脊集团入围“第三批工业产品绿色设计示范企业”。企业生存能力和核心竞争能力得到实质性提升，由生产者向经营者再向竞争者的持续转变迈出有力一步。

3. 坚定不移“育新”

紧跟国家“双碳”和构建以清洁低碳能源为主体的能源供应体系战略，大力培育发展以绿色低碳的新能源和新材料为主的战略新兴产业。

加快布局建设分布式光伏发电。充分利用矿区矸石山、沉陷区、渣场、屋顶、露台等废弃和闲置分布式资源，建设47MW分布式光伏发电项目，其中一期25MW项目已基本建成，11月底具备并网发电能力。

加快煤层气勘探利用。金源煤层气公司收购王村—夏庄区块煤层气探矿权并转采矿权，集团瓦斯利用量突破4.5亿米^3/年，创瓦斯利用最好水平。

积极布局战略新兴产业。瞄准国家战略需求和市场趋势变化，联合中科院上海高研院等成立上海睿碳能源科技有限公司开展FTO及PAO技术开发，成立上海岚泽能源科技有限公司布局绿色甲醇和可持续航空燃料(SAF)。以上海投资公司为主体出资设立半导体产业投资基金投资半导体产业重大项目；以煤基合成油公司为主体参股山西拜奥埃森纳公司入局生物乙醇示范项目；依托煤婆科技公司打造信息交易平台等。未来，战略新兴产业将成为集团高质量发展的重要增长极。

（二）推动“五个一体化”产业融合发展新格局

1. 聚力夯实煤炭和煤化工一体化

一是大力实施内部煤化一体化。按照“横向整合突出资源优化配置，纵向整合注重产业联动发展”方向，加快建链、补链、延链、强链，稳定集团内部原料煤、燃料煤和长协煤供应。持续完善余吾煤业、煤基合成油协同发展的“煤化一体化”发展生态；180公司、下游油品深加工公司协同发展的“上下游一体化”产业链生态。在太化新材料、丰喜集团实现本地化工煤试烧基础上，积极开发煤炭新产品，为形成煤化一体化产业优势奠定基础；按照“以质定价”的市场化原则，持续构建完善集团内部“煤化一体化”煤炭供应体系，形成煤炭和化工相互支撑、协同发展的产业格局。

二是储备新的“一体化”项目。统筹谋划煤炭资源争取和煤化一体化项目，适时推进煤炭和化工战略性重组，确保“双主业”可持续发展。

2. 加快推进煤炭、化工和新能源耦合一体化发展

推进《能耗双控 2021～2025 年行动方案》落地，确保集团能耗总量按照年度4%的速度递减，单位产品能耗到 2025 年全部达到准入值或基准水平以上。促进煤炭和化工的生产、运输、存储全流程节能降碳。2022 年，集团确定节能降碳措施 562 项，65 家主要用能单位（综合能源消费量 1000 吨标准煤以上）综合能源消费量较 2020 年同口径降低 7.8%。

深入推进集团产业碳达峰研究。围绕“产业协同平碳、结构调整减碳、能效提升节碳、技术创新用碳、绿色发展去碳”五个方面发力，探索一条符合集团产业实际和可持续发展方向的降碳路径。

视分布式光伏发电一期项目运行情况，分阶段布局光伏电站项目。同步进行增量配电网和电力系统的智慧化数字化升级改造，从电源布局等方面升级完善集团增量配电网网架结构，形成市场化运作的新型绿色智能电网模式。密切跟踪 CCUS 等技术发展和商业应用的前沿动态，因地制宜开展技术攻关和试点示范。

（三）实施“三个一批”产业发展新方略

立足集团主业，聚力价值创造，坚定不移推进“三个一批”分类发展策略，深化改革，提质增效，苦练内功，内涵发展。

1. 做好增量，优势发展一批

进一步支持发展产品竞争力强、市场需求大、发展前景好、持续稳定盈利的主业项目和企业。结合实际，研究确定企业可持续发展方向，谋划储备前景好、潜力大、拉动性强、附加值高的优势项目落地。

2. 盘活存量，扭亏脱困一批

对产品有市场、有望扭亏为盈的项目和企业，坚持一企一策、综合施策，推动企业主要经营指标尽快迈过“生存线”，达到“发展线”。自集团开展扭亏减亏三年攻坚行动以来，被纳入省国运监管台账内的 90 户企业，2022 年实现扭亏 33 户、减亏 40 亿元，2023 年预计将再完成扭亏 21 户、减

亏56亿元的目标。特别是潞安煤基清洁能源公司180项目和太化新材料公司己内酰胺项目通过技术攻关和改善经营管理，实现“安稳长满优”运行，煤基合成油公司实现顺利转产，为集团蓄势发展奠定了坚实基础。

3. 主动减量，稳妥处置一批

对于长期停缓建、历史包袱过重、生产能力滞后、市场前景无望、政策性关闭退出的项目和企业，采取撤退战略，通过兼并重组、委托运营、破产清算等方式清理处置，实现止损性退出、及时出清。截至目前，已对大汉沟煤业、前文明煤业等4座煤矿实施减量重组，对五阳弘峰焦化、羿神祥瑞焦化等不符合产业政策的装置进行淘汰关停，对科晶新材料6000吨新材料项目、恒融化学低黏度PAO项目等尚不具备产业优势的项目实施终止退出，对潞泉平定公司等无实质性业务的公司实施注销清算或业务调整，对部分资产结构不合理、带息负债较高等历史欠账较多的企业实施增加注册资本金、低效无效资产减值、资产重组等手段进行减负、实现轻装上阵。

（四）实施科技强企战略

1. 健全顶层设计

探索科技项目投入收益评价体系，借鉴烟台万华模式，创新实施科技成果收益分配机制，促进科技成果转化。

2. 补足科技研发平台

一是按照省科技厅部署，推进“国家煤炭大型气化技术创新中心”创建（2022年方案已上报科技部），参与怀柔实验室山西研究院和中试基地建设，启动矿山压力与围岩控制、瓦斯综合防治与利用、催化剂评测等“专业实验室”建设。

3. 夯实人才队伍

加强自主专职研发队伍、实战型工程技术队伍、群众性小改小革队伍“三支创新人才队伍”建设。

4. 瞄准研发方向

按照山西原创技术策源地建设的要求，在煤炭绿色充填开采、大型煤气化、煤基润滑材料等领域，强化关键核心技术探索和布局；推进煤基 α-烯烃分离提纯成套技术开发，为煤制油下游产品开发提供支撑。同时，发挥产研结合优势，推动甲烷二氧化碳干重整、高灰熔点煤气化、钴基费托合成等技术推广应用，实现自主技术产业化。

（五）典型创新性技术成果

1. 推动产学研深度融合，打造晋华炉国之重器

大型先进煤气化技术和装备是煤炭清洁高效利用的关键技术和装备，也是国家重大发展战略需求。由山西阳煤化工机械集团牵头，联合清华大学山西清洁能源研究院、山西阳煤丰喜肥业（集团）有限公司等科研院所、设计制造单位及应用单位共建山西省煤气化技术及装备产业技术创新战略联盟，共同开展煤气化领域关键技术的科研攻关与成果转化，并围绕水煤浆水冷壁气化技术承担 6 项国家级及省部级煤气化技术重大专项的科研任务，开发了具有自主知识产权的绿色节能、低碳高效的水煤浆水冷壁直连辐射废锅气化炉，并实现工程示范和产业化。

其具体优势表现，一是在技术进步方面，该装备的核心技术为全球首创，解决了“三高”劣质煤炭开发利用难题，打破了国外对气流床煤气化技术的垄断，实现进口技术的完全替代，实现了煤炭清洁高效利用。产品获授权专利 163 项、国际发明授权 12 项，先后荣获第二十二届中国专利奖金奖、山西省科技进步一等奖、第 47 届日内瓦国际发明金奖等 20 余项国内外奖项；先后入选《国家重点节能技术推广目录》等 6 项国家先进技术推广目录。二是在经济效益方面，近三年市场同类产品新签订单市场占有率达到 70%，产值 50 亿元，带动相关产业 200 多亿元。三是在社会效益方面，截至 2022 年底，已投运的项目累计副产蒸汽 3317 万吨，为用户创造直接经济效益 19 亿元，节省了蒸汽锅炉部分投资及耐火砖更换费用。四是在生态效益方面，应用该产品在回收合成气显热的同时可副产高品位蒸汽，减少二氧化碳、二氧化硫、氮氧化物排放，同时煤直接制浆可利用有机废水，实现污水利用。目前，已投运装置折算标煤累计减少二氧化碳排放 856 万吨、二氧

化硫排放10.5万吨、氮氧化物排放11.9万吨，废水回收利用1400万吨。

截至目前，晋华炉产品3.0已生产销售70余台套，投入运行21台套（2022年新开车运行10台套，连续运行一年以上11台套），并已与韩国、印尼、南非等国外煤化工项目设计单位达成合作意向。

2. 开发先进风电齿轮油，打破国外进口品牌垄断

我国风能资源丰富，风电装机容量巨大，占全球总装机容量达32.29%，且呈逐年上升趋势。风电齿轮箱是风力发电机组用于传递动力的核心机械部件，所需的风电齿轮油用量占总用油量的75%，目前我国风电机组约为15万台，所需风电齿轮油约为1.2万吨/年，美孚、壳牌和福斯三家国外润滑油品牌基本垄断了我国风电润滑油市场。

针对风电市场前沿面临的进口垄断、风机运行环境恶劣、换油成本高昂的问题和油品对长寿命、抗微点蚀性能的客观需要，山西潞安太行润滑科技股份有限公司整合中国科学院兰州化学物理研究所、中科院上海高等研究院等科研机构和企业创新资源，围绕煤基基础油性能优化、专属添加剂开发、理化模拟、产品台架试验、齿轮箱耐久性测试、挂机试验等开展了联合研究，促成多个学科技术融合，开发出高性能风电齿轮油VG320，并形成了先进风电润滑技术一体化解决方案。目前自主开发的风电齿轮油已取得国内主要风电齿轮箱制造商的专项台架试验认可，并在华润、华电等五大电力集团开展近15000小时挂机试验，实现了从实验室到市场端的产学研用。同时太行公司积极协调主机厂，与南京高精传动设备制造集团有限公司、国电联合动力技术有限公司加强沟通，签订战略合作协议，开展OEM认证，为产品进一步全面推广做背书。

煤基合成先进性能风电齿轮油产品的开发应用，打破了国外进口品牌垄断，改变了我国高端装备用润滑油长期依赖进口的现状，提升了国内高性能润滑材料领域的技术水平。项目为实现市场与技术的深度融合，探索创新资源整合模式，推动科技成果转化和市场应用做出了良好示范，同时为延伸现代煤化工产业链，开拓煤制油产品多元化发展路径，实现煤炭资源高效化利用，提供了现实参考，具有重要的推广价值。

3. 二氧化碳与甲烷重整制合成气技术取得突破

集团抓住能源革命综合改革试点契机，发挥企业科技创新主体作用，积极探索二氧化碳资源化利用技术开发，目前已取得多项突破。

2017 年全球首套 1 万 Nm^3/h 工业示范落地潞安，2021 年 3 月 18 日成立技术推广公司——高潞空气，股东单位包括潞安集团（第一股东）、Air Products、联和投资、中科院上海高研院及技术团队。目前正在进行美国 3 万 Nm^3/h 二氧化碳—甲烷干重整商业项目的运营，并且已开始在山西（煤层气和焦炉气）和西南（天然气和页岩气）布局二氧化碳—甲烷为基础的解决方案示范。二氧化碳—甲烷重整技术是兼具经济和环境效益的化工过程技术，通过干重整实现烟道气捕碳的高效转化利用，得到合成气进而制备油醇烯高附加值产品，由此实现煤炭的能源和碳源的双重角色。如果按照 1 万 Nm^3/h 甲烷干重整的规模，日转化二氧化碳高达 60 吨，年减排二氧化碳接近 2 万吨，下游可衔接 5 万吨/年规模的合成气直接制高端产品。

4. 合成生物法二氧化碳生产燃料乙醇技术取得突破

潞安集团与巨鹏生物于 2018 年 2 月签署了战略框架合作协议，2018 年 8 月巨鹏生物工业尾气生物发酵制燃料乙醇 20 万吨/年（一期 2 万吨/年，副产 4000 吨/年菌体蛋白）示范项目在山西长治开始建设，2021 年 10 月 25 日顺利投产，产出优于国家变性燃料乙醇国家标准的燃料乙醇产品。生物发酵制燃料乙醇技术主要原料是富含一氧化碳的工业尾气，每吨燃料乙醇减少 2.5 吨二氧化碳排放。燃烧吨燃料乙醇比燃烧吨汽油可以减少 1.5 吨碳排放。下一步，将对二氧化碳转化菌种在山西长治示范厂进行工业示范。届时，可以实现二氧化碳气体的直接转化燃料乙醇产品，实现吨燃料乙醇产品减少 3.88 吨二氧化碳排放。达到一氧化碳转化率 99.5%，二氧化碳转化率 96%，碳转化率 97.5%，实现近零碳排放。并且燃料乙醇和菌体蛋白产品的碳源，约 75%来源于二氧化碳，25%来源于一氧化碳，实现真正意义上的直接二氧化碳捕捉和减排，成为工业尾气应用的全新绿色解决方案。

二 未来推进能源革命的主要任务

潞安化工集团按照山西省谱写全面建设社会主义现代化国家山西篇章的整体部署，及能源领域“五个一体化”的高质量发展要求，勇担能源安全保供、煤炭清洁高效利用、转型发展蹚新路“三大使命”，深入推进和优化“强煤优化育新”的产业布局。争当能源革命转型发展的示范者、煤化一体化融合发展的示范者、智能绿色开采清洁高效利用的示范者、现代公司治理的示范者、国企党建引领的示范者，打造“五型五化”高质量发展示范企业。

在煤炭领域，加大煤炭产业装备升级和智能化改造，持续推广应用保水开采、充填开采、无煤柱开采、关键层注浆等绿色高效开采新工艺；改造新建6座选煤厂，2025年集团原煤洗选率达到90%；探索井下选煤厂建设，推动产业绿色发展；统筹压煤村庄搬迁、矸石山生态治理、沉陷区恢复治理，确保矿区生态治理整体化推进，在全省煤炭绿色开发利用基地建设中发挥潞安作用。做好产销储运大文章，加快古城、寺家庄、新元等主力煤矿储煤能力建设，提升铁路煤炭集疏运能力。

在高端化工领域，对接山西省“10条煤化工重点产业链”，积极调研谋划并适时推进一批新项目，尽早开辟新的经济增长点。坚持推动煤炭由燃料向原料、材料、终端产品转变，依托自主生产的PAO基础油原料和核心配方技术，加快太行润滑油高端风电齿轮油等系列新产品开发；加快煤制油下游高端精细化工产品开发，做精特种蜡、高档润滑油、军用油、专属化学品等。依托国泰新华BDO项目，探索向PBAT/PBS生物可降解材料延伸的可行性。加快培育具有比较优势的潞安特色产业链，争当产业链链主。

同时落实扭亏减亏三年攻坚行动部署，动态优化“一企一策”方案，持续推动180公司、太化新材料、煤基合成油等重点企业扭亏减亏见成效。潞安化机探索建设“灯塔工厂”，进一步做强“晋华炉”品牌，探索向气化岛项目总承包、园区气体供应商服务商转型。

在战略新兴产业领域，一是落实全省加快非常规天然气基地建设部署，加大煤层气勘查开采力度，立足现有产业布局，推进防突示范、煤气一体化开采示范“两个基地”建设，把“采煤采气一体化”作为重点产业进行培育，助推企业低碳转型。二是积极发展清洁能源产业。2024 年二期 22MW 项目开工建设；远期分布式光伏发电能力达到 1000MW；适时进行增量配电网和电力系统的智慧化数字化升级改造，形成市场化运作的新型绿色智能电网模式。探索推进空气能、乏风氧化、地热能、瓦斯发电，并探索新能源制氢。在二氧化碳利用、新能源与传统化工耦合、绿电—绿氢等领域深入分析、有序探索，开拓“蓝海市场”。

B.27

贯彻落实能源革命综合改革试点要求推动山西燃气产业高质量发展

——以华新燃气集团有限公司为例

朱云伟　任艳峰　牛永锋*

摘　要：　华新燃气集团深刻领悟习近平总书记关于建设现代化产业体系的重要论述和“四个革命、一个合作”能源安全新战略，全面落实省委省政府关于能源产业“五个一体化”融合发展思路和推进产业转型和数字转型“两个转型”决策部署，以碳达峰碳中和目标为牵引，以燃气产业高质量发展为主线，实施改造提升燃气主导产业增强生存力发展力、发展壮大新能源产业实现集群化规模化发展双轮驱动战略，夯实产业基础，全力培育竞争新优势。同步推进产业数智化转型，持续提升科技创新能力，加快构建质量好、效益优、高效协同、竞争力充分的现代能源产业体系，为华新燃气集团高质量发展提供坚实保障。

关键词：　能源革命　增储上产　科技创新　华新燃气集团

自2019年8月中办、国办正式印发《关于在山西开展能源革命综合改革试点的意见》后，华新燃气集团按照山西省委省政府推动能源革命综合

* 朱云伟，华新燃气集团有限公司战略投资部部长，高级工程师，主要负责集团战略投资、企业改革、产权评估交易等工作；任艳峰，华新燃气集团有限公司战略投资部工程师，主要研究方向为燃气产业上中下游一体化发展与综合能源协同发展；牛永锋，华新燃气集团有限公司机关委员会委员、战略投资部副部长，工程师、经济师，主要负责集团发展战略制定、改革、产业研究等工作。

改革试点的总体部署，制定了一系列关于落实能源革命综合改革试点行动计划的实施方案，主动与政府相关部门沟通对接，超前谋划、抢抓先机，扎实有效地完成行动计划各项任务。

一　主要做法

华新燃气集团坚决贯彻山西能源革命综合改革和非常规天然气基地建设战略部署，积极响应碳达峰碳中和山西行动，聚焦增储上产发展新局面，依托资源优势、技术优势、规模优势，持续整合内外部煤层气资源，大力推进产业一体化，坚持全产业链发展思维，确立了上游“聚好气”、中游“输好气”“储好气”、下游“用好气”的发展路径，为加快构建现代化产业体系奠定了坚实基础。

（一）加大勘探开发力度，提升自主气源保障能力

1. 积极争取优质资源，增强企业可持续发展能力

一是积极争取退出区块资源。根据《山西省煤层气勘查开采管理办法》的规定，华新燃气集团积极争取“三桶油”陆续到期且无法延续办理的优质煤层气资源区块，全面提升自主资源掌控能力。二是加大与央企的合作力度。华新燃气集团积极对接省内央企，推动以双方共同投资、利润分成为主的合作模式，共同加快已探明未动用资源区块开发，有效破解华新燃气集团接替资源不足和央企存量资源开发不够问题。

2. 聚焦增储上产，推动资源开发提档升级

一是保障煤矿区稳产增产。煤矿区作为开发最早、技术最成熟、要素最完备的成熟区块，在增储上产中发挥“压舱石”的重要作用。立足煤矿区开发现状，持续做好精细化排采工作，不断提高气井运行率，着力提升现有气井服务年限和促进老井改造提质增气，提高排采精细化管理水平，充分挖潜主力气井、高产气井产能。二是开展资源区勘探试验。武乡、横岭、榆社东等新获取资源区块是企业未来发展的重要资源储备，随着近年来持续加大

技术投入，已基本掌握各区块深部煤层气资源赋存及地质情况，逐步探索一套钻井、压裂、投运重点环节适配工艺。华新燃气集团以提高单井产量为目标，围绕提高压裂效果、稳定连续排采等重点方面，开展课题研究、技术攻关、工艺试验，逐步形成适应地质条件变化、符合区块资源特点的技术体系。三是加快合作区共同开发。针对目前已合作的侯甲—龙湾、马必东马25井区、里必合作项目，积极跟进省煤层气重大项目申报工作，会同合作方统筹做好钻井施工计划，重点在已圈定资源“甜点区”布置钻井任务，科学制定施工计划，达到快速投产见效目的。同时，充分发挥华新燃气集团“采煤采气一体化”产业技术优势，搭建省级采煤采气一体化合作平台，推动与煤矿企业深度合作，实现煤矿安全高效生产和资源综合开发。

（二）加快全产业链发展创新，优化燃气产供储销体系

华新燃气集团以上市公司、专业公司为平台，按照市场化、法治化改革取向，对产业相近、业务相同的企业实施重组整合，持续优化业务布局和资产结构，形成有序高效的管理运营格局，为“十四五”全面打造主业突出、业绩优良、市场竞争力强的国内一流燃气旗舰劲旅夯实基础。

1. 充分发挥省级平台优势，统筹规划全省“一张网”

一是按照“统一规划、统一调配、统一管理、集约运行”的思路，先后将旗下山西煤层气（天然气）集输有限公司、山西国化能源有限公司管网资产，整合并入山西天然气有限公司，实现了内部管网“统一规划、统一建设、统一运营”。与此同时，积极推进省内管道与国家过境干线之间、省内管道与省际管道之间、煤层气气田与主干管网之间、不同管输企业之间的互联互通，实现全产业高质量发展。二是优化施工组织，服务太忻一体化经济区建设。华新燃气集团第一时间成立太忻一体化管线迁改前线指挥部，全力推进管线改迁工作。改线期间各项目建设主体以超常规的工作方式全面完成7条管道改线工作，助力完成太忻大道和太忻一体化经济区的建设。

2. 充分发挥产业集群优势，全力保障燃气稳定供应

一是大力提升储气规模。华新燃气集团积极部署，规划、新建、改建了

一批储气调峰设施，综合提升了储气调峰能力。重点对原平 LNG 综合应急储气调峰中心进行了扩建，新增储气能力 1180 万立方米。在大同、晋中规划新建液化储气调峰项目。二是加快构建多层次储气调峰体系。按照省发展改革委下发的《山西省储气调峰能力建设规划（2020~2025 年）》文件相关要求，以储气调峰设施为基础，加快地下储气库及罐箱项目建设的前期论证工作，尝试储气库库容租赁工作，紧跟国家管网全产业链发展步伐，发展管网托运、海气进口、港口接收站，其中 2022 年通过购买服务的方式，提前锁定省外租赁及购买储气能力 1 亿立方米。三是优化完善管理体系。成立华新液化集团有限公司，整合储气调峰设施和资源，实行集中管控、统一调度，确保资源组织、储气调峰、气化反输各环节高效衔接，最大限度发挥应急保障作用。

3. 充分发挥国企担当，加快推进“碎片化”整合

一是积极参与城镇燃气专项规划编制，促进规划落地实施。积极配合山西省住建厅编制了《山西省城镇燃气发展专项规划（2023~2025 年）》，并结合《山西省非常规天然气基地建设方案》对终端产业的破题发展和目标任务进行了规划，并积极承担“管网碎片化”整治相关责任。二是稳步提升安全运行水平。根据《山西省燃气行业安全专项整治工作方案》要求，开展专项整治行动，对老旧管网进行改造，对违章占压进行清理，对第三方施工进行规范，解决燃气管网老化、用户设施安全性不高等问题。三是逐步增强数智管控手段。根据《山西省燃气行业安全专项整治工作方案》和省委相关重要工作指示以及实现“地下一张网、管控一平台”的要求，启动了智慧城燃综合管控平台暨山西省城镇燃气安全运行监管平台的建设工作。截至 2023 年 10 月，已完成政府侧监管平台（包含监管端、企业端、服务端以及 BI 工具）等功能需求确认、开发、测试及部署工作，与集团公司安全生产指挥中心 SCADA 系统形成数据对接。经测试，初步具备向全省推广条件。

4. 充分发挥资源统购优势，坚决落实增产保供政治责任

一是加大自有资源区块稳产增产。持续加大煤成气增储上产力度，确保全年完成自产气量 14.5 亿立方米目标。同时，采暖季期间要保障自有资源入网量不低于170万立方米/日。二是落实好合同内资源履约供应。华新燃气集团成立专班、密切跟进，协调上游供气单位严格履行合同条款，确保按时足额供气，做到应供尽供。三是积极争取计划外资源。根据终端市场需求，在保障公司效益最大化的前提下，合理配置增加中海油等调峰资源供应，合理做好气价疏导，提高资源保障能力。四是做好应急资源调运工作。积极对接省保供办和相关地市政府，建立沟通机制，制定调运方案，确保应急调配资源在关键时刻能组织回来、输得出去。五是为积极应对2023年以来燃气供应量趋紧、价格持续高涨、资源筹措难度大等问题，华新燃气集团积极响应"应储尽储"保供方针，针对实际情况，从年初就开始谋划冬季保供资源，做了较为充分的准备工作。截至2023年9月底，已累计筹措资源72.43亿立方米，较上年增加2.65亿立方米，同比增长3.79%。

（三）加大关键核心技术攻关力度，提升集团科技创新能力

"十四五"以来，华新燃气集团立足现有基础，根据制定的集团公司科技创新体系构建方案及架构图，构建完善科创体系。利用煤与煤层气共采全国重点实验室等平台，持续加大科技创新力度，加大深部煤成气勘探开发等"卡脖子"技术集中攻关，加强专业化人才引进，强化企业发展科技支撑，推动产学研深度融合，引领产业发展。

1. 加强产学研用合作，加快关键核心技术攻关

持续加强与高校院所、中央企业产学研用合作，推进已立项科技项目实施，围绕重点领域和关键核心技术难题，凝练科技项目和课题，争取国家、省、市级科技项目立项，加快关键核心技术攻关，加速科技成果转移转化，真正解决现场实际难点和问题，提效率增效益。

一是在勘探领域，推动非常规天然气资源勘查基础理论创新和高精度勘探新技术突破，重点在深部非常规天然气勘探方面加强技术突破，为非常规天然气大规模开发提供坚实的后备资源储量，不断提高非常规天然气资源探明率。重点攻关深部煤层气藏大地电磁法和复电阻率法三维探测技术研究。

二是在开发领域，加强煤与煤层气共采、"三气"合采、深部煤层气多

煤层共采，并研发与地质条件相匹配的钻、压、排等核心开发工艺，建成一批高标准非常规天然气抽采示范工程。重点攻关深部煤层气多煤层水平井共采技术研究、深部煤层气地质—工程一体化高效联动开发技术与工程示范、深部煤层气大规模压裂排采一体化工艺技术研究等。

三是在集输及利用领域，推动燃气集输精细管理与智慧化应用，提高燃气管网输配效率。重点攻关煤层气中微细颗粒物高效捕集技术研发和示范及煤层气安全输送气体质量标准研究。

2. 持续强化科技创新人才培育和引进，推进人才队伍建设

按照集团公司产业发展规划，跟踪国际国内相关产业前沿的技术和最新发展动态，参加各类技术、学术及产业发展论坛，组织开展信息收集、调研、技术交流，组织开展科技项目、技术标准、知识产权等科技创新专题培训。持续强化科技创新人才培育和引进，创新人才机制，出台给予高端科技人员股权、期权、分红、补贴、奖励等人才激励政策，以聘任或聘用、高薪引进等方式吸引国内外的高端领军性人才来华新燃气集团工作。

二　取得的成效

整合重组以来，华新燃气集团紧扣能源革命综合改革试点建设的目标任务，以非常规天然气基地建设为抓手，勇担“气化山西”职责使命，全面推动以“观念转型、动能转型、结构转型、管理转型”为核心的高质量转型发展，快速实现从“聚”到“合”、从“大”到“强”的转变，引领全省燃气产业实现高质量发展。

（一）上游资源勘探开发取得新进展

华新燃气集团紧跟山西能源革命综合改革和非常规天然气基地建设统一部署，围绕煤层气增储上产任务要求，立足资源地质特点，结合产业发展趋势，坚持技术创新驱动，融入燃气全产业链格局，有力保障了增储上产三年行动圆满收官。

1. 资源储备逐步增厚

增储上产三年以来，华新燃气集团紧跟山西省政策动向，抢抓煤层气资源区块公开出让机遇，先后获取洪洞、洪洞西等 6 个区块的煤层气探矿权；在晋城市区域内通过挂牌出让取得了古书院、王台铺 2 个采空区区块的煤层气探矿权；通过与沁和能源等 8 家煤矿企业成立合资公司，在煤炭采矿权范围内申请增列了芹池、北留、中村 3 个区块的煤层气探矿权，为增储上产奠定了坚实的资源基础。

2. 生产能力持续提升

立足勘探开发实际，依据各区块特点倒排打井数、产气量，加快推进产能提速上量。一是采矿权区块已全部投产运营，目前运行井 2500 余口，产能建设达到峰值。二是合作区块产能建设加快，目前与省属煤炭企业合作的晋中区块、西山区块、与中石油合作的吕梁区块已全部投产运营。增储上产三年期间，华新燃气集团在上游资源勘探开发方面累计新增钻井 677 口，投运钻井 592 口，完成煤层气抽采量 46. 86 亿立方米。

3. 技术攻关取得新突破

通过创新采用穿采空区 L 型井、穿插式 L 型井、密切割压裂技术、大规模压裂技术等新技术手段，在中深部煤层气开发、低产煤层气井增产、采空区及过采空区煤层气抽采等方面实现了阶段性突破，不仅助力了煤层气产量稳步增长，也取得了多项技术成果，先后荣获山西省科学进步奖 7 项、中国煤炭工业协会科学技术奖 4 项、中国安全生产协会安全科技进步奖 1 项。

4. 对外合作成效初显

立足产业发展实际，针对优质资源区块不足问题，依托自身技术、队伍、装备优势，持续推进与省内相关资源企业的合作，积极推动已探明未动用资源共同开发，在合作方面取得了突破性进展。一是 2021 年与中石油华北油田签署《产品分成合同》，在侯甲—龙湾区块合作开发煤层气资源，截至 2023 年 9 月已投运直井 25 口，实现产气外输。二是稳步推动世行贷款山西煤层气开发利用示范项目，与中石油华北油田在里必合作区进行煤层气开发，2019 年该项目一期工程全部建设完工；截至 2023 年 9 月已投运 6 口，实现并网运行。

（二）产供储销产业体系建设逐步完善

充分发挥管网“桥梁”和“纽带”作用，稳步推进“全省一张网”建设，资源掌控能力不断增强，储气调峰能力大幅提升，下游市场份额持续扩大，在全省燃气行业的核心地位持续巩固增强，“高质量”的基础更加牢固。

1.“全省一张网”优势逐步凸显

充分利用整合重组后，瞄准供气输气瓶颈、堵点，持续推进管网优化布局，“十四五”期间华新燃气集团重点完成省级干线互联互通、区块连接线等 6 项工程，累计总投资 5.01 亿元，新增入网能力约 400 万立方米/日，资源入网能力、供气能力、输气能力显著提升，为冬季保供工作打下了坚实的调度基础。

2. 城镇燃气综合运营水平逐步提高

一是各燃气企业与乡村、街道办、物业签订安全联防联控协议。截至 2023 年 9 月，已签订 3971 份，完成率为 90.33%。二是按照“应控尽控”的原则，有序推进城镇燃气企业整合，主动担当全省气化任务，提升燃气管道安全运营水平，解决山西城镇燃气管网碎片化的问题，逐步构建起统一管理、主体明确、规范运行的城镇燃气格局。三是编制了老旧管道更新改造一系列方案，于 2022 年 8 月底全面完成了 437 公里老旧管道的更新改造和 1308 处违章压占的清理工作，并在 9 月 5 日前，就施工质量、施工资料和安全置换送气完成了联合验收，确保了专项工作质量。

3. 燃气供应保障能力持续提升

针对 2022 年严峻的天然气资源供需形势，华新燃气集团提早谋划、科学部署，持续在“保冬供、保民生”上发力，不断强化合同内资源和增量资源、省内资源和省外资源、自产资源和外采资源的供应保障。2022～2023 合同年度累计筹措资源 69.78 亿立方米，同比增长 8.35%，为山西天然气保供工作奠定了扎实基础。同时为顺利推进2022~2023年冬季天然气保供工作，确保应急保供体系形成上下贯通，编制了《迎峰度冬保供应急预案》，有效保障了各液厂冬季储气工作的圆满完成。2023年1月12日、1月20日山西省煤电油气运协调保障领导小组办公室与国家能源局山西监管办公室分别向华新燃气集团发来感谢信和表扬信，对华新燃气集团扎实履行国企担当、承担保供责任表示衷心感谢与高度赞扬。

三　发展愿景

华新燃气集团始终坚持把国家资源型经济转型综合配套改革试验区建设和能源革命综合改革试点“两大任务”与推动集团公司高质量发展各项工作紧密结合，坚持“上游煤成气增储上产、中游管网集中统一管理运营、下游主体有序竞争”的发展思路，将重点抓实抓好以下六个方面的举措和工作。

（一）推动资源勘探开发提档升级，全面激发增储上产市场活力

不断增强资源掌控力。采取非常之力，多措并举推进煤成气增储上产，牢牢掌握发展主动权。围绕自有资源区块，持续加大投入，强化技术攻关，精耕细作、科学排采，最大限度提升每一个区块、每一口井的产气能力和水平；持续深化与央企合作，在加快实施侯甲—龙湾、马必东等合作项目的同时，进一步扩大合作开发规模，弥补资源不足；积极争取省煤监局、能源局支持，协调省内大型煤企，大力推进采煤采气一体化，开辟增储上产新途径。

（二）构建集约、高效、开放、智慧的管网输配体系

按照上游全接收、中游全联通、下游全覆盖的目标，持续推进省内管网互联互通，不断织密织细“全省一张网”。同时，站在全省燃气产业发展、推动能源革命的高度，以更加开放包容、积极主动的姿态推进与国家管网集

团的全方位合作，深度融入全国燃气统一大市场，着力打造内畅外联、开放高效、利用充分的燃气管网新格局；在保障省内用气需求的同时，将为京津冀和雄安新区建设提供清洁能源；加快构建储气调峰体系。在省发改委、省能源局的指导下，协调落实专属的调峰气量，充分发挥液厂电厂夏季消纳与冬季保供作用，实现稳定可持续运营。

（三）强力推进终端市场开发，提升终端市场综合利用水平

积极培育多元消费主体。统筹推进城乡居民燃气推广、工业燃料替代、交通燃料升级、公商燃气拓展“四大工程”，提高消费占比；充分发挥资源统筹优势。在主要气源地建设大型中央处理厂，依托国家管网公司，打通煤成气南下豫、鄂、湘、皖等中部地区的通道，促进余气外输。

（四）构建统一管理、主体明确、规范运行的城镇燃气格局

针对城燃企业多种经济成分并存、安全管理水平参差不齐的现状，以山西省住建厅制定的《山西省城镇燃气发展规划》为指导，严格燃气经营企业准入门槛，通过市场化、法治化手段有序整合，实现“一区域、一主体、一平台、一套标准”，解决山西城镇燃气管网碎片化的问题；建议规范市场秩序，强化市场税收监管，治理市场恶性竞争环境。

（五）响应“双碳”行动，创新引领培育发展新动能

立足“碳管理、碳交易、碳研究、碳金融”四个维度，打造“双碳”管理服务平台；推进生物固碳，以应县生物天然气项目为试点，构建生物质能全生态产业链；积极参与地热能开发、因地制宜发展光伏、风电、太阳能等可再生能源，为山西清洁能源高效发展提供前沿信息与决策支撑。

（六）加大科技创新力度，强化企业发展科技支撑

立足现有基础，利用煤与煤层气共采全国重点实验室平台，加大深部煤层气勘探开发等“卡脖子”技术集中攻关，加强专业化人才引进，推动产

学研深度融合，引领产业发展；努力打造全省智能化供气网络，构建全省智慧燃气一体化应用体系，保障全省供气安全。

着眼未来，华新燃气集团将在省委省政府的坚强领导下，锚定目标、久久为功，锻长补短、厚植优势，着力在完善发展规划、谋划重大项目、创新体制机制上下功夫，加快构建支撑高质量发展的现代产业体系，坚决扛起“引领全省燃气产业振兴、服务全省高质量发展大局、提升全省人民生活品质”三大使命，为山西加快推动高质量发展贡献华新力量。

参考文献

[1] 原子立：《关于山西燃气产业整合重组后高质量发展的思考》，《现代工业经济和信息化》2023 年第 5 期。
[2] 巩国强、王蕾等：《华新燃气：勇做低碳能源保供“压舱石”》，《山西经济日报》2022 年 1 月 5 日。
[3] 刘瑞强：《稳定气源供应　守护万家温暖》，《山西日报》2021 年 12 月 19 日。
[4] 杨博：《华新燃气集团与申能集团签署战略合作框架协议》，《山西日报》2023 年 9 月 20 日。
[5] 刘瑞强、武小渝：《华新燃气：去冬今春燃气保供量近 46 亿立方米》，《山西日报》2023 年 4 月 13 日。
[6] 王蕾：《能源保供：山西以使命担当“燃动”激情》，《山西经济日报》2022 年 2 月 9 日。
[7] 国资宣：《负钊赴华新燃气集团调研》，《支部建设》2021 年第 8 期。

B.28

践行能源革命综合改革试点推动能源绿色低碳转型

——以格盟国际能源有限公司为例

格盟国际课题组*

摘　要： 能源革命综合改革试点是习近平总书记亲自赋予山西的重大使命。山西省正坚定不移加快转型发展，全力奋进“两个基本实现”。格盟国际能源集团积极践行“四个革命、一个合作”能源安全新战略，改革创新，先行先试，推动产业结构、能源结构持续优化，助力构建新型能源体系，坚决有力地保障了我国能源安全，走出了一条具有“格盟特色”的能源革命道路。

关键词： 能源革命综合改革试点　绿色低碳转型　“格盟特色”能源革命道路

能源革命是习近平新时代中国特色社会主义思想的重要内容。能源革命综合改革试点是习近平总书记亲自赋予山西的重大使命。党的二十大报告强调，深入推进能源革命，加强煤炭清洁高效利用，加快规划建设新型能源体系。2022 年 1 月 26~27 日，习近平总书记在山西考察调研时指出，山西作为全国能源重化工基地，为国家发展作出了重要贡献。

---

* 课题组长：叶泽甫，山西国际能源集团党委委员、副总经理。课题成员：苏永刚，山西国际能源集团党委宣传（统战）部部长、纪检监察机构综合（审理）室主任，格盟国际能源集团高级经理；刘伟，格盟国际能源集团项目经理；孙建强，格盟国际能源集团项目经理。

其间，习近平总书记在格盟国际所属山西瑞光热电有限责任公司考察调研时指出："格盟既是合资企业，又承担责任，是一家好企业。"作为一家由省属国有企业引进外资成立的中外合资企业，格盟国际积极践行"四个革命、一个合作"能源安全新战略，贯彻落实全省深化能源革命综合改革试点、加快能源产业高质量发展的决策部署，全方位推动能源绿色低碳发展，助力构建新型能源体系，坚决有力地保障我国能源安全，走出了一条具有"格盟特色"的能源革命道路。

一　主要做法

格盟国际能源有限公司经商务部批准于2007年成立，注册资本金100亿元，业务涉及燃煤和新能源发电、城市污水处理、综合能源服务和节能环保领域。截至2023年10月，运营煤电装机1172万千瓦，运营在建新能源装机347万千瓦，运营在建13个污水处理项目，污水日处理量50万吨，中水回用18万吨，资产总额500亿元，是山西省主要发电集团之一，为保障国家能源安全贡献了格盟力量。

"十四五"时期，格盟国际坚持以习近平新时代中国特色社会主义思想为指导，全面贯彻落实党的二十大精神，深入贯彻落实习近平总书记"四个革命、一个合作"能源安全新战略，把"碳达峰、碳中和"作为重要牵引举措，改革创新，先行先试，扎实开展能源革命综合改革试点，推动产业结构、能源结构持续优化，能源低碳绿色转型加快推进，为全省深化能源革命、加速低碳进程勇探新路。

（一）持续深化能源消费革命

全面开展超低排放改造。格盟国际投资建设的26台煤电机组全部完成超低排放改造，是全省率先完成超低排放改造的发电集团，改造后机组各项排放指标均优于燃气发电机组，每年进一步减排粉尘约1万吨、二氧化硫约2.2万吨、氮氧化物约2万吨。瑞光电厂作为全省第一家完成超低排放改造的发电企业，被国家能源局授予“国家煤电节能减排示范电站”称号。

大力推动煤电“三改联动”。一方面，挖掘煤电灵活性运行能力，开展灵活性和节能降耗改造。充分发挥煤电电力供应“压舱石”作用，紧跟火电机组由主力电源逐步转向调节型电源的趋势，已有14台机组616万千瓦容量的煤电机组完成灵活性改造，为电网新增调峰负荷92.4万千瓦。集团所属河坡公司实施国家重点研发低热值煤清洁高效燃烧资源利用与灵活发电关键技术项目，1#机组于2018年完成了国内首台间冷350MW机组的低压缸切缸灵活性改造，在风、光电力大发时，能迅速降低至20%负荷深度调峰；华光电厂实施省重大专项煤粉炉快速变负荷自动化控制协同降碳关键技术研究与示范项目，实现每分钟变负荷能力达到5%，达到全国领先水平，为新能源消纳提供了技术示范，有力促进构建新型能源体系。另一方面，积极拓展供热改造。开展吕梁、长治等地区清洁供热改造，承担全省7市11县约1.2亿平方米民生供热。瑞光电厂作为热电联产机组，是国内同等规模机组供热能力最大的电厂，率先探索实践冷热联供模式，开展实施乏汽余热、烟气余热利用，年平均供电煤耗285克/千瓦时，达到了全国一流水平。2022年，集团进一步加强节能降碳改造，火电企业平均供电煤耗降低10.1克/千瓦时，折算减少二氧化碳排放量130多万吨。

加强低热值煤清洁多元化利用。有效破解低热值煤高效、清洁、资源化利用的难题，大力发展循环流化床技术，运营煤电装机中循环流化床机组460万千瓦，年消耗煤矸石、煤泥等低热值煤约2000万吨。平朔煤矸石电厂是省内第一座30万千瓦装机的循环流化床发电项目，每年综合利用煤矸石超过150万吨。河坡电厂率先开展煤泥、污泥掺烧，年利用煤泥50万吨、污泥7万吨，点泥成“金”、变废为宝，经济效益与社会效益“双丰收”。

拓展固废综合利用途径。积极开发煤电企业粉煤灰、脱硫石膏等固废综合利用新模式，年利用粉煤灰、渣约300万吨，消耗脱硫石膏约100万吨。瑞光电厂实现粉煤灰100%综合利用，加快实现固废资源化、产业化、绿色化。裕光发电公司积极推进固废综合利用，年处置能力达200万吨，实现裕光电厂固废全部转化为高附加值的绿色建材产品，并就近销往京津冀和雄安新区，真正做到“变废为宝”“吃干榨尽”。兆光发电公司建成年产 30 万立方蒸压加砼砌块、10 万立方蒸压加气砼板材的生产线，年产 4500 万平方米纸面石膏板生产线，以及年产 20 万吨石膏粉生产线。

推动中水回用和余热利用。格盟国际是全省唯一一家电厂生产用水全部使用中水的发电集团。自建运营城市污水处理企业年均污水处理量 1.2 亿吨，中水回用率约 30%，是全省运营污水处理项目最多的集团。晋中正阳污水处理厂年处理生活污水 5433 万吨，中水回用量 1475 万吨，其中瑞光电厂生产用水 152 万吨，其余用于绿化环卫、农灌、生态修复等领域。正阳污水处理厂中水的余热，成为园区及周边用户冷热联供的热源，实现了中水资源的高效利用。

（二）加快推动能源供给革命

构建绿色能源多元供给体系。坚持超常规发展新能源，新能源装机占比不断提升，正积极申报 79 万千瓦煤电与新能源一体化项目以及分布式项目；新疆吉木萨尔县 45 万千瓦光伏制氢一体化项目以及内蒙古 40 万千瓦工业园绿色供电项目已报送至当地能源局，榆社抽水蓄能项目正积极推进列入国家规划，全钒液流电池项目已于 7 月初履行投资决策程序。加大储能领域投资，推动单一煤电向抽水蓄能、光伏、风电、氢能、地热、储能等多轮驱动转变，构建“风光火储”一体化的能源供应体系。

勇于承担民生供热和工业园区用能需求。2022 年总供热量为 3464 万吉焦；瑞光公司 2 台 300MW 机组承担太原、榆次两地的冬季供暖任务。随着城市区域面积的不断扩大和国家对环保达标排放要求的提高，格盟国际践行国有企业社会责任，2023 年计划开展潞光、华光、宏光等机组的供热改造，投资 4.7 亿元，通过新建热网首站、机组供热改造、低压缸切缸、高背压供热等技术路线满足未来 5000 万平方米的供热需要，为周边居民提供源源不断的热源。积极打造综合能源服务企业，开展了介休义安工业园区、长子宋村工业园区蒸汽用能项目，替代了园区小散燃煤锅炉，改善了园区环境和用能方式。

创新多能互补应用模式。在全集团煤电、污水处理厂区建设分布式光伏，实现了传统煤电与绿电的耦合运行，有效降低生产用能。推动“零碳工厂”建设，普丽公司建成了全省首家集光伏、微风发电、储能、光伏光热一体化的“零碳工厂”，并加快该供能模式推广应用。

（三）全力加强能源科技革命

加快关键核心技术攻关。实施了全国首台套基于发电的煤炭分级分质工业化示范项目，是国家重点研发项目，拓展了煤炭多元化、高质化利用新路径。与怀柔国家实验室山西研究院合作，探索实施“电储醇耦合减碳创新技术示范项目”。基于“两个联营”思路，通过熔盐储热系统提高煤电机组调峰能力，配套建设10万千瓦光伏+10万千瓦风电，实现煤电与风光电联营，并通过参与电力市场辅助服务，提高电网的稳健性和煤电机组系统友好性。为进一步降低煤电碳排放，项目同步配套建设5万吨/年碳捕集系统，6000吨/年绿电及谷电制氢项目，并基于CO_2+H_2合成甲醇技术，合成3万吨/年绿色甲醇，用于替代化工项目灰色甲醇和灰色氧气（电解水富产氧）。项目通过减少化石燃料燃烧、捕集燃烧后排放CO_2，实现了煤电及化工全流程减碳，具有明显的示范意义。

全面加强数智赋能。初步建成了“一平台、十中心”数智化体系，以数字化手段促进生产经营集约高效，助力节能低碳发展，推动传统产业数字化转型。燃料管控方面，建设电厂燃煤物流管理信息平台，实现燃煤运输环节全流程监管；在全国率先建成无人干预的燃料智能“采制化”系统，实现运营电厂全覆盖。生产运行方面，利用大数据、人工智能技术，对机组运行、设备性能、安全管理等数据开展分层分类监测分析；在瑞光电厂实施锅炉智慧燃烧及能效提升项目，通过大数据分析对锅炉燃烧动态优化调整，提高机组效率。经营管理方面，推动全面预算、合规管理等管理创新手段实现数字化应用，先后建立ERP系统、财务共享等信息化系统，开展降本增效分析，提高资金、人员等资源的配置效能。

着力推进创新生态建设。拥有国家地方共建工程研究中心1个，省级技术中心3个、技术创新中心2个、重点实验室1个、高新技术企业2个。年投入研发资金约1.5亿元，年均授权专利30余项。加快人才培养，引进清华、北大博士等高层次人才，制定具有针对性的激励政策，实行管理技术双通道晋升机制，推行首席工程师制度，充分激发各类人才的活力动力，营造尊重人才、鼓励创新的良好氛围。

（四）深度参与能源体制革命

积极探索“源网荷储一体化”运行模式。转变传统煤电生产模式，实现电、热、汽等能源综合供应，积极拓展重卡换电、新能源车辆和工业园区用电市场，探索构建发电集团“源网荷储”高度融合发展路径。

助力构建全国统一电力市场体系。紧扣全省电力现货结算的先行先试，积极参与现货交易规则编制和更新迭代，反馈电力发、用、辅助服务等方面意见，推动交易规则符合市场需求；积极参加全省省间电力现货市场交易，2023年格盟国际交易电量9亿千瓦时左右，真正把电力“流通”到全国各地。

加快筑牢碳减排市场参与基础。深入研究绿电、绿证、碳排放权市场机制，煤电企业加大节能减排改造，积极争取更多碳盈余；新能源项目加快全容量并网，积极申请绿色电力证书。格盟国际有序参与绿证、碳排放权交易，将绿色低碳发展优势转化为经济效益，为加快实现“双碳”目标贡献应有力量。

（五）全面加强能源国际合作

加强与国内外能源企业合作。格盟国际是三国五方合作的成果，也是能源领域利用外资，探索不同权属、不同所有制能源产业的代表。近年来，格盟国际加大清洁煤电和新能源领域投资，投资建设的裕光2×100万千瓦发电项目是山西首台“点对网”“晋电送冀”百万级发电机组；与皖能集团、泰国万浦集团共同出资建设的潞光2×66万千瓦超超临界低热值煤发电机组，是省内首个1000千伏特高压外送电项目。

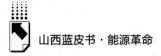

中外股东携手完成能源保供任务。格盟国际自成立以来，持续稳定保障能源供应，特别是2021年以来煤炭价格高涨，火电陷入严重“成本倒挂”，火电和供热项目亏损严重，中外股东想方设法筹集保供资金，全力以赴增煤源、控非停、稳生产，圆满完成省内外保供电和全省保供热任务。

加强与外方技术交流。格盟国际始终与外方保持技术交流，与韩国、日本股东方建立定期技术、管理交流机制，促进技术、管理全面提升；与美国西弗吉尼亚州大学联合成立了“中美能源中心山西研发中心”，重点实施科技部国际合作“煤与生物质共气化”项目，研发形成生物质与煤共转化的高效能源转化利用技术，开发了新型高温等离子火炬生物质与煤共转化装置单元，填补了国内空白。

积极布局“一带一路”项目。充分利用多家外方股东的优势，主动寻求海外能源领域投资项目，拓展对外合作空间。

二　成果成效

党的十八大以来，格盟国际积极践行能源安全新战略，持续推进能源供给侧结构性改革，能源安全保障能力不断增强，能源绿色低碳转型步伐加快，能效水平稳步提升，节能降耗成效显著，能源事业取得新进展。

（一）能源供应保障能力不断增强

着力推动火电产业转型升级，统筹抓好煤炭清洁低碳发展、多元化利用、综合储运这篇大文章，煤电兜底和清洁能源供应保障能力持续增强。2022年发电503亿千瓦时，同比增长21%，2023年1~8月累计发电量349.6亿千瓦时，同比增长6%。

（二）清洁能源占比不断提升

大力推进新能源项目建设，积极拓展新能源产业链，超常规发展新能源取得成果成效。近年来投产在建新能源装机从 25 万千瓦增长到 347 万千瓦，增长了 12.9 倍。

（三）煤炭清洁高效利用稳步提高

已完成了 4 台 300MW 等级机组低压缸切缸改造技术应用，2 台 600MW 超临界机组进行了旁路烟道灵活性改造。2 台 600MW 和 1 台 350MW 计划 2023 年底实施切缸灵活性改造技术。大多数机组已通过山西省能源局的验收，达到灵活性机组标准要求。

（四）单位能耗明显降低

为进一步加快煤电机组清洁低碳转型，助力国家“双碳”目标，按照“一企一策、一机一策”的原则，通过大力推动机组节能降碳改造，提升了煤电机组节能降耗水平，提高了能源利用效率。2023 年 1～7 月，平均供电煤耗降低 8.4 克/千瓦时，能耗强度大幅下降。

（五）科技创新持续加强

围绕能源高效清洁利用技术、智慧能源技术、污染物治理及资源化利用、智慧管控、储能技术、碳中和技术及政策研究，深化产学研用合作，聚焦绿色低碳技术攻关，积极加大科研投入、技术研发和引进力度，一批国家科研重大专项、省揭榜挂帅重大科研项目取得实质性进展。集团 2022 年全年获得授权专利 55 项，其中实用新型专利 42 项、发明专利 13 项。

（六）数智赋能增效明显

格盟国际长期抓实抓细数智化建设，走在了全省前列。把管理创新最新成果成功嵌入“一平台、十中心”数智化体系，实现核算型财务向战略型财务转型，以信息化手段提高企业本质安全水平，对合规管理重要组成部分的印鉴使用进行有效管控，数智化建设由夯实基础阶段转入深化应用新阶段，为全面建成“数智化集团”打下坚实基础。

三　未来愿景

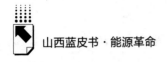

未来，格盟国际将深入学习贯彻习近平总书记对山西工作的重要讲话重要指示精神，认真贯彻落实全省推进能源革命综合改革试点任务的决策部署，未来五年将聚焦产业、治理、创新、品牌四个维度，大力推进“三个一千万”发展任务（即一千万火电装机、一千万新能源装机、一千万储能装机），努力建设新时代世界一流的绿色低碳能源企业。

聚焦产业转型，火电平均供电煤耗达到全省先进水平，新能源装机超过1000万千瓦；污水日处理能力突破100万吨，中水回用率超过50%，打造绿色低碳发展典范。

聚焦治理升级，持续巩固合资企业治理模式，发挥扁平化管理、精细化管理优势，一刻不停推进管理创新，提升经营管理水平，劳动生产率、净资产收益率达到先进水平；全面建成合规管理体系，建成“一流数智化集团”，增加战略管控能力，公司治理体系和治理能力实现现代化。

聚焦创新驱动，加快绿色低碳技术攻关，加大科技创新投入力度，着力引进培育一批高水平创新人才队伍。完善创新体制机制，整合产学研用资源，更好参与国家重大课题、重要创新平台建设，打造高水平科技创新策源地。

聚焦品牌塑造，高质量承担能源保供重大政治责任；积极稳妥走出去参与“一带一路”建设；坚持和丰富“以员工为中心”的企业文化，弘扬企业家精神，提升“格盟是个好企业”的品牌影响力和竞争力。

能源革命综合改革试点是习近平总书记亲自赋予山西的重大使命。作为资源型地区和我国重要的能源大省，推动能源绿色低碳转型意义重大、任务艰巨。格盟国际要始终牢记习近平总书记“开展能源革命综合改革试点，保障国家能源安全”的殷殷嘱托，立足以煤为主的基本国情，统筹能源安全和绿色低碳转型，积极稳妥推进能源绿色低碳转型和“双碳”工作，坚决扛起实现“双碳”目标和保障能源安全的双重使命，为全省实现碳达峰碳中和目标贡献力量。

后　记

能源革命综合改革试点是习近平总书记亲自赋予山西的重大使命。为全面贯彻党的二十大精神，深入贯彻落实习近平总书记对山西工作的重要讲话重要指示精神，深入贯彻落实山西省委关于持续深化能源革命，推进“五大基地”建设的决策部署，我们在出版《山西能源革命研究报告（2022）》之后，踔厉奋发、笃行不怠，进一步加强研究力量，编撰完成了《山西能源革命研究报告（2023）》。

本书由山西省社会科学院（山西省人民政府发展研究中心）党组书记、院长张峻总体统筹。原党组书记、院长，山西能源革命研究院院长杨茂林最终审核书稿并亲自为本书作了序言，原党组成员、副院长韩东娥协助组织研究和编辑统稿。党组成员、副院长崔云朋，以及曹海霞、赵向东、王展波、郭秀兰、刘晔、刘波、李超禹、周欣荣、李柯静等做了大量的具体协调和编辑工作。

本书在组织出版的过程中得到中共山西省委常委、宣传部部长张吉福同志，省委宣传部主持日常工作的副部长宋伟同志、副部长杨建军同志以及理论处的大力支持，得到各地市以及山西省科技厅、山西省自然资源厅、山西省生态环境厅等有关厅局，山西各市政府发展研究中心，国网山西省电力公司、山西焦煤集团、晋能控股集团有限公司、华阳新材料科技集团有限公司、潞安化工集团有限公司、华新燃气集团有限公司、格盟国际能源有限公司等的密切配合和积极参与，同时社会科学文献出版社的同志们也为本书的出版做了大量工作，在此一并表示诚挚的谢意！

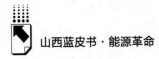

尽管我们做了很大努力，但研究能力和水平有限，不足和疏漏之处在所难免，恳请读者朋友们批评指正。

编　者

2023 年 12 月

Abstract

The pilot comprehensive reform of energy revolution is a national mission entrusted to Shanxi by the Party Central Committee. Under the guidance of the Xi Jinping thought of socialism with Chinese characteristics in the new era, Shanxi comprehensively implements the spirit of the 20th National Congress of the party, and thoroughly implements the spirit of the important instructions given by General Secretary Xi Jinping to the work of Shanxi, follows the new energy security strategy of "four missions one cooperation" proposed by General Secretary Xi Jinping, forges ahead with enterprise and fortitude, and strives to be the vanguard of the national energy revolution. On July 26, 2023, the sixth Plenary Session of the 12th CPC Shanxi Provincial Committee deployed to promote the green transformation of the energy industry, fully ensure national energy security, and continue to deepen the energy revolution. On September 15, 2023, Shanxi formulated the "Shanxi Energy Revolution Comprehensive Reform Pilot Action Plan" to build a pilot area for the national energy revolution comprehensive reform, and effectively shoulder the major responsibility of safeguarding national energy security.

Shanxi has made a series of important explorations and demonstrations for the national energy reform and development, keeping in mind the "national affairs". In 2021 and 2022, Shanxi's coal production increased by more than 100 million tons for two consecutive years, and the province's raw coal production reached 787 million tons from January to July 2023. Shanxi continues to remain the first in the country, and has provided a strong guarantee for national energy security. Shanxi continues to promote the optimization of energy structure, coal advanced production capacity accounted for 80%, new energy and clean energy installed capacity reached 42. 9% , and strives to build a diversified energy supply system.

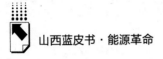

Focusing on building a pilot area for the comprehensive reform of the national energy revolution, "Shanxi Energy Revolution Research Report (2023) " makes an in-depth analysis from the aspects of coal bed methane, geothermal energy, hydrogen energy, energy internet, dual carbon targets, scientific and technological empowerment, and modern governance, systematically summarizes the exploration and practice, and outlines a new outlook of the energy revolution in Shanxi, which are wading the way for the national trial policy and promoting development and transformation for Shanxi. In the next step, Shanxi will base on its superior resources, give full play to its comparative advantages, promote the construction of "five bases", support the deepening of the pilot comprehensive reform of the energy revolution, and make new and greater contributions to ensuring national energy security and stabilizing the economic market.

Keywords: Energy Revolution; Comprehensive Reform; Green and Low-carbon; Shanxi

Contents

I General Report

Abstract: In recent years, Shanxi has thoroughly implemented the the new strategy of "four revolutions one cooperation" proposed by General Secretary Xi Jinping, adhered to reform and innovation, first action first trial, carried out the comprehensive reform pilot of the energy revolution steadily, and promoted the green and low-carbon transformation of the energy industry and the supply-side reform of the energy field. 2023 is a key year for Shanxi to deeply promote the pilot comprehensive reform of energy revolution. Shanxi will continue to promote the quality change, efficiency change and power change of the province's energy industry with the goal of "double carbon", and provide a solid energy guarantee for high-quality economic and social development.

Keywords: Energy Revolution; New Energy System; Energy Industry; Green and Low-carbon Transformation

Ⅱ Special Reports

B.2 Energy Internet: The Systematic Grip of the Energy Revolution

Sun Hongbin, Xue Yixun, Zhang Jiahui and Chang Xinyue / 023

Abstract: Energy is the cornerstone of human civilization survival, and is an important driving force and material basis of economic and social development. Every industrial revolution is inseparable from the innovation of energy production and consumption mode. At present, the world is facing multiple constraints such as the depletion of fossil energy resources, the deteriorating environment and the continuous growth of energy consumption. The energy Internet is a new generation of energy technology with the deep integration of digital information technology and the production, transmission, use and storage of the energy system, and it is also an advanced form of the evolution of the modern energy system, whose essence is the deep integration of the digital revolution and the energy revolution. Therefore, by analyzing the development status of energy internet at home and abroad, based on the construction of energy internet in Shanxi, this paper expounds the existing problems, construction objectives, overall framework, development path, and puts forward future development countermeasures and suggestions. The construction of energy internet, through energy interconnection, information interconnection, carbon emission interconnection and value interconnection can effectively support the safe and efficient supply of energy and green and low-carbon development, and provide important support for China's energy revolution and the safe and controllable achievement of the "double carbon" goal.

Keywords: Energy Internet; Energy Transformation; Digital Intelligence Transformation; New Energy System

Abstract: Shanxi is one of the provinces with the highest enrichment degree and the greatest development potential of coalbed methane resources in China. During the "14th Five-Year Plan" period, Shanxi takes multiple measures at the same time, one district one policy, consolidates the good momentum of increasing storage and production, makes the coal-bed methane industry an important starting point for the structural reform of the energy supply side, fully promotes the development of the whole coal-bed methane industry chain, accelerates upstream resource development, midstream pipeline transportation, storage and transportation, and downstream consumption and utilization, and strives to transform resource advantages into industrial advantages and economic advantages to promote high-quality development.

Keywords: Coalbed Methane (CBM); Energy Transformation; High-quality Development; Increase Reserves and Production

Abstract: Promoting the high-quality development of geothermal energy industry is an important measure for Shanxi to control fossil energy consumption, promote coordinated efficiency in reducing pollution and carbon emissions, and realize green energy transformation, which highlights the responsibility of Shanxi as a pilot province of comprehensive reform of national energy revolution. Shanxi attaches great importance to the development and utilization of geothermal resources, regards geothermal energy as an important energy resource from a large traditional energy province to a comprehensive energy security base, takes the development and utilization of geothermal resources as an important task to build a pilot zone for the comprehensive reform of the national energy revolution, and vigorously promotes the steady and orderly development of geothermal resources development. At present, Shanxi geothermal industry has formed a good development situation of government policy guidance, multi-subject participation, diversified development modes and application scenario expansion. However, compared with the construction of the pilot zone of the national energy revolution and the development of advanced provinces and cities in China, there are still some urgent problems to be solved. Shanxi should further implement the important speech and instruction of General Secretary Xi Jinping on energy revolution and "double carbon", focus on the goal of building a pilot zone for comprehensive energy revolution reform nationwide, carry out high-quality geothermal resources investigation and evaluation, promote the focus on key technologies, build typical demonstration and leading projects, promote financial support, and standardize the development and management of geothermal resources, and promote the green transformation of the energy industry with the high-quality development of the geothermal industry.

Keywords: Geothermal Energy; Renewable Energy; Green Transformation

B.5 Study on the Development of Hydrogen Energy Industry in Shanxi

Wang Yunzhu / 081

Abstract: At present, the scale, clustering and commercialization process of hydrogen energy industry in our country is accelerating. Hydrogen energy industry has become the important field of the new round of energy technological revolution and industrial revolution after new energy vehicles. The development of hydrogen energy industry is an important path to promote Shanxi's green and low-carbon energy transformation and realize the goal of "double carbon". This paper analyzes the present situation and challenges of hydrogen energy industry in Shanxi, summarizes that Shanxi should vigorously develop industrial by-product hydrogen

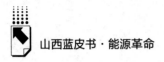

Abstract: The ecologicalization of energy industry is the concrete practice of Xi Jinping ecological civilization thought in the field of energy industry. In recent years, based on the endowment of energy resources and comparative advantages, Shanxi has continuously promoted the ecological efficiency and quality of the energy industry in the deepening of the energy revolution. However, there are still some problems, such as imperfect supporting systems, many ecological problems left over, and insufficient capabilities of new technologies. In the next step, Shanxi should firmly establish a new development concept, do a good job of policy support for the green and low-carbon development of the energy industry, improve the laws and regulations guaranteeing the ecological development of the energy industry, and constantly improve the level of scientific and technological innovation and the ability to transform scientific research results, so as to point out the direction and path for the ecological development of the energy industry in Shanxi, and provide a "Shanxi sample" for the ecological development of the energy industry in the country.

Keywords: Ecologicalization of Energy Industry; Green and Low-carbon Development; Energy Revolution

Ⅲ Effectiveness Reports

Abstract: Since the launch of the pilot energy revolution reform, Shanxi has continuously strengthened the innovation plan of energy science and technology. By increasing support for energy technology innovation, promoting the construction of major energy science and technology research and development bases, and promoting the landing and transformation of scientific and technological innovation achievements, important progress has been made in promoting the energy technology revolution, Huairou Laboratory Shanxi Research Institute was put into operation, the national key laboratory was approved for restructuring, and the scientific and technological innovation achievements represented by "Jinhua Furnace" were widely used. In the future, Shanxi will continue to carry out key core technology research, accelerate the transfer and transformation of scientific research achievements, promote innovation platform demonstration and leadership, improve basic research and applied basic research capabilities, strengthen the main position of enterprise scientific and technological innovation, expand scientific and technological cooperation and exchanges with foreign countries, increase scientific and technological innovation in the energy field, solve technical problems in the energy field, and provide technical support for the construction of a new energy system.

Keywords: Energy Technology Revolution; Scientific and Technological Innovation; Energy System Construction; Shanxi

Abstract: In accordance with the opinions of the Party Central Committee and The State Council on carrying out the comprehensive reform pilot of energy revolution in Shanxi and the requirements of the provincial action plan, Natural resources Department of Shanxi based on the comparative advantages and strategic position of our province in the overall situation of national energy reform, adheres to the problem-oriented, overall planning and overall planning, and actively promotes the energy revolution of our province to take the lead in natural resources management reform and set a demonstration. Centering on the idea positioning of "playing Shanxi's leading role in promoting the national energy revolution, promoting the economic transformation and high-quality development of resource-based areas", Natural resources Department of Shanxi consolidates the important role of coal, comprehensively improves the supply and reserve capacity of mineral resources; continues to deepen the reform of CBM management system, and promote the province's CBM storage and production; promotes the pilot of co-mining coal and aluminum, and effectively make intensive use of coal and aluminum resources; strengthens the exploration, development and utilization of geothermal resources to promote the high-quality development of geothermal energy industry; explores the comprehensive ecological management of mining areas to help our province achieve "clear water flowing into the Yellow River".

Keywords: Mineral Resources; Coal Bed Methane; Ecological Restoration

Abstract: Since the "14th Five-Year Plan", the construction of ecological civilization has entered a key period of focusing on the strategic direction of carbon reduction, promoting the synergistic efficiency of pollution reduction and carbon reduction, and promoting the comprehensive green transformation of economic and social development. Shanxi resolutely implements the national "double carbon" strategy, organizes key emission units in the power generation industry of the province to actively participate in the national carbon market trading, and deeply carries out various low-carbon pilot projects such as the national climate investment and financing pilot project, the near zero carbon emission pilot project, and the carbon inclusive mechanism pilot project, and gives full play to the leading role of pilot demonstration; implements ledger inventory management and dynamic monitoring of the "two high" projects, and promotes the prevention and control of the ecological environment source of the "two high" projects; comprehensively strengthens the construction of "coal-prohibited areas", and promotes the renovation of clean heating; implements the Carbon Peak Shanxi Action with a solid pace, and continues to deepen the pilot comprehensive reform of the energy revolution.

Keywords: "Double Carbon" Strategy; Carbon Market; Low-carbon Pilot; Energy Revolution

Ⅳ City Reports

Abstract: The report of the 20th National Congress of the Communist Party of China emphasized "deepening the energy revolution", which made new arrangements for energy development and put forward new requirements. Taiyuan resolutely implements the strategic deployment of the Party Central Committee's energy transformation and energy security, closely focuses on the requirements for the pilot comprehensive reform of energy revolution in Shanxi, takes the "double carbon" strategic goal as the guide, implements the new strategy of "four revolutions one cooperation" energy security, further promotes the energy revolution, consolidates the traditional energy security capacity, vigorously develops new energy and renewable energy, promotes the green transformation of energy structure, comprehensively promotes the construction of new energy system, strives to be the vanguard of the province's energy revolution, and boosts high-quality economic development.

Keywords: Energy Revolution; Energy Supply; Energy Consumption; Taiyuan

Abstract: General Secretary Xi Jinping delivered an important speech during the inspection of Shanxi, affirming the general direction and pattern of Shanxi "not being the boss of coal, striving to be the vanguard of the national energy revolution", and entrusted Shanxi with the major task of building a national pilot zones for comprehensive and complementary reforms to transform the resource-based economy. To this end, Shanxi clearly requested Datong to "strive to be the Spearhead of the province's energy revolution and opening-up". For Datong, which takes coal as its main resource, the task of resource-based transformation is particularly urgent and important. As a traditional energy-oriented city, Datong will integrate into Beijing-Tianjin-Hebei to build a bridgehead as a new path of energy revolution, strongly promote the green development and utilization of coal, continue to consolidate the comparative advantages of power delivery bases, comprehensively accelerate the high-quality development of the new energy industry, and fully promote the green transformation of the energy industry to a new level.

Keywords: Energy Revolution; Green Transformation; High-quality Development; Datong

B.13 Shuozhou: Promote Green and Low-carbon Energy Development to Make the Green City More Beautiful

Qi Gui, Rong Jianren, Jia Xing and Li Yantao / 190

Abstract: As an important coal power energy base in the country, Shuozhou has prominent problems such as coal dominance and resource dependence, and the task of transformation development is arduous. In order to solve the structural, institutional and quality contradictions, and realize the historic leap from "energy big city" to "energy strong city", Shuozhou firmly grasps the development opportunity of carrying out the pilot comprehensive reform of energy revolution, adheres to the clean, efficient, low-carbon green "eight-character" policy. According to the "five integration" integrated development ideas of the energy industry, Shuozhou has made every effort to build an international modern coal production base, a national demonstration base for comprehensive utilization of industrial solid waste, a regional power delivery base, and a carbon-based new material processing and manufacturing base in Shanxi. The energy advantage has been further transformed into comparative advantage and competitive advantage, injecting strong momentum into the high-quality transformation development of Shuozhou.

Keywords: Energy Revolution; Modern Industrial System; Transformation Development; Shuozhou

B.14 Xinzhou: Build Highland for Energy Development and Practice the New Mission of Energy Revolution

Abstract: As the largest city in Shanxi, Xinzhou is a typical resource-based economic region with abundant energy resources such as coal, wind, light and water. The energy industry is an important pillar industry. Relying on its valuable resources and geographical advantages, Xinzhou has accelerated its coordinated development with the Beijing-Tianjin-Hebei and Xiongan New Areas under the strategy of "south integration and east expansion". Xinzhou actively promotes the adjustment of energy structure by leading enterprises, pulling major projects, demonstrating intelligent manufacturing, and working in the same direction of government, industry, university and research. In the complete, accurate and comprehensive implementation of the new development concept, active service and integration into the new development pattern, Xinzhou has stepped out of the "Xinzhou path".

Keywords: Comprehensive Energy Base; Green Development; Regional Linkage; Xinzhou

Abstract: As a typical energy resource-based area, in recent years, Lvliang has continued to implement the important discussion of General Secretary Xi Jinping on the energy revolution and the "Shanxi Energy Revolution Comprehensive Reform Pilot Action Plan", and promote the development of green and low-carbon energy transformation. Some achievements have been made in enhancing capacity to ensure energy security, improving the quality of the coal supply system, building unconventional natural gas industry bases, promoting the development of the whole chain of hydrogen energy industry, and tackling key technologies in the energy field. Lvliang is at the forefront of the energy revolution, forming replicable and popularizable experience for the province's green and low-carbon energy transformation development. During the 14th Five-Year Plan period, guided by the goal of achieving "dual carbon", Lvliang will make full use of national policies, solidly promote the energy revolution, continuously promote the optimization and adjustment of the energy structure, strive to build a new comprehensive energy demonstration zone, and provide a solid guarantee for the high-quality development of Lvliang.

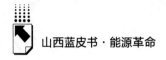

Keywords: Energy Revolution; Transformation Development; Hydrogen Energy; Lvliang

Abstract: Under the "double carbon" goal, Yangquan firmly grasps the development opportunity of the energy revolution reform pilot, focuses on the goal positioning of creating a resource-based city green transformation, and actively makes layout and developed wind power, photovoltaic power generation, new energy battery industry. At the same time, vigorously promotes the green intelligent transformation of coal mines, tries to build a clean, low-carbon, safe and efficient modern energy supply system, strives to take the lead in the process of energy revolution and reform in the province, and forms replicable and popularizing experience practices, so as to lay the foundation for promoting the green and low-carbon transformation of energy and achieving the goal of carbon peaking and carbon neutrality.

Keywords: Low-carbon Transformation; Scientific and Technological Innovation; Institutional Change; Yangquan

Abstract: To carry out the pilot comprehensive reform of the energy revolution is a mission entrusted to Shanxi by General Secretary Xi Jinping, and it is a political responsibility that Jinzhong must shoulder firmly and practice. Guided by the scientific and orderly promotion of the "double carbon" goal, Jinzhong thoroughly implements the major historical mission of the comprehensive reform of energy revolution given to Shanxi by the Party Central Committee, implements the new strategy of "four revolutions cooperation" for energy security thoroughly, makes every effort to take the road of high-quality economic development under the guidance of the "double carbon" goal, and walks in the forefront in accelerating the transformation development. The paper summarizes three achievements made by Jinzhong City in deepening the energy revolution and promoting transformation and development, which are making good progress in reducing carbon and increasing efficiency, building a new pattern of reducing carbon and saving energy, and strengthening the new momentum of low-carbon transformation; analyzes the historical opportunities such as superposition of strategic opportunities, prominent geographical advantages and enrichment of natural resources, as well as adverse factors such as arduous task of energy structure adjustment, low scale development and utilization, and urgent need to strengthen access and consumption of new energy; puts forward measures and prospects from seven aspects: building a national methanol economic demonstration zone, improving the quality of coal supply, building a demonstration site for the development and utilization of unconventional natural gas, enhancing the momentum of green electricity development, promoting the green and low-carbon scientific and technological revolution, promoting the intelligent development of new energy equipment, optimizing the energy consumption structure and promoting the green and low-carbon transformation of energy consumption.

Keywords: Energy Revolution; Green and Low-carbon; Methanol Economy; Jinzhong

B.18 Changzhi: Focus on Three Major Goals to Become the Vanguard of Energy Revolution *Wang Aijun, Li Teng* / 250

Abstract: Energy is an important cornerstone of a city's high-quality development. In recent years, Changzhi has adhered to the guidance of the Xi Jinping Thought on Socialism with Chinese Characteristics for a new era, comprehensively implemented the spirit of the Party's 20 National Congress, earnestly implemented a series of decisions and deployments of the province on the comprehensive reform of the energy revolution, centered on the new energy security strategy of "four revolutions one cooperation", focused on the three goals of building a safe, efficient, green and low-carbon modern energy supply system, creating a national energy use depression, and developing "energy +" new industries and new forms of business, and comprehensively implemented the energy revolution, and major progress has been made in building a green and low-carbon energy system. On the new journey, Changzhi will run the energy revolution through the whole process of high-quality development and modernization, fully practice the concept of green development, further optimize the diversified energy supply system, improve the energy consumption structure, and strengthen scientific and technological innovation in the energy sector, strengthen energy cooperation with foreign countries, strive to be the vanguard of the province's energy revolution, and provide important energy guarantee for building Changzhi into a national resource-based city industrial transformation and upgrading demonstration zone, and modern Taihang landscape city.

Keywords: Green Low-carbon; Energy Revolution; Energy +; Changzhi

Abstract: To carry out the pilot comprehensive reform of energy revolution is a major mission entrusted to Shanxi by the Party Central Committee and The State Council. In recent years, Jincheng has earnestly implemented the new strategy of "four revolutions one cooperation" energy security proposed by General Secretary Xi Jinping, comprehensively implemented the decisions and arrangements of the provincial party Committee and the provincial government on the pilot comprehensive reform of the energy revolution, aimed at promoting the goal of high-quality development of resource-based economy in an all-round way, grasped the policy opportunity deeply, put forward the strategic orientation of "building the leading city of energy revolution", carried out various tasks in all fields and the whole process of economic and social development, and strove to build a clean, low-carbon, safe and efficient modern energy system. In the next step, Jincheng will continue to focus on the strategic positioning of building a demonstration city of green transformation and a leading city in the energy revolution, make good use of the "six methods of work", continue to vigorously promote the pilot construction of comprehensive reform of the energy revolution, and promote green and low-carbon development.

Keywords: Energy Revolution; Green and Low-carbon; Jincheng

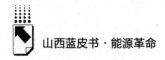

B.20 Linfen: Building Modern Energy System by Promoting "Six Energy"

Wen Xiaojiang, *Chen Binbin* / 279

Abstract: As the province's energy city, Linfen adheres to the energy revolution in a prominent position to promote the pilot construction. With the theme of promoting the high-quality development of energy, Linfen coordinated the transformation and upgrading of the energy industry and the comprehensive quality and speed of high-quality development, coordinated the industrial layout of the three major sectors of the city, and closely combined the deepening of supply-side structural reform and transformation development. Guided by the transformation of energy supply and the transformation of energy consumption, supported by innovation in energy science and technology, reform of energy systems and mechanisms, and opening up and cooperation in energy, Linfen has made every effort to promote the "six energy", build a clean, low-carbon, safe and efficient modern energy system, and make Linfen a national clean energy demonstration zone and a new high ground for the development of China's influential energy industry.

Keywords: Six Energy; Energy Supply; Modern Energy System; Linfen

B.21 Yuncheng: Building Modern Energy System to be Vanguard of the Province's Energy Revolution

Zhang Yun, *Jin Zejun*, *Han Xiangdong*,
Liu Ningsheng and Li Xing / 293

Abstract: Yuncheng resolutely implements the new energy security strategy of "four revolutions one cooperation" proposed by General Secretary Xi Jinping, and the province's "five integration" integration development to promote the pilot comprehensive reform of energy revolution, strengthens the carbon peak, carbon neutral traction role, and firmly adheres to the high-quality development

grid, State Grid Shanxi Electric Power Company co-ordinates development and security, supply assurance and transformation, accelerates the construction of UHV transmission base, actively serves the development of new energy, builds a modern smart distribution network, cultivates the spot power "test field", makes full use of the advantages of Shanxi's "first action first trial" policy, accelerates the construction of a clean and low-carbon, safe and reliable, cost-effective, flexible and intelligent new power system according to local conditions, charges for a better life, empowers the beautiful Shanxi, and fully serves the construction of Chinese-style modern Shanxi.

Keywords: Power Delivery; Modern Smart Distribution Network; Power Spot Market; Shanxi Coking Coal Group

B.23 Promoting Transformation and Upgrading of Enterprises with Green and Low-carbon by Strategic Focus and Digital Intelligence Empowerment: Taking Shanxi Coking Coal Group as an Example

Yuan Rongjun, Guo Xin and Geng Wentao / 318

Abstract: Shanxi Coking Coal Group Co., LTD. firmly implements Xi Jinping ecological civilization thought and the new requirements of the Party's 20th Congress on green and low-carbon development, fully implements the comprehensive energy revolution reform work deployment of the province, empowers the coal industry with digital intelligence technology, promotes low-carbon development with technological innovation, supports pollution reduction and consumption reduction with special remediation, realizes clean and efficient utilization with product upgrading, continues to accelerate the reform of green coal production mode and the recycling and multiple clean utilization of resources, collaboratively promotes pollution reduction, carbon reduction, green expansion and growth, effectively integrates green and low-carbon development into the whole process and all aspects of production and operation, promotes high-quality development in an all-round way, and tries to build a world-class coking coal enterprise.

Keywords: Digital Intelligence; Advanced Production Capacity; Reduce Pollution and Consumption; Shanxi Coking Coal Group

Abstract: Since its establishment, Jinneng Holding Group has resolutely implemented the important discussion and instruction spirit of General Secretary Xi Jinping on the energy revolution and the "dual carbon" strategy, comprehensively accelerated the construction of a new energy system, vigorously promoted energy conservation, pollution reduction and carbon reduction, comprehensively improved the level of enterprise data intelligence, continuously deepened the opening and cooperation in the energy field, and walked in the forefront of the province's energy revolution and transformation development. In the future, Jinergy Holding Group will deeply promote the pilot comprehensive reform of the energy revolution, resolutely shoulder the political responsibility of ensuring national energy security, accelerate the integrated development of the "five integrations" of the energy industry, and solidly promote the transformation of green, low-carbon and digital intelligence, strive to build a world-class modern comprehensive energy enterprise group, and make greater contributions to accelerating the transformation of Shanxi from a traditional energy province to a new comprehensive energy province.

Keywords: Energy Revolution; Energy Security; Transformation Development; Jinneng Holding Group

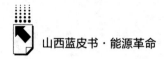

B.25 Promote the Energy Revolution and Strive to Promote Green and Low-carbon Development: Take Huayang Group as an Example *Wang Tao* / 338

Abstract: The low-carbon development of energy is related to the future of mankind. In 2019, the Party Central Committee entrusted Shanxi with the mission of carrying out the pilot comprehensive reform of energy revolution. Since then, Huayang Group has earnestly implemented the new energy security strategy and the "two-carbon" strategy. On the basis of ensuring national energy security, Huayang Group has comprehensively promoted energy consumption, supply, technology, institutional revolution and international cooperation, and promoted new breakthroughs in clean, efficient and low-carbon coal utilization technologies. Facing the future, the Group will be driven by the goal of carbon peak and carbon neutrality, strive to walk out of a unique road of low-carbon energy development, constantly inject green power and strong momentum for the province's high-quality development and modernization, and make new and greater contributions to the national and global green low-carbon development.

Keywords: Energy Revolution; Intelligent; Green Low-carbon; Huayang Group

B.26 Bravely Undertake the "Three Missions" to Promote the Energy Revolution: Take Lu'an Chemical Group Co., Ltd. as an Example *Feng Lisong* / 349

Abstract: Lu'an Chemical Group resolutely implements the important instructions of General Secretary Xi Jinping for the transformation development of Shanxi and the provincial pilot requirements for the comprehensive reform of energy revolution. Guided by the accounting culture under the guidance of lean thinking, Lu'an Chemical Group undertakes the "three missions" of energy security, clean and efficient use of coal, and forging new roads for transformation development, reshapes the industrial layout around the "strong coal and optimization and new project cultivation", among which the coal industry adheres to the development of "safe and efficient, green and low-carbon, and digital intelligence", the chemical industry promotes the orderly withdrawal of backward production capacity, and advanced production capacity supplements the chain and extends the chain by restructuring and integration, lean management and "three batches" actions, in addition, accelerates the development and project demonstration of related technologies such as photovoltaic power generation, comprehensive utilization of coal bed methane, carbon dioxide collection and conversion, and vigorously cultivates strategic emerging industries which become the Group's new economic growth pole.

Keywords: Intelligent Transformation; Green mining Technology; Energy Revolution; Lu'an Chemical Group Co. Ltd.

Abstract: Huaxin Gas Group deeply understands the important discussion of General Secretary Xi Jinping on building a modern industrial system and the new strategy of "four revolutions one cooperation" energy security, fully implements the "five integrations" integrated development ideas of the energy industry, as well as "two transformation" decision deployment of promoting industrial transformation and digital transformation. Driven by the goal of peak carbon neutrality and high-quality development of the gas industry as the main line, the Company implements transformation and upgrading of the gas leading industry to enhance viability and development, develops and expands the new energy industry to achieve the two-wheel drive strategy of cluster and large-scale development, consolidates the industrial foundation, and strives to cultivate new competitive advantages. The Company simultaneously promotes the intelligent transformation of industrial data, continuously improves the ability of scientific and technological innovation, accelerates the construction of a modern energy industry system with good quality, excellent efficiency, efficient collaboration and full competitiveness, and tries to provide solid guarantee for the high-quality development of Huaxin Gas Group.

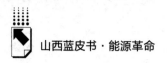

Keywords: Energy Revolution; Increase Reserves and Production; Scientific and Technological Innovation; Huaxin Gas Group Co., Ltd.

Abstract: To promote the pilot comprehensive reform of energy revolution and accelerate the green and low-carbon transformation of energy is a major mission given to Shanxi by the Party Central Committee and The State Council under the situation of carbon peak carbon neutrality. Shanxi is firmly accelerating the transformation development, and striving for the "two basic realization". Gemeng International actively implements the new strategy of "four revolutions one cooperation" energy security, adheres to reform and innovation, first action first trial, promotes the continuous optimization of industrial structure and energy structure, tries to build a new energy system, which has resolutely and forcefully guaranteed China's energy security, and walked out of a road of energy revolution with "Gemeng characteristics".

Keywords: Comprehensive Reform Pilot of Energy Revolution; Green Low-carbon Transformation; Energy Revolution Road with "Gemeng Characteristics"

法律声明

“皮书系列”（含蓝皮书、绿皮书、黄皮书）之品牌由社会科学文献出版社最早使用并持续至今，现已被中国图书行业所熟知。“皮书系列”的相关商标已在国家商标管理部门商标局注册，包括但不限于LOGO（ ）、皮书、Pishu、经济蓝皮书、社会蓝皮书等。“皮书系列”图书的注册商标专用权及封面设计、版式设计的著作权均为社会科学文献出版社所有。未经社会科学文献出版社书面授权许可，任何使用与“皮书系列”图书注册商标、封面设计、版式设计相同或者近似的文字、图形或其组合的行为均系侵权行为。

经作者授权，本书的专有出版权及信息网络传播权等为社会科学文献出版社享有。未经社会科学文献出版社书面授权许可，任何就本书内容的复制、发行或以数字形式进行网络传播的行为均系侵权行为。

社会科学文献出版社将通过法律途径追究上述侵权行为的法律责任，维护自身合法权益。

欢迎社会各界人士对侵犯社会科学文献出版社上述权利的侵权行为进行举报。电话：010-59367121，电子邮箱：fawubu@ssap.cn。

社会科学文献出版社